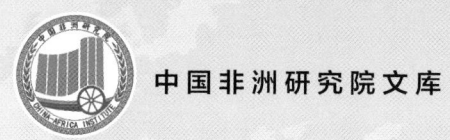中国非洲研究院文库

非洲债务问题与应对选择研究

张春宇 著

中国社会科学出版社

图书在版编目（CIP）数据

非洲债务问题与应对选择研究 / 张春宇著. —北京：中国社会科学出版社，2020.4

ISBN 978-7-5203-6359-4

Ⅰ.①非… Ⅱ.①张… Ⅲ.①债务管理—风险管理—研究—非洲 Ⅳ.①F834.04

中国版本图书馆 CIP 数据核字（2020）第 062132 号

出 版 人	赵剑英	
责任编辑	陈雅慧	
责任校对	王　斐	
责任印制	戴　宽	
出　　版	中国社会科学出版社	
社　　址	北京鼓楼西大街甲 158 号	
邮　　编	100720	
网　　址	http://www.csspw.cn	
发 行 部	010-84083685	
门 市 部	010-84029450	
经　　销	新华书店及其他书店	
印　　刷	北京明恒达印务有限公司	
装　　订	廊坊市广阳区广增装订厂	
版　　次	2020 年 4 月第 1 版	
印　　次	2020 年 4 月第 1 次印刷	
开　　本	710×1000　1/16	
印　　张	21.75	
字　　数	324 千字	
定　　价	108.00 元	

凡购买中国社会科学出版社图书，如有质量问题请与本社营销中心联系调换
电话：010-84083683
版权所有　侵权必究

目　录

导　言 ·· (1)

第一章　主权债务相关理论和现有研究 ·· (1)
　　一　主权债务问题相关概念及理论 ·· (1)
　　二　主权债务对经济发展影响的现有研究 ······································ (7)
　　三　主权债务风险评估的现有研究 ·· (16)
　　四　非洲国家债务问题的现有研究 ·· (19)

第二章　非洲债务风险探析 ·· (24)
　　一　非洲总体债务风险探析 ··· (24)
　　二　非洲次区域和部分国家的债务风险探析 ··································· (42)
　　三　非洲债务风险的主要来源 ·· (88)

第三章　国家债务风险分析框架和非洲国家债务风险评估 ······ (100)
　　一　多边国际组织的债务可持续性分析框架 ·································· (100)
　　二　主要国际评级公司的主权信用评估框架 ·································· (104)
　　三　现有文献研究综述与结论 ·· (110)
　　四　非洲国家债务风险评估理论、方法与应用 ······························ (116)
　　五　妥善应对非洲国家债务风险 ·· (144)

第四章　非洲化解债务风险的重要选择之一
　　　　　——大力吸引外资 ··· (155)
　　一　非洲国家吸引外国直接投资现状 ··· (155)

三　新时期非洲吸引外资面临的机遇与挑战 …………（182）
　　四　非洲国家对外资需求与投资潜力案例研究 …………（195）

第四章　非洲化解债务风险的重要选择之二
　　　　　——大力发展服务业 ……………………………（205）
　　一　服务业在非洲经济中的地位、产业结构与特点 ……（205）
　　二　非洲服务业发展现状和特点 …………………………（224）
　　三　外资企业投资非洲服务业的领域选择 ………………（248）
　　四　金融创新与中国企业投资非洲金融业 ………………（254）

第六章　非洲化解债务风险的重要选择之三
　　　　　——发展海洋经济 …………………………………（264）
　　一　海洋经济全球价值链探析 ……………………………（264）
　　二　非洲海洋治理与海洋经济 ……………………………（297）
　　三　非洲海洋治理和海洋经济对外合作需求和前景 ……（319）

参考文献 ………………………………………………………（326）

导　言

近年来，随着国际经济格局的调整，国际投资和贸易条件的变化，国际金融市场融资条件也发生了明显的变化。进入21世纪以来，非洲国家的经济发展严重依赖外部融资，长期的债务积累叠加融资条件的变化，使多数非洲国家的债务负担开始加大。过去几十年全球发展中国家遭遇的主权债务危机给世界经济带来的负面影响延宕至今，人们有理由高度关注非洲国家的债务问题。当前，非洲债务问题已不容忽视。国际货币基金组织表示，乍得、南苏丹、刚果（布）和莫桑比克等数个非洲国家在2017年陷入债务危机，令人担忧的是，还有一些非洲国家可能将陷入债务危机。

20世纪70年代以来，非洲总体外债持续增加，年增长率保持在10%以上；2005年，非洲外债总额超过3000亿美元；西方发达国家和国际组织在2005年免除了部分非洲国家的债务，非洲外债总额在2006年迅速下降；2006年之后，非洲国家继续大量对外举债，发行主权债券；2006年至今，非洲国家的平均外债增长率继续保持在10%左右，远高于平均GDP增长率；2016年，非洲外债总额首次超过6000亿美元。2006年之前，非洲总体外债负债率呈下降趋势；2006—2014年，外债负债率保持相对稳定；从2014年开始，外债负债率开始明显上升。值得注意的是，2006年之后，非洲国家长期外债占总外债的比例由70%下降至60%，短期债务占比上升，短期偿债压力加大。

非洲债务风险上升的主要原因有如下几个，一是非洲国家自身经济发展能力不足，近年来贸易和经济规模的增速在下降；二是非洲债务存量高，债务利息支出压力较大，降低了新增融资规模；三是全球融资条件的变化，尤其是发达经济体在特定时段的加息进程，导致非洲新增负债成本上升；四是部分非洲国家发展政策选择失当。因此，非洲债务风险是历史、现状、国际环境和非洲自身原因综合作用的结果。从统计数字上看，来自中国的债务占非洲总债务的比例并不高，所谓的"中国债务陷阱论"是完全站不住脚的。

虽然中国并非非洲债务的主要来源，但我们仍需要对非洲债务风险保持警惕和忧虑。从短期看，一些非洲国家比较担心中国会在短期内大规模减少对非洲国家的投资和信贷，进而触发非洲国家债务危机。从长期看，中国与非洲国家仍有较大的经贸合作潜力，但这种潜力的兑现有赖于非洲国家经济长期增长以及投资项目本身的持续盈利，因此必须高度关注债务风险，避免遭受损失。为准确了解非洲国家债务现状，评估非洲国家债务风险，以此作为我国对非洲国家进行债务减免、资金援助和未来经贸项目合作的依据，以便因国施策，切实降低风险，本书参考了主要国际评级公司的主权信用评估框架、多边国际组织的债务可持续性分析框架，采用定性和定量相结合的方法，从经济基础、偿债能力和政治稳定三个方面对部分非洲国家的主权信用状况进行评估与评级。

非洲国家解决债务问题不能仅依赖于债权方的债务减免和国际发展援助支持，更需要从根本上提升自身经济发展的内生能力。本书提出了非洲国家从根本上解决债务问题的三大举措，并从理论到实践系统地进行了分析和阐述。一是非洲国家需要继续优化营商环境，大力吸引外资，为经济发展注入足够的"血液"。二是非洲国家需要推动重点行业的快速发展，夯实国家整体抵御债务风险的基础，除制造业外，服务业是非洲国家最应优先发展的行业。非洲服务业消费和投资需求旺盛，但服务供应能力有限，急需强化对外合作。三是非洲国家需要寻找新的经济增长点，实现经济发展的动能转换，海洋经济是多数非洲国家的较佳选择。非洲处于大西洋和印度洋连接处，领海面积是大陆面积的3倍，38个非洲国家是沿海国家或岛屿国家，海洋资源丰富，非洲周边由世界主要海上航道环绕，特殊的地理位置和经济条件赋予了非洲推进海洋经济发展的必要性，也让非洲成为国际社会开展海洋经济合作的重点目标，非洲开展海洋经济领域的对外合作存在较大的空间。

第一章 主权债务相关理论和现有研究

一 主权债务问题相关概念及理论

对非洲国家主权债务风险问题进行研究，首先要明确主权债务相关的概念和理论。就借款人而言，国家是主权信用的载体，主权借款人就是国家①。但在实践中，能够代表国家用主权信用进行借款活动的部门和机构根据各国不同的法律规定而有所不同。《联合国国家及其财产管辖豁免公约》曾对此做出过统一解释，认为中央政府及其部门、有权行使主权的联邦制国家的地方政府及其部门可以代表国家作为主权借款人。②

主权债务的定义和范围是分析一国债务现状和潜在信用风险的关键所在。当前的文献对于主权债务并没有统一的定义，对主权债务所属范围的界定也有所差异。从国内看，李扬等③从一国资产负债表角度出发对主权债务进行界定，认为中国主权债务包含中央政府的债务、政府部门的"准国债"、地方政府债务、国有企业债务、以金融不良资产及其转化形式存在的或有负债，以及以隐性养老金债务为主的社会保障基金缺口等。何代欣则采用了国际货币基金组织定义的公

---

① 王稳等：《2015年全球主权信用风险评级研究》，《保险研究》2016年第4期。
② 张乃根：《国家及其财产管辖豁免对我国经贸活动的影响》，《法学家》2005年第6期。
③ 李扬、张晓晶、常欣等：《中国主权资产负债表及其风险评估（上）》，《经济研究》2012年第6期。

债来测算主权债务的规模，仅考虑了中央政府和地方各级政府的债务。① 从国外的相关研究看，对主权债务的界定主要考虑一国政府的公共债务和以国家主权为担保在国际金融市场借的外债。其中，巴罗（Barro）② 和布兰查德（Blanchard）等③从财政的角度讨论一国的主权债务规模问题；伊顿和费尔南德斯（Eaton & Fernandez）④、莱因哈特（Reinhart）等⑤则从公共外债的角度对一国主权债务违约的概率进行分析。另外，随着主权信用违约互换（CDS）等金融衍生工具的创新以及欧洲债务危机的演化，一些学者，如艾克勒和霍夫曼（Eichler & Hofmann）等⑥也从国际金融市场角度对主权债务进行分析。综上，学术界和国际机构衡量主权债务规模的指标主要为一国的外债或公债占GDP的比例。外债偿付压力增加可能导致一国的货币贬值和国际收支恶化；而公共债务的累积也会给政局不稳、腐败频发的非洲国家带来不小的债务危机隐患。因此，本书分别从外债和公共债务的角度来探究非洲国家的债务状况。

当前的文献对于主权债务风险的定义主要包括两类。第一类认为主权风险是主权作为债务人违约的风险，指一国政府未能履行其债务所导致的风险，即直接的主权信用风险；⑦ 第二类则认为主权风险是主权直接或间接影响该国债务人违约的风险⑧，包括政府对国外资金

---

① 何代欣：《主权债务适度规模研究》，《世界经济》2013年第4期。
② Barro, R. J., "On the Determination of Public Debt", *Journal of Political Economy*, 1979, 87 (5): 940 – 971.
③ Blanchard, O., Chouraqui, J. C., Hagemann, R. P., et al., "The Sustainability of Fiscal Policy: New Answers to An Old Question", OECD, *Economic Studies*, 1990.
④ Eaton, J., Fernandez, R., "Sovereign Debt", *Handbook of International Economics*, 2000, 3: 2031 – 2077.
⑤ Reinhart, C. M., "Default, Currency Crises, and Sovereign Credit Ratings", *World Bank Economic Review*, 2002, 16 (2): 151 – 170.
⑥ Eichler, S., Hofmann, M., "Sovereign default risk and decentralization: Evidence for emerging markets", *European Journal of Political Economy*, 2013, 32 (32): 113 – 134.
⑦ Cantor, R., Packer, F., "Determinants and Impact of Sovereign Credit Ratings", *Journal of Fixed Income*, 1996, 6 (Oct): 37 – 53.
⑧ Eaton, J., Fernandez, R., "Sovereign Debt", *Handbook of International Economics*, 2000, 3: 2031 – 2077. 曹荣湘：《国家风险与主权评级：全球资本市场的评估与准入》，《经济社会体制比较》2003年第5期。陆留存、田益祥：《主权信用评级的决定因素研究——基于一般面板数据和面板有序概率方法的分析》，《管理学家》（学术版）2011年第5期。

采取不利措施的风险,如实行价格或工资管制、冻结资产、禁止利润汇回、禁止撤回本金等。王稳等认为主权信用风险是指,一国的主权借款人未能及时、足额偿付其到期债务的风险,主要包括以下三点属性:第一,偿付意愿的重要性;第二,有限赔偿;第三,缺乏担保。① 考虑到很多非洲国家国内政治经济形势的复杂性,本书的主权债务风险使用第二种定义。在对债务风险的评估中,我们在测算各国直接债务负担的同时,也考虑了经济增长、国际收支和政治稳定性等间接因素。

关于债务可持续性的内涵界定,目前的相关研究文献尚缺乏广受认可的衡量债务可持续性的指标。一般而言,对债务可持续性这一问题的考察包括对外债务和公共债务两方面内容,外债通常与经常账户余额的变化相联系,而公共债务通常与政府的基本预算余额状况的变化相联系②。在主权债务可持续性基本内涵的界定方面,有多种竞争性的定义。国际货币基金组织、欧洲中央银行等权威机构都给出了主权债务可持续的定义。国际货币基金组织从预算约束的角度给出了债务可持续的条件:在给定融资成本,且没有出现重大调整的情况下,如果债务满足可清偿性条件,则其是可持续的。其中,债务可清偿性是指未来的基本账户盈余应足够大,能够偿还债务的本金和利息。③ 与国际货币基金组织类似,欧洲中央银行也是基于偿付能力给出了政府债务可持续性的定义:政府积累的债务在任何时候均可被及时清偿,政府具有偿付能力和流动性。④ 本书对债务可持续性的定义采用了国际货币基金组织的定义。后文还将对国际货币基金组织的债务可持续性分析框架进行更详细的介绍。

在本书的研究中会涉及三个指标。第一个指标是负债率,即外债总额占 GDP 的比例;该指标反映一国经济发展对外债的依赖程度,

---

① 王稳等:《2015 年全球主权信用风险评级研究》,《保险研究》2016 年第 4 期。
② Wyplosz, C., "Debt Sustainability Assessment: The IMF Approach and Alternatives", *Iheid Working Papers*, 2007.
③ IMF., "Assessing Sustainability", *IMF Staff Paper*, No. 02/28/2002, 2002.
④ ECB., "Analyzing Government Debt Sustainability in the Euro Area", *ECB Monthly Bulletin*, April, 2002.

是反映外债风险的长期和总体指标；国际上公认的警戒线为40%。第二个指标是债务率，即外债余额与出口收入的比例，在债务国没有外汇储备或不考虑外汇储备时，这是一个衡量外债负担和外债风险的主要指标；国际上公认的警戒线为小于100%。第三个指标是偿债率，即当年外债还本付息额占当年商品和劳务出口创汇的比例，由于出口创汇是外债还本付息的直接来源，因此偿债率被看作衡量外债风险最重要的指标；国际上公认的警戒线为20%。

主权债务的相关理论可以分为两大类，分别是政治经济学的外债理论和西方经济学的外债理论。在这两大类的基础之上，又衍生出诸多分支。政治经济学的外债理论起源于马克思，马克思在《资本论》及其他相关著作中对主权债务问题做了全新的解释，认为外债产生于信用，其性质是生息资本，因此本身具有二重性。

马克思认为外债产生于商业信用的观点与西方经济学相同，二者都认为对外借债是随着国际贸易发展而衍生出来的一种信用行为。不同的是，西方经济学家认为，信用来自货币，货币是永恒的，因此信用也是永恒的。而马克思认为，货币不是永恒的，信用也并非来自货币，但货币的出现使信用有了具体的表现形式，货币与生产力的发展相联系，因此信用实际是生产力发展到一定阶段的产物，其发展和演变都是由生产力的发展决定的。随着生产力的发展，原有的社会制度已经不能适应新的生产力发展的需要，国家开始出现。为了更好地管理公共事务，国家需要投入大量资金，国家财政相应而生。国家财政收入的主要来源是税收，除此之外，国家还可以通过发行公债来积累资本。公债最早是对内发行，即所谓的内债，随着国家规模的扩大，内债已无法满足国家的全部需要，国家开始向外界寻求资本，外债应运而生。

马克思将外债的性质定为生息资本，因而认为其具有生息资本的特征，即与资本的现实再生产过程无关，但为现实资本的再生产做准备，是幻想的、虚拟的资本，基本前提是还本付息。马克思认为信用与生产方式之间的关系具有两重性，狭义地讲，信用对生产力的发展一方面起着巨大的推动作用，另一方面又起着巨大的破坏作用；广义地讲，信用一方面对生产力的发展起着巨大作用，无论是积极的还是消极的,另一方面又推动着生产方式不断转变。而外债作为信用的一种重要转化形式,具有生息资本的特性,因此也具有两重性。外债一方面使债务国受制于债权国的控制,付出高额的利息,从而形成债权国对债务国的剥削;但另一方面,外债又在债务国国内经济萧条之时,客观上推动国际资本流入,促进了债务国生产力的发展。同时,马克思还认为外债是一国进行资本原始积累的有效手段。对外借债可以使政府收入增加,但同时并不增加税收负担,虽然其最终还是要通过税收来偿还。

西方经济学的外债理论最早可以追溯到古典经济学派,古典经济学派并没有提出系统的外债理论,有关外债问题的论述主要包含在公债理论之中。大多数的古典经济学家对政府举债持否定态度,他们认为政府举债会对国家经济造成损害,债务实际是税收的转化,未来将会导致人民税收负担的增加。

古典经济学派公债理论的代表人物是亚当·斯密和大卫·李嘉图。亚当·斯密曾在《国富论》中对公债问题进行了阐述,认为政府发行公债会对其经济发展造成损害。亚当·斯密认为,政府举债的原因是当权者的奢侈浪费,通过发行公债,政府将生产性资本转变为非生产性资本,从而导致国内生产性资本的减少,将会影响国民经济的长期发展。另外,政府债务最终会转嫁为税收,从而增加人民负担,因此,政府要做的是缩减开支而不是随意发债。唯一的例外是战争年代,亚当·斯密认为战争爆发时国家需要在短时间筹集大量资金用于国防事务,而发行公债是短期内筹集大量资金的有效方法,只有此时举债制度才优于其他制度。

大卫·李嘉图同样认为政府发行公债对其经济发展无益。李嘉图认为发行公债会使政府不知节俭,导致生产性资本的减少,如果这些资本被用于生产建设会成为未来利润的来源。另外,李嘉图还指出,发行公债的另一个弊端在于其掩盖了真实情况,相比于直接征税,发行公债更加具有欺骗性,掩盖了其背后税负的转嫁,使民众认为自己的境况和之前一样,从而不加节俭,长此以往必将对该国经济造成负向影响。因此,李嘉图认为,政府平衡其财政收支的重要方式应该是增加税收,而不是发行公债。

在古典经济学派之后的庸俗经济学派基本继承了古典经济学派的公债思想，其代表人物有萨伊和穆勒。萨伊继承了亚当·斯密的公债思想，认为公债使一部分国内资本由生产性投资转变为非生产性消费，因而不利于经济增长，还会引发通货膨胀，公债最终会转嫁为税负，会增加后代的税收负担。穆勒则继承了李嘉图的思想，穆勒对公债也持否定态度，认为政府应当节约支出，而不是随意发债。但穆勒认为，如果一国通过公债借入的是外资，则可以促使本国财富增加，而不减少国家资源。穆勒虽然不支持政府发行公债，但也赞同政府通过对外借债来促进经济发展的做法，对亚当·斯密的公债理论进行了修正。

进入20世纪之后，资本主义世界出现了空前的繁荣，但繁荣下隐藏着危机，最终于20世纪30年代爆发了严重的经济危机，世界经济陷入衰退，凯恩斯经济学开始登上历史舞台。与古典经济学和庸俗经济学不同，凯恩期经济学派认为政府发行公债能够有效促进经济的增长。

凯恩期学派债务理论的代表人物是凯恩斯，当时的西方国家正处于经济大萧条时期，凯恩斯认为，经济衰退的重要原因在于有效需求不足，此时仅靠市场的力量很难使经济从衰退中恢复。因此，凯恩斯主张政府干预，认为通过实施扩张性的财政政策可以有效增加社会总需求，弥补有效需求不足，带动社会总产出的增加，从而使经济从衰退中恢复过来。但是实施扩大的财政政策需要大量资金支持，无法从税收中足额获得，发行货币又会使国家面临通货膨胀的危险，因此发行公债就成为政府的有效选择。通过发行公债，政府能在短期内筹集大量资金用于经济建设，而不妨碍国民经济的运行，因此是宏观干预的有效手段。后来的经济学家在凯恩斯观点的基础上进一步提出，发行公债不仅可以使一国经济从萧条中恢复过来，还能促进经济的繁荣，增加就业和国民收入，是调节经济的重要工具。

凯恩斯的公债理论一度成为政府制定政策的重要依据，但20世纪70年代出现的"滞胀"使人们对凯恩斯理论产生了质疑，人们开始重新思考债务与经济增长之间的关系，经济学家们开始提出关于债务问题的新观点，代表人物有公共选择学派的布坎南，新古典综合学派的弗兰科·莫迪利安尼，以及罗伯特·巴罗。

布坎南反对凯恩斯公债有益论的观点，反对政府对经济的过度干预，认为政府发行公债只是将这一代人的负担转移给下一代人，牺牲的是子孙后代的利益，如果政府不能有效管理公债的发行，会引发严重后果。另外，通过发行公债来弥补财政赤字会扭曲人们的公共选择，使人们产生财政幻觉，由于短期内税收并未增加，人们更倾向于通过发行公债来为公共产品筹资，但会对经济的长期发展不利。

莫迪利安尼认为政府发行公债会对子孙后代产生影响，但判断其是否会给子孙后代带来负担的一个重要标准是，公债的发行能否使子孙后代继承的资本存量增加，如果增加，则发行公债有利，反之则有害。但总体而言，莫迪利安尼认为征税要优于发行公债，因为征税会减少消费，但对储蓄影响相对较小，也不会对民间资本存量产生影响。

巴罗的观点与布坎南和莫迪利安尼不同，他认为公债对经济的影响是中性的。巴罗认为，人们在进行决策时会考虑子孙后代的利益，如果意识到政府发行公债会导致后代税负的增加，则会通过增加遗产等方式来提高下一代人应付税收增加的能力，因此下一代人就不必承担上一代人的公债。

总体来看，经济学家的外债思想是随着时间推移而变化的，关于外债对经济影响的好坏并没有一个终极的定论，对其评价要考虑当时的社会情况。但对于政府发行外债是否正确的一个基本判断是，如果政府通过发行外债使自身的经济得到了发展，则可认为其外债政策有利，反之则有害。另外，在讨论外债的利弊时，不仅要考虑其对经济的短期影响，还要考虑对经济的长期影响。

二　主权债务对经济发展影响的现有研究

一国发行主权债券会对其经济社会产生影响，许多经济学家从理论和实证的角度对债务对经济增长的影响进行了研究，但结论并不一致。目前，关于债务对经济增长影响的观点大致可以分为四类，分别是债务有害论、债务有利论、债务中性论和债务非线性论。

债务有害论的观点起源于古典经济学派，亚当·斯密和大卫·李嘉图都认为政府发行债券会损害经济增长，认为政府举债的主要原因是统治者奢侈浪费，政府债务会导致生产性资本减少，从而使利润降低，对经济长期增长不利。尼日利亚1985—1995年和2000—2004年债务与经济增长之间的关系印证了古典学派的观点。奥贡穆伊瓦（Ogunmuyiwa）[1]以尼日利亚1970—2007年的数据为样本，对债务与经济增长之间的因果关系进行了研究，结果表明，虽然二者之间的因果关系无法确定，但是1985—1995年和2000—2004年尼日利亚国内生产总值增长缓慢，增长率甚至为负，与这一期间较高的债务水平存在很大关系。尼日利亚政府并未将政府债务用于国内生产性投资，而是用于消费等浪费性开支，尼日利亚领导人也出现腐败问题，这些因素的综合作用导致尼日利亚国内外投资和经济增长的下降。

债务有害论的另一代表性观点是，政府举债会挤出私人投资，因此对经济增长不利，这一观点是由弗里德曼（Friedman）[2]提出的。弗里德曼认为，私人会将一部分储蓄用于购买政府债券，因此政府债务水平的增加会导致私人资本的减少，进而导致私人投资水平的下降，而国内资本存量的减少又会导致利率的上升，加剧对私人投资的负向影响，政府投资回报率又通常低于私人投资回报率，因此政府债务水平的增加会导致经济增长速度的下降。弗里德曼的投资挤出观点广受关注，但也有一些经济学家提出了不同的看法，他们认为政府债务对私人投资除了存在挤出效应，还存在挤入效应，如伊登和克拉伊（Eden & Kraay）[3]就认为，政府投资和私人投资可能比我们想象的要互补得多，他们以30个低收入国家的数据为样本，对政府投资与私人投资的关系进行了研究。结果发现，政府投资每增加1美元，私人

---

[1] Ogunmuyiwa, M. S., "Does external debt promote economic growth in Nigeria", *Current Research Journal of Economic Theory*, 2011, 3 (1): 29 - 35.

[2] Friedman, B. M., "Learning from the Reagan Deficits", *The American Economic Review*, 1992, 82 (2): 299 - 304.

[3] Eden, M., Kraay, A., Crowding in and the Returns to Government Investment in Low-Income Countries, The World Bank, 2014.

投资会增加约 2 美元，产出会增加 1.5 美元，二者之间存在正向互补关系。

科恩（Cohen）① 认为，政府对债务的实际偿付也会导致私人投资的减少。他以最不发达国家为样本，对政府债务和实际投资之间的关系进行实证研究，结果发现，政府每偿还相当于 1% 的 GDP 的债务，就会减少相当于 0.3% 的 GDP 的国内投资。施克莱克（Schclarek）② 使用系统 GMM 动态面板模型，对发展中国家和发达国家的债务与经济增长之间的关系进行了实证研究。结果表明，发展中国家外债总额与经济增长之间存在负相关关系，且这种负相关关系主要由公共外债水平所驱动，因为私人外债水平与经济增长之间的关系并不显著。没有证据表明在债务水平较低的情况下，外债与经济增长之间存在正相关关系，即没有迹象表明二者之间存在倒 U 形关系。对于发达国家而言，政府总债务与经济增长之间不存在稳健的线性和非线性关系，即较高的公共债务水平不一定与较低的 GDP 增长率相关。

罗拉和奥利韦拉（Lora & Olivera）③ 主要对拉美地区的债务与经济增长之间的关系进行了研究，结果证明了高负债率影响经济增长的观点。他们通过研究认为，高债务对经济增长的不利影响主要在于，过高的债务会导致政府利息支付增加，从而导致其社会支出减少，而较高的债务负担又限制了政府进一步借债的能力，因而对经济产生不利影响。因此，政府应该加强对债务的管理，保护社会支出的最佳途径是避免过度负债。吴和库马尔（Woo & Kumar）④ 认为政府债务会导致长期经济增长率下降，高债务对经济增长的不利影响主要通过资本积累渠道产生，债务增加导致资本积累放缓，进而导致长期经济增

---

① Cohen, D., "Low Investment and Large LDC Debt in the 1980's", *The American Economic Review*, 1993: 437 – 449.

② Schclarek, A., "Debt and economic growth in developing and industrial countries", *Lund University Department of Economics Working Paper*, 2004, 2005: 34.

③ Lora, E., Olivera, M., "Public debt and social expenditure: Friends or foes?" *Emerging Markets Review*, 2007, 8 (4): 299 – 310.

④ Woo, J., Kumar, M. S., "Public debt and growth", *Economica*, 2015, 82 (328): 705 – 739.

长率下降。阿丰索和阿尔维斯（Afonso & Alves）① 对 1970—2012 年 14 个欧洲国家公共债务与经济增长的关系进行了研究，结果显示，无论是短期还是长期，债务扩张都不利于经济增长，公共债务每增加 1%，GDP 年平均增长率和五年平均增长率分别下降约 0.04% 和 0.03%。

债务有利论的代表是凯恩斯学派。凯恩斯认为，在经济衰退时期，政府为了振兴经济，必须采取扩张性的财政政策，增加社会的投资和消费，从而增加社会的有效需求，带动社会总产出的增加，使经济复苏。政府实施扩张性财政政策要以大量资金做基础，如果采用发行货币等手段，会造成通货膨胀等不良后果，但是举债不会导致通胀，政府通过发行债券可以在短期内聚集大量资金用于社会投资建设。艾肯格林和帕尼萨（Eichengreen & Panizza）② 研究了 1974—2013 年中高等收入国家债务与政府盈余之间的关系，结果表明，债务占国内生产总值比例越高，持续顺差出现的可能性越大。在经济衰退期间，公共债务可以为高回报的投资项目和扩张性财政政策提供资金，强有力的公共债务管理还可以减少商业周期中的税收扭曲。普拓尼和穆图库（Putunoi & Mutuku）③ 采用肯尼亚 2000—2010 年的季度经济数据对其国内债务与经济增长之间的关系进行研究。结果表明，肯尼亚国内债务扩张对其经济增长具有显著的积极影响，国内市场在支持肯尼亚经济增长方面发挥着越来越重要的作用。

债务中性论的观点起源于巴罗（Barro）。④ 巴罗认为，在世代交叠模型中，人们会对财富进行代际转移，决策时会考虑子孙后代的利益，如果意识到政府发行公债会导致后代税负增加，则会通过增加遗产等方式来提高下一代人应付税收增加的能力，因此，政府发

---

① Afonso, A., Alves, J., "The role of government debt in economic growth", *ISEG-UTL Economics Department Working Paper*, 2014 (16).

② Eichengreen, B., Panizza, U., "A surplus of ambition: can Europe rely on large primary surpluses to solve its debt problem?" *Economic Policy*, 2016, 31 (85): 5–49.

③ Putunoi, G. K., Mutuku, C. M., "Domestic debt and economic growth nexus in Kenya", *Current Research Journal of Economic Theory*, 2013, 5 (1): 1–10.

④ Barro, R. J., "Are government bonds net wealth?" *Journal of political economy*, 1974, 82 (6): 1095–1117.

行债券并不会产生边际国家财富效应,对经济增长没有影响。帕尼萨和普莱斯毕特(Panizza & Presbitero)① 利用外币债务与汇率变动之间相互作用所带来的估值效应作为工具变量来研究债务与经济增长之间的关系,因为外币债务会降低一个国家实施反周期宏观经济政策的能力,从而增加经济波动性,降低增长率。结果发现,没有证据表明,当负债率超过某个阈值时,债务对经济就开始产生负面影响,债务对经济的影响取决于债务的积累方式、债务来源和结构。尚没有研究能令人信服地证明发达国家的公共债务与经济增长之间存在因果关系,这种因果关系可能事实上并不存在。

债务非线性论的观点虽然早就有人提出,但被人们关注的时间较晚。债务非线性论认为,政府债务与经济增长之间存在倒 U 形的关系,在阈值之前,政府债务增加会促进经济增长,一旦超过阈值,债务继续增加就会对经济产生负向影响。史密斯和兴(Smyth & Hsing)② 以美国 1960—1991 年的数据为样本,考察是否存在促进经济增长最大化的最优负债率,结果发现,当公众持有的债券占 GDP 的比例达到 38.4%,总债务占 GDP 的比例达到 48.9% 时,经济增长率达到最高水平,即存在使经济增长率最大化的最优负债率。帕蒂略(Pattillo)等③ 采用 61 个发展中国家 1969—1998 年的数据,对外债总额与 GDP 增长率之间的关系进行了实证研究。结论认为,发展中国家的外债总额与经济增长之间存在一种倒 U 形的非线性关系,在总外债水平较低的情况下,债务增加会对经济增长产生积极影响,但在外债水平较高的情况下,这种关系就会变成负向的。债务与 GDP 之比的转折点是 35%—40%,债务与出口之比是 160%—170%。

莱因哈特和罗格夫(Reinhart & Rogoff)④ 在债务非线性方面作出

---

① Panizza, U., Presbitero, A. F., "Public debt and economic growth: is there a causal effect?" *Journal of Macroeconomics*, 2014, 41: 21–41.

② Smyth, D. J., Hsing, Y.. "In search of an optimal debt ratio for economic growth", *Contemporary Economic Policy*, 1995, 13 (4): 51–59.

③ Pattillo, C. A., Poirson, H., Ricci, L. A., External debt and growth, International Monetary Fund, 2002.

④ Reinhart, C. M., Rogoff, K. S., "Growth in a Time of Debt", *American Economic Review*, 2010, 100 (2): 573–78.

了开创性研究。他们采用44个国家约200年的数据，从统计角度对债务和增长之间的关系进行了分析，结果发现，对于发达国家，公共债务占GDP的比例达到90%以上的国家，其经济增长率的中值比其他国家低大约1%，即政府债务与经济增长之间呈现较为显著的负相关关系；对于新兴国家，当外债总额占GDP的比例达到60%时，经济的年增长率下降约2%，当这一比例超过90%时，经济增长率会下降一半。因此，莱因哈特和罗格夫认为，发达国家的政府债务与经济增长之间存在一个90%的阈值，超过该阈值，二者之间呈负相关关系，而新兴国家的这一阈值则降低至60%。关于政府债务与经济增长之间存在阈值的原因，莱因哈特和罗格夫认为，随着债务水平上升到历史极限，风险溢价开始急剧上升，使政府面临困难的权衡，即便是那些承诺全面偿还债务的国家，也会被迫大幅收紧财政政策，以让投资者觉得可信，从而降低风险溢价，但财政政策的紧缩会导致经济增长率的下降，因此债务与经济增长之间表现出负相关关系。莱因哈特和罗格夫还指出，选择过度依赖短期借款来为不断增长的债务融资的国家，尤其容易受到信心危机的影响，而信心危机可能引发意外的金融危机，因此传统的债务管理问题应该成为公共政策关注的首要问题。

莱因哈特和罗格夫的观点一经提出就受到了经济学家们的广泛关注，一些经济学家对该结论表示质疑。赫恩登（Herndon）等[1]复制了莱因哈特和罗格夫的研究，发现对数据重新进行整理，排除编码错误的数据和不恰当的汇总统计权重后，结果会发生显著变化。与莱因哈特和罗格夫的观点相反，赫恩登等人认为，当公共债务占GDP的比例超过90%时，GDP增长率的平均值和中位数与公共债务占GDP的比例较低时相比没有显著差异，公共债务占GDP的比例超过90%并不会持续降低一个国家的GDP增速，公共债务与GDP增长之间的关系因时期和国家而异。埃格特（Égert）[2]也对莱因哈特和罗格夫提

---

[1] Herndon, T., Ash, M., Pollin, R., "Does high public debt consistently stifle economic growth? A critique of Reinhart and Rogoff", Cambridge Journal of Economics, 2014, 38 (2): 257-279.

[2] Égert, B., "Public debt, economic growth and nonlinear effects: Myth or reality?" Journal of Macroeconomics, 2015, 43: 226-238.

供的数据重新进行了计量检验，他们采用非线性阈值模型对债务与经济增长之间的阈值进行检定，结果发现，债务与经济增长之间的负的非线性关系只在少数情况下成立。在债务水平较低的情况下，债务与经济增长也可能存在负相关关系，债务与经济增长之间的非线性效应可能随着国家和经济状况的不同而有所不同。艾贝哈特和普莱斯毕特（Eberhardt & Presbitero）[①]采用 118 个国家 1961—2012 年的数据对公共债务对经济增长的长期影响进行了研究，结果表明，债务与经济增长的长期关系为负向，公共债务负担较大的国家，长期债务系数相对更低，即对经济增长产生的负向影响更大，但没有证据表明两者之间存在倒 U 形的非线性关系，更不用说存在共同的门槛。

但有更多的学者从实证角度对莱因哈特和罗格夫的观点进行了支持。切凯蒂（Cecchetti）等[②]把债务分为政府债务、非金融企业债务和家庭债务，以 18 个 OECD 国家 1980—2010 年的数据为样本，分别研究了三者的水平对经济增长的影响，结果发现，在适度水平上，债务能改善一国福利，促进经济增长，但是债务规模过大，超过一定的阈值时，债务就会拖累经济增长，对于家庭和非金融企业来说，过度借贷会导致财务破产，对国家而言，太多的债务损害了政府为公民提供基本服务的能力。研究认为，政府债务影响经济增长的阈值约是占 GDP 的 85%，非金融企业债务影响经济增长的阈值是占 GDP 的 90%，家庭债务影响经济增长的阈值约是占 GDP 的 85%。鲍姆（Baum）等[③]采用动态阈值面板模型对 12 个欧元区国家 1990—2010 年公共债务与经济增长之间的关系进行了研究。结果表明，当债务/GDP 小于 67% 时，债务对 GDP 的短期影响正向且显著；当债务/GDP 为 67%—95% 时，二者之间关系不显著；当债务/GDP 超过 95% 时，债务对经济增长有负向影响。

[①] Eberhardt, M., Presbitero, A. F., "Public debt and growth: Heterogeneity and non-linearity", *Journal of International Economics*, 2015, 97 (1): 45–58.

[②] Cecchetti, S., Mohanty, M., Zampolli, F., The real effects of debt, Bank for International Settlements, 2011.

[③] Baum, A., Checherita-Westphal, C., Rother, P., "Debt and growth: New evidence for the euro area", *Journal of International Money and Finance*, 2013, 32: 809–821.

经济学家们还对债务对经济其他方面的影响，以及债务对经济增长的影响渠道进行了研究。艾森曼（Aizenman）等①在巴罗提出的具有公共产品外部性的内生增长模型的基础上，增加了债务和税收，研究不同税收、偿债能力对财政政策及经济增长的影响。结果表明，短期来看，债务对经济增长的影响取决于政府公共支出的用途，如果公共支出仅用于当前消费，则公共债务水平越高，长期经济增长率就越低；如果公共支出用于投资公共基础设施等，则放松债务上限可以通过提高向稳定状态过渡期间的经济增长率来提高福利。从长期来看，债务与长期经济增长率呈负相关，债务占 GDP 的比例越低的国家，其长期平衡增长率越高。艾森曼和马里恩（Aizenman & Marion）② 以美国为样本对债务与通货膨胀之间的关系进行了研究，结果表明，当经济增长停滞时，债务过剩可能会引发通货膨胀率的上升，而这种额外的通货膨胀会显著降低债务的比重，使美国的债务负担减轻，但是产生的负向影响是全球债权人对美元的依赖度降低。

帕蒂略（Pattillo）等③认为高负债通过有形资本积累和全要素生产率增长等渠道对经济增长产生负面影响，债务对增长的影响约有三分之一是通过有形资本积累产生的，三分之二是通过全要素生产率增长产生的。普莱斯毕特（Presbitero）认为，债务对经济增长的影响取决于一国的宏观经济状况，对于发展中国家而言，由于经济管理不善和制度不良，债务积压的消极后果很可能抵消额外资源供给可能带来的好处。库尔特洛斯（Kourtellos）等④采用结构性阈值回归方法对民主制度在公共债务与经济增长关系中所起的作用进行了研究，结果表明，当一个国家的机构的治理水平低于某一特定标准时，公共债务增

---

① Aizenman, J., Kletzer, K., Pinto, B., "Economic growth with constraints on tax revenues and public debt: implications for fiscal policy and cross-country differences", *National Bureau of Economic Research*, 2007.

② Aizenman, J., Marion, N., "Using inflation to erode the US public debt", *Journal of Macroeconomics*, 2011, 33 (4): 524 – 541.

③ Poirson, M. H., Ricci, M. L. A., Pattillo, M. C. A., What are the channels through which external debt affects growth? International Monetary Fund, 2004.

④ Kourtellos, A., Stengos, T., Tan, C. M., "The effect of public debt on growth in multiple regimes", *Journal of Macroeconomics*, 2013, 38: 35 – 43.

加会拉低经济增长率，如果一个国家的机构质量足够高，公共债务对经济增长的影响是中性的。

一些中国经济学家也对债务问题进行了深入研究。熊义明等[①]对发达国家政府债务削减的经验进行了分析，发达国家110年的经验表明，名义GDP的增长和通货膨胀率的增加都是削减政府债务的有效方式，但是只有适度的通货膨胀才有利于债务的削减，恶性的通货膨胀反而会产生不利影响，财政盈余对债务削减的贡献则大多为负。程宇丹和龚六堂[②]研究认为，债务对长期经济的影响取决于地方政府获取税收的方式，当征收扭曲税时，地方政府债务/GDP的扩大会长期损害经济增长；当征收非扭曲税时，地方政府债务规模的变化仅影响非扭曲税的税率，地方政府债务/GDP的扩大对经济增长的影响是中性的，中央政府债务/GDP的增加则会损害经济增长。吕健[③]从流动性的视角对中国地方债务对经济增长的影响进行了研究，结果发现，地方政府举债会导致流动性的增加，并通过地方政府事权、基础设施投资、官员政绩竞赛等三条渠道扩大投资规模和增加投资机会，进而推动地方经济增长。当年新增债务占GDP的比例小于6%时，地方债务能够成为有效的财政政策工具，为地方经济增长服务，而依靠大规模举债投资拉动经济增长的做法从长期看只会取得完全相反的结果。

在债务与经济增长的非线性关系研究方面，李刚等[④]利用19个OECD国家2001—2010年的数据，采用面板数据模型对公共债务和经济增长之间的关系进行了分析。研究认为，公共债务对经济增长没有显著影响，也不存在滞后效应。郭步超和王博[⑤]研究认为，政府债

---

① 熊义明、潘英丽、吴君：《发达国家政府债务削减的经验分析》，《世界经济》2013年第5期。

② 程宇丹、龚六堂：《财政分权下的政府债务与经济增长》，《世界经济》2015年第11期。

③ 吕健：《地方债务对经济增长的影响分析——基于流动性的视角》，《中国工业经济》2015年第11期。

④ 李刚、冯夏琛、王璐璐：《公共债务能够促进经济增长吗？》，《世界经济研究》2013年第2期。

⑤ 郭步超、王博：《政府债务与经济增长：基于资本回报率的门槛效应分析》，《世界经济》2014年第9期。

务对经济增长的影响具有门槛效应，但其作用机制在发达国家与新兴市场国家存在显著差异。他们利用52个国家1970—2011年的面板数据，估算了发达国家与新兴市场国家政府债务对经济增长影响的转折点，结果表明，新兴市场国家的资本回报率较高，其政府债务转折点高于发达国家水平。张启迪①研究了1970—2012年欧元区16个国家政府债务对经济增长的影响。结果表明，政府债务对经济增长的影响存在阈值效应，当债务水平较低时，政府债务对经济增长起到促进作用；而当政府债务超过一定水平时，则对经济增长有阻碍作用，阈值大概为54%—78%，同时也证明了两者之间存在双向因果关系。杜尔玏和蒋媛媛②对新兴国家债务与经济增长之间的非线性关系进行了研究，认为新兴国家的债务阈值约为110%，高于发达国家水平。徐文舸③利用1960—2013年34个OECD国家的数据进行研究，认为政府债务与经济增长之间存在倒U形的非线性关系，债务阈值为90%—110%。

总体来看，债务对经济增长的影响目前尚无统一的结论，研究样本国及时间段选取的不同会使结果产生较大差异。

三 主权债务风险评估的现有研究

近年来，债务危机在世界多个国家轮番爆发，成为国际社会关注的热点问题；国内外学者对于主权债务问题的相关研究也不断增加，研究的范围、水平不断提高。从20世纪70年代起，国际上发生的严重的主权债务危机包括70年代拉美国家的主权债务危机、80年代末到90年代初中东欧国家的主权债务危机、1994年墨西哥的主权债务危机、1998年俄罗斯的主权债务危机、2002年阿根廷的主权债务危

---

① 张启迪：《政府债务对经济增长的影响存在阈值效应吗——来自欧元区的证据》，《南开经济研究》2015年第3期。
② 杜尔玏、蒋媛媛：《政府债务与经济增长的关系——针对新兴市场国家政府债务阈值的讨论》，《学习与探索》2017年第8期。
③ 徐文舸：《政府债务影响了经济增长吗？——兼论如何削减债务》，《投资研究》2018年第5期。

机以及2008年全球经济危机后发生在迪拜和部分欧盟国家的债务危机等。主权债务违约往往是风险积累的结果，主权债务危机发生的原因也是多种多样的，例如货币贬值、资本外逃、负债过多、经济衰退等。①

由于对主权债务风险的定义没有统一的标准，目前各主要评级机构和学术界采用的主权风险度量和评估方法存在着一定的差异。在评级机构层面，世界主要评级机构都有专门的主权信用评级标准。标准普尔对主权债务风险的衡量包含了定性和定量两种标准。② 在定量方面借用经济金融指标数据来做分析，而定性方面主要是对主权信用进行展望。标准普尔的衡量指标一般有八大类，分别是政治、收入水平、经济结构、经济增长展望、财政弹性、公共债务负担、国际收支弹性、外债与流动性。与标准普尔的标准类似，穆迪的长期债务评级是对一个债券发行者完全及时地偿付本息的能力和意愿进行风险评估③。穆迪对于主权债务风险采取了分步骤评级的方法：首先，对一国的经济实力进行评估；其次，对政府的财务稳健性进行评估；最后，对经济实力、体制实力、政府财务实力和国家对风险事件敏感性进行综合评价，形成主权风险评级结果。

当前主要评级机构对国家主权信用的评级方法具有明显的缺陷。首先，评级公司之间的评级相关程度比较弱，评估结果存在不一致性。埃尔布、哈维和维斯坎塔（Erb, Harvery, Viskanta）的研究表明，标准普尔和穆迪的主权信用评级与红十字国际委员会（ICRC）的经济评级的秩相关仅为48%。④ 其次，由于道德风险、利益冲突和双重标准等问题的存在，评级机构对主权债务的评级不能对债务危机进行很好的预测，仅能作为主权债务危机的滞后指标。

---

① 金鹏：《主权债务危机视角下的主权风险分析》，东北财经大学硕士学位论文，2010年。
② 《中诚信国际信用评论》，载于《中诚信信用评估报告》，中诚信证券评估有限公司，2010年。
③ 黄瑾轩：《从金融危机视角对评级公司主权评级模型的分析和修正》，厦门大学硕士学位论文，2009年。
④ Erb, C. B., Harvey, C. R., Viskanta, T. E., "Inflation and World Equity Selection", *Financial Analysts Journal*, 1995, 51 (6): 28-42.

在学术界，康托尔和帕克（Cantor & Packer）通过对标准普尔和穆迪的评级指标和类别的分析和归纳，提出了一个被广泛认可的评估指标体系CP模型，衡量指标包括一国的国民人均收入、经济增长率、通胀率、财政收支、国民收支和信用状况。[1] 1997年亚洲金融危机后，尤特纳和麦卡锡（Juttner & McCarthy）在CP模型中加入5个新的变量来解释亚洲金融危机出现后的主权债务风险评估。[2] 对调整后的CP模型进行的回归检验结果显示，调整后的模型的总体解释力有所提高，R2从85%提升到88%，标准差从1.9降至1.7。另外，戈迪（Gordy）[3] 基于莫顿期权定价模型（B-S-M Model）提出了信用风险定价模型，进一步拓展了主权信用风险分析的途径。

在评估主权风险的方法上，CP模型与各主要评级机构的主权风险评级模型基本一致，仅在影响参数上有所改动，因此CP模型常被用来对评级机构的主权风险评级进行检验。本书认为，在评级机构主权风险评级模型的基础上，CP模型增加了政治因素、法律因素和经济改革因素等新的变量，能够更全面地分析各国的主权债务风险。CP模型的六大指标中，主权国家的人均收入与偿债能力成正比，即人均收入高的国家一般偿债能力强；人均收入也可以作为政治相关定性分析因素的替代因素，弥补定性分析的不足。经济增长率也与偿债能力成正比，高经济增长率的国家通常能不断积累财富，债务潜在偿还能力得以不断提高。通货膨胀率则与偿债能力成反比，高通胀率通常与宏观经济政策有关，有引发债务违约的可能。财政收支则最直接地决定了国家到期债务的偿还能力和意愿，财政赤字通常是引发主权债务违约的直接因素。经常账户逆差持续会导致主权国家主权债务的累积，增加主权信用风险。此外，一国的历史信用状况也明显对该国的主权信用风险产生影响。当然，由于政治、法律和改革等因素的不可

---

[1] Cantor, R., Packer, F., "Determinants and Impact of Sovereign Credit Ratings", *Journal of Fixed Income*, 1996, 6 (Oct): 37–53.

[2] Juttner, J. D., McCarthy, J., Modeling a ratings crisis, unpublished, Sydney, Australia: Macquarie University, 1998.

[3] Gordy, M. B., "Saddlepoint approximation of CreditRisk", *Journal of Banking & Finance*, 2002, 26 (7): 1335–1353.

定量性，CP模型对于主权风险评估的精确性稍差。

四　非洲国家债务问题的现有研究

国际上对于非洲国家债务问题的研究兴起于20世纪80年代非洲国家爆发债务危机后，在很长的一段时间内，关于非洲国家债务风险研究的成果绝大多数都来自西方发达国家。进入21世纪，随着中国与非洲国家经贸合作关系的不断密切，双方互为对方重要的经贸合作伙伴，非洲国家债务问题对中非经贸合作产生了明显的即期影响或潜在影响，中国各界对非洲国家债务问题的相关讨论和研究开始不断出现。

非洲国家债务问题起因于20世纪50—70年代非洲国家为发展经济向西方国家大举借债。70—80年代，由于外部的经济波动和非洲国家自身在发展中存在显著问题，非洲国家债务状况不断恶化，各国债务危机此起彼伏，严重影响了本国经济发展和国际金融市场的稳定[1]。1974年，撒哈拉以南非洲地区的债务总额为148亿美元，到1986年底，据世界银行的估计，非洲地区债务总额已经攀升到1020亿美元，相当于非洲各国出口总额的312.6%和GDP的69.8%[2]。

对于非洲国家债务问题产生的原因，国内外学者都进行了深入的研究。阿迪德吉（Adedeji）认为，二战之后全球经济增长的成果没有在穷国和富国之间公平分配，不合理的国际秩序使得非洲国家的外债水平迅速提高，对其国内经济产生了深刻影响[3]。宋鹏和高春颜认为，非洲国家债务问题的产生有着历史和现实的原因，包括经济发展理论缺失、工农业发展不平衡、出口结构单一和不合理的国际经济关

---

[1] 陈旻辉：《非洲债务可持续问题及对中非合作的影响》，《国际经济合作》2018年第2期。

[2] Callaghy, T. M., "Debt and Structural Adjustment in Africa: Realities and Possibilities", *Issue A Journal of Opinion*, 1988, 16 (2): 11–18.

[3] Adedeji, A., "Foreign Debt and Prospects for Growth in Africa During the 1980s", *Journal of Modern African Studies*, 1985, 23 (1): 53–74.

系和贸易条件等。① 奇米尼亚、邓恩和尼古拉迪（Chiminya，Dunne，Nikolaidou）对36个撒哈拉以南非洲国家1975—2012年的债务状况研究发现，除经济因素外，政治因素也对该地区国家的债务负担产生了明显的影响；该地区民主政府积累的债务多于专制政府，议会制国家比总统制国家积累的债务更多。②

关于非洲债务对经济增长的影响，维安（Were）③在对撒哈拉以南非洲的研究中指出，撒哈拉以南非洲目前仍然受到沉重的外债负担困扰，加上大多数经济体存在大规模贫困问题且经济存在结构性缺陷，使得实现快速和可持续增长和发展变得困难。克里斯腾森（Christensen）④以27个撒哈拉以南非洲国家1980—2000年的数据为样本进行研究，结果发现，这些国家的国内债券市场通常较小，短期债券占比较高，投资者基础较为薄弱，国内债券的利率支付还对当地政府的财政预算造成巨大负担，具有显著的挤出效应。玛娜（Maana）等⑤采用巴罗经济增长回归模型对肯尼亚国内债务对经济增长的影响进行了研究。结果表明，虽然肯尼亚公共债务的构成已向国内债务倾斜，但国内债务的扩大对经济增长产生了积极却不显著的影响。他进一步指出，巴罗模型需要大量的数据作基础，但是像肯尼亚这样的发展中国家可能无法获得这些数据集。阿巴斯（Abbas）等⑥则分析了1975—2004年93个低收入国家债务对经济增长的影响，其中包括40个撒哈拉以南非洲国家。研究结果表明，在适度的水平上，政

---

① 宋鹏、高春颜：《从全球治理的视角看非洲债务问题》，《改革与开放》2007年第6期。

② Chiminya, A., Dunne, J. P., Nikolaidou, E., "The Determinants of External debt in Sub Saharan Africa", *School of Economics Macroeconomic Discussion Paper*, 2018.

③ Were, M., "The impact of external debt on economic growth and private investments in Kenya: An empirical assessment", *Kenya Institute for Public Policy Research and Analysis*, 2001.

④ Christensen, J., "Domestic debt markets in sub-Saharan Africa", *IMF Staff Papers*, 2005, 52 (3): 518–538.

⑤ Maana, I., Owino, R., "Mutai N. Domestic debt and its impact on the economy – The case of Kenya", 13*th Annual African Econometric Society Conference in Pretoria*, South Africa from 9th to 11th July. 2008, 40: 346–598.

⑥ Abbas, S. M. A., Christensen, J. E., "The role of domestic debt markets in economic growth: An empirical investigation for low-income countries and emerging markets", *IMF Staff Papers*, 2010, 57 (1): 209–255.

府债务对经济增长有着显著的积极影响，但是当债务水平超过银行存款总额的35%时，政府债务对经济增长的影响开始由正转负，引发人们对挤出效应和银行效率的担忧。阿道夫和阿布拉（Adofu & Abula）① 对1986—2005年尼日利亚国内债务与经济增长之间的关系进行了研究，结果显示，国内债务对尼日利亚的经济增长产生了消极影响，尼日利亚政府应该以扩大税收基础而不是发行债务的方式来拉动经济增长。

一些研究发现，主权债务的规模和用途是影响非洲国家债务可持续性和经济增长的关键。门萨（Mensah）等的研究发现，非洲重债穷国（HIPC）在债务可持续性方面存在重大问题，外债很大程度上被投入消费而非投资。② 伊约哈（Iyoha）通过计量模型研究了外债对撒哈拉以南非洲国家经济增长的影响，结果显示，不断增加的外债通过"抑制"效应和"挤出"效应抑制了投资的增加。③ 杨宝荣关于中国对非洲国家债务脆弱性的研究显示，中国在非洲国家的债务减负进程中发挥了积极作用。在积极减免非洲债务的同时，中国通过扩大经济合作等方式提高了非洲经济发展水平，增强了非洲国家的偿债能力。④ 不同于传统的债务关系，中国对非洲的借贷和援助更多地刺激了非洲国家的出口、基础设施投资和经济增长，对非洲各国的债务可持续性产生了积极影响。⑤

对于如何解决非洲国家债务问题，一些学者提出了自己的观点和建议。陈允欣认为，为减轻债务负担，非洲国家应更加重视农业发展，控制人口的高速增长，并积极改变单一的经济结构，实现经济多

---

① Adofu, I., Abula, M., "Domestic debt and the Nigerian economy", *Current Research Journal of Economic Theory*, 2010, 2 (1): 22–26.

② Mensah, D., Aboagye, A. Q. Q., Abor, J. Y., et al., "External debt among HIPCs in Africa: accounting and panel VAR analysis of some determinants", *Journal of Economic Studies*, 2017, 44 (3): 431–455.

③ Iyoha, M. A., External Debt and Economic Growth in Sub-Saharan African Countries: An Econometric Study, Papers, 1999.

④ 杨宝荣：《债务与发展：国际关系中的非洲债务问题》，社会科学文献出版社2011年版。

⑤ Reisen, H., "Is China Actually Helping Improve Debt Sustainability in Africa?" *G24 Policy Brief*, 2007.

元化发展。① 从长期来看，非洲国家债务问题的解决一方面需要非洲国家自身不懈努力，加快国民经济的发展，改善投资环境，提高国民储蓄率，拓展资金来源；另一方面西方发达国家应从全球经济发展的角度出发，把建立公正的国际经济秩序作为解决非洲国家债务问题的切入点。② 普拓尼和穆图库（Putunoi & Mutuku）③ 认为，政府应努力将国内债务用于生产活动，为生产性项目提供资金，避免债务规模上升到不可持续水平，通过改善收入基础的方式来为预算赤字融资，而不是进行更多的国内借贷，同时通过建立适当的法律框架等方式对债务风险进行监控，避免债务风险的发生。另外，过度的国内借贷可能导致通胀，并可能挤出私人部门的借贷，因此还应该对国内市场借款情况进行监控。

综上，对于非洲国家债务问题的研究多集中于对20世纪80年代的非洲国家债务问题的讨论，而对21世纪以来的非洲国家债务问题缺乏系统的研究，尤其缺乏测算和实证研究，这在国内学者的相关研究中体现得尤为突出。国内学者通常更多地讨论非洲国家债务产生的原因和造成的影响等。对于非洲国家债务问题产生的原因，主流的观点认为，除不合理的国际秩序和西方国家的纵容外，非洲国家自身存在的发展规划不合理、政治局势不稳定和经济结构单一等问题也是重要因素。2018年开始，国际社会关于中国增加了非洲国家债务负担的声音开始出现，国内已有的对此类不实指责的反驳主要采取定性的方式来阐述，仅有的一些数据方面的证据也是来自于西方学者的相关研究，这种反驳方式的说服力有所欠缺。国内学者难以采用具体数据反驳的首要原因在于无法完整采集中国各类机构对非洲国家贷款的准确信息，很多机构对数据保密。关于解决非洲国家债务问题的途径，国内外学者的观点虽在具体措施上有差异，但总体上都认为，除了依

---

① 陈允欣：《非洲严峻的债务问题》，《上海师范大学学报》（哲学社会科学版）2001年第4期。
② 安春英、孟立红：《解决债务问题：新世纪非洲经济发展的当务之急》，《西亚非洲》2001年第5期。
③ Putunoi, G. K., Mutuku, C. M., "Domestic debt and economic growth nexus in Kenya", *Current Research Journal of Economic Theory*, 2013, 5 (1): 1-10.

靠国际社会的努力外,非洲国家摆脱债务危机还必须靠自身的努力。关于非洲国家自身努力的方向,实现经济多元化是国内外学者较统一的观点,尽快推进工业化进程和实现农业生产升级是学者提出较多的手段,国内学者也较多地关注了非洲国家开展国际产能合作的重要性。

第二章　非洲债务风险探析

一　非洲总体债务风险探析

（一）2000年之前非洲总体债务风险探析

非洲债务问题最早可追溯至20世纪五六十年代。第二次世界大战爆发后，非洲开始掀起独立浪潮，这股潮流最早起源于北部非洲，1952年，纳赛尔领导埃及自由军官组织发动政变，推翻英国控制的政权。这一行动激励了其他非洲国家，独立浪潮从北部非洲向非洲其他地区扩展开来。1960年，非洲17个国家获得独立；到20世纪60年代末，共有32个非洲国家先后获得独立。

非洲国家独立初期，外债规模都不大，多数为前殖民政府所欠外债，在几百万到几千万美元之间，只有少数几个国家的外债在一亿到十几亿美元之间，但非洲各国在独立后为发展经济，纷纷向西方国家寻求更多的贷款，导致外债规模快速扩大。这一时期，非洲国家外债规模的扩大直接推动了经济的快速发展，20世纪60年代，非洲国内生产总值年均增长率为4.7%，1960—1975年非洲工农业生产总值约增长了一倍。如科特迪瓦通过咖啡、油棕等传统农业的发展，国民经济年均增速达12%，人均国民生产总值从1960年的153美元增加到1979年的1169美元，被誉为"西非经济的橱窗"；坦桑尼亚在独立后的十几年内兴建了1200多家工厂；尼日利亚、利比亚、阿尔及利亚等国在石油工业的带动下建立了相对完整的工业体系；1980年利比亚人均收入达10309美元，比独立时增加了

300倍。①

非洲国家最早获取贷款的对象主要是国际金融机构和西方发达国家政府，如世界银行、国际货币基金组织、美国和西欧国家政府等，形式主要是无息和低息贷款，其中赠与占三分之一左右。70年代后，随着布雷顿森林体系的解体，国家对资本主义国际货币体系的调节作用降低，私人借贷资本开始增加，非洲国家所能获得的优惠货款和赠与不断减少，高利率贷款和私人银行贷款占比不断加大。1973—1982年，国际债权者给撒哈拉以南非洲国家提供的优惠贷款在贷款总额中所占比例从47.2%下降至39%，赠与在贷款总额中所占比例从32%下降至15.6%。②布雷顿森林体系的解体造成国际金融市场的不稳定，债权国和国际金融机构为避免金融波动造成的贷款风险，大幅提高贷款利率，缩短贷款期限和宽限期，对非洲国家债务偿还造成不利影响。

20世纪70年代后期，非洲国家外债开始陆续到期，但是受国际市场大宗商品价格下跌和持续大旱影响，很多非洲国家经济陷入困境，无力偿还外债，而对外贸易逆差的扩大，又使这些非洲国家的偿债率，即还本付息额占出口收入的比例不断增加，资信状况恶化，一些国际金融机构不愿意继续贷款给这些非洲国家。1978年非洲国家的外债中，从国际金融机构所获贷款占总贷款的62.5%，1985年下降到47%，之后又继续下降。③国际金额机构贷款金额的下降使一些非洲国家不得不转向商业银行，但是与国际金融机构相比，商业银行的贷款利率通常较高。国际金融机构的贷款利率一般在5%左右，而商业银行的贷款利率则为12.7%—14.5%。1971年，非洲国家从商业银行所获贷款占贷款总额的32.5%，1983年上升至41.53%。1982年，阿尔及利亚、津巴布韦和科特迪瓦等国向商业银行贷款占当年外债总额的70%以上，尼日利亚更高达81%，加蓬、加纳、摩

---

① 杜立克、冯超英、任其怿：《20世纪世界史（1900—2000）》，内蒙古大学出版社2010年版，第288页。李红庆、李玉娟：《战后资本主义国家经济发展简史》，辽宁大学出版社2006年版，第216页。
② 李起陵：《试论非洲的债务问题》，《西亚非洲》1986年第3期。
③ 丁顺珍：《非洲开始重视债务危机》，《现代国际关系》1988年第4期。

洛哥和贝宁等国也在50%以上。非洲国家从商业银行贷款的比例上升，导致非洲国家贷款的平均利率快速上涨。1974年，非洲国家贷款的平均利率为5%，1985年上升到10%，1987年上升到14%，非洲国家债务负担日趋沉重。除贷款平均利率上涨外，非洲国家从商业银行借贷的增加还导致贷款结构的改变，短期贷款在总贷款中所占比例大幅提升。以美国商业银行向非洲国家放贷为例，1979年，非洲国家从美国商业银行借贷的短期贷款在当年美国商业银行给非洲国家的贷款总额中占比达44.7%，1982年增长至67.5%，过高的短期贷款占比进一步加大了非洲国家的偿债压力。①

　　1973年非洲国家外债总额为171亿美元，1982年达1009亿美元，增长了4.9倍。撒哈拉以南非洲国家外债总额从100亿美元提高到504亿美元，增长了4倍。其中，马达加斯加等12个国家的外债总额增长了9倍以上，布隆迪、卢旺达分别增长了24倍和25倍，安哥拉外债额在1978—1982年增长了4倍。②非洲外债总额虽然没有拉丁美洲高，但债务负担比拉丁美洲更重，因为绝大多数非洲国家的经济规模较小，工农业基础薄弱，出口产品单一，相对债务负担更为沉重。从外债占国民生产总值的比例来看，非洲也是世界各地区中比例最高的。1982年，非洲国家外债总额占国民生产总值的35%，高于拉丁美洲的32%和亚洲的23%。其中，贝宁、佛得角、科摩罗、埃及、利比里亚、马达加斯加、摩洛哥、马拉维、塞内加尔、乍得、科特迪瓦和冈比亚12个国家的外债总额占国民生产总值的50%—75%；苏丹、扎伊尔、赞比亚、几内亚、几内亚比绍、马里、索马里、毛里塔尼亚和多哥等国的债务总额占国民生产总值的75%以上。苏丹、多哥等国的人均债务约等于人均国民生产总值，毛里塔尼亚的人均债务超过人均国民生产总值的一倍以上。据世界银行统计，1982年，非洲国家中外债总额超过出口收入的国家有34个，超过出口收入两倍的国家有19个，超过出口收入三倍的国家有5个，苏丹的外

---

① 李起陵：《试论非洲的债务问题》，《西亚非洲》1986年第3期。
② 陆苗耕：《非洲债台高筑》，《世界知识》1985年第6期。

债总额相当于出口收入的 7 倍。①

随着外债规模的扩大，非洲国家年偿债额不断上升。1982 年，非洲国家偿债额占国民生产总值的 6%，高于拉丁美洲的 4% 和亚洲的 2%。其中，阿尔及利亚、摩洛哥、科特迪瓦等国的偿债额占国民生产总值的 9% 以上，有的国家高达 15%。1982 年，撒哈拉以南非洲国家所需偿还的债务本息达 52 亿美元，仅利息就达 23 亿美元，相当于美国对非洲援助总额的 1.5 倍。据联合国非洲经济委员会统计，1980 年非洲国家有 10.7% 的国民收入用于偿还债务，1983 年上升到 22.4%。此外，国际市场利率的上升也使非洲国家的债务偿还雪上加霜。很多非洲国家的外债以美元为结算货币，美元升值使债务负担进一步加重，不少国家陷入借新债还旧债的恶性循环。

非洲国家外债不断上升的同时经济却在不断衰退。非洲国家独立大潮后，经历了 20 多年的经济发展，但绝大多数国家的经济结构并无明显改善，单一产业特征明显，出口品仍以原材料和初级产品为主，这导致非洲国家经济对世界市场的变化非常敏感，一旦国际环境发生不利变化，它们就可能陷入危机。80 年代中期，国际市场大宗商品价格的下降对非洲国家经济造成了沉重打击。1986 年，非洲主要出口产品中的可可、咖啡、棕榈油等价格一度下降 74%，棉花价格下降 46%，橡胶价格下降 22%，碳酸盐等矿产品价格也不同程度下降，而非洲国家大量进口的工业制成品价格反向上升，涨幅高达 20%，二者综合作用使非洲国家的出口收入急剧下跌。1986 年，非洲国家的出口收入为 450 亿美元，较上年下降 29%。出口收入的减少带来国际收支赤字的增加，1986 年，非洲国家的国际收入赤字达 215 亿美元，是 1985 年的 3 倍多。② 沉重的外债不仅对非洲国家经济造成了严重影响，还引发了部分国家的政局动荡。比如，尼日利亚 1983 年外债总额高达 200 亿美元，经济衰退引发了社会动荡，年底，沙加里文官政府被军人集团废黜。

为解决非洲债务问题，1984 年，非洲统一组织通过了关于非洲

---

① 曲阜：《非洲国家的债务问题》，《西亚非洲》1984 年第 6 期。
② 丁顺珍：《非洲开始重视债务危机》，《现代国际关系》1988 年第 4 期。

外债的《亚的斯亚贝巴宣言》，宣称要通过集体努力，降低外债负担，之后几乎所有非洲国家都加强了对外债的管理。1985年7月，第21届非洲统一组织首脑会议在通过《非洲经济复兴优先方案》的同时，提议召开国际会议来共同商讨解决非洲债务问题。1987年7月，第23届非洲统一组织首脑会议就非洲债务问题再次进行讨论，通过了《关于债务问题宣言》，提出有效合理地解决债务问题是非洲国家经济复兴和发展必不可少的先决条件。1987年11月30日—12月10日，非洲统一组织就外债问题举行特别首脑会议，呼吁国际社会和非洲国家把解决非洲债务问题与消灭贫困和饥饿放在同等重要的位置，恳请国际社会，尤其是西方发达国家、国际和区域性金融机构及私人商业银行等采取全面合理措施，帮助非洲国家减轻债务负担。会议通过了《非洲国家对非洲外债危机共同立场》和《关于非洲债务危机宣言》两个文件。《非洲国家对非洲外债危机共同立场》提出了关于解决非洲债务问题的7条措施，包括：改善国际经济环境，提高非洲初级产品价格，消除贸易保护主义和其他贸易障碍；把非洲过去接受的官方双边贷款改为赠款；对今后若干年内到期债务重新安排，债务偿还期限为5年至50年，无息宽限期至少为10年；对所有新增加的贷款都给予50年的偿还期及10年的宽限期；从1988年起暂停还债10年；允许偿付本息与出口收入挂钩，到期还本付息不应超过出口收入的合理比例；部分官方双边债务可用当地货币偿还。①《关于非洲债务危机宣言》强调债权国应该采取在《非洲国家对非洲外债危机共同立场》文件中提出的一些措施，包括中止非洲国家偿还外债10年，把过去官方的双边贷款变成赠款，给所有新的贷款50年偿还期和10年宽限期等，帮助非洲国家渡过危机。②

为防止非洲债务形势恶化，西方国家采取了各种措施。1987年6月，西方七国在威尼斯召开首脑会议，就非洲债务问题进行讨论，提出对努力调整的贫困国家，可以考虑降低债务偿付利息，并给予较长的偿还期和宽限期；拟对撒哈拉以南非洲国家采取一些特殊措施。会

---

① 宗非：《非洲外债危机浅析》，《西亚非洲》1988年第3期。
② 叶志雄：《加强合作 共渡债务危机》，《瞭望周刊》1987年第50期。

后，巴黎俱乐部与马拉维、尼日尔、莫桑比克、索马里、毛里塔尼亚等国就债务问题达成协议，将债务偿还期延长至20年以上，且有10年宽限期。英国、加拿大和北欧国家对非洲债务积极减免，至1987年底，英国政府已免除了20多个低收入国家16.9亿美元债务，其中13个是非洲国家。

1988年6月，西方七国在加拿大多伦多召开首脑会议，该会议是西方国家应对非洲债务问题态度的分水岭，非洲债权人认识到了非洲债务问题的严重性，开始积极采取行动加以解决，在某些债务问题上与非洲国家达成一致意见。会议上，巴黎俱乐部债权国宣布了"多伦多条款"，对非洲国家优惠债务和非优惠债务的解决方案进行了详细说明，根据该条款，非洲国家的优惠债务偿还期和宽限期都被延长，偿还期可延长到25年，并有14年的宽限期，但优惠债务延期偿还的利息保持不变。对于非洲国家的非优惠债务，"多伦多条款"提出了部分减免、延长偿还期和宽限期，以及降低利息等解决方案，即将非洲国家的债务总额减免1/3；偿还期延长到25年，并有14年宽限期；同时降低非洲债务的偿债利息。① 1988年10月，在西柏林召开的第43届国际货币基金组织和世界银行年会上，西方七国一致声明，同意减免重债国的债务负担。

1989年3月，美国财长布雷迪提出了解决国际债务危机的新构想，即"布雷迪计划"，提出以世界银行和国际货币基金组织为后盾，鼓励并资助债权银行与债务国达成协议，自愿减免债务国的部分债务本息；同时要求国际金融机构继续向债务国提供新贷款，以促进债务国经济发展，提高还债能力。"布雷迪计划"把解决外债问题的重点放在债务本息的减免上。在未来3年，债权国将为39个重债国的3400亿美元债务减免700亿美元，同时国际货币基金组织和世界银行为此提供200亿—250亿美元的财政支持。② "布雷迪计划"取得了一定成效，但具有很强的局限性，比如要求享受减免债务的国家必

---

① 陈允欣：《非洲严峻的债务问题》，《上海师范大学学报》（哲学社会科学版）2001年第4期。

② 任一夫：《国际债务调整的几种方案》，《外国经济与管理》1989年第11期。

须强制实行结构调整和体制改革,导致该计划最终只有少数国家得益,大部分国家的债务未能减免,即使达成减债协议的国家,协议涉及的债务也仅占债务总额的一小部分。

国际组织和国际金融机构等也为解决非洲外债危机做出了努力。1986年6月,第13届特别联大通过了《联合国1986—1990年非洲经济复苏和发展行动纲领》,建议国际社会,特别是发达国家增加援助资金,支持非洲国家发展经济。1986年3月,国际货币基金组织建立"结构调整贷款",贷款额为27亿单位的特别提款权(SDR),约合33.5亿美元,为因经济结构调整而发生国际收支困难的发展中国家提供优惠贷款。1987年下半年,国际货币基金组织又建立了"扩大的结构调整贷款",目标是90亿单位的特别提款权(SDR),其余部分由捐款国认捐,贷款中有一部分被用于为非洲欠发达国家提供优惠贷款。1987年12月,世界银行和其他捐款国制定了为期3年(1988—1990年)的对非洲低收入债务国特别援助规划。[①] 1989年,世界银行设立了1亿美元的债务削减贷款,用来帮助低收入国家购回商业银行债务。1988年9月,世界银行减免了13个非洲低收入国家早期贷款利息,并保证今后每年提供4亿美元作为国际开发协会的额外贷款给非洲低收入重债国家。此外,还计划筹资9.5亿美元作为新的双边援助。[②] 经合组织也放宽了巴黎俱乐部的协议条件,从1987年4月起,对非洲低收入重债国家的债务偿还期限延长为20年,宽限期10年,即比原来规定的期限增加了5年。但由于宽限期延长利息增加,债务的还本付息额也随之增加。1987年11月,欧洲经济共同体也提出了一项总额为1100亿美元的援助撒哈拉以南非洲国家的计划。[③]

虽然非洲国家和国际组织、国际金融机构、部分西方发达国家为解决非洲债务危机做出了努力,但并未成功阻止非洲国家外债继续攀升的趋势。更受诟病的是,无论是国际货币基金组织的"结构调整贷款",

---

① 杨九声:《发展中国家债务问题的回顾和现状》,《世界经济》1989年第10期。
② 唐宇华:《八十年代撒哈拉以南非洲国家的债务危机与国际减缓措施》,《世界经济》1990年第8期。
③ 宗非:《非洲外债危机浅析》,《西亚非洲》1988年第3期。

还是世界银行的特别援助规划，都带有明确的附加条件，如要求受援国减少国家干预和国家计划，依靠市场力量来自发调节国际收入和国内经济，实施经济自由化政策，减少国内关税壁垒，放松汇率和利率管制，减少或取消政府补贴，实施紧缩的货币政策和财政政策，限制货币供应量等。这些措施在市场经济发展并不成熟的非洲国家产生的弊端远大于积极作用，金融自由化提高了非洲国家的国内利率，货币贬值导致进口货物支出提升，国内产品价格上涨，人民生产水平下降。

1991年，非洲国家外债总额达2800亿美元，偿债总额达279亿美元，占出口收入的20%以上；1991—1995年，非洲国家偿债总额占出口收入的26%以上，且债务规模仍在攀升；到1997年底，非洲国家外债总额达3152亿美元，相当于当年非洲国家国内生产总值总和的50.9%，相当于当年非洲国家出口总额的194.2%。与此同时，非洲国家经济表现不佳，1986年国民生产总值（GNP）增长率为2.6%，1990年下降至2.3%，人均国民生产总值下降近0.7%。[1]

1991年7月，西方七国在伦敦举行首脑会议，就发展中国家债务问题进行商讨，建议发达国家减免欠债最多且极度贫困的国家外债的三分之二，其中包括29个非洲国家。会后，西方国家做出了反应，如欧共体决定取消非洲贫困国家10亿美元债务，美国决定免除非洲国家41.9亿美元债务，巴黎俱乐部的债权国免除埃及所欠430亿美元债务的一半等。[2]

90年代中期，国际社会意识到一些低收入国家，主要是非洲国家的外债危机极端严重，之前采取的措施并不能让这些国家摆脱债务危机。1996年9月，国际货币基金组织和世界银行发起倡议，要求国际社会为"重债穷国"（HIPC），主要是非洲国家，实行债务减免，即所谓的重债穷国动议，希望能够协助世界最穷困的国家将外债降低至其能够承担的水准。动议的核心是债务国努力实行宏观经济调整，以及经济结构和社会政策改革，同时保证为社会部门规划，包括卫

---

[1] 白育英：《从非洲外债现状看发展中国家的振兴》，《张掖师专学报》（综合版）1992年第1期。

[2] 陈允欣：《非洲严峻的债务问题》，《上海师范大学学报》（哲学社会科学版）2001年第4期。

生、基础教育及其他公共设施建设等增加融资。1999年6月，西方八国集团在科隆举行的首脑会议上，建议放宽重债穷国动议对发展中国家的减债援助标准，以保证更多的国家加入到动议中来。1999年9月，国际货币基金组织和世界银行对重债穷国动议进行修改，形成了加强型重债穷国动议，解决了原有减债机制在实行中存在的减免数额小、交付速度慢等缺陷。

重债穷国动议取得了一定效果，截至2002年7月，获得援助的42个国家中，有6个国家达到重债穷国减债计划完成点，其中包含布基纳法索、毛里塔尼亚、莫桑比克、坦桑尼亚、乌干达5个非洲国家；有20个国家达到重债穷国决定点，其中有16个非洲国家。该减债方案总承诺对符合条件的非洲重债国家减债513.2亿美元。以撒哈拉以南非洲为例，达到减债标准的21个国家1996年外债额为1073.64亿美元，债权国和机构承诺对这些国家到2002年减除债息414.4亿美元，减幅达38.60%。①

重债穷国动议的出台以及西方国家的减债努力使非洲债务水平在2000年后逐渐稳定下来，进入了长达十年的债务稳定期。2005年，国际货币基金组织、世界银行和非洲发展基金又联合推出了多边债务减免倡议（Multilateral Debt Relief Initiative，MDRI），作为重债穷国动议的补充，允许三个多边机构为完成重债穷国动议进程的国家提供100%债务减免，目的是帮助符合条件的国家朝着联合国千年发展目标迈进，目标是到2015年将贫困人口的数量减少一半。

（二）2000年之后非洲总体债务风险探析

进入21世纪，非洲经济中长期存在的通胀顽疾逐步得到控制，与此同时，非洲经济开始进入稳定增长时期。2002—2007年，非洲实际GDP增长率保持在5%以上，通胀率也基本控制在10%以内。增长率和通胀率"一高一低"的局面标志着非洲经济进入了一个比较理想的发展期。② 受2008年全球金融危机和2011年"阿拉伯之

---

① 杨宝荣：《"重债穷国减债计划"非洲案例研究》，《西亚非洲》2005年第3期。
② IMF, World Economic Outlook Database, Sustaining the Recovery, Oct. 2009.

春"的冲击，2009年非洲经济增速降到2.7%，2011年又跌至1.1%。但随后非洲经济展现出良好的弹性，2012年经济增速恢复到5%，远超2.2%的世界平均水平。2012—2017年，非洲经济年均增长率为3.98%，高于全球平均水平。① 非洲发展银行发布的《2013—2022年的战略——以非洲转型发展为基础》报告认为，2016年以后的较长一段时间内，非洲经济仍将保持较为快速的增长。② 国际货币基金组织在《2017世界经济展望——谋求可持续增长》报告中指出，2018年非洲经济增速将由2017年的2.8%上升为3.4%，未来一段时间将保持平稳增长。③ 回顾1995年以来的非洲经济发展，我们有理由认为这是非洲独立以来持续时间最长、增长最快的发展阶段。长期以来，经济结构单一是阻碍许多非洲国家发展最大的瓶颈之一。实现经济多元化是解决这一问题的重要方案，经过多年努力，有些非洲国家的经济多元化初见起色；部分非洲国家经济实现了更快发展，逐步成长为世界重要的新兴经济体。

然而，伴随经济增长的是非洲国家债务的持续累积，近年来非洲国家潜在的债务危机已经成为一个不容忽视的问题。国际货币基金组织表示，乍得、南苏丹、刚果（布）和莫桑比克在2017年陷入"债务危机"，令人担忧的是，还有许多非洲国家可能将陷入债务陷阱。发展智库全球发展中心（Center for Global Development）主席马苏德·艾哈迈德表示，非洲国家债务负担沉重，增加的债务是由寻求高收益资产的商业银行促成的。虽然负债率仍低于导致国家成为重债穷国的水平，但风险很高。④ 受2008年全球金融危机的影响，美国、欧盟、日本等西方主要发达国家陆续实行量化宽松政策，低利率导致西方发达国家的金融机构将目光投向非洲，期望从非洲获得更高投资回报。同时，非洲多数

---

① IMF, Cyclical Upswing, Structural Change, World Economic Outlook, April 2018.
② African Development Bank Group, AfDB Strategy for 2013-2022-At the Center of Africa's Transformation, May 16, 2013, p. 5, http://www.afdb.org/en/documents/document/afdb-strategy-for-2013-2022-at-the-center-of-africas-transformation-31420/.
③ IMF, World Economic Outlook-Seeking Sustainable Growth, Short-Term Recovery, long-Term Challenges, October 2017, p. 18.
④ 《非洲国家陷入新的债务危机》，东方财富网，2018年4月20日，http://finance.eastmoney.com/news/1351, 20180420860818452.html。

国家经济发展仍然滞后；经济结构单一，对某一产业和国际市场的依赖性强；政府财政收入来源有限，无法完全借助本国力量支持国内基础设施建设和社会公共服务，从国际社会融资成为多数非洲国家的最优选择。国际金融机构的服务与非洲国家的需求相吻合，双方容易达成一致，非洲各国开始逐渐增加国际融资数量，债务总额开始快速累积。

近几年，随着全球经济复苏，西方发达国家又开始了逐渐退出量化宽松政策的步伐，进入加息通道，比如美联储自2015年12月以来数次加息，已将联邦基金目标利率提至1.25%—1.5%，美联储在2018年已经三次加息，最近一次发生在2018年9月27日，美联储宣布上调联邦基金利率目标区间25个基点至2.00%—2.25%，这是美联储2015年12月开启本轮货币政策紧缩周期以来的第8次加息。美联储连续加息使新兴经济体面临国际资本大幅外流的风险，部分国家不得不提高利率以避免资本大幅外流和本币贬值，使得自身的货币政策面临紧缩压力，从而导致非洲国家偿债压力增大。而多数非洲国家经济较为脆弱，易受自然灾害、国际市场及政治安全突发事件的影响，经济增长的可持续性面临较大的不确定性。例如，受经济体量约占非洲总规模一半的尼日利亚和南非（2016年两国的GDP分别占非洲GDP总量的29.3%和19.1%）经济增速放缓的影响，2016年非洲大陆经济增长率由2015年的3.4%迅速降至2.2%。[①] 较大规模的债务和经济增长的不确定性为非洲国家债务可持续性画上了问号。

学术界通常用负债率（外债占GDP的比例）和公共债务占GDP的比例这两个指标来对一个国家的债务状况进行描述。根据国际货币基金组织和世界银行的定义，外债是包括一切对非当地居民以外国货币或当地货币为核算单位的有偿还责任的负债。外债是非洲债务的重要组成部分。如果一个国家外债偿还压力较大，通常国外投资者对该国的投资行为会更谨慎，一般将导致国际直接投资下降，而国际直接投资的下降和资金的流出将导致货币的贬值和利率提高，进一步增大该国外债偿还压力，形成恶性循环，最终导致债务危机的发生。公共

---

① Afdb, OECD, UN, African Economic Outlook-Entrepreneurship and Industrialisation, Jun 2017.

债务则指的是政府为筹措财政资金，凭其信誉按照一定程序向投资者出具的，承诺在一定时期支付利息和到期偿还本金的一种格式化的债权债务凭证。公共债务是政府收入的一种特殊形式，以政府信用或财政信用为担保。对于经济运行平稳、政局稳定的国家而言，即使公共债务发行水平较高，一般也认为其面临较低的债务风险；然而一些非洲国家或长期政局不稳、政权更迭频繁，或民族冲突、宗教冲突不断，或政府治理能力低下、腐败问题严重，都使其面临较大的政治或经济社会层面的不确定性。一方面较高的不确定性意味着较低的政府信用，另一方面政治社会动荡会极大的阻碍国民经济发展，这都会使非洲国家面临较高的债务风险。本研究也分别从外债和公共债务的角度来探究非洲国家的债务状况。

从图2-2可以看出，20世纪70年代以来，非洲国家总体外债持续增加，年增长率保持在10%以上，70年代末期一度高达50%左右。到2005年，非洲国家外债总额累计超过3000亿美元，非洲国家每年将大量财政收入用于偿还到期债务。一方面为了避免非洲国家出现大范围的债务危机，波及到自身，另一方面为了鼓励非洲国家继续向发达国家借贷，西方发达国家在2005年免除了部分非洲国家债务，这使非洲国家外债总额在2006年迅速下降。2006年，非洲国家首次发行了主权债券，之后债券发行规模逐渐增加；同期，非洲各国举借外债再度加速，2006年至今，非洲国家的平均外债增长率继续保持在10%左右，远高于平均GDP增长率，到2016年，非洲外债总额首次超过6000亿美元[①]。

从图2-1中可以看到，2006年之前，非洲国家总体外债负债率呈下降趋势，这主要得益于20世纪90年代以来非洲经济的较快发展，及国际货币基金组织和世界银行提出和实施的重债穷国计划。2006—2014年，非洲国家外债负债率保持相对稳定，从2014年开始，外债负债率开始呈现明显上升趋势。主要原因是原油矿产等国际大宗商品价格的下跌，及全球性经济增长放缓使部分非洲国家经济陷入困境，美元加息又使国际金融市场的融资成本上涨，大量资本从非

---

① 数据来源：Wind数据库。

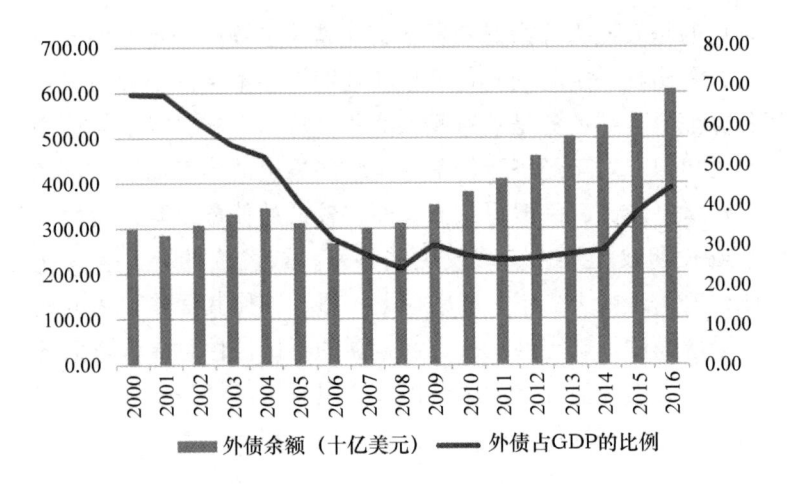

图 2-1 2000—2016 年非洲国家总体外债状况

资料来源：Wind 数据库。

洲国家撤离，导致非洲国家货币大幅贬值，进一步恶化了经济形式，货币贬值还加重了以美元计价的外债负担，非洲国家的财政收入难以抵销日益增长的债务和利息需求。

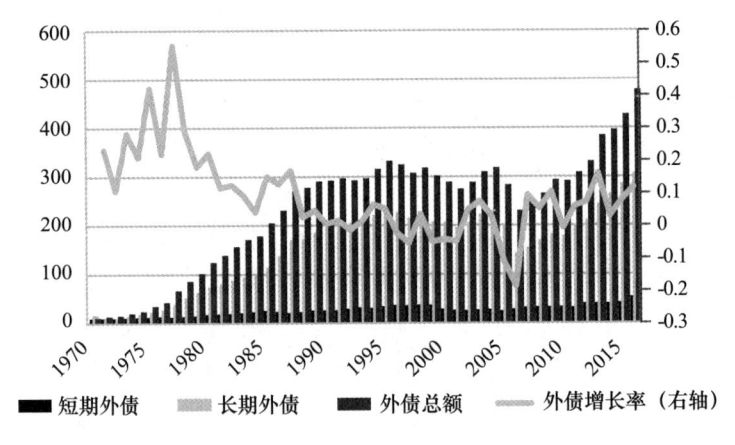

图 2-2 1970—2015 年非洲外债期限（十亿美元,%）

数据来源：wind 数据库。

同时值得注意的是，从图 2-3 可以看到，2006 年之后，非洲国家长期外债占总外债的比例由70%下降至60%，短期债务占比则有相应上升，这说明近年来非洲国家的中短期债务水平提高，偿债期限变短，债务风险加大。

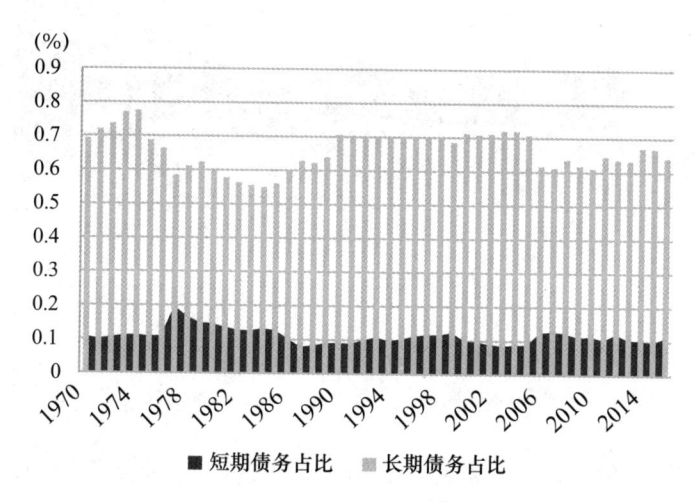

图2-3　1970—2012非洲外债期限（%）

数据来源：wind数据库。

图2-4显示的是非洲五大次区域的外债变化状况。2000—2016年，非洲外债增长了3063亿美元，其中南部非洲国家的外债增长了1760亿美元，占非洲总增长的57.5%；北部非洲国家的外债增长了652亿美元，占21.3%；东部非洲国家的外债增长了546亿美元，占17.8%；西部非洲国家的外债增长了199亿美元，占6.5%。中部非洲国家的外债总体呈下降趋势，2011年外债规模达历史最低点，之后又有所回升，但相对于非洲其他次区域，其外债规模仍相对较低，2000—2016年中部非洲国家的外债减少了96亿美元[①]。在2006年之前，北部、西部和南部非洲在非洲总体外债中所占比例相对较大；2006年之后，除中部非洲外，其他四个次区域的外债均有不同程度的增加，其中南部非洲增加量最大，在非洲总体外债中的占比进一步加大。

目前，很多非洲国家的偿债压力较大，很多非洲国家的外债利率

---

① 数据来源：Wind数据库。

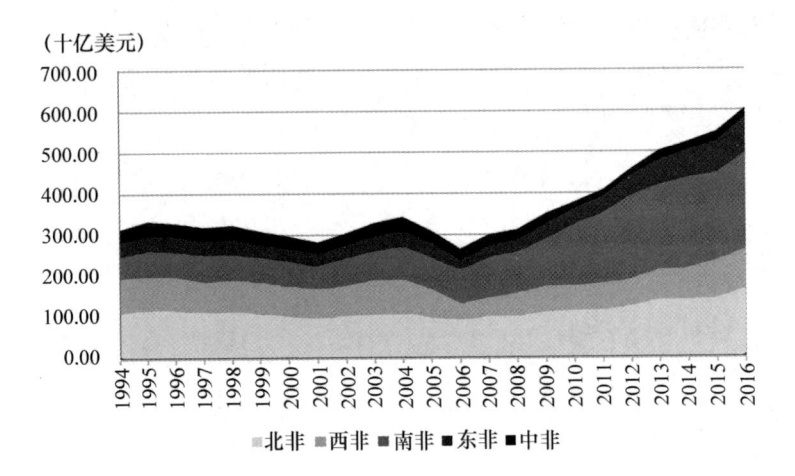

图 2-4 1994—2016 年非洲各次区域的外债状况

资料来源：Wind 数据库。

增长速度高于经济增长速度。如图 2-5 显示，赤道几内亚的外债利率比名义经济增速高 28%；乍得、南苏丹、刚果（布）、冈比亚的外债利率比名义经济增速都高出了 20% 以上；刚果（金）、莫桑比克、乌干达、塞舌尔、马拉维、卢旺达、马达加斯加、苏丹、布隆迪、利

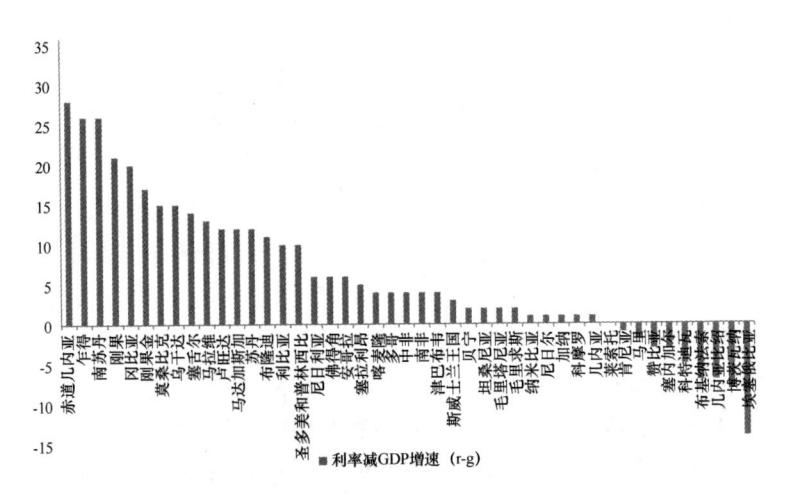

图 2-5 2016 年撒哈拉以南非洲国家外债利率与 GDP 增速差（%）

数据来源：Wind 数据库。

比亚、圣多美和普林西比的外债利率比名义经济增速高出了 10% 以上；尼日利亚、佛得角、安哥拉、塞拉利昂、喀麦隆、多哥、中非、南非、津巴布韦的外债利率比名义经济增速高出了 3% 到 6%。很多国家的利息支出占财政收入比例较高，如埃及和尼日利亚，见图 2-6。

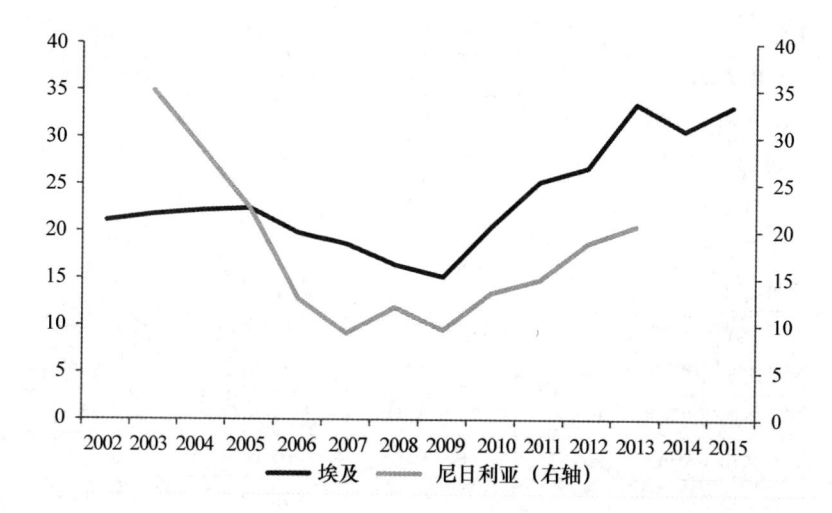

图 2-6　2002—2015 年埃及与尼日利亚利息支出占财政收入比例（%）

数据来源：Wind 数据库。

很多非洲国家较大的汇率波动也加剧了债务风险。随着美元的走强，近几年多数非洲国家货币兑美元都出现了一定幅度的贬值，部分国家货币贬值幅度较大。如 2016 年马拉维克瓦查贬值了 30.42%，安哥拉宽扎贬值了 26.64%，尼日利亚奈拉贬值了 24.08%，埃及镑贬值了 23.33%，赞比亚克瓦查贬值了 16.29%；2017 年尼日利亚奈拉贬值了 11.80%，埃塞俄比亚比尔贬值了 18.52%，突尼斯第纳尔贬值了 8.13%（见表 2-1 和表 2-2）；这又加重了非洲国家的债务风险。

表2–1　2015—2016年部分非洲国家货币对美元汇率变动

国家	2015年	2016年	对美元贬值
博茨瓦纳普拉（BWP）	10.13	10.9	7.06%
加纳赛地（GNS）	3.67	3.91	6.14%
赞比亚克瓦查（ZMW）	8.63	10.31	16.29%
尼日利亚奈拉（NGN）	192.44	253.49	24.08%
肯尼亚先令（KES）	98.18	101.5	3.27%
南非兰特（ZAR）	12.76	14.71	13.26%
突尼斯第纳尔（TND）	1.96	2.15	8.84%
卢旺达法郎（RWF）	720.98	787.25	8.42%
非洲法郎（XOF）	591.45	593.01	0.26%
马拉维克瓦查（MWK）	499.61	718	30.42%
毛里塔尼亚乌吉亚（MRO）	32.47	35.24	7.86%
坦桑尼亚先令（TZS）	1991.39	2177.09	8.53%
埃塞俄比亚比尔（ETB）	20.58	21.73	5.29%
马达加斯加阿里亚里（MGA）	2,933.51	3,176.54	7.65%
安哥拉宽扎（AOA）	120.061	163.656	26.64%
埃及镑（EGP）	7.69	10.03	23.33%
阿尔及利亚第纳尔（DZD）	100.691	109.443	8.00%

注：汇率为年度平均汇率。

数据来源：世界银行数据库，https://data.worldbank.org.cn/indicator/PA.NUS.FCRF?end=2016&locations=DZ-AO-CL-MN&start=2015&year_low_desc=false。

表2–2　2016—2017年部分非洲国家货币对美元汇率变动

国家	2016年底	2017年底	对美元贬值
乌干达先令（UGX）	3617.25	3629.05	0.33%
加纳赛地（GHC）	4.234	4.5082	6.08%
赞比亚克瓦查（ZMK）	9.96	10	0.40%
尼日利亚奈拉（NGN）	314	356	11.80%
肯尼亚先令（KES）	100.46	101.31	0.84%
突尼斯第纳尔（TND）	2.3082	2.5124	8.13%
卢旺达法郎（RWF）	818.62	845.53	3.18%

续表

国家	2016 年底	2017 年底	对美元贬值
马拉维克瓦查（MWK）	714.25	721.62	1.02%
坦桑尼亚先令（TZS）	2130	2191	2.78%
埃塞俄比亚比尔（ETB）	22.141	27.172	18.52%
安哥拉宽扎（AOA）	165.75	165.92	0.10%

注：汇率为年度平均汇率。

数据来源：世界银行数据库，https：//data.worldbank.org.cn/indicator/PA.NUS.FCRF?end=2016&locations=DZ-AO-CL-MN&start=2015&year_low_desc=false。

非洲国家的债务可持续性问题比以前更加严峻。非洲国家之前更多的从国际金融机构获取贷款，如国际货币基金组织、世界银行和非洲开发银行等。近些年，非洲国家从私营部门获得的贷款比例显著增加。如埃塞俄比亚、莫桑比克、尼日利亚和南非都发行了大量公司债。2018年4月世界银行发布的《非洲脉动》报告也指出，在过去几年中，非洲国家的债务组合构成发生了变化，逐渐远离传统的优惠融资来源，转向新的双边贷款和更多以市场为基础的借贷。多边债务和优惠债务在非洲国家的外部公共债务总额中的份额在2005年达到顶峰，此后占比不断下降，截至2016年，多边债务和优惠债务平均占外部公共债务的比例不到40%[1]。国际金融机构向非洲国家发放贷款时通常会有非常严苛的条件，比如意图改善非洲国家经济状况的"结构调整"方案等，而私营部门的贷款通常不设置苛刻的条件，尤其不会设置任何干预非洲国家政府政策的相关条件。一旦非洲国家出现债务问题时，国际金融机构通常会选择与非洲国家谈判并继续发放贷款，也会给予各种形式的援助和救助，但私营部门则不会采取这样的方式，会采用更为市场化的方式予以处理和应对。

---

[1] World Bank, Africa's Pulse, An Analysis of Issues Shaping Africa's Economic Future, Arpil 2018 Volime 17, http：//www.worldbank.org/content/dam/Worldbank/document/Africa/Report/Africas-Pulse-brochure_Vol9.pdf.

二 非洲次区域和部分国家的债务风险探析

非洲大陆幅员辽阔，资源禀赋、地理环境、制度体制和经济发展道路的差异使不同国家间呈现出明显的发展差距；既有经济总量较大的世界新兴经济体，如作为非洲经济发展最成熟的国家南非，人口众多、经济活跃的非洲经济领头羊尼日利亚；也有独具资源禀赋，经济发展势头良好的国家，如油气资源丰富的安哥拉、阿尔及利亚，矿产资源丰富的赞比亚，居非亚欧三大洲枢纽的埃及等；还有多个全球最不发达国家，如被联合国列为全球最贫穷的国家之一的马拉维，长期社会动荡的索马里等。不同非洲国家的债务状况也千差万别，呈现出非常不同的特点。本研究将非洲大陆划分为北部非洲、东部非洲、西部非洲、南部非洲和中部非洲等五个次区域，主要依据数据的可得性，同时兼顾代表性，从每个次区域中选取数个国家对其债务状况进行分析，管中窥豹，探求每个次区域债务状况及其特点①。

（一）北部非洲国家的债务风险探析

本研究中的北部非洲包括埃及、阿尔及利亚、摩洛哥、突尼斯、利比亚、苏丹和南苏丹等7个国家，基于数据的可得性，以下就埃及、阿尔及利亚、摩洛哥、突尼斯和苏丹等5个国家的债务状况进行分析和比较。

2011年底爆发"阿拉伯之春"后，埃及政局和社会连续多年动荡不安，即使国内政局稳定下来后，经济增速明显放缓的趋势也没有得到改变，最终在2016年爆发了严重的经济危机；通货膨胀率迅速攀升，失业率大幅上涨，人民生活水平降低，当年埃及GDP总量只有2300多亿美元，远低于2015年的3200亿美元②。为帮助埃及走出经济危机，国际货币基金组织提供了一笔120亿美元的中期贷款，同

---

① 本小结数据，如无特殊说明，数据来源：Wind数据库。
② IMF, World Economic Outlook-Seeking Sustainable Growth, Short-Term Recovery, long-Term Challenges, October 2017.

时附以缩减财政赤字、实施浮动汇率等一系列紧缩性的市场化"结构调整"措施。2017年以来，埃及通过大幅度的经济改革措施，如提高燃油、水电和公共交通价格，缩减燃油补贴，兴建新城和多项基础设施项目等，逐步从经济危机中走了出来。埃及总统阿卜杜勒·法塔赫·塞西在2018年的新一届大选中实现连任，国内政治局势得以继续巩固；塞西对内阁成员调整幅度不大，埃及政府大概率将延续紧缩性经济政策和市场化改革措施，着力削减国内赤字，吸引外资流入，发展本国经济，整体经济前景被外界看好。需要注意的是，埃及公共债务占GDP的比例长期保持在80%左右的水平，且中短期债务占比相对较高。据埃及财政部数据，2018年5月底，埃及未清偿国库券达6991.68亿埃镑（约392亿美元），主要是2005年1月18日至2018年5月8日间发行的债券，平均利率为14.674%，偿还期为2018年6月2日至2028年5月8日。此外，埃及在国际市场发行债券180亿美元，期限为10—30年；2018年4月，又发行了两笔偿还期分别为8年和10年的额度为10亿欧元的债券①。因此，埃及具有一定的外债偿还压力，但由于经济发展形势向好，债务偿还能力有保障，债务风险爆发的可能性不高。

2003—2005年，阿尔及利亚的外债总额经历了断崖式下跌，之后长期维持在较低水平。从2014年开始，受国际经济环境影响，阿尔及利亚财政赤字扩大，经常账户和贸易条件恶化，外债增加，储蓄下降。从2006年开始的十年期间，阿尔及利亚的长期外债负债率一直维持在5%以下，公共债务占GDP的比例也一直维持在20%以下的低位②，整体上看，偿债压力不大。2017年以来，阿尔及利亚油气产量下降，油气收入减少，政府通过大量印钞和紧缩性政策来缩减财政赤字，引发群众不满，多地爆发抗议活动，同时，阿尔及利亚长期面临的种族冲突问题也流露出复发苗头，不利于经济的稳定发展，成为未来影响偿债能力的潜在因素。

---

① 《2018年6月以后埃及面临较大内外债偿还压力》，商务部驻埃及经商处网站2018年6月19日，http://eg.mofcom.gov.cn/article/jmxw/201806/20180602756788.shtml。
② 数据来源：Wind数据库。

摩洛哥的债务状况相对较好，截至 2017 年底，摩洛哥公共外债余额为 1530.6 亿迪拉姆（约 164.5 亿美元），内债余额为 5391.4 亿迪拉姆（约 597.7 亿美元），其中公共债务占 GDP 的比例为 64.5%。联合国贸易和发展会议通过对非洲国家 2006—2009 年、2011—2013 年的国民总收入和负债率进行关联，对非洲的资产和债务问题进行了分析，研究结果显示，摩洛哥是非洲大陆债务负担最小的 7 个国家之一。摩洛哥在统计中位列第五，排在前 4 位的分别是博茨瓦纳、佛得角、肯尼亚和毛里求斯，第六和第七位分别是塞舌尔和南非。该报告同时列出了外国投资者最感兴趣的 5 个非洲国家，分别是摩洛哥、加纳、埃及、尼日利亚和赞比亚。[①] 摩洛哥债务和经济的良好发展部分得益于长期稳定的政治局势，穆罕默德六世国王在推进政治民主化改革和经济发展方面采取积极姿态和开明举措，不仅帮助摩洛哥顺利渡过了"阿拉伯之春"危机，还使经济保持了稳定增长。近年来，摩洛哥国内生产总值平均增速接近 5%，通货膨胀率控制在 2% 以下。为了加快发展工业和基础设施建设，还制订了"2014—2020 加速工业发展战略"（PAI）以及基础设施等领域的发展战略，吸引了大量外国投资。

作为"阿拉伯之春"运动始发地，突尼斯在 2010 年底到 2011 年初曾爆发严重骚乱，引发严重的政局动荡。2011 年 1 月 14 日，执政 23 年之久的本·阿里政权倒台。虽然突尼斯推翻了独裁政府，建立了民选政府，但这一变动在短期内并未导致经济的好转。从 2010 年起，突尼斯的经济增长就一直停滞不前，人均 GDP 甚至从每年约 4000 美元下降至 3600 美元[②]，外资、外贸、旅游、就业等主要经济指标也普遍下滑，经济陷入低增长、高通胀、高失业率的困境。腐败是突尼斯骚乱的主要原因之一，但革命后并没有得到明显改善。据 2016 年 12 月的一项国内民意调查数据，78% 的突尼斯人认为政府腐

---

① 《联合国贸发会议：摩洛哥是非洲债务负担最小的国家之一》，商务部驻摩洛哥经商处网站，2016 年 7 月 26 日，http://ma.mofcom.gov.cn/article/jmxw/201607/20160701366446.shtml。

② 《埃及总统："阿拉伯之春"致 100 多万人死亡，近万亿美元损失》，《环球时报》2018 年 1 月 19 日，http://world.huanqiu.com/exclusive/2018-01/11536123.html。

败状况比 2011 年前严重。另一项 2016 年年底的国内统计数据显示，对腐败的痛恨主要来自本地企业，49% 的本地企业认为腐败正在恶化①。分析人士估计，腐败每年给突尼斯造成的经济损失可能高达 7.27 亿欧元②。与糟糕的经济和政治表现相对应的是债务的攀升，2013 年，突尼斯财政收入 130 亿美元，财政支出 160 亿美元，财政赤字 30 美元。2014 年 9 月底，突尼斯国家财政赤字达 55 亿第纳尔（约 32 亿美元），占国内生产总值的 6.6%③。2015 年，财政赤字继续扩大，已占到国内生产总值的 8.5%。政府因无力征收到足够的用于投放于各类补贴及支付工资的税收，只能大量借债，其公共债务占国内生产总值的 50% 以上，外债总额占国内生产总值的比例早已超过国际警戒线。2018 年，突尼斯又一次爆发较大规模的社会骚乱，再次为经济发展蒙上阴影。

相较于其他北部非洲国家，苏丹的债务状况不容乐观。长期以来，苏丹的外债总额一直保持快速上升趋势。虽然进入 21 世纪以来，随着国内经济的快速发展，苏丹的外债负债率逐渐下降，但近十年来还是徘徊在 40% 左右的警戒线位置。同时需要注意的是，苏丹的短期债务比例远高于其他北部非洲国家，短期偿债压力大。从图 2-9 还可以看到，2015 年公共债务占 GDP 的比例又一次超过 100%④。当前，苏丹的政治和经济发展环境不佳；苏丹的财政收入 50% 以上来源于石油收益，出口收入的 90% 以上也来自石油收益，苏丹政府税收基础狭窄，因此财政收入的稳定性很大程度上受制于国际石油价格的波动。当国际油价上涨时，财政状况会得到改善。但当国际油价低迷，石油收入减少时，苏丹的财政状况会进一步恶化。南北苏丹分裂后，苏丹和南苏丹因石油收入分配、领土争端和边界划分等问题处于

---

① 《"我们不要'有毒的民主'"——突尼斯"茉莉花革命"七周年回顾》，《光明日报》2018 年 01 月 22 日，http://epaper.gmw.cn/gmrb/html/2018-01/22/nw.D110000gmrb_20180122_1-12.htm。

② 《民生问题引发示威 突尼斯"茉莉"不再芬芳》，和讯网，2018 年 1 月 15 日，http://news.hexun.com/2018-01-15/192228363.html。

③ 《突尼斯财政收支情况》，商务部驻突尼斯经商处，2015 年 5 月 6 日，http://tn.mofcom.gov.cn/article/ddgk/zwjingji/201505/20150500963565.shtml。

④ 苏丹 2012 年以前的债务数据均为未分裂前的苏丹数据。

长期敌对状态,对两国的经济发展和社会稳定造成了严重的冲击;苏丹经济发展依然没有摆脱依赖油气矿产等自然资源和外部援助的局面,但国家分裂导致其只能通过南方石油出口的过境费来弥补部分丧失的石油收益,油气收入锐减,经济发展陷入困境。2016年苏丹的财政收入为73.01亿美元,而财政支出为112.8亿美元,财政赤字达40亿美元,占当年GDP的4%左右。2015和2016年苏丹的经常账户逆差分别达54.68亿美元和63.86亿美元,面临财政和国际收支双赤字问题。中短期内,苏丹经济发展很难有质的飞跃。总体来看,较高的总债务水平,高比例的短期外债占比和不佳的政治经济环境,都使苏丹成为北部非洲债务风险相对较高的国家。

整体上看,近年来北部非洲的外债负债率有所下降,经济增速超过债务增速,总体债务风险可控。但北部非洲不同国家的债务风险方差较大。潜在的偿债能力下滑和债务风险高攀,一方面源于部分国家对油气能源产业较高的依赖度,另一方面源于部分国家的国内政治因素。目前,埃及和摩洛哥政治环境稳定,未来经济发展趋势向好;埃及经济发展多元化取得一定成效,经济增长对油气能源产业的依赖度变小;摩洛哥政府致力于扩大内需,加强基础设施建设,在支持传统

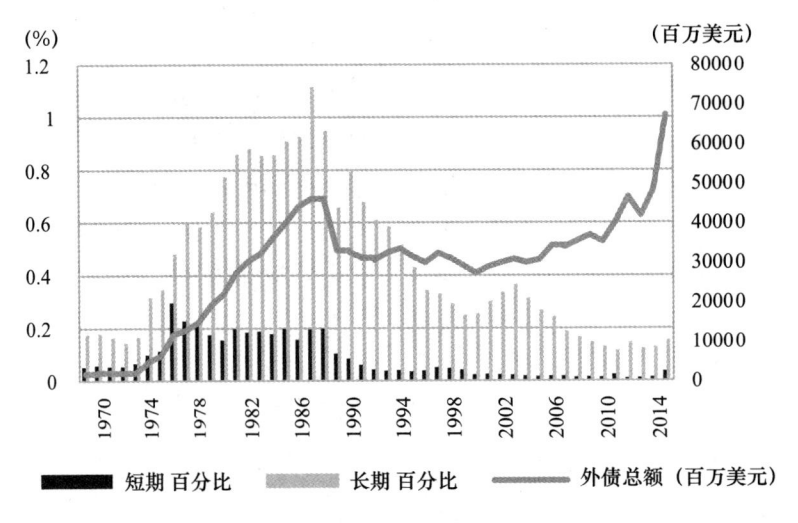

图 2-7 1970—2015 年埃及的外债状况

数据来源:wind 数据库。

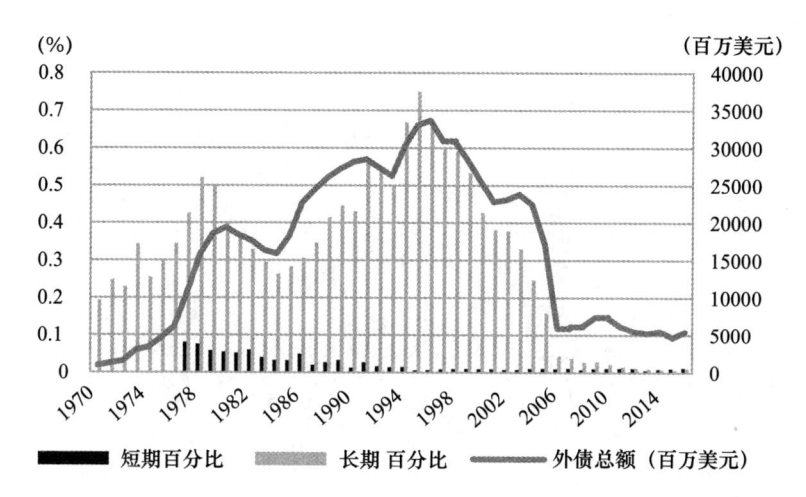

图 2-8　1970—2015 年阿尔及利亚的外债状况

数据来源：wind 数据库。

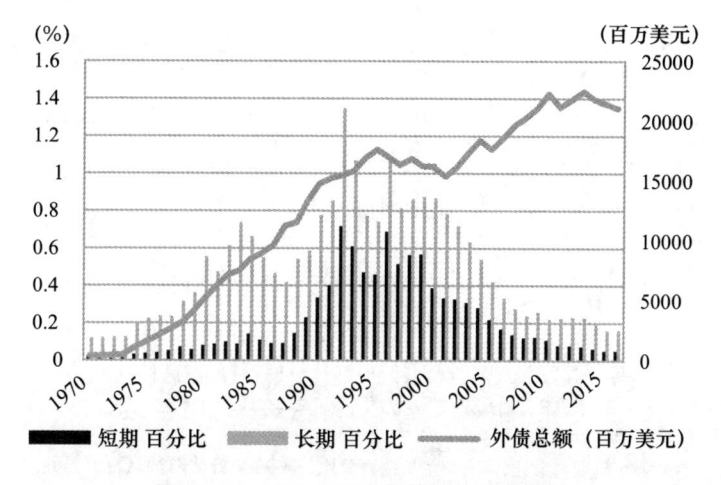

图 2-9　1970—2015 年苏丹的外债状况

数据来源：wind 数据库。

产业的基础上大力发展新兴产业，旅游业等服务业发达，这两个国家的债务风险相对较低；阿尔及利亚经济基础相对较好，债务风险可控。而突尼斯、苏丹、南苏丹和利比亚的经济增长都对油气产业依赖度高，潜在波动性也较大。利比亚由于内战导致国内长期混乱，社会经济发展前景不明，债务风险较高。苏丹和南苏丹自身经济落后，长

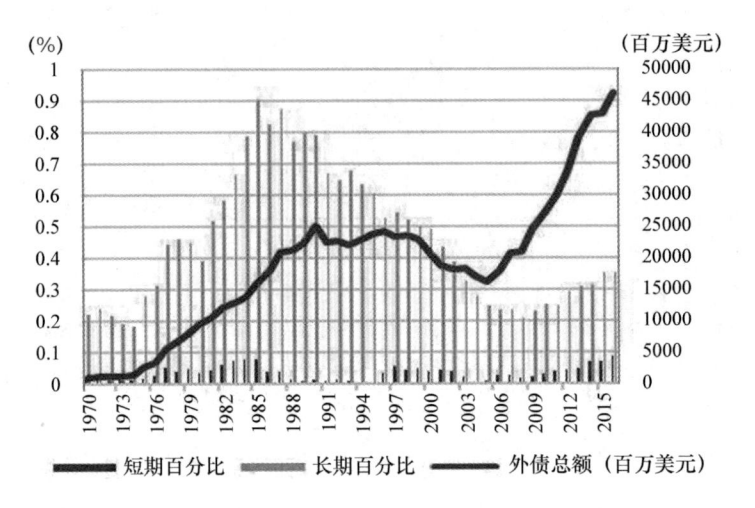

图 2-10　1970—2015 年摩洛哥的外债状况

数据来源：wind 数据库。

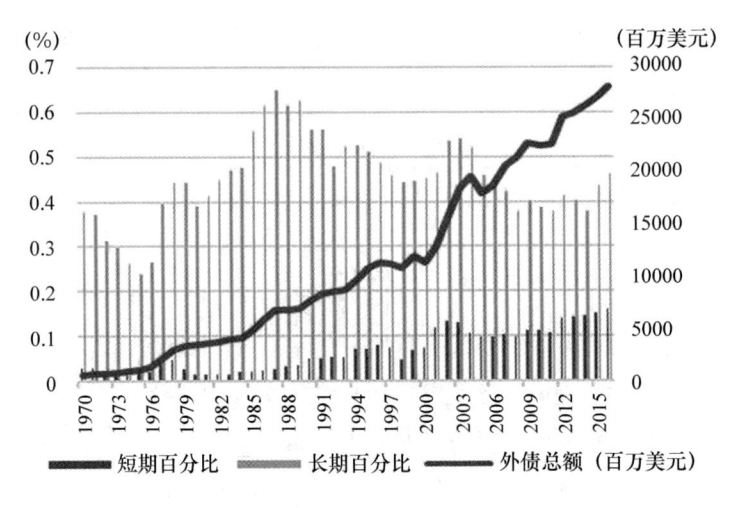

图 2-11　1970—2015 年突尼斯的外债状况

数据来源：wind 数据库。

期依靠外援，再加上分裂后在石油收入分配和领土争端方面的持续冲突，债务风险很高。

(二) 中部非洲国家的债务风险探析

本研究中的中部非洲包括喀麦隆、中非、乍得、刚果（布）、刚果（金）、加蓬、赤道几内亚、圣多美和普林西比等 8 个国家，基于数据的可得性，本部分将对喀麦隆、中非、乍得、刚果（布）、刚果（金）和加蓬等 6 个国家进行债务状况的分析和比较。

喀麦隆位于非洲中西部、西靠几内亚湾，地理位置优越，是中部非洲重要的交通枢纽，也是地区大国。喀麦隆政局长期稳定，总统保罗·比亚自 1982 年执政以来，连续七次赢得总统选举，最近一次是 2018 年 10 月 22 日，他领导的执政党 "人民民主联盟" 一党独大，反对党难以形成对抗势力。2006 年，世界银行、国际货币基金组织确认喀麦隆达到重债穷国减债计划完成点，获得大幅外债减免，债务水平下降。但从图 2 - 12 中可以看到，之后喀麦隆的债务增长态势依旧显著。虽然目前喀麦隆的外债负债率维持在 30% 以内，处于可控范围，但经济增速落后于债务增速，外债负债率将可能重新回升；同时，喀麦隆公共债务发展趋势呈 U 型，近几年上升速度加快。国际货币基金组织和世界银行在 2016 年度常规评估中认为，喀麦隆新签外债增长过于迅速，且所借贷款利率并非优惠利率，同时财政收支、外汇收入都处于紧张状态，未来对外支付能力堪忧。世界银行在 2016 年 4 月公布的报告中将喀麦隆列为 "撒哈拉以南存在高负债风险的国家"。2017 年 6 月，喀麦隆与国际货币基金组织签订了为期三年的中期信贷协议，规定在协议执行期间，喀麦隆每年举借外债的规模不得超过 6500 亿非郎。

中非共和国是世界最不发达国家之一，经济以农业为主，工业基础薄弱，80% 以上的工业品靠进口。2004—2007 年，中非一直处于内战之中，虽然 2009 年 1 月，经国际社会调停后组建了新的联合政府，但内部冲突仍十分激烈。常年的战乱给中非的经济和社会造成了不利影响。中非的债务总额在 90 年代之后出现了快速增长，外债总额占国民生产总值的比例一度超过 100%，直到 2009 年，才逐渐降低至国际警戒线以下，近年来又有所上升。

乍得是世界最不发达国家之一，经济发展极度落后，超过 55% 的人口依然生活在贫困线以下；经济增长对油气资源产业依赖程度较高，由于国际原油价格的长期低位徘徊，近年来经济呈下滑趋势，2016年经济增长率为－6.4%，2017年略有回升，也仅为0.6%①。自20世纪70年代以来，乍得的外债持续快速增长，直到2013年，为了通过国际货币基金组织的重债穷国减债计划完成点审核，乍得政府于当年12月份宣布取消与中国进出口银行的贷款协议，获得了大部分现有债务的减免优惠，债务水平降至40%的国际警戒线水平之下。但之后，乍得外债负债率很快重新回升；同时，近十年来公共债务占GDP的比例也快速增加。乍得经济发展滞后的局面在中短期内难以改变，依靠自身财政收入偿还债务的能力显然不足，根据国际货币基金组织2018年度的最新数据，乍得已陷入债务危机中，可能再次需要国际金融机构的援助才能度过债务危机。

刚果（布）位于非洲中西部，自然资源丰富，是非洲主要产油国之一，也有比较丰富的钾矿、铁矿、磷酸盐矿、铜矿等固体矿产资源。刚果（布）独立后，长期由刚果劳动党一党执政，1990年开始实行多党制，政局较为稳定，社会治安良好。2000—2014年，刚果（布）经济保持了良好发展势头，年均增长率在5%左右。2010年，刚果（布）达到重债穷国减债计划完成点，负债率从2008年占GDP的59.3%下降为2010年的20%。但近年来，债务规模又出现急剧上升，其原因在于该国经济结构单一，长期依赖石油和矿产品的出口，2014年以来的大宗商品价格下跌对经济造成了严重打击，经常账户赤字和财政赤字严重，2016年和2017年连续两年出现经济负增长。财政赤字的快速增加使中非不得不大笔举债，公共债务大幅上升。2014年，刚果（布）的公共债务占GDP的59.8%，2015年上升至111.4%，2016年又上升至127.8%，债务风险急剧增加。

刚果（金）是联合国公布的世界最不发达国家之一，位于非洲中部，是非洲第二大和世界第十一大的国家，人口超过8000万。刚果（金）曾是非洲经济状况较好的国家之一，但上世纪90年代初起，政

---

① IMF, World Economic Outlook-Seeking Sustainable Growth, Short-Term Recovery, long-Term Challenges, October 2017.

局进入持续动荡，内战和地区冲突不断，经济连年负增长。2003年，政府和国内各派就过渡期权力分配问题达成一致，组成过渡政府，开始大幅调整经济政策，推行市场经济，放松经济管制，加强与国际金融机构的合作，宏观经济状况得到一定的改善。2002年，刚果（金）经济增速由负转正。2006年12月卡比拉当选总统后，继续奉行稳健的经济政策，启动国家重建计划，宏观经济继续保持恢复性增长。2010年7月，国际货币基金组织和世界银行宣布刚果（金）达到重债穷国减债倡议完成点，截至2011年底，刚果（金）的债务减免金额达111亿美元。之后，刚果（金）的债务状况良好，即使在国际大宗商品价格下跌期间，公共债务水平也未出现明显上升。

加蓬位于非洲中部西海岸，自然资源丰富，石油和矿藏储量都位于世界前列，其中，已探明石油储量约5亿吨，是撒哈拉以南非洲第五大产油国；锰矿蕴藏量2亿吨，占全球已探明储量的四分之一。此外，还有尚未大规模开发的铁矿、铀矿、铌矿、稀土矿、铜矿、锌矿等资源。较低的人口密度和丰富的油气资源使加蓬发展为中部非洲经济最繁荣的国家之一，2017年人均GDP达7221美元[①]。从图2-17中可以看出，加蓬的外债规模较大，波动幅度明显，但得益于良好的经济发展态势，外债负债率近年来一直控制在35%以内，且从2008年之后，短期债务占比大幅下降，公共债务水平也维持在70%以内，债务偿还压力可控；加蓬是中部非洲债务违约风险相对较低的国家。

总体上看，中部非洲国家近年来外债负债率和公共债务占GDP的比例都不算太高，但问题在于该地区有半数以上国家属于世界最不发达国家，经济基础薄弱，发展前景不佳，偿债能力有限，这些国家都面临着较高的债务风险，其中乍得、圣多美和普林西比已经超过国际警戒标准，两国债务危机的共同关键原因是国际油价走低，国内经济严重依赖油气产业，政策反映滞后，应对措施不当。中非的债务问题也较严重，主要源于近年来该国国内冲突导致的经济崩溃。

---

① IMF, World Economic Outlook-Seeking Sustainable Growth, Short-Term Recovery, long-Term Challenges, October 2017.

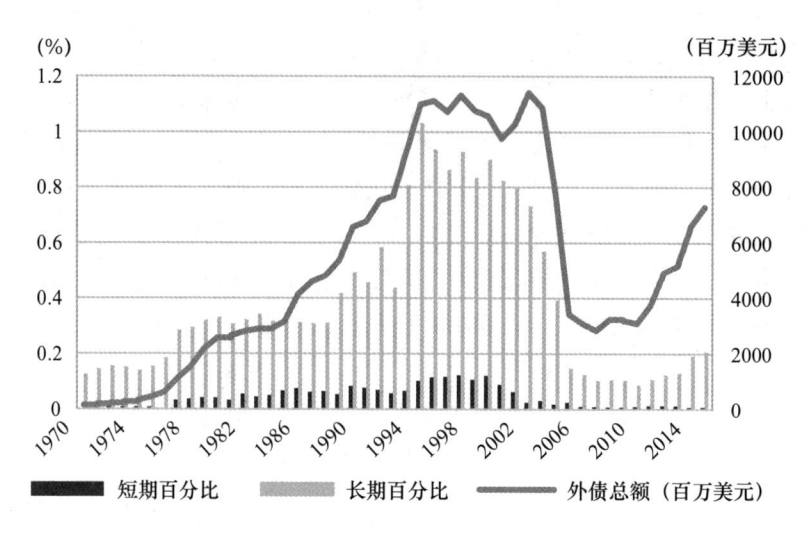

图 2-12　1970—2015 年喀麦隆的外债状况

数据来源：wind 数据库。

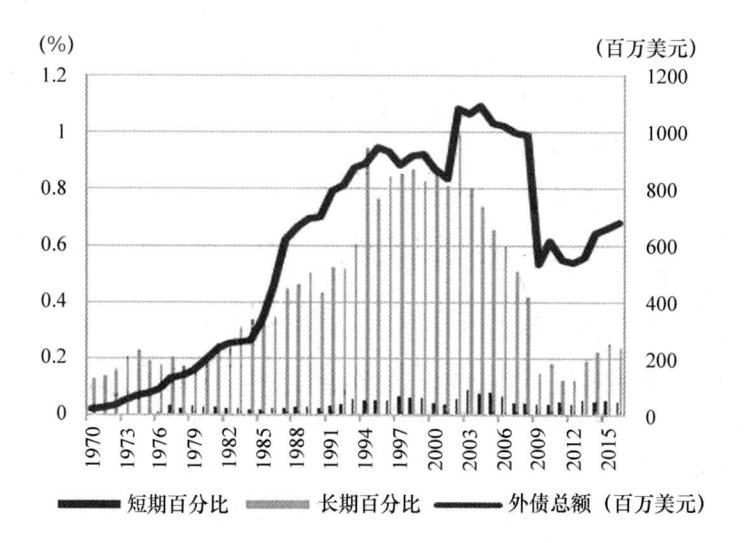

图 2-13　1970—2015 年中非的外债状况

数据来源：wind 数据库。

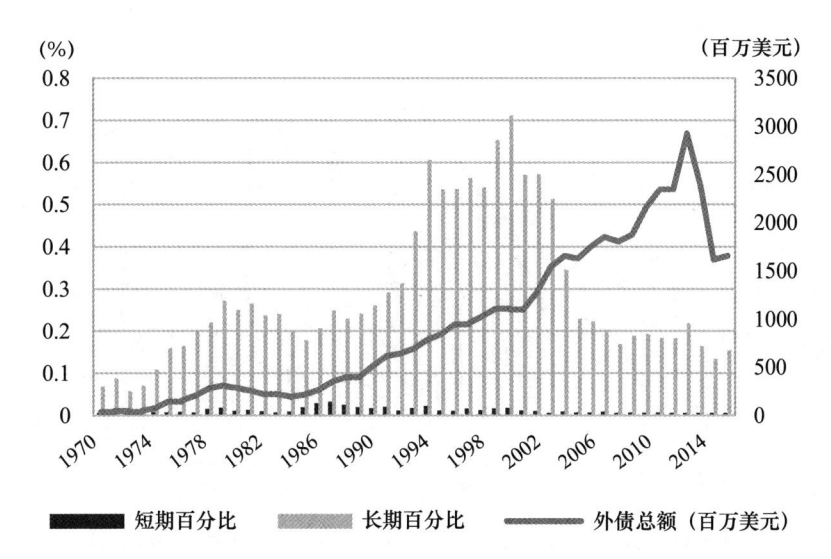

图 2-14　1970—2015 年乍得的外债状况

数据来源：wind 数据库。

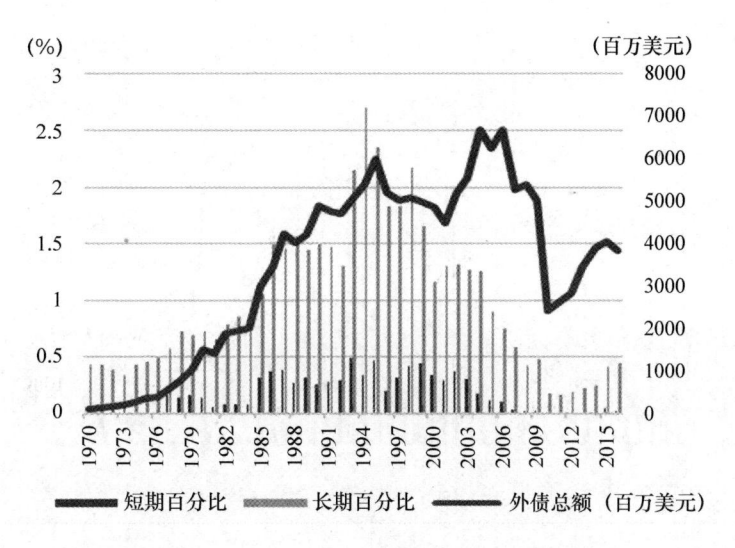

图 2-15　1970—2015 年刚果（布）的外债状况

数据来源：wind 数据库。

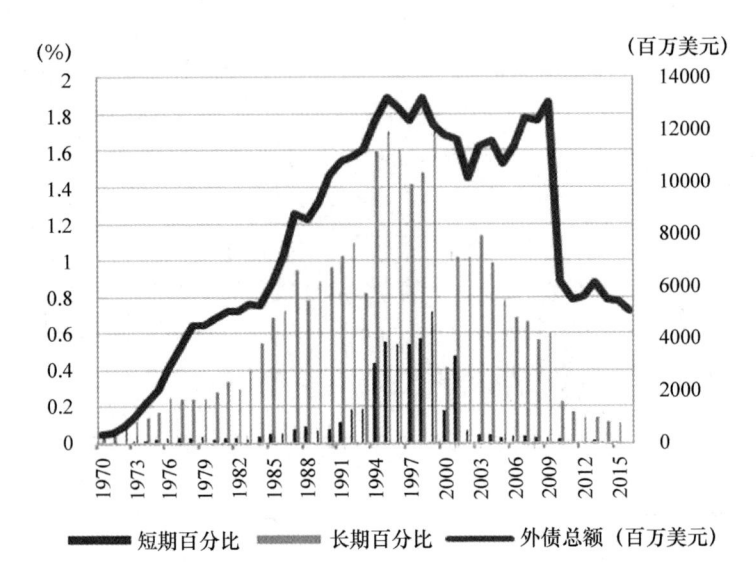

图 2-16 1970—2015 年刚果（金）的外债状况

数据来源：wind 数据库。

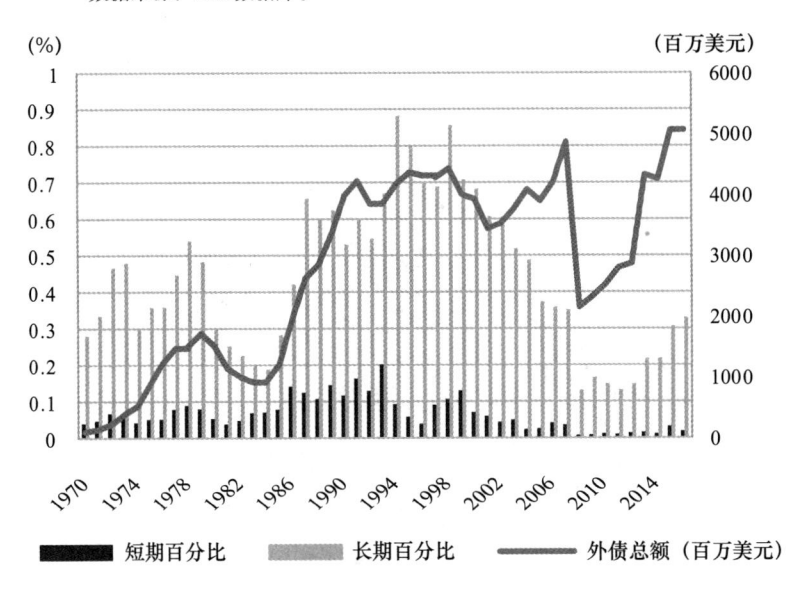

图 2-17 1970—2015 年加蓬的外债状况

数据来源：wind 数据库。

(三) 东部非洲国家的债务风险探析

本研究中的东部非洲包括布隆迪、科摩罗、肯尼亚、埃塞俄比亚、乌干达、坦桑尼亚、厄立特里亚、塞舌尔、卢旺达、吉布提等10个国家，基于数据的可得性，对布隆迪、科摩罗、肯尼亚、埃塞俄比亚、乌干达、坦桑尼亚、塞舌尔、卢旺达和吉布提等9个国家进行债务状况的分析和比较。

布隆迪地处内陆，交通不便，人口密度大且自然资源贫乏，经济以农业为主，国家收入的70%来自农业，是世界重债穷国之一。2005年之前，布隆迪经济发展动力长期不足，债务总量不断攀升，导致外债负债率不断提高，2003年达到峰值，外债负债率高达160%。之后，布隆迪实施了一系列经济结构调整计划，包括货币贬值、取消贸易壁垒、实施贸易自由化等市场化措施和削减财政赤字等紧缩性政策，GDP由2005年的11亿美元增至2017年的34亿美元，加上得益于债务减免，布隆迪在2005年之后的外债总量和外债负债率均有较大幅度下降。从图2-18可以看出，公共债务占GDP的比例从2005年开始呈下降趋势，2008年之后一直控制在40%以内。但2015年4月，因总统恩库伦齐扎寻求第三个任期遭反对党反对，布隆迪爆发政治危机，该国前情报局长戈德弗鲁瓦·尼永巴雷发动军事政变，虽然该政变最终未能成功，但引发了政治局势的动荡。之后恩库伦齐扎在总统选举中胜出，引发了西方国家不满，纷纷对布隆迪实施经济制裁，停止援助，导致布隆迪经济状况急剧下滑，国民生产总值连续两年负增长。政局动荡还使国外投资者望而却步，国民购买力低下，人才流失严重，大量难民外逃，国家缺乏内在发展动力，民心涣散。因此，虽然从目前来看，布隆迪的短期债务风险较低；但从长期来看，债务形势具有一定不确定性，未来债务可持续性在很大程度上取决于能否找到新的经济增长点，使经济从衰退中恢复过来。

科摩罗是位于印度洋上的岛国，是世界最不发达国家之一，经济以农业为主，工业基础脆弱，严重依赖外援。科摩罗在历史上也是非洲债务水平最高的国家之一，20世纪80年代期间，公共债务占GDP的比例一直在 200% 左右，外债占国民总收入的比例也在 1985 年突破了 100%。为解决债务问题，作为非洲的重债穷国之一，科摩罗从 1991 年 5 月开始实行世界银行和国际货币基金组织制订的"结构调整计划"，之后债务规模不断下降。2012 年底，达到国际货币基金组织的重债穷国减债计划完成点，之后债务规模较稳定，未出现大幅上升。

  肯尼亚位于非洲东部，地理位置优越，是东部非洲门户，发挥着向东部、中部非洲辐射的重要作用。肯尼亚的政局自 1963 年独立以来一直保持稳定，但国内安全形势自 20 世纪 90 年代初以来有所恶化，社会治安总体不佳，武装抢劫及恶性犯罪较多。主要原因在于，索马里、苏丹等周边邻国局势长期动荡，导致大批非法武器及难民流入肯尼亚，以及肯尼亚较高的贫困率和失业率。2011 年 10 月，因不满索马里极端组织"沙巴布"频繁在境内制造恐怖事件，肯尼亚军队进入索马里清缴该组织，招致该组织报复，境内恐怖袭击危险陡升。2013 年 9 月，索马里沙巴布组织对内罗毕购物中心发动恐怖袭击，造成大量人员伤亡。2014 年 11 月，沙巴布在肯索边境曼德拉地区接连发动两起恐怖袭击，造成 64 人死亡。2015 年 4 月，沙巴布在肯索边境加里萨郡发动恐怖袭击，造成 148 人死亡。2016 年，沙巴布袭击肯尼亚在索马里特派团军营，造成较大伤亡。2017 年 5 月，曼德拉地区发生警察遇袭事件，造成多名警察伤亡。虽然社会治安不佳，但是肯尼亚经济状况表现良好，连续多年实现经济快速增长，据国际货币基金组织数据，2017 年，肯尼亚国内生产总值为 792.1 亿美元，人均国内生产总值为 1695 美元，实际 GDP 增长率为 4.87%。肯尼亚的财政赤字严重，政府财政支出连续多年大于财政收入。虽然肯尼亚的公共债务占 GDP 的比例变化不大，2017 年仅为 54.81%，但肯尼亚的外债总额上升十分迅速，2010—2015 年间，肯尼亚曾发行了大量债券，而这些债券将于 2021—2025 年到期。从图 2-20 中可以看出，从 2010 年起，肯尼亚外债总额便不断增加，直线上升，2009 年外债总额为 85.5 亿美元，到 2016 年已达 223.2 亿美元，增长了 2.6 倍，外债占 GDP 比例并未出现大幅上涨的主要原因在于肯尼亚经济的高速发展，一旦经济增长停滞，就有可能陷入债务危机之中。因此，国际货币基金组织和世界银行虽然看好肯尼亚经济增长，但同时多次对肯尼亚债务问题提出警告，认为肯尼亚政府应采取措施，降低债务风险。2017年9月15日，国际信用评级机构惠誉将肯尼亚长期外币及本币主权信用评为"B+"。2017年9月29日，国际信用评级机构标准普尔公司发布的最新评级报告中，将肯尼亚短期、长期外币及本币主权信用评级维持在"B+/B"级。2017年10月2日，国际信用评级机构穆迪将肯尼亚主权信用评级定为B1。

埃塞俄比亚是非洲第二人口大国，也是联合国非洲经济委员会和非洲联盟总部所在地，被誉为"非洲的政治心脏"，在非洲具有独特的地位。近年来，埃塞俄比亚外债增速惊人，从2008年的29亿美元增至2016年的230亿美元，基本为长期债务。不过2005年以来，埃塞俄比亚经济增长势头迅猛，依靠国外大量资金注入，实现了年均10%的经济增长，已是东部非洲第一大经济体。得益于此，外债负债率增幅没有外债总量增长那样惊人，由2005年的约10%上升至2016年的25%左右，公共债务占GDP的比例保持在60%以下。从短期来看，埃塞俄比亚良好的经济发展势头将持续，债务风险不大；但债务总量激增，且多为长期债务，会在未来特定时间段形成明显的偿债压力；同时，2015年开始，埃塞俄比亚国内矛盾凸显，多次爆发民族冲突和因征地拆迁等问题导致的大规模民众示威；埃塞俄比亚与索马里和厄立特里亚的边界冲突也仍在持续；这都不利于经济发展和债务风险的控制。埃塞俄比亚只有采取措施有效控制外债额度激增的现状，逐渐改变由外资推动经济增长的模式，采取措施维持本国政局稳定，才可能实现债务的长期可持续。

乌干达是世界最不发达国家之一，工业基础薄弱，经济结构单一，主要以农业为主。近年来，乌干达的债务表现良好，虽然债务规模有所上升，但保持在可控范围之内。截至2017年底，债务总量为102.3亿美元，同比增长17.6%，占GDP的36.5%；其中外债总额为68.8亿美元，同比增长25.1%，占GDP的25%；债务结构以长期债务为主，内债约为33.5亿美元。近年来，乌干达政府财政收入占GDP比例维持在14%上下。财政支出方面，受薪资、社会福利支出、货物和服务、利息支付、补贴等方面支出增幅较快的影响，财政支出占GDP的比例不断扩大。

坦桑尼亚属于非洲债务状况较好的国家之一，2017年11月债务总额为262.6亿美元，2018年11月增至282.1亿美元；① 2018年底，外债占GDP比例为22.2%，这都表明坦桑尼亚有较强的债务偿付能力，可以保证以较低成本借款，从而改善获取新融资的机会。近年来坦桑尼亚经济的快速增长为债务的偿付打下了良好基础，债务在短期、中期和长期都是可持续的，但该国仍需参考经济增速，设立债务融资上限。②

塞舌尔是非洲债务状况较严峻的国家之一。塞舌尔在20世纪90年代中后期成为中等收入国家之后，西方国家逐渐停止了援助。塞舌尔政府为保持经济发展势头，维持扩张性的宏观经济政策，大量借贷外部商业贷款。2008年，由于长期的扩张性宏观经济政策，加上全球金融危机的影响，债务占国内生产总值的比例高达192%，外汇持续短缺、物价上涨，中央银行外汇储备近于枯竭，无力偿付高昂的债务。2008年11月，国际货币基金组织与塞舌尔达成为期两年、总额2600万美元的救助计划，以支持塞舌尔实施改革重振经济。根据这一救助计划，塞舌尔将立即从国际货币基金组织获得910万美元资金。③ 但做为获得救助的条件，塞舌尔需要在国内实施经济改革计划，如取消外汇管制，实行卢比浮动汇率，增加外汇储备，实行紧缩财政政策，精简政府机构，转变政府职能，加快国营企业私有化进程，取消政府对国营公司的补贴，改革税收制度，加强对公司企业的税务审计等。塞舌尔还积极与各债权人就债务减免、重组展开谈判，积极争取发展伙伴提供金融支持，如2009年4月，塞舌尔与巴黎俱乐部达成协议，巴黎俱乐部免除塞舌尔45%的债务，总额近7000万美元；④

---

① 《坦桑尼亚债务可持续》，商务部驻坦桑尼亚经商处网站，2019年3月4日，http://tz.mofcom.gov.cn/article/jmxw/201903/20190302839987.shtml。
② 《经济学家提醒坦桑尼亚政府注意公共债务问题》，国家发展和改革委员会网站，2018年12月5日，http://www.ndrc.gov.cn/fzgggz/wzly/jwtz/jwtzzl/201812/t20181205_922261.html。
③ 《IMF拟2600万美元救助塞舌尔》，环球网，2008年11月18日，http://world.huanqiu.com/roll/2008-11/285944.html。
④ 《巴黎俱乐部免除塞舌尔45%债务》，金融界，2009年4月21日，http://finance.jrj.com.cn/2009/04/2111464186953.shtml。

2010年2月，塞舌尔与利比亚政府签署了债务免除协议，利比亚免除8100万美元债务中的3850万美元，剩余的4250万美元债务将在2010—2014年间分五次还清①。之后，塞舌尔举借外债规模和条件一直受到国际货币基金组织的限制和监督，截至2017年，债务占GDP的比例为63.64%，按照国际货币基金组织要求，塞舌尔须于2018年将债务比例控制在50%以内，为获取更大的财政自由度，这一目标延期至2020年实现。

近年来，卢旺达政治环境稳定，经济发展态势良好，政府严打腐败，被世界银行列为撒哈拉以南地区改革步伐最快的国家。依靠较好的投资环境，吸引了大量外国直接投资，近几年经济增速达7%左右。虽然2006年后，卢旺达外债总额迅速增长，十年间增加了4倍之多，但得益于良好的经济发展势头，外债负债率控制在30%以内，公共债务占GDP的比例也控制在40%左右。总体而言，卢旺达的短期债务压力较小，未来几年，该国大概率将持续良好的经济势头，有助于保持债务的可持续性。2019年6月11日，国际货币基金组织和世界银行联合发布的《债务可持续性分析报告》将卢旺达债务总体风险评为"低风险"级别。

近年来吉布提的债务水平上涨迅速，仅2015—2016年，吉布提的外债就从2014年底占GDP的50%上升到2016年底的85%。国际货币基金组织2017年2月发布的报告称，自2014年以来，吉布提公共及公共担保债务的快速累积将导致未来几年偿债负担显著上升。根据现有的债务存量、支付渠道和新项目借款，预计2018年，吉布提外债占GDP的比例将达87.3%的峰值，几乎是2013年的两倍。部分西方国家认为吉布提债务的快速上升归因于中国，2018年3月，美国智库全球发展中心发布报告称，吉布提2018年的公共债务预计将占GDP的88%左右，多数债务来自中国，中国为吉布提的主要投资项目已提供近14亿美元的贷款，相当于吉布提GDP的75%。针对西方国家对中国造成了吉布提债务陷阱的指责，吉布提经济、财政与工

---

① 《利比亚和塞舌尔签署债务免除协议》，商务部驻利比亚经商处网站，2010年2月26日，http://www.mofcom.gov.cn/aarticle/i/jyjl/k/201002/20100206796557.html。

业部长达瓦莱（Ilyas Moussa Dawaleh）表示，吉布提国家债务的一半来自两个重要的中资项目，一是埃塞尔比亚-吉布提供水管道，一是亚吉铁路，两者均为跨境基础设施项目，旨在实现国家间联通并改变区域经济发展格局。吉布提政府已高度关注到债务问题，但由于财政收入有限，为推动经济发展，债务上升不可避免。目前吉布提有60%的年轻人没有工作，整体失业率约为37%，首要责任是维护地区稳定，为青年创造机会。①

东部非洲是非洲大陆各次区域中经济基础较差的地区，10个国家中有8个被列为世界最不发达国家。但根据国际货币基金组织的数据，只有布隆迪、埃塞俄比亚和吉布提三国债务风险属于高等级，其余国家均为中低等级。这主要源自于近年来东部非洲国家良好的经济发展势头。2010年以后，东部非洲不断有新的油气田发现，成为全球海洋油气开发新热点，坦桑尼亚、乌干达、肯尼亚等国受益于此。2016年，东部非洲国家的平均经济增长率为5.3%，是非洲各次区域

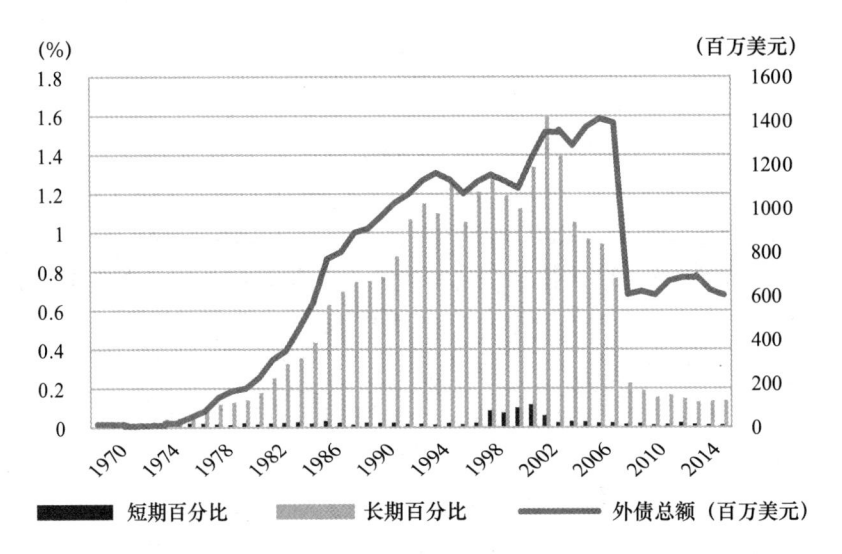

图2-18　1970—2015年布隆迪的外债状况

数据来源：wind数据库。

---

① 《吉布提掉进了中国的"债务陷阱"吗?》，凤凰网，2018年8月23日，http://news.ifeng.com/a/20180823/59953883_0.shtml。

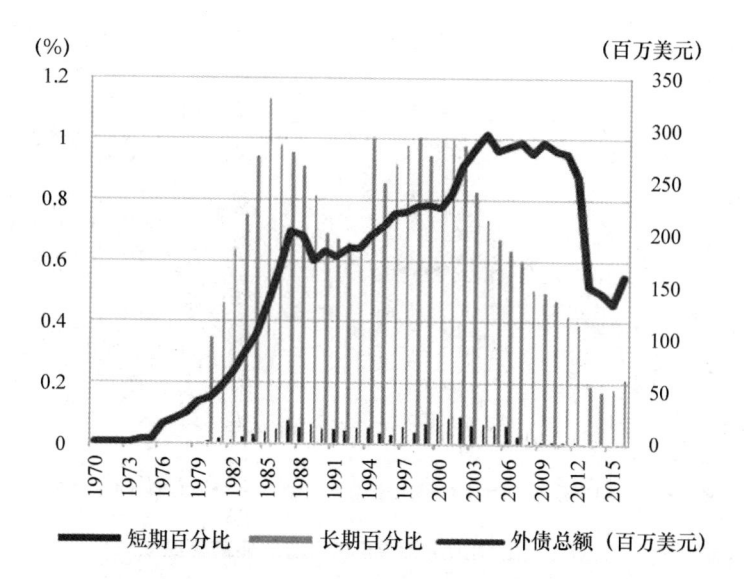

图 2-19　1970—2015 年科摩罗的外债状况

数据来源：wind 数据库。

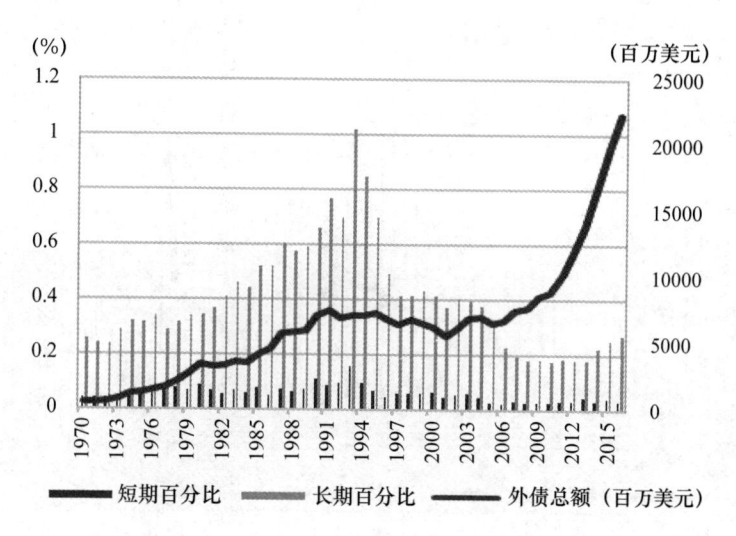

图 2-20　1970—2015 年肯尼亚的外债状况

数据来源：wind 数据库。

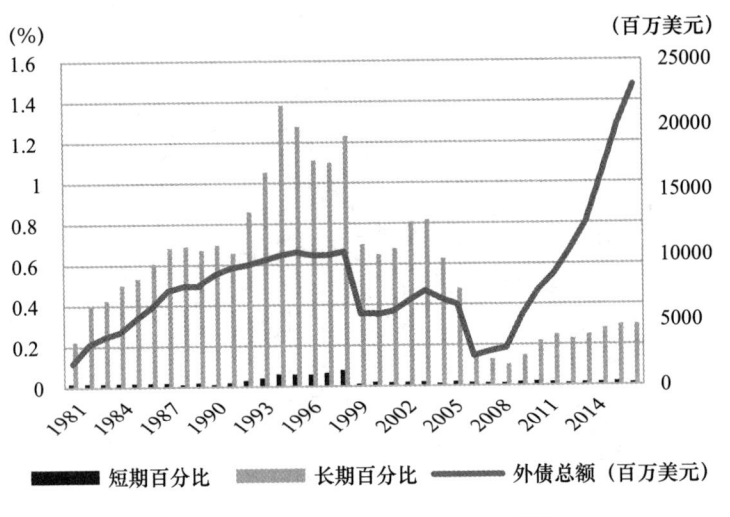

图 2-21　1970—2015 年埃塞的外债状况

数据来源：wind 数据库。

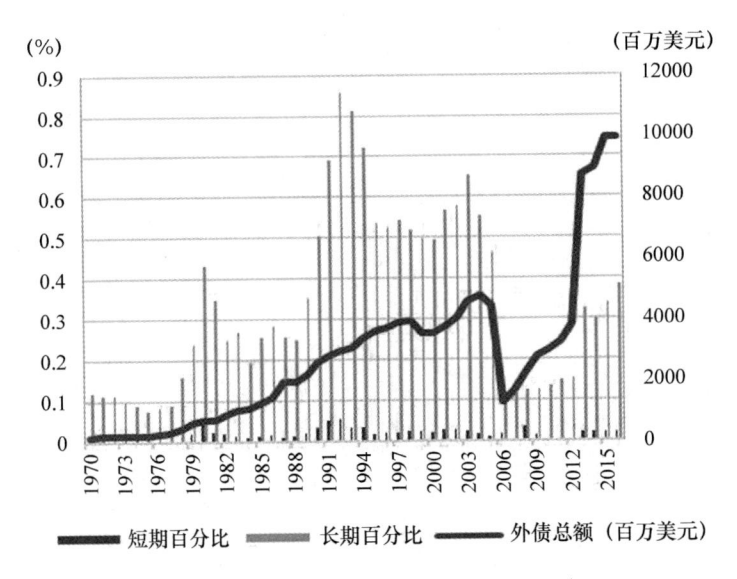

图 2-22　1970—2015 年乌干达的外债状况

数据来源：wind 数据库。

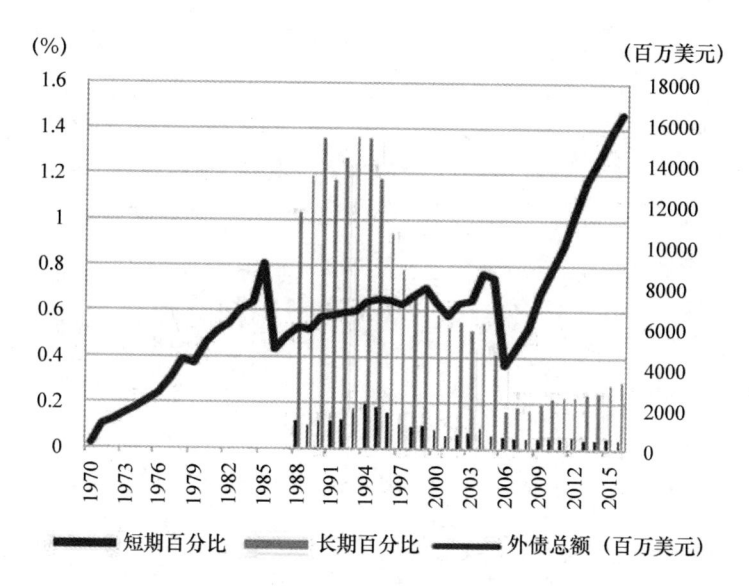

图 2-23　1970—2015 年坦桑尼亚的外债状况

数据来源：wind 数据库。

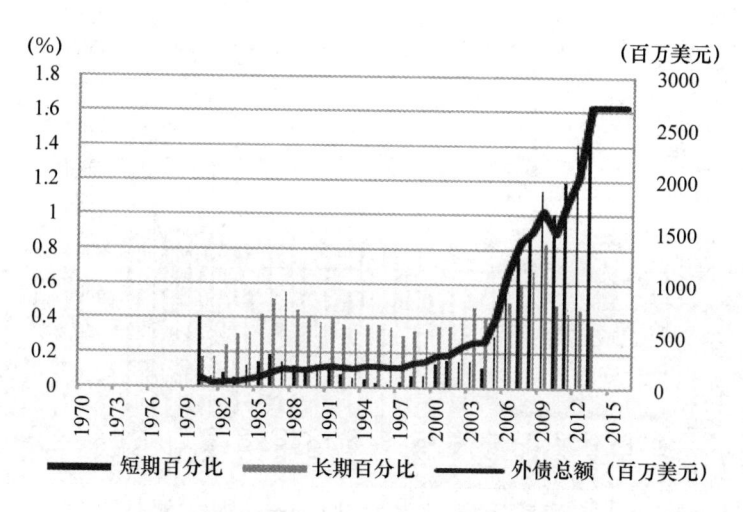

图 2-24　1970—2015 年塞舌尔的外债状况

数据来源：wind 数据库。

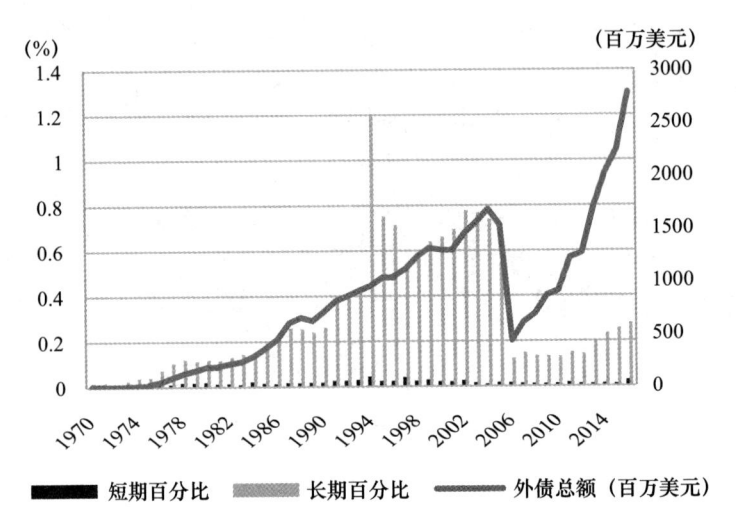

图 2–25　1970—2015 年卢旺达的外债状况

数据来源：wind 数据库。

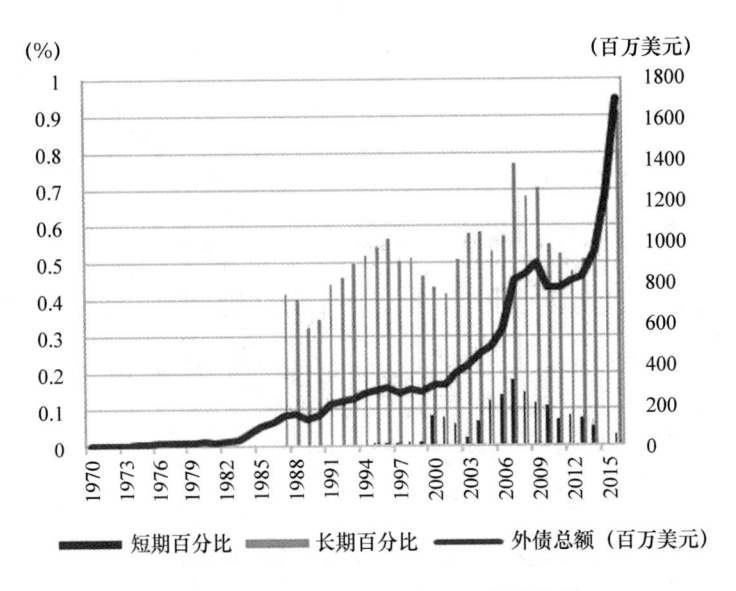

图 2–26　1970—2015 年吉布提的外债状况

数据来源：wind 数据库。

经济增长最快的地区，埃塞俄比亚以8%的增长率稳居头名，肯尼亚、卢旺达、坦桑尼亚和吉布提的增长率也维持在6%以上①。大部分东部非洲国家的经济发展足以应对未来的偿债压力，整体债务风险相对较低。

（四）西部非洲国家的债务风险探析

本研究中的西部非洲包括贝宁、布基纳法索、佛得角、科特迪瓦、冈比亚、加纳、几内亚、几内亚比绍、利比里亚、马里、尼日尔、尼日利亚、毛里塔尼亚、塞内加尔、塞拉利昂和多哥等16个国家，基于数据的可得性，本研究对布基纳法索、佛得角、科特迪瓦、冈比亚、加纳、几内亚、马里、尼日尔、尼日利亚、毛里塔尼亚、塞内加尔、塞拉利昂和多哥等13个国家进行债务状况分析和比较。

布基纳法索是联合国公布的最不发达国家之一，经济以农牧业为主，工业基础薄弱，资源贫乏，是重债穷国动议的受益国之一。2002年，布基纳法索达到重债穷国减债计划完成点，2005年12月，国际货币基金组织决定免除布基纳法索欠其所有债务。之后，布基纳法索的公共债务占GDP的比例一直保持在40%以下，是非洲债务状况较好的国家之一。

佛得角债务水平较高，外债总额从20世纪70年代开始持续快速增长，外债负债率不断上升，2016年外债负债率高达90%以上，公共债务占GDP的比例也在2015年超过了120%，偿债压力很大。由于公共债务的快速上涨导致债务风险不断增加，2014年3月22日，国际信用评级机构惠誉将佛得角公共债务评级由BB-下调两个等级至B。②佛得角经济结构单一，短期内债务风险较高；但优势在于它是非洲少有的没有发生过重大冲突的国家；地处大西洋，远离非洲大陆，政局长期保持稳定；人口较少，旅游业等服务业发展蓬勃，服务

---

① AfDB, OECD, UNDP, African Economic Outlook 2017-Entrepreneurship and Industrialisation, May 2017.

② 《佛得角公共债务持续增加，惠誉下调其信用评级》，商务部驻佛得角经商处网站，2014年3月26日，http://www.mofcom.gov.cn/article/i/jyjl/k/201403/20140300530138.shtml。

业产值占国内生产总值的 70% 以上，侨汇收入较高。2017 年开始，佛得角政府计划建设圣文森特岛海洋经济特区，推进太阳能发电、海水淡化、港口物流、转口贸易等产业的发展，该特区建成后将极大的推动佛得角经济增长，有助于实现经济的长期可持续发展，进而有利于控制长期债务风险，目前圣文森特岛海洋经济特区规划正在编制过程中。

债务曾是影响科特迪瓦经济发展的一个重要因素，科特迪瓦债务拖欠额最高的 2008 年甚至达到 25 亿美元，利息拖欠达 13 亿美元，债务占 GDP 的比例多次超过 100%。和其他许多非洲国家一样，科特迪瓦也被国际货币基金组织划入重债穷国的行列。2009 年，科特迪瓦达到重债穷国减债计划临界点。2012 年 6 月，科特迪瓦达到国际货币基金组织重债穷国减债计划完成点审核标准，获得减免总计 44 亿美元的债务；外债负债率持续下降，尤其是短期债务；但公共债务水平长期维持在高位，这主要源于科特迪瓦主权债券的大量发行，尤其是 2011 年新政府上台后，为了支持经济建设进一步扩大了债券发行量，使公共债务水平一路飙升。2015 年公共债务占 GDP 的比例超过了 100%，2017 年达到 120%。2016 年 5 月，科特迪瓦政府发布了《国家发展规划 2016—2020》，同时在巴黎举办了融资大会，大力吸引外部投资。这次国家发展规划投资总额为 30 万亿西非法郎，其中公共投资占比 37.6%，私人投资占比 62.4%。希望通过实施经济结构转型、提升竞争力、提高初级产品出口和本地加工率等措施，达成瓦塔拉总统提出的"2020 新兴国家"的发展目标，同时要大幅减少贫困人口，培育新兴的中产阶级。发展规划的提出促进了科特迪瓦的经济发展，2016 年经济增长率为 8.8%，但也导致了债务负担加剧。2016 年，科特迪瓦偿债率估计值为 9.5%，负债率估计值为 31.7%，债务率估计值为 87.9%。2017 年，科特迪瓦财政赤字突破 10000 亿西非法郎，占 GDP 的 4.5%。虽然主权债券的发行扩宽了融资渠道，降低了政府借贷成本，但由于科特迪瓦经济基础较差，国民收入受大宗商品价格波动的影响，且未来政治环境并不稳定，因此未来仍有无法偿还债务的可能性，较高的公共债务水平使其面临一定债务风险。在瓦塔拉上台之前，科特迪瓦曾经历了近10年的内乱，直到2011年大选危机结束后，政局才进入了相对稳定的时期。新政府上台之后，致力于经济和社会的重建工作，通过整顿金融市场、加强基础设施建设、改善投资环境、积极争取外援和国际投资等一系列举措来实现经济和社会的稳步复苏。2015年瓦塔拉连任总统，科特迪瓦的政策得以延续，政局也保持了持续的稳定，但各派别的争斗尤在。2020年，科特迪瓦将再次进行总统选举，选举和政权更替的不确定性使科特迪瓦的政治风险再度显现。虽然目前科特迪瓦债务风险可控，且几乎没有短期债务，发生债务危机的概率不大。但从长期来看，科特迪瓦能否实现债务可持续性取决于该国的政治和经济是否稳定。

冈比亚是联合国公布的最不发达国家之一，经济结构单一，以农业为主。20世纪80年代中期，冈比亚政府开始推行经济恢复和发展计划，鼓励私人资本投资，发展市场经济，保持宏观经济稳定，但也导致了债务规模增加，虽然公共债务占GDP的比例在2007年大幅下降，但2014年以来，受埃博拉疫情严重冲击和雨季推迟等的影响，债务规模又开始上升。截至2019年5月，国内债务总额达318亿达拉西①。8月1日，总统巴罗向媒体表示，冈比亚债务占国民生产总值的比例达120%，60%的税收用于偿还债务，上个月冈比亚利用税收收入偿还了6亿达拉西（约合1200万美元）债务。②

加纳自然资源丰富，政治局势平稳，是非洲大陆经济调整和改革成效显著的国家之一，被世界银行誉为"非洲经济复兴的中心"。近年来，加纳经济发展速度较快，曾是非洲经济增长最快的国家之一，虽然2014—2016年，受国际大宗商品价格下跌影响，经济增长放缓，但2017年起，经济增速已恢复原有水平。与加纳快速发展的经济相伴的是债务规模的不断扩大，加纳官方数据显示，截至2017年底，债务存量达1425亿塞地（约合30.75亿美元），占国内生产总值的

---

① 《冈比亚国内债务总额达318亿达拉西》，商务部驻冈比亚经商处，2019年6月1日，http://gm.mofcom.gov.cn/article/jmxw/201906/20190602869032.shtml。
② 《冈比亚偿还逾6亿达拉西债务》，商务部驻冈比亚经商处，2019年8月2日，http://gm.mofcom.gov.cn/article/jmxw/201908/20190802887047.shtml。

69.8%，接近70%的债务不可持续，债务状况不容乐观。① 国际评级机构穆迪曾在2017年指出，受国内借贷成本影响，加纳债务负担能力较弱，由于非优惠贷款在外债中的比例较大，债务安全性受外汇冲击和外部流动性状况影响较大。②

几内亚地处几内亚湾腹地，是非洲西海岸中心，西部非洲交通枢纽，地理位置优越，自然资源丰富。几内亚曾于2008年爆发军事政变，引发社会动荡，2010年，总统阿尔法·孔戴上台，政局恢复稳定。孔戴政府实施"变革新政"，推行行政、司法和安全机构改革，促进了经济发展。2014年3月，爆发埃博拉疫情，给经济社会等各领域造成了巨大冲击。2016年疫情结束后，几内亚经济才缓慢恢复。几内亚是国际货币基金组织和世界银行公布的世界重债国家之一，自1999年开始实施减贫战略，2012年9月，几内亚达到重债穷国减债计划完成点，总额为31亿美元的外债被减免三分之二，约21亿美元，外债负担大幅减轻。

马里是国际货币基金组织和世界银行公布的世界重债国家之一，2003年3月，马里达到重债穷国减债计划完成点，欠巴黎俱乐部国家的1.69亿美元债务中的7000万美元债务被减免，是继乌干达、玻利维亚、莫桑比克、坦桑尼亚、布基纳法索和毛里塔尼亚之后，第七个享受巴黎俱乐部国家加强型减债方案债务减免的国家。③ 马里债务水平整体不高，是西非经货联盟中负债率最低的国家之一，公共债务构成以外债为主（主要为优惠贷款）。④

尼日尔曾是国际货币基金组织和世界银行"重债穷国减债计划"和"减贫与增长贷款"达标国之一，2009年，由于宪政危机，

---

① 《加纳的债务在2月份缩减至GDP的60%》，生活期刊网，2018年5月21日，https://www.childbb.com/news/guoji/2018-05-21/94875.html。
② 《穆迪预测加纳2017年公共债务占GDP比例最高达73.2%》，商务部驻加纳经商处网站，2017年7月13日，http://www.mofcom.gov.cn/article/i/jyjl/k/201707/20170702608682.shtml。
③ 《巴黎俱乐部减免马里债务》，商务部驻马里经商处网站，2003年3月17日，http://www.mofcom.gov.cn/article/i/jyjl/k/200303/20030300075410.shtml。
④ 《马里政府决定清偿2018年拖欠内债》，商务部西亚非洲司网站，2019年8月1日，http://xyf.mofcom.gov.cn/article/zb/201908/20190802886785.shtml。

部分国家停止对尼日尔援助，导致财政状况恶化。随着伊素福总统上台，尼日尔经济状况逐渐好转，但由于经济基础薄弱，总体仍非常困难。尼日尔债务状况总体较好，公共债务占GDP的比例在2006年大幅下降，之后一直保持在较低水平，虽然近两年微涨，但在可控范围内。国内治安状况较差，恐怖袭击事件时有发生，受利比亚、马里局势以及"博科圣地"恐怖主义活动影响，大量难民涌入尼日尔境内，对社会安全稳定造成了威胁。2019年上半年，尼日尔蒂拉贝里大区等地多次遭受恐怖袭击，对未来经济社会稳定造成了负面影响。

尼日利亚是非洲第一大经济体，油气资源大国，非洲第一大石油生产和出口国，石油工业是支柱产业。尼日利亚经济结构单一化问题突出，虽已实施多年经济多元化政策，但效果不明显，经济发展受制于国际市场。2008年之后，国际油价长期低位徘徊，尼日利亚经济受到严重拖累。2017年，经济增长率仅0.7%，人均GDP增速仅0.8%[①]。2006年以来，尼日利亚外债总额增长较快，但由于经济总量较大，外债负债率不到10%，公共债务占GDP的比例也维持在20%以内，短期偿债压力不大；但从长期看，尼日利亚债务的可持续性主要取决于能否实现长期的经济可持续增长，而这又取决于以下几个因素，一是国际油价能否稳步回升，二是尼日利亚能否实现经济多元化发展的政策目标，降低对油气能源产业的依赖，三是国内的民族、恐怖主义问题能否得到妥善解决。

毛里塔尼亚是世界最不发达国家之一，经济结构单一，矿业和渔业是支柱产业，外援在国家发展中起着重要作用。2002年，毛里塔尼亚被世界银行和国际货币基金组织列入重债穷国，并加入减贫战略框架，但作为受援条件，毛里塔尼亚每年的政府财政方案和发展规划需通过执行委员会的认可才可实施。2014年以来，受国际大宗商品价格下跌影响，毛里塔尼亚矿产收入大幅减少，加之与欧盟渔业谈判一度受阻，渔业收入有所下降，经济下行压力加大。毛里塔尼亚的负

---

① IMF, World Economic Outlook-Seeking Sustainable Growth, Short-Term Recovery, long-Term Challenges, October 2017.

债率较高，属于非洲债务高风险的国家之一。2018年，公共债务占GDP的83.94%。

塞内加尔是联合国公布的最不发达国家之一，56%的人口从事农业，具备一定的工业基础。2014年，塞内加尔政府推出经济振兴计划，改善投资、营商环境，受益于投资大幅增长及农业增产，2014—2017年，国内生产总值增长率分别达到4.1%、6.5%、6.7%和7.2%。塞内加尔于2000年被国际货币基金组织列入重债穷国减债计划，2003年达到重债穷国减债计划完成点，并于2006年被列入多边减债计划。近年来，塞内加尔负债率持续升高，主要是由于公共建设开支的增加，2017年的外债余额为88.86亿美元，较上年增长33%，公共债务总额占GDP的64.45%。

塞拉利昂是世界最不发达国家之一，经济以农业和矿业为主，粮食不能自给。长期内战使基础设施毁坏严重，国民经济濒于崩溃。2002年内战结束，开始集中精力重建经济，并取得一定成效。2014年，爆发埃博拉疫情，对经济社会发展造成巨大冲击，导致经济在2015年出现严重负增长。2016年，塞拉利昂政府将疫后重建作为首要任务，推出"总统优先复兴计划"，经济逐步恢复。塞拉利昂债务问题较突出，2018年，公共债务占GDP的71.31%。总统比奥上台后，称塞拉利昂处于债务危机当中，发布一系列行政令，暂停除日内瓦公约规定外的所有免税条款，统一政府部门财政账户，削减各种不必要的政府开支。同时，为增加财政收入，国税局加大了税收审查和欠税追缴力度，暂停了许多项目的税收优惠政策。

多哥是联合国公布的世界最不发达国家之一，自然资源匮乏，经济结构单一。1983年起，多哥政府实施经济结构调整计划，采取自由化经济政策。2010年12月，多哥达到重债穷国减债计划完成点，获免外债18亿美元。多哥政府致力于改善投资环境，吸引外国投资。2013—2016年在基础设施建设领域的投资超过1万亿非洲法郎，将20%的财政收入用于公共投资，2017年，多哥经济增长率4.4%。由于基础设施投资增长较快，近年来多哥政府负债率大幅攀升，2016年为81.6%，在与国币货币基金组织签订扩大优惠信贷协议（FEC）

之后，债务负担有所改善，2017年负债率为78.6%，仍超过西非经货联盟70%的警戒线。2017年多哥外债余额达4978亿西非法郎，占总债务的25.2%，较2016年下降4.0%，内债余额为14772亿非郎，较2016年下降2.8%。

从整体上看，西部非洲经济基础薄弱，经济发展水平在非洲各次区域中处于较低水平，近年来经济增长形势也不尽如人意，2016年GDP增速仅为0.4%。据国际货币基金组织的评估，西部非洲16个国家中，除塞内加尔以外，其余国家的债务风险均属于中高等级，但大部分国家外债负债率都处在可控范围内，因此目前并没有国家陷入严重的债务危机中。加纳由于近年来较高的通胀率和较低的资本账户开放程度，经济发展前景不乐观；塞拉利昂经济发展缓慢，失业率和通胀率高企，经济开放程度也处在较低水平；需要警惕这两个国家的债务风险。

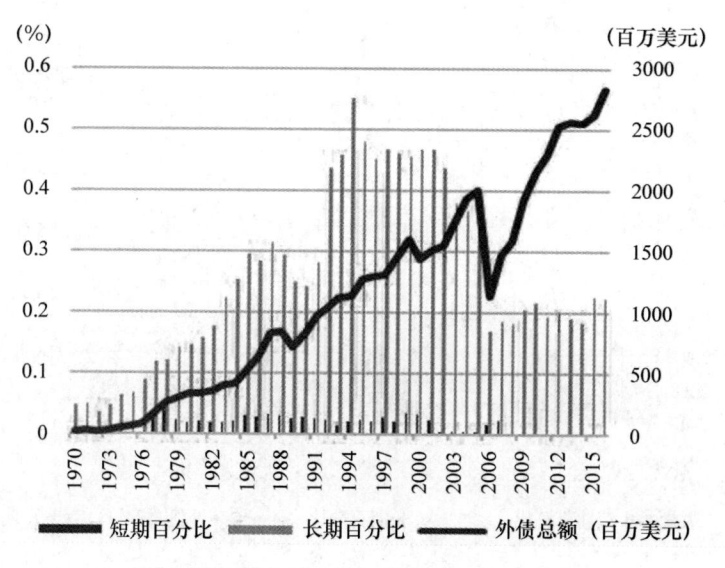

图2-27 1970—2015年布基纳法索的外债状况

数据来源：wind数据库。

72 / 非洲债务问题与应对选择研究

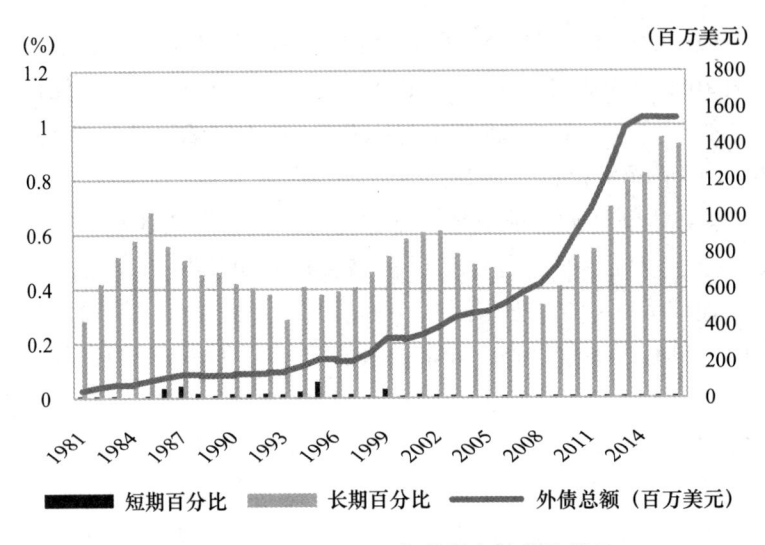

图 2-28　1970—2015 年佛得角的外债状况

数据来源：wind 数据库。

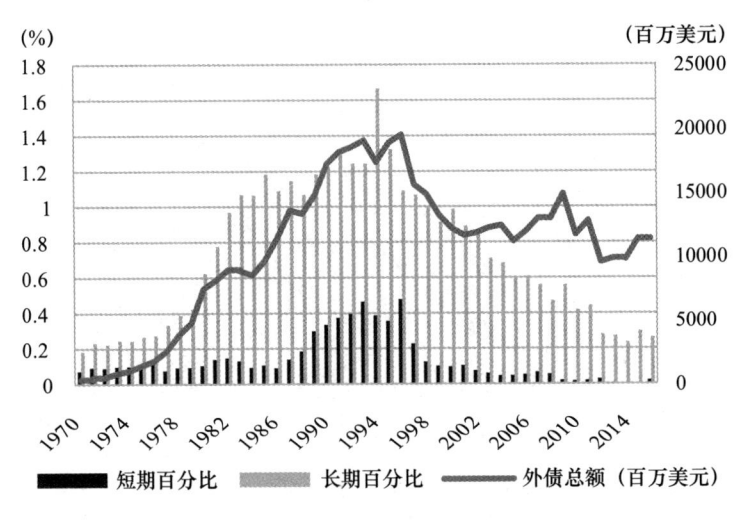

图 2-29　1970—2015 年科特迪瓦的外债状况

数据来源：wind 数据库。

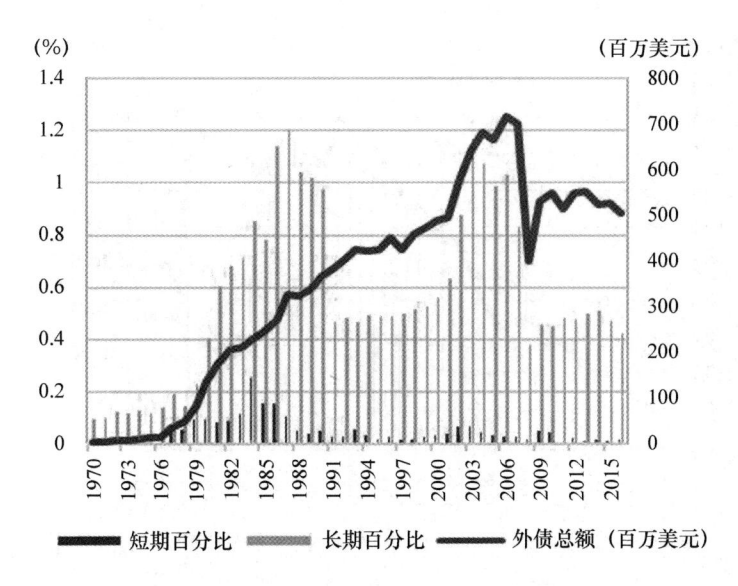

■ 短期百分比　■ 长期百分比　—— 外债总额（百万美元）

图 2-30　1970—2015 年冈比亚的外债状况

数据来源：wind 数据库。

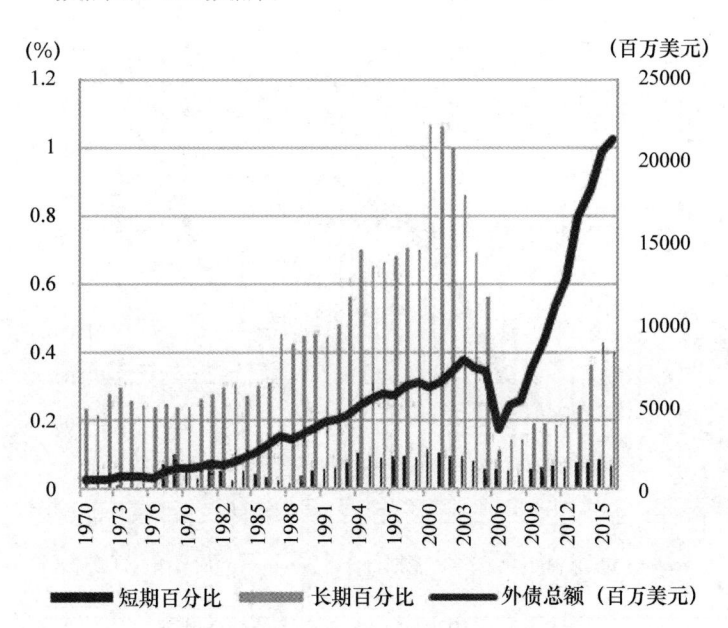

■ 短期百分比　■ 长期百分比　—— 外债总额（百万美元）

图 2-31　1970—2015 年加纳的外债状况

数据来源：wind 数据库。

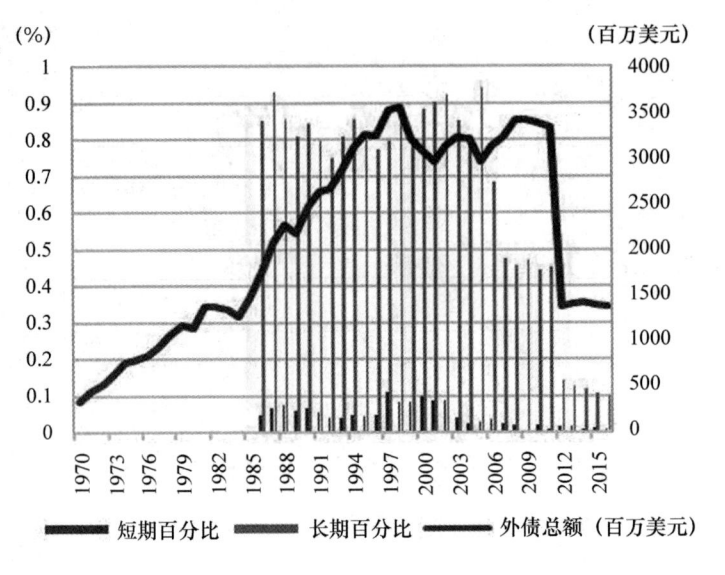

图 2-32　1970—2015 年几内亚的外债状况

数据来源：wind 数据库。

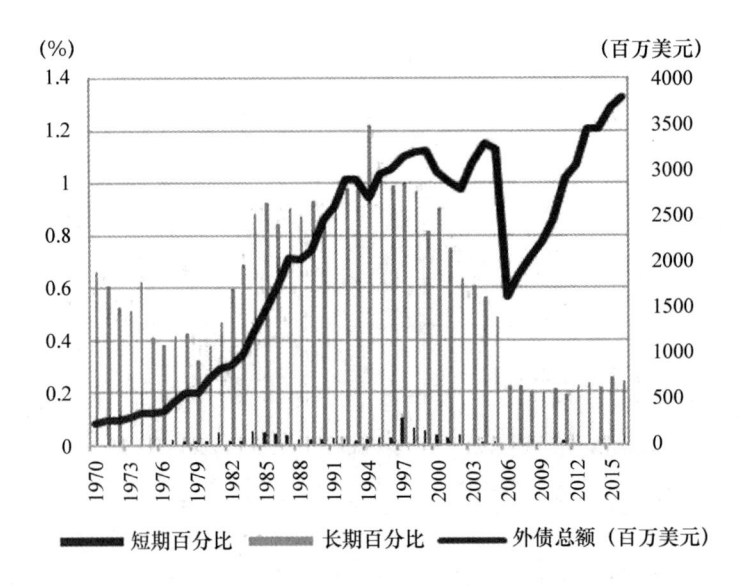

图 2-33　1970—2015 年马里的外债状况

数据来源：wind 数据库。

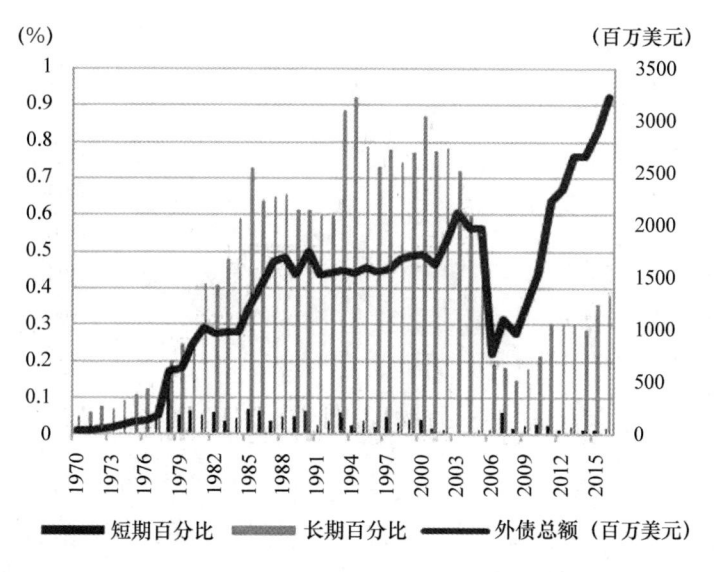

图 2-34　1970—2015 年尼日尔的外债状况

数据来源：wind 数据库。

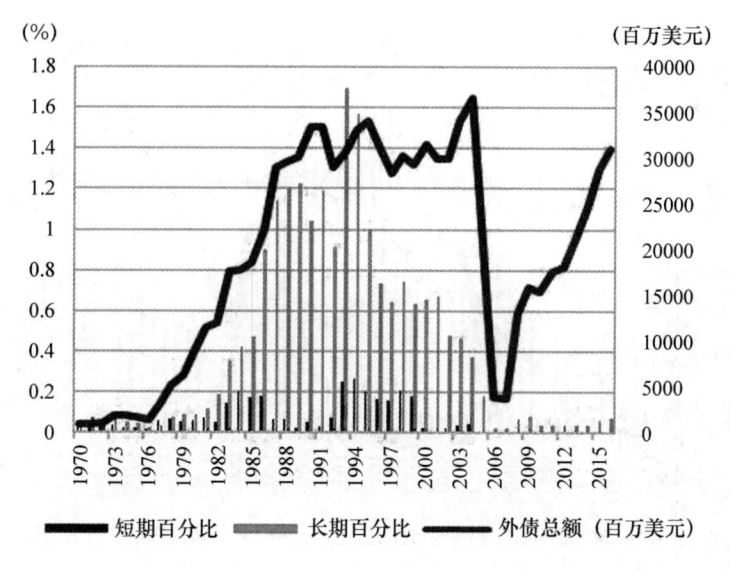

图 2-35　1970—2015 年尼日利亚的外债状况

数据来源：wind 数据库。

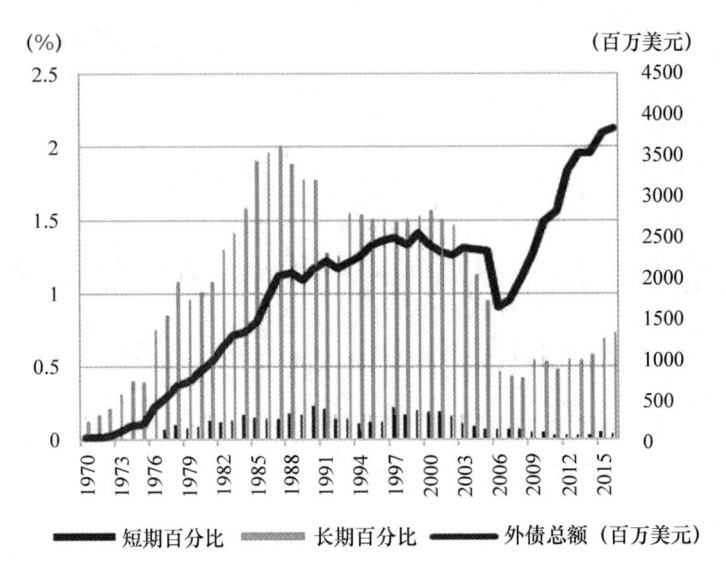

图 2-36　1970—2015 年毛里塔尼亚的外债状况

数据来源：wind 数据库。

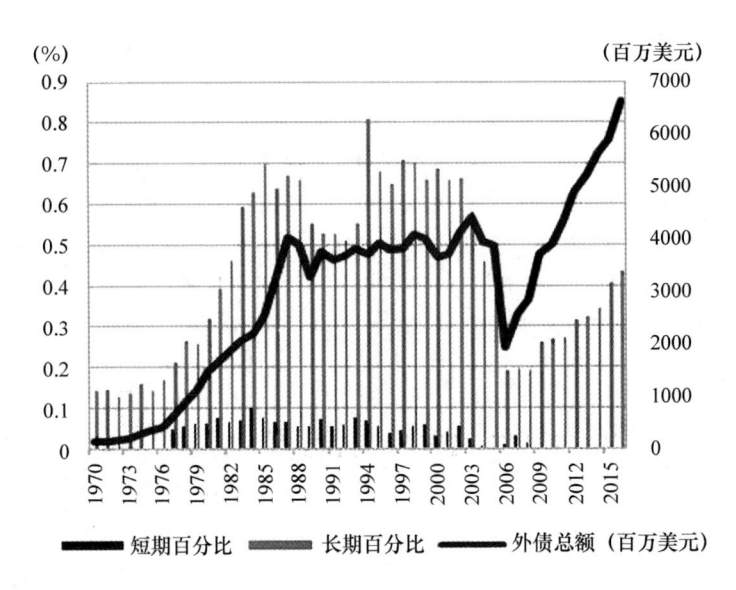

图 2-37　1970—2015 年塞内加尔的外债状况

数据来源：wind 数据库。

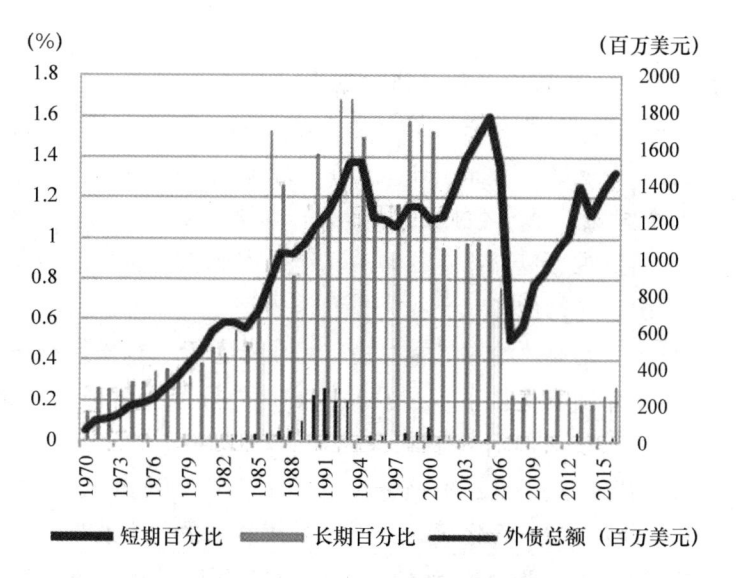

图 2-38　1970—2015 年塞拉利昂的外债状况

数据来源：wind 数据库。

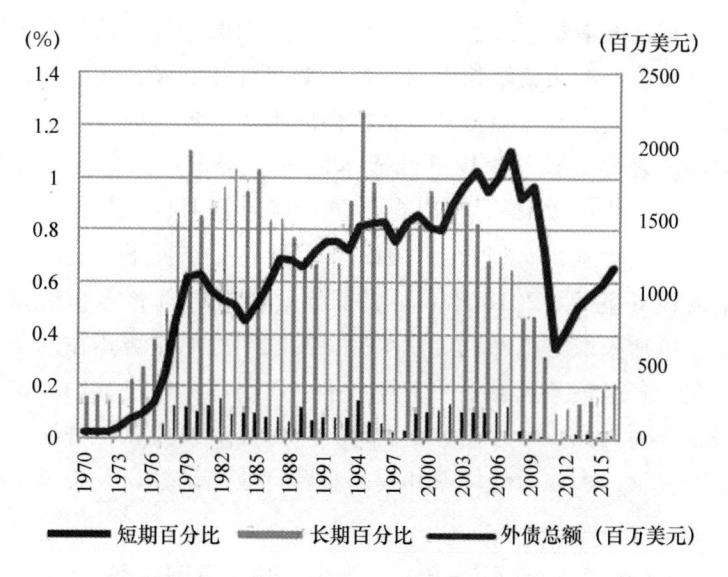

图 2-39　1970—2015 年多哥的外债状况

数据来源：wind 数据库。

（五）南部非洲国家的债务风险探析

本研究中的南部非洲包括赞比亚、安哥拉、津巴布韦、马拉维、莫桑比克、博茨瓦纳、南非、斯威士兰、莱索托、马达加斯加和毛里求斯等11个国家，基于数据的可得性，本研究对赞比亚、安哥拉、津巴布韦、马拉维、莫桑比克、博茨瓦纳、南非、马达加斯加和毛里求斯等9个国家进行债务状况的分析和比较。

近年来，赞比亚政治局势相对稳定，政府实行了宽松的经济和贸易政策，与多个国家签订了双边贸易协定，外资准入管理相对宽松，外资流入增速较快，经济发展势头向好。2005年，赞比亚达到重债穷国减债计划完成点，获巨额债务减免，外债由2005年底的55亿美元降至2006年底的6.35亿美元，但之后债务规模又迅速攀升，且增速高于之前的水平，2016年外债负债率超过40%的国际警戒线。近年来，公共债务占GDP的比例虽然控制在50%以内，但上升趋势明显。2017年4月，赞比亚央行前行长迦勒·方丹（Caleb Fundanga）表示，由于过度借贷，过去5年赞比亚债务剧增，当前债务水平不可持续。政府债务的快速增长限制了财政对减贫和发展领域的投入，也增加了国内外关于赞比亚债务可持续性的担忧。政府应持续实施增长导向的经济政策；努力寻找更低成本的融资渠道；深化内债市场改革；执行财政稳定政策[1]。世界银行在2018年9月的《赞比亚经济简报》中称，赞比亚债务状况在2019年可能达到"危机"水平[2]。为避免陷入债务危机，2018年6月，赞比亚财政部宣布停止借款，开源节流，包括采取措施降低负债水平，无限期推迟签署正在准备中的债务合同，直至债务风险重回中等水平，取消部分已经签约、即将付款的贷款合同，减少对外债务支出等；为解决政府欠款，赞比亚政府采取消除欠款，大幅降低坏账和提高私营行业流动性，及要求财政部

---

[1]《赞比亚央行前行长表示赞当前债务水平不可持续》，商务部驻赞比亚经商处网站，2017年4月4日，http://www.mofcom.gov.cn/article/i/jyjl/k/201704/20170402550775.shtml。

[2]《世界银行称赞比亚债务状况在2019年可能达到"危机"水平》，商务部驻赞比亚经商处网站，2018年10月16日，http://www.mofcom.gov.cn/article/i/jyjl/k/201810/20181002796067.shtml。

实行承诺控制，遏制新欠款的产生等措施，同时赞比亚政府还开源节流，降低赤字水平①。截至 2019 年 5 月，赞比亚的债务接近 140 亿欧元，占国内生产总值的 70%。

安哥拉是非洲第二大产油国，受国际原油价格大幅攀升影响，2001—2010 年，安哥拉经济发展迅速，GDP 年均增长率达 11.1%，居全球第一。2008 年后，受全球金融危机和国际原油价格下跌影响，安哥拉政府财政收入和外国直接投资减少，经济增速明显放缓，2014 年国际原油价格下跌更对该国造成了沉重打击，财政收入减少，外汇储备下降，经济增速进一步放缓。为维持国民经济发展，安哥拉加大对外举债的力度，债务规模迅速攀升。2019 年 3 月，国际货币基金组织安哥拉财政援助计划执行情况评估负责人马里奥·佐毛罗齐（Mário Zamaroczy）表示，安哥拉公共债务目前超过国内生产总值的 71%，估计总额达 785 亿美元。国际货币基金组织预测今年年底安哥拉的债务将占 GDP 的 90%②。

津巴布韦外债总额自 20 世纪 70 年代开始一直不断增加，2016 年累计达 90 亿美元，外债负债率为 50% 左右，2008 年一度达到 129%。需要特别注意的是，相对于其他南部非洲国家，津巴布韦短期债务占比很高，2006 年之后，外债的近三分之一为短期债务。2007 年底开始的津巴布韦恶性通货膨胀进一步加剧了偿债压力。目前，津巴布韦尚未从恶性通货膨胀对经济的重创中恢复过来，已深陷债务危机。2017 年 11 月，津巴布韦发生政变，新总统上台后推出了一系列经济改革措施，力图恢复国内经济，但政治根基尚不稳固，经济政策在短期内不会有明显效果。

马拉维是农业国，约 86% 人口从事农业，经济十分落后，是联合国公布的最不发达国家之一，经济发展严重依赖外援。2005 年起马拉维实施"增长与发展战略"，得到国际货币基金组织的支持，经济形势好转，2005—2010 年年均经济增长率超过 7%。2011 年上半年，由于

---

① 《面临严峻债务危机，赞比亚政府将寻求融资帮助》，搜狐网，2018 年 7 月 30 日，http://www.sohu.com/a/244233341_617282。
② 《IMF 关注安哥拉的高额公共债务》，MACUA HUB2019, 年 4 月 1 日，https://macua-hub.com.mo/zh/2019/04/01/pt-fmi-preocupado-com-nivel-elevado-da-divida-publica-de-angola/。

外汇和燃油短缺危机，马拉维发生全国性示威游行和骚乱，对经济造成严重影响。2012年4月，班达就任总统后，与西方关系缓和，着力争取外援，推出一系列经济改革措施，经济状况有所好转。但由于班达政府曝出"现金门"丑闻并持续发酵，西方传统捐助方纷纷暂停提供预算支持，经济面临严峻挑战。彼得·穆塔里卡总统上台后，加大改革力度，出台政策吸引投资，促进贸易，经济保持了相对稳定。马拉维债务风险较高，据马拉维《每日时报》2016年11月30日报道，目前内外债务总额至少为2.1万亿克瓦查。马拉维时任财政部发言人表示，截至2016年11月，马拉维外债总额为19亿美元（约合1.31万亿克瓦查），内债总额约为7000万克瓦查。债务总额超过2万亿克瓦查，几乎是2016/17财年预算（1.1万亿克瓦查）的2倍①。2017年7月，国际货币基金组织在一项报告中指出，马拉维国内外债务状态处于中度风险，马拉维政府在举借外债方面需谨慎行事，同时致力于加强财政结构的稳固性，以限制国内财政需求，加强债务可持续性②。

  莫桑比克经济和财政部在2017年1月16日以英文和葡文两种语言向莫桑比克债券持有者发表声明，确认无力支付2017年1月18日到期的最初由莫桑比克国有金枪鱼公司发行的债券利息③。该声明的发表表示，莫桑比克陷入债务危机。根据国际商业观察（International Business Monitor）2017年3月对莫桑比克债务的分析显示，公共债务已接近GDP的109.7%，系撒哈拉以南非洲国家的最高值④。莫桑比克债务水平快速上升的原因是，该国大部分外债以外币计价，易受汇率变动的影响。2016年，莫桑比克货币梅蒂卡尔兑美元的汇率贬值了33%，致使莫桑比克无力偿还7.275亿美元到期外债的本息近

---

① 《马拉维债务达2.1万亿克瓦查》，商务部驻马拉维经商处，2016年12月1日，http://malawi.mofcom.gov.cn/article/jmxw/201612/20161202022856.shtml。
② 《马拉维国内外债务状态仍处于中度风险》，商务部驻马拉维经商处，2017年7月7日，http://malawi.mofcom.gov.cn/article/jmxw/201707/20170702607271.shtml。
③ 《莫桑比克政府确认，莫无力支付到期的债务利息》，商务部驻莫桑比克经商处，2017年1月17日，http://mz.mofcom.gov.cn/article/jmxw/201701/20170102502891.shtml。
④ 《莫桑比克公共债务接近GDP总量的110%，系撒哈拉以南国家最高值》，商务部驻莫桑比克经商处，2017年3月22日，http://mz.mofcom.gov.cn/article/jmxw/201703/20170302538920.shtml。

6000万美元。雪上加霜的是，早在2016年4月，由于莫桑比克前格布扎政府时期隐瞒数十亿美元政府担保债务被披露，国际货币基金组织暂停了对莫桑比克的援助项目。莫桑比克政府承认，外债规模有违国际货币基金组织的要求。例如，一般情况下，债务占GDP的比例不应超过40%，但莫桑比克在2016年9月已达67%。一般情况下，债务占出口收入的比例限值为150%，但莫桑比克已达232%。债务占财政收入的比例一般不超过250%，但莫桑比克高达293%①。2017年1月26日，莫桑比克政府决定偿还除20亿美元隐瞒债务之外的其他双边和多边官方债务的方案获得国际货币基金组织同意。国际货币基金组织表示，如果莫桑比克只存在私人债务拖欠，可以恢复对该国的援助，但如果仍然存在官方债务拖欠，则无恢复的可能。同时，国际货币基金组织还明确了恢复对莫桑比克援助的其他三项前提条件：一是KROLL国际审计机构必须全面完成对莫桑比克隐瞒债务的审计工作；二是莫桑比克政府必须提交紧缩财政的"调整计划"；三是莫桑比克政府必须以良好诚信的努力与私人债权人达成合作协议②。2017年10月，国际货币基金组织再次表示，对莫桑比克恢复经济援助取决于该国政府澄清瑞士信贷和俄罗斯VTB银行贷款资金的去向，预计不会在2018年前达成恢复对莫桑比克经济援助的协议③。

博茨瓦纳债务状况良好，2018/2019财年，外债总额为305亿普拉，占GDP的15.4%，国内债务总额为155亿普拉，占GDP的7.8%。2019年3月底，预计负债总额为GDP的23.2%。博茨瓦纳财政与经济发展部长预测，2019/2020财年政府预算赤字为71.5亿普拉，占GDP的3.4%。鉴于博茨瓦纳良好的经济和债务状况，国际评级公司标准普尔将博茨瓦纳主权信用等级评定为"A"和"A-2"，

---

① 《国际货币基金组织称，恢复对莫援助项目取决于莫桑比克外债的可持续性》，商务部驻莫桑比克经商处，2016年11月1日，http://mz.mofcom.gov.cn/article/jmxw/201611/20161101557264.shtml。

② 《国际货币基金组织再次明确恢复对莫援助的前提条件》，商务部驻莫桑比克经商处，2017年2月1日，http://mz.mofcom.gov.cn/article/jmxw/201702/20170202508739.shtml。

③ 《国际货币基金组织在恢复向莫桑比克提供经济援助之前要求其对"隐瞒债务"予以澄清》，商务部驻莫桑比克经商处，2017年10月28日，http://mz.mofcom.gov.cn/article/jmxw/201710/20171002661181.shtml。

反映了博茨瓦纳经济发展的良好外部环境和内部动力，并预测2019年博茨瓦纳的经济增长率为4.2%①。

南非是非洲经济的领头羊，是G20、金砖国家等重要国际组织成员，属中等收入的发展中国家。南非自然资源丰富，金融、法律体系相对完善，通讯、交通、能源等基础设施良好。南非政府具有较好的宏观经济治理能力，1996年推出"增长、就业和再分配计划"，2006年实施"南非加速和共享增长倡议"，计划实施顺畅，1994—2004年南非经济年均增长3%，2005—2007年年均增速超过5%。2008年，受国际金融危机影响，南非经济增长乏力。南非政府自2009年起一直收不抵支，2018/2019财年预算赤字占国民生产总值的4.2%，到2021/2022财年将下降到4%②。近年来，南非债务水平持续上升。南非储备银行最新数据显示，2017/18财年南非政府债务余额24896亿兰特，占GDP的79.7%，其中内债22429亿兰特，占债务余额的91.3%。公共债务水平的持续上升和经济的持续低迷可能使南非在未来面临一定的偿债压力。

2009年以前，马达加斯加经济发展状况良好，经济增长率连续几年保持在6%左右，社会秩序良好。2009年，马达加斯原总统拉瓦卢马纳纳在哗变军队的压力下被迫交权，流亡国外，反对派领导人、原首都市长拉乔利纳宣布自任总统，之后马达加斯加经济、社会发展停滞，社会治安状况日趋严峻。2014年，马达加斯加政治危机结束，政局趋于稳定，但民间治安状况仍较差，恐怖袭击事件时有发生。受此前马达加斯加政局不稳影响，国际债权人减少了对马达加斯加发放债务的规模，该国外债规模有所收缩，现已逐渐恢复。2018年，马达加斯加政府公共债务43.3亿美元，占GDP的35.8%；其中外债31.7亿美元，占GDP的26.2%；预计2019—2022年外债占GDP的比例将逐年增至30%以上③。

---

① 《2019年5月博茨瓦纳媒体商务简讯》，商务部驻博茨瓦纳经商处，2019年6月1日，http://bw.mofcom.gov.cn/article/gzdt/201906/20190602872072.shtml。

② 《南非2019年度预算报告显示南非债务负担引人堪忧》，商务部驻南非经商处，2019年2月21日，http://za.mofcom.gov.cn/article/jmxw/201902/20190202836893.shtml。

③ 《经济概况（2018年）》，商务部驻马达加斯加经商处，2019年7月19日，http://mg.mofcom.gov.cn/article/ddgk/201907/20190702883207.shtml。

2008 年之前，毛里求斯的外债总额一直比较平稳，处于低位，但之后飙升，至 2016 年已累积 1800 亿美元，外债负债率达 140% 左右；短期债务占比显著升高，短期债务占 GDP 的比例接近 40%；公共债务占 GDP 的比例长期稳定在 50% 左右。毛里求斯的中短期债务偿还压力较大，其优势在于政治局势平稳，经济发展态势良好；优美的自然环境吸引了大批游客，旅游业相对发达；该国地处南大西洋和印度洋之间的航道要冲，属于出口导向型经济，金融服务、信息通信业发展水平均居非洲国家前列。综合来看，毛里求斯债务风险较高，若不能有效缩减现有债务规模，未来将面临更高的债务风险。

部分南部非洲国家面临较大的债务风险，如津巴布韦已深陷债务危机；莫桑比克已出现债务危机；赞比亚债务风险也成为国际舆论关注的话题。同时，南部非洲虽然是非洲经济最发达的次区域，但近几年经济增速明显放缓，2016 年 GDP 平均增速仅 1.1%[①]。南部非洲如果不能实现经济的稳步增长，各国也不能有效削减债务总额，未来偿债压力将会较大，存在明显的债务风险。

总体来看，相对于其他四个非洲次区域，2000—2016 年南部非洲外债总额增加量最高，在非洲总体外债中所占比例最大。根据国际货币基金组织公布的数据[②]，乍得、莫桑比克、圣多美和普林西比、苏丹、南苏丹和津巴布韦目前已经陷入债务危机，相比于其他非洲国家，这 6 个国家的债务风险最大。在这 6 个国家中，除津巴布韦之外，其他 5 国均为世界最不发达国家，经济状况较差。乍得、圣多美和普林西比、苏丹和南苏丹陷入债务危机的共同原因是石油价格的走低，这些国家的经济发展严重依赖石油产业，国际油价下跌使其经济严重下滑，难以偿还债务，苏丹和南苏丹因长期领土争端而造成的持续政治动荡也是陷入债务危机的部分原因。莫桑比克陷入债务危机的主要原因是 2016 年的武装冲突和来自国际货币基金组织的国际援助的中止，二者共同作用使莫桑比克的经济和偿债能力遭遇严峻考验。

---

① IMF, World Economic Outlook-Seeking Sustainable Growth, Short-Term Recovery, long-Term Challenges, October 2017.

② 来自国际货币基金组织公布的数据，见 https：//www.imf.org/external/pubs/ft/dsa/dsalist.pdf.

津巴布韦则是由于恶性通货膨胀对经济发展造成了严重打击,且使偿债压力进一步加大,虽然 2017 年津巴布韦新总统上台出台了一系列经济政策,但政策效果在短期内并不显著。

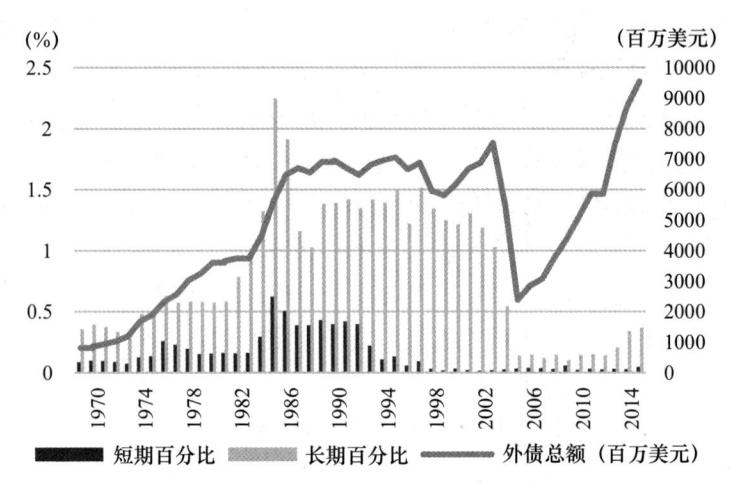

图 2-40 1970—2015 年赞比亚的外债状况

数据来源:wind 数据库。

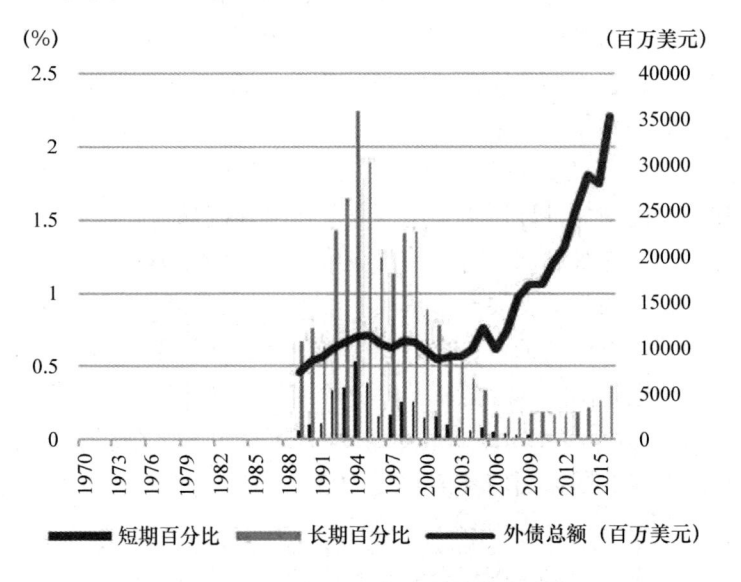

图 2-41 1970—2015 年安哥拉的外债状况

数据来源:wind 数据库。

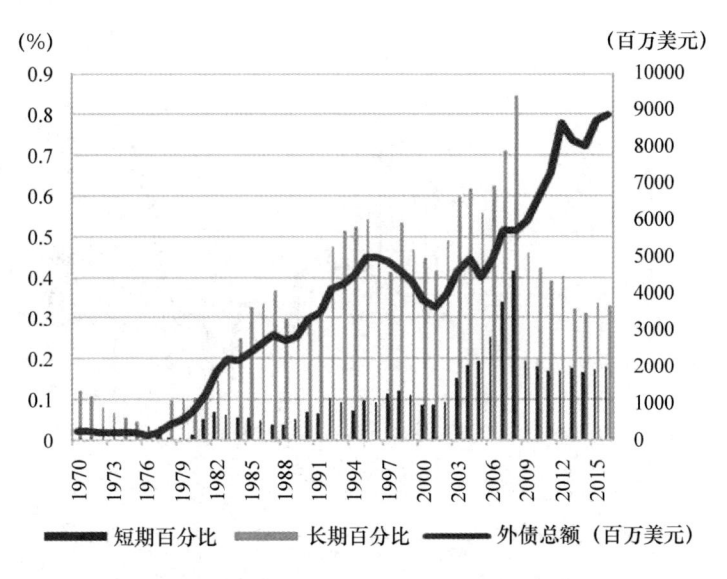

图 2 – 42　1970—2015 年津巴布韦的外债状况

数据来源：wind 数据库。

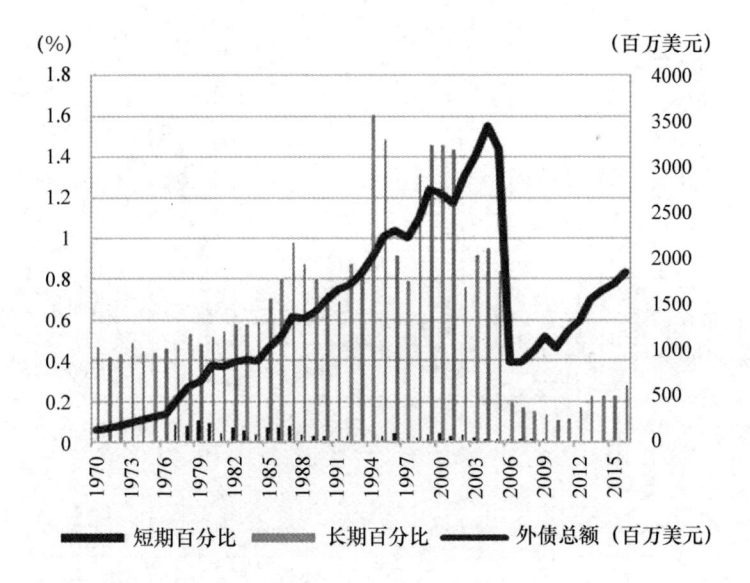

图 2 – 43　1970—2015 年马拉维的外债状况

数据来源：wind 数据库。

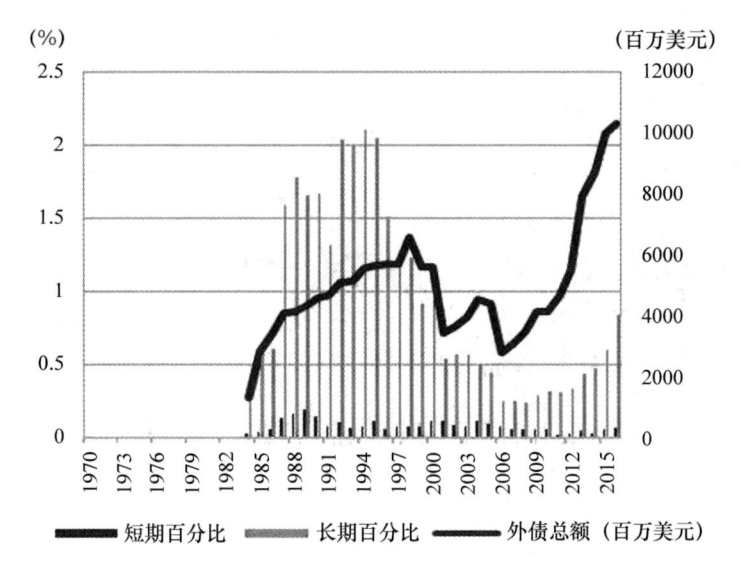

图 2-44　1970—2015 年莫桑比克的外债状况

数据来源：wind 数据库。

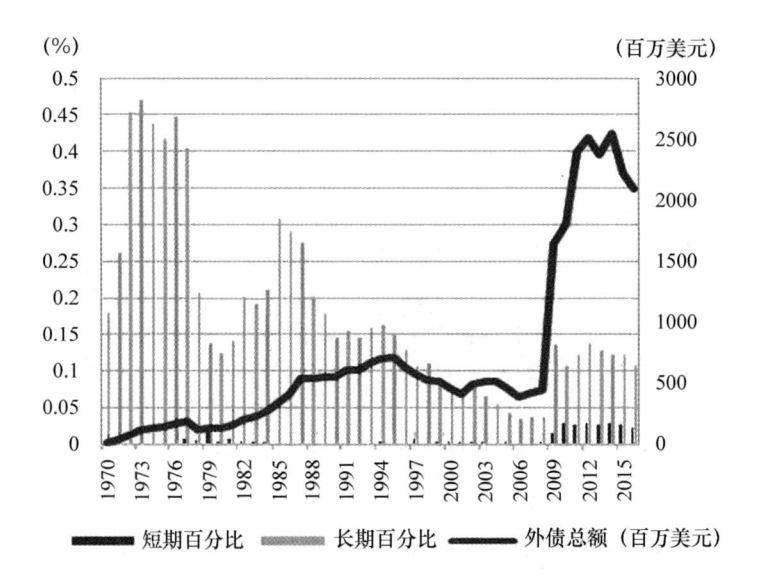

图 2-45　1970—2015 年博茨瓦纳的外债状况

数据来源：wind 数据库。

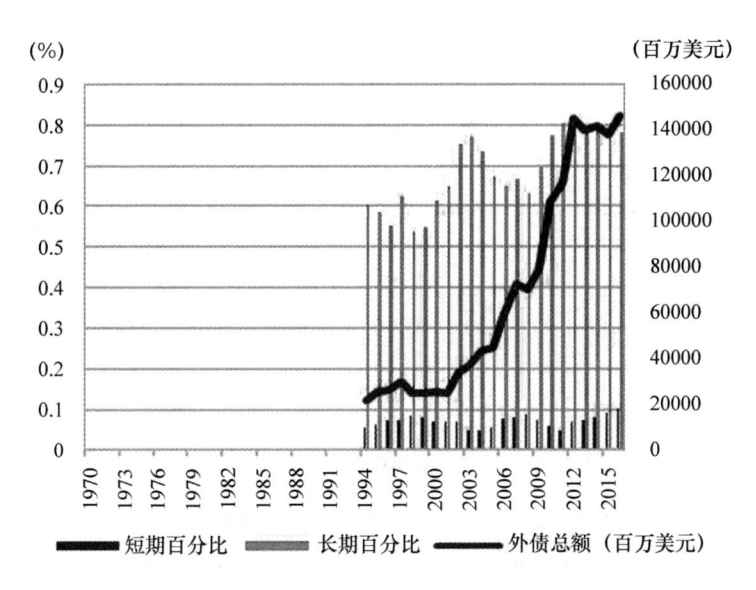

图 2-46　1970—2015 年南非的外债状况

数据来源：wind 数据库。

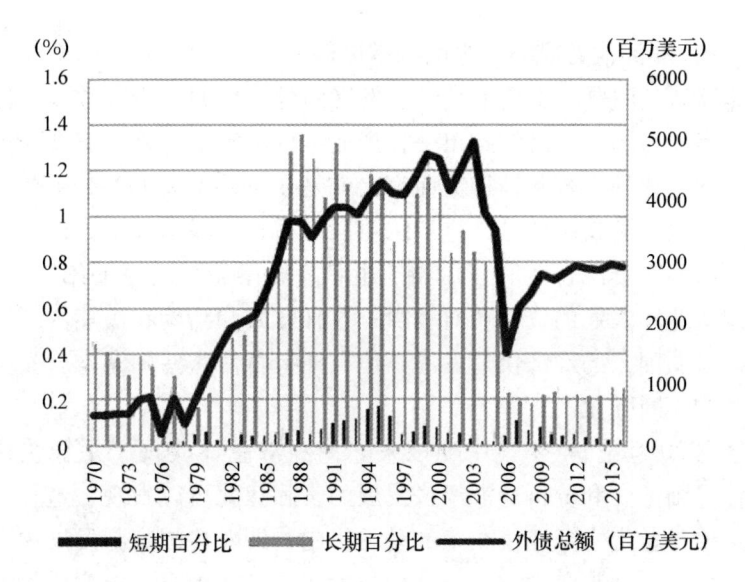

图 2-47　1970—2015 年马达加斯加的外债状况

数据来源：wind 数据库。

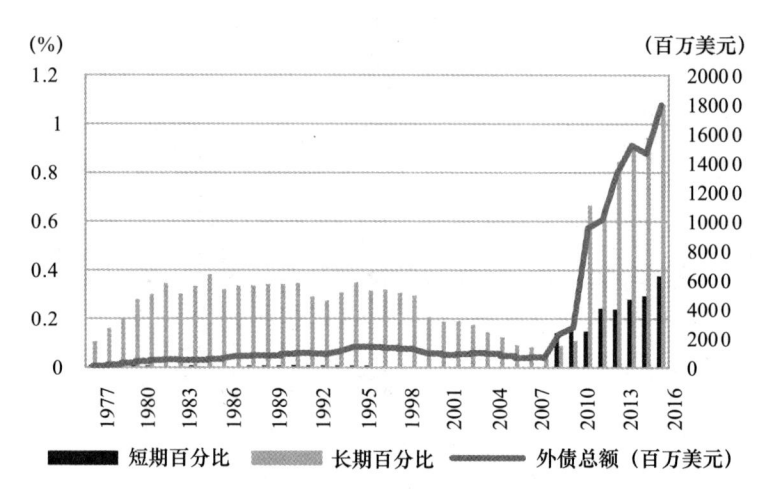

图 2-48　1970—2015 年毛里求斯的外债状况

数据来源：wind 数据库。

三　非洲债务风险的主要来源

（一）非洲债务风险产生的根本原因

非洲债务问题在本质上是经济发展问题；根源在于多数非洲国家自主发展能力弱，经济结构单一，产业结构决定了对外经贸合作的方式和结构，这种方式和结构简而言之就是在对外贸易方面，主要出口资源类及农牧类初级产品，进口工业制成品；在吸引外资方面，外资主要涌向油矿资源行业和以旅游、电信、金融服务为主的第三产业，投向制造业和农业的资金相对较少；这种方式和结构在短期内可以带动基础薄弱国家的经济快速发展，但长期上将使这些国家本就失衡的经济结构不断强化。

虽然 20 世纪 90 年代中期以来非洲经济总体实现了平稳快速发展，但仔细考察和分析非洲经济发展的实际状况可以发现，这种高速增长主要得益于全球经济繁荣的动力机制，即发达国家与发展中国家之间形成的一种自我强化的全球增长模式。发达国家实施宽松的财政和货币政策使得全球范围内流动性空前增长；发达国家国内充沛的流动性推动了资产和资源价格的膨胀，由此带来的财富效应大幅拉动了发达国家居民的消费需求，从而增加了对发展中国家的进口需求；部分资本流入发展中国家寻找投资机会。反过来，在发达国家创造的出口需求和投资需求的拉动下，发展中国家又从发达国家进口大量的资本品。这样就形成了一种具有类似反馈机制的国际经济模式。进一步的，一国的投资与贸易之间也存在相互拉动现象。而资本在寻求投资和贸易中的利润空间的同时，也一定程度上能够促进投资和贸易的互动。考虑到投资和贸易的拉动机制，以上模式势必从现象上表现为一国投资和贸易的同时高速增长。这一点可以从绝大多数非洲国家的实际情况得到证实。非洲经济增长的一个典型特点就是贸易和投资的同时加速增长。值得注意的是，这一模式在增长的情况下可以相互促进，但在经济滑坡的时期也可能相互促进，从而客观上会加深特定国家乃至全球经济的调整幅度。非洲国家的经济自我发展能力并没有得到本质的提升。

（二）非洲债务风险产生的历史因素

除根本原因外，历史因素、以西方发达国家为代表的国际社会的干涉、非洲国家本身存在的深层次问题和政策选择失当等都是非洲债务问题形成的原因。

第二次世界大战之后，欧洲国家开展战后重建，对原材料的需求大增，作为世界重要的原材料出口地区，非洲赢来了经济发展的良好机遇；同时，随着非洲国家的独立，社会各阶层的生产积极性大大提高；这一时期非洲国家的对外贸易发展较快，经济取得了普遍的发展和提高。20世纪70年代爆发的两次石油危机是非洲国家陷入债务困境的起点。两次石油危机对非洲国家造成的影响存在很大的不同。第一次石油危机期间，尽管油价上涨推高了非洲国家的进口成本，但由于国际原材料价格的上升，保证了非洲国家出口收入保持稳定，弥补了进口的高支出，经济并未受到明显打击，国际收支也没有出现严重恶化。第二次石油危机期间，国际油价的上涨叠加原材料价格的下跌，非洲国家的出口受到了沉重打击，贸易条件持续恶化，导致国际收支严重失衡，很多国家国内出现了财政危机。为平衡国际收支，弥补国内财政赤字，这些非洲国家开始大举借债，很多非洲国家依靠举借外债弥补财政赤字。

第二次石油危机后，西方发达国家纷纷陷入经济衰退，全球总需求下降，对非洲国家原材料的进口大幅滑坡；西方发达国家实施的高利率政策和贸易保护措施使非洲国家的国际贸易形势雪上加霜。出口收入的锐减导致非洲国家的国际收支和财政状况恶化，债务加速积累。

随着偿债压力的增大，很多非洲国家陷入了债务危机。为得到西方发达国家主导的国际金融机构的救助，获得多种形式的债务减免，非洲国家被迫接受西方发达国家给予的"结构调整"方案。西方国家推行"结构调整"本质上是为其自身利益服务的，目的是将非洲国家纳入到西方主导的国际经济体系当中，绝非真正为了推动非洲国家经济的发展和社会的进步。"结构调整"的主要内容包括两个方面，即稳定宏观经济秩序和市场化结构改革。稳定宏观经济秩序包括实施紧缩性货币政策、财政政策，抑制国内需求、降低通胀等，并在此基础上获得国际多边金融机构的贷款。市场化改革包括汇率改革、商品价格改革、私有化改革等。无论"结构调整"方案是否先进，不可否认的是并不适合当时的非洲国家。一方面，发达国家提出的自由化、市场化的经济模式加重了非洲国家对外部市场的依赖；另一方面，财政紧缩政策使社会公共投资不足，失业率提升，经济形势恶化。尽管非洲国家经济在结构调整初期出现了一定程度的改善，但并没有改变非洲国家单一的产业结构，这样的经济增长不具备长期可持续性。非洲债务与"结构调整"方案形成了恶性循环。

（三）当前世界经济形势给非洲带来的债务压力

2008年全球金融危机之后，全球经济经历了数年的艰难复苏进程，最近几年全球经济开始呈现稳步缓慢增长态势，2017年全球经济增速接近4%；2018年上半年，全球经济增长态势依然良好，经济增长率为3.8%，但下半年，随着中美贸易摩擦的加剧和关税上调，全球商业信心开始下降，加之全球金融环境的收紧，大宗商品价格低迷，以及许多经济体政策不确定性的增加，全球经济增长势头开始减弱，经济增长率下降至3.2%。国际货币基金组织在2019年4月的《世界经济展望》中将2019年全球经济增速预期调低至3.3%，与

2018年10月《世界经济展望》的预测相比，调低了0.1个百分点。全球经济前景的颓势反映了发达经济体，特别是欧元区经济活力的持续低迷，以及新兴市场的经济增长放缓。不过国际货币基金组织预计，2019年下半年全球经济会起暖回升，主要是世界各大经济体的政策调整在促进经济发展方面起到了推动作用。如美国联邦储备委员会为了应对全球风险的上升，暂停了加息，并表示今年剩余时间内不会加息。欧洲央行、日本央行和英国央行都纷纷采取更宽松的货币和财政政策。中国则加大了财政政策和货币政策的刺激力度，以应对中美贸易摩擦所带来的负面影响。虽然各大经济体的政策缓解了金融市场的紧缩状况，但对于大多数发达国家和新兴经济体来说，工业生产和投资指标仍然薄弱，生产力增长缓慢，加上人口老龄化背景下劳动力供应持续减少，全球增速预计在中期仍会低于全球金融危机前的平均水平。全球经济增速的放缓会对许多国家的发展形成挑战，短期内的不确定性增加。

世界经济增长态势不佳也对非洲经济造成了负面影响，据国际货币基金组织估计，2019年北部非洲的经济增长率将降至1.5%，2020年将恢复至3.2%左右；撒哈拉以南非洲地区的经济前景相对较好，预计2019年和2020年的增长率分别达3.5%和3.7%，但相比2018年10月《世界经济展望》预计的数据，仍分别下调了0.3和0.2个百分点。国际大宗商品价格的下跌也为非洲经济的复苏蒙上了一层阴影。2018年第四季度，国际石油价格大幅下滑，商品价格波动性增加，其他非石油商品价格也出现下跌，2016年以来商品价格持续恢复趋势中断。美国与中国及多个发达经济体之间的贸易紧张局势导致全球需求增长放缓，特别是中国的需求放缓，这将导致国际大宗商品价格进一步下滑，进而对非洲商品出口的需求减少。如果中美之间紧张的贸易局势能够得到缓解，企业信心会明显反弹，投资者情绪进一步增强，全球经济增长可能会出现大幅上涨，从而对非洲经济产生正向效应，但如果中美之间的贸易紧张局势进一步升级，则相关政策的不确定性会进一步增加，可能削弱非洲经济的增长，导致非洲未来偿债压力的加大。

除了经济增长的放缓，非洲国家还面临着全球金融条件趋紧的影响,这由多个因素综合所致,如中美之间的贸易摩擦升级,美国的通货膨胀高于预期,英国以"无协议脱欧"方式脱离欧洲联盟,以及中国的经济增长放缓速度超出预期等。市场对美国货币政策正常化步伐的担忧,包括对美联储未来加息将进一步挤压企业利润率的担忧,使得市场恐慌情绪加重,2018年末全球市场都出现抛售风波,外汇市场出现闪电崩盘。全球金融条件趋紧使非洲国家的融资和增长受到限制,特别是该地区内的前沿经济体,因为许多非洲国家的发展高度依赖对外借债和国际融资。随着全球金融条件趋紧,国际私营资本可能会流回发达国家,国际融资成本将进一步上升,通过对外借债来支持经济发展的政策举措将变得越来越难以持续。另外,全球金融条件的趋紧也可能使美国利率上升,美元走强,引发资本外流和再融资风险,加大非洲国家出现国际收支危机的可能性。

虽然从2018年下半年起,全球金融条件就开始收紧,全球资产市场的波动性也不断增加,但2018年撒哈拉以南非洲国家仍发行了大量国际主权债券,金额高达172亿美元,是历史高峰。其中,尼日利亚和安哥拉分别发行了价值约54亿美元和35亿美元的欧洲债券,占撒哈拉以南非洲地区债券发行额的一半以上,剩余发行额大致均匀地分布在科特迪瓦、加纳、肯尼亚和塞内加尔等四个国家。虽然撒哈拉以南非洲国家发行债券均得到超额认购,但30年期债券的发行借款成本却有所上升,如尼日利亚的借款成本上升了约162.5个基点。融资成本收紧反映了发达经济体的货币政策正常化以及风险回避情绪的增强。

(四) 非洲国家自身因素导致的债务压力

非洲国家本身存在的问题和政策选择失当也是非洲国家债务问题形成的重要原因。

首先,较差的和平与安全局势是非洲国家债务累积的一大诱因。20世纪的非洲是全球安全形势最差的地区之一,政治风险和社会问题极为突出。边境冲突、内战、选举动荡、宗教冲突、民族冲突等此起彼伏;20世纪90年代,非洲发生了十余次军事政变,爆发战争、冲突或骚乱的非洲国家超过30个,半个非洲大陆都卷入动荡之中;

多数非洲国家的军费和安全支出数额巨大，很多国家直接举借外债充当军费。进入21世纪，非洲的安全局势有所改善，内战、政变、边界冲突等传统安全问题和地区热点问题逐渐减少，但恐怖主义、海盗、传染性疾病、气候变化等非传统安全问题逐渐凸显，成为影响非洲经济社会发展的重大障碍。非洲国家应对非传统安全问题占用了大量的社会发展资金，同时非传统安全问题导致社会发展迟滞或停滞，降低了非洲国家的偿债能力，形成了恶性循环。

其次，一些非洲国家的经济政策实施不利也是债务累积的重要原因。在财政政策方面，多数非洲国家在不同时期都采取了积极扩张的财政政策，公共支出不断扩大，但这些公共支出并没有主要用于生产活动，有很大部分用于稳定社会秩序，没有起到资本积累、带动经济发展的作用，反而形成了债务累积。由于偿还能力不足，形成了巨大的债务负担。

再次，西方国家对部分非洲国家经济的长期控制是非洲经济自主发展能力弱，依靠举借外债度日的重要原因。非洲国家经济对西方发达国家的依赖体现在很多方面，比如对西方发达国家市场的依赖，再比如经济发展受到代表西方发达国家利益的跨国公司的制约；非洲国家某些产业的产业政策调整直接面临着来自跨国公司的压力，每一项新的产业政策的实施都要全面照顾跨国公司的核心利益和诉求，一旦某些政策不符合跨国公司的要求，便会遭到抵制。个别非洲国家的国民经济仍然受到前殖民宗主国的严密控制，比如科特迪瓦经济受到法国的控制，法国公司掌握了大部分科特迪瓦的命脉性行业，法国公司在科特迪瓦享有诸多的优惠和特权。

（五）中非合作并非非洲债务风险的主要来源

近年来，中国与非洲国家间的贸易、投资规模迅速扩大，质量也不断提高。中国向部分非洲国家提供了大量贷款用于支持经济发展和基础设施建设，但却遭受部分别有用心的国外机构和媒体的诋毁，认为中国对非洲国家的贷款是造成近年来非洲债务急剧增长的主要原因。但事实并非如此。

近年来，由于国际债券发行条件有利，投资者需求高且稳定，非洲国家非常依赖发行债券。在国际金融市场发行债券对于发行国来说有诸多好处，能在短时间内筹集大量资金，实现投资者多样化；但发行国际债券也可能会增加再融资风险，特别是如果发行量大且债务管理框架薄弱，将使发行国面临市场情绪波动、风险评估波动、汇率波动以及全球市场条件变化的影响。2007—2016 年，非洲国家发行了大量主权债券，国际债券在非洲国家公共债务总额中的占比从 9% 提高到了 19%①。撒哈拉以南非洲国家首个发行国际债券的中低收入国家是加纳，该国于 2007 年发行了以美元计价的 10 年期债券；此后，其他低收入国家和中低收入国家加快了在国际市场上发债的步伐。据国际货币基金组织的报告，非洲部分国家在 2017 年发行了 75 亿美元的主权债券，是 2016 年发行量的 10 倍，为历史最高②。

2018 年撒哈拉以南非洲国家发行了大量国际主权债券，如 2018 年第一季度，肯尼亚发行了 10 年期和 30 年期债券各 10 亿美元，票面利率分别为 7.25% 和 8.25%③。在一些撒哈拉以南非洲国家，欧洲债券在其总公共债务存量中占比很高，截止到 2016 年，加蓬发行的欧洲债务占其公共债务存量的比例高达 48%，纳米比亚为 32%，科特迪瓦为 26%，赞比亚为 24%，加纳为 16%，塞内加尔为 15%，卢旺达为 13%④。从 2021 年开始，非洲国家发行的国际债券开始逐渐到期，将给非洲国家带来较大的偿债压力。

来自商业银行的贷款也在非洲国家债务中占有不小的比例，除国际债券和商业银行贷款外，多边金融机构也持有大量非洲国家外债。目前，撒哈拉以南非洲国家政府债务中有 38% 来自商业银行，36% 来自世界银行和国际货币基金组织等多边金融机构，26% 来自其他国

---

① World Bank, Africa's Pulse, An Analysis of Issues Shaping Africa's Economic Future, Arpil 2018, Vol. 17, http：//www.worldbank.org/content/dam/Worldbank/document/Africa/Report/Africas-Pulse-brochure_Vol9.pdf.

② IMF, Regional Economic Outlook：Domestic Revenue Mobilization and Private Investment, 2018.05.08, https：//www.imf.org/en/Publications/REO/SSA/Issues/2018/04/30/sreo0518.

③ World Bank, Africa's Pulse, An Analysis of Issues Shaping Africa's Economic Future, Arpil 2018 Volime 17, http：//www.worldbank.org/content/dam/Worldbank/document/Africa/Report/Africas-Pulse-brochure_ Vol9.pdf.

④ IMF, Regional Economic Outlook：Sub-Saharan Africa, 2016.

家政府的贷款①。作为其他国家政府之一的中国，其贷款在非洲外债中所占的比例只会更少。根据美国约翰·霍普金斯大学中非研究项目的数据，中国对非洲国家的贷款近年来有所增加，但在非洲当年债务余额中所占比例仍然很低，在2011年之前一直未超过2%，2016年达到历史最高的5%，见图2-49。2015年和2016年，中国对非洲国家贷款大幅增加，2015年贷款额为130亿美元，2016年贷款额为300亿美元，主要是因为在2015年的中非合作论坛中，中国承诺将对非洲提供总额600亿美元的资金支持，包括：提供50亿美元的无偿援助和无息贷款；提供350亿美元的优惠性质贷款及出口信贷额度，并提高优惠贷款优惠度；为中非发展基金和非洲中小企业发展专项贷款各增资50亿美元；设立首批资金100亿美元的"中非产能合作基金"；2016年中国为安哥拉提供了一笔190亿美元的巨额贷款，扭曲了当年中国对非洲国家贷款额②。2017年，中国对非洲国家的贷款急剧回落至110亿美元左右。

中国向非洲国家提供的贷款大部分都用于非洲国家的基础设施建设项目，对当地的经济发展起到了重要的带动作用。2000—2016年，中国至少在非洲国家的公路、铁路、港口和电力项目上投资了740亿美元。2015年中非合作论坛签署的贷款项目就包括了向赞比亚恩多拉国际机场绿地项目提供3.376亿美元优惠贷款，向津巴布韦哈拉雷·罗伯特·加布里埃尔·穆加贝国际机场升级项目提供1.672亿美元优惠贷款，向肯尼亚50兆瓦加里萨太阳能发电厂项目提供1.38亿美元优惠贷款③。来自中国的贷款实质性的推动了非洲国家基础设施建设和自主发展能力的提升，推动了非洲国家经济的增长，有利于减少非洲国家的债务负担，提高偿债能力。

近年来，由于国际大宗商品价格下降及非洲国家货币不同程度的

---

① 赵磊：《非洲债务危机，根在美元"剪羊毛"》，《环球时报》2018年7月23日。
② Janet Ecom, Deborah Brautigam, and Lina Benabdallah, "The Path Ahead: The 7th Fprum on China-Africa Cooperation", *Briefing Paper of Johns Hopkins*, No. 1 2018, http://www.sais-cari.org/date-chinese-loans-and-aid-to-africa.
③ Janet Ecom, Deborah Brautigam, and Lina Benabdallah, "The Path Ahead: The 7th Fprum on China-Africa Cooperation", *Briefing Paper of Johns Hopkins*, No. 1 2018. http://www.sais-cari.org/date-chinese-loans-and-aid-to-africa.

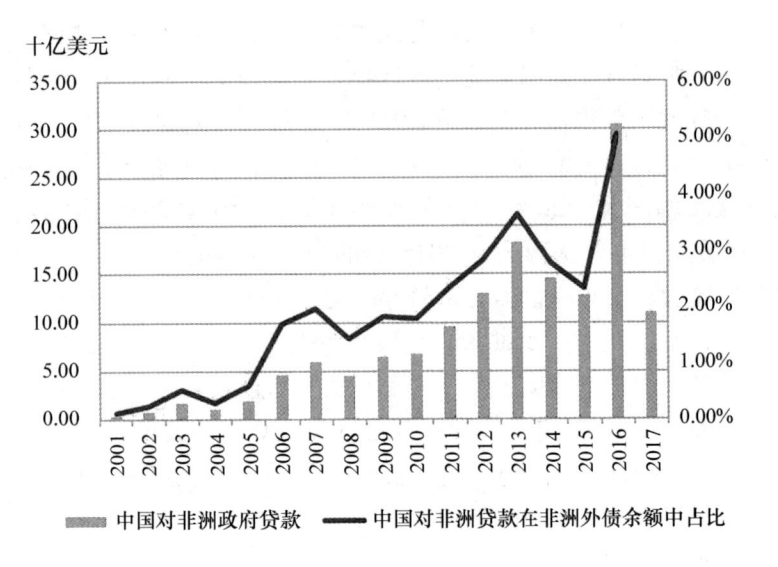

图 2-49　2001—2017 年中国对非洲国家政府贷款状况

资料来源：China Africa Research Initiative, Johns Hopkins University School of Advanced International Studies；Wind 数据库。由于数据不可得，2017 年中国对非洲贷款在非洲外债余额中占比未知。

贬值，多数非洲国家的债务风险都有不同程度的提升。根据国际货币基金组织的低收入国家债务可持续性分析，截止到 2018 年 8 月，非洲低收入国家中有 16 个处于债务危机中或面临高债务风险[①]。而这 16 个国家中的 8 个，包括布隆迪、冈比亚、佛得角、中非共和国、圣多美和普林西比、南苏丹、乍得和毛里塔尼亚，来自中国的贷款在其外债余额中所占比例较小，对这些国家债务的影响非常有限。如中国持有佛得角的债务不到 2%；截至 2017 年，冈比亚的外债余额中没有来自中国的贷款。在埃塞俄比亚、加纳、莫桑比克、津巴布韦、喀

---

① 根据国际货币基金组织公布的数据，非洲低收入国家中目前有 16 个国家正处于债务危机中或面临高债务风险，分别是布隆迪、喀麦隆、佛得角、中非、乍得、吉布提、埃塞俄比亚、冈比亚、加纳、毛里塔尼亚、莫桑比克、圣多美和普林西比、南苏丹、苏丹、赞比亚、津巴布韦。由于缺乏数据，厄立特里亚和索马里不包括在内，见 https://www.imf.org/external/pubs/ft/dsa/dsalist.pdf。

麦隆和苏丹等 6 个国家中，来自中国的贷款规模虽然相对较大，但这些国家也从其他金融机构或国家获得了大量贷款。自 2000 年以来，埃塞俄比亚从中国获得了约 121 亿美元贷款，但也从中东国家和世界银行等国际金融机构获得了 169 亿美元的贷款。加纳外债总额约 250 亿美元，来自中国的贷款不足 40 亿美元。莫桑比克外债总额超过 100 亿美元，来自中国的贷款约 23 亿美元。中国是喀麦隆最大的债权国，来自中国的贷款不到其总债务的三分之一。中国对津巴布韦的贷款在其外债总额中的占比也相对较小，津巴布韦的外债中有 77% 来自巴黎俱乐部国家和多边债权人。苏丹的外债一半来自巴黎俱乐部成员国，另一半来自非巴黎俱乐部成员国；非巴黎俱乐部成员国除了中国外，还包括其他中东国家。据报道，截止到 2017 年底，赞比亚的债务总额为 87 亿美元，其中至少 64 亿来自中国金融机构①。这一数字来自霍普金斯于 2018 年发布的研究报告，但与实际情况并不完全吻合，据赞比亚官方声明，赞比亚目前债务总额中只有约 22 亿美元来自中国。

目前，赞比亚正面临着国际投资者对其外债数额的质疑。有投资者认为，赞比亚实际外债数额可能是其公布数据的两倍多，这引发了投资者的担忧；认为赞比亚可能会像邻国莫桑比克一样，因隐形债务而导致违约问题；并称，赞比亚债务中有很大比例来自中国，目前赞比亚已经陷入债务危机之中②。赞比亚多位政府人士对上述言论进行了驳斥，一方面驳斥赞比亚已经陷入了严重的债务危机；另一方面驳斥中国是赞比亚债务的最大来源。2018 年 5 月 18 日，赞比亚财政部发言人表示，赞比亚目前的债务总额中约 22 亿美元来自中国，包括优惠性贷款及商业贷款。赞比亚政府目前在正常还款，政府对任何债务，包括欧债，均不存在违约行为，未来也不会违约。赞比亚政府外债总额 87 亿美元，内债总额 484 亿克瓦查（约合 50 亿美元），政府

---

① Janet Ecom, Deborah Brautigam, and Lina Benabdallah, "The Path Ahead: The 7th Fprum on China-Africa Cooperation", *Briefing Paper of Johns Hopkins*, No. 1 2018. http://www.sais-cari.org/date-chinese-loans-and-aid-to-africa.

② 《外债问题突出，赞比亚隐性债务遭外界质疑》，凤凰网，2018 年 4 月 9 日，http://wemedia.ifeng.com/55723129/wemedia.shtml.

欠款 127 亿克瓦查（约合 13 亿美元）①。2018 年 9 月 13 日，赞比亚财政部长称，赞比亚政府没有向任何贷方提供任何国有企业作为任何借款的抵押品，赞比亚政府也没有任何对中国政府和其他中国贷方的债务拖欠或违约。同时澄清，在 2018 年上半年，共有 3.4 亿美元作为利息支付给了债权人，而不是《非洲机密》报道的 4.89 亿美元。其中，商业债务占总债务的 53%，而欠中国的债务则不到 30%。为再次强调上述内容，赞比亚财政部发表了正式声明，主要内容如下：

我们不安地注意到，一些媒体和个人恶意发布有关赞比亚经济和债务状况的误导性信息，特别是 2018 年 9 月 3 日《非洲机密》刊登的题为《债券、票据和更大债务》的文章。鉴于上述情况，我现在希望解决《非洲机密》报告中提出的一些问题，具体如下：《非洲机密》报告与债务收购有关，作为国有企业的股权部长，并以"贷款和担保授权法"和"公共财政法"规定的贷款收缩和偿债部长的身份，声明如下：第一，赞比亚共和国对中国政府和其他中国贷方没有任何债务违约；第二，肯尼思·卡翁达国际机场（KKIA）的贷款现仍由贷款人支付。在这方面，我们尚未开始偿还贷款，因为新机场航站楼仍在建设中；第三，来自中国贷方的赞比亚电力供应公司（ZESCO）贷款涉及卡里巴北岸电站扩建项目和最近启动的卡富埃峡谷下电站建设项目，而这两个电站是独立于赞比亚电力供应公司（ZESCO）之外的，赞比亚电力供应公司（ZESCO）仅持有两个电站的股权（通过一个单独的专用车辆）。卡里巴北岸电站扩建项目的贷款偿还正在进行中，而卡富埃峡谷下电站建设项目的还款尚未开始，因为电站仍在建设中；第四，关于数字电视整转，政府从中国获得贷款，以确保该计划在赞顺利实施。赞比亚国家广播公司（ZNBC）从未被作为贷款的抵押品。相反，赞比亚国家广播公司（ZNBC）和四达时代（StarTimes）创建了通士达（TopStar）独立专用车，以实施数字电视整转计划；第五，对于其他从中国政府签订的贷款，其担保形式是从中国出口信用保险公司获得的保险，对于赞比亚国有企业，

---

① 《赞财政部表示对中国债务不会违约》，商务部驻赞比亚经商处网站，http://zm.mofcom.gov.cn/article/jmxw/201805/20180502746995.shtml。

中信保的保险和政府担保已到位。因此，没有为借款提供资产形式的抵押，且没有任何担保被要求①。因此，暗示中国政府接管任何资产是不实的。此外，我希望声明，赞比亚与其任何债权人（包括中国）之间从未讨论过债务或资产交换。

从我们梳理的非洲国家债务累积的原因和近期债务的主要来源来看，中非经贸合作造成了非洲国家债务风险的说法不攻自破。

---

① 《就近期媒体谣传 赞政府发表声明》，《非洲华侨周报》2018年9月14日，https://www.sohu.com/a/253949013_617282。

第三章 国家债务风险分析框架和非洲国家债务风险评估

一 多边国际组织的债务可持续性分析框架

（一）重债穷国动议

20世纪70年来以来，随着拉丁美洲中等收入国家和非洲低收入国家的债务危机相继爆发，债务拖欠问题已成为威胁世界经济和金融体系稳定的一大问题。其中，1995年多边债务已经占到非洲国家长期外债总额的1/4左右。在传统减债机制效果不明显的情况下，1996年，国际货币基金组织和世界银行共同提出了"重债穷国动议"，作为解决多边债务违约问题的一项措施。相对于传统的减债机制，该动议试图将重债国的负债额控制到可持续发展的水平，并将债务减免置于联合国减贫政策的框架之下。

1999年，为了解决原有减债机制在实行中存在的减免数额小、交付速度慢等缺陷，两大多边国际组织在原有机制的基础上提出了加强型重债穷国动议。加强型重债穷国动议的主要目的是使减债政策与各债务国复杂的国情更加匹配，从而得以"更深、更广、更快"的通过债务减免减少贫困。

表3-1　　1996年和1999年重债穷国减债动议门槛值变化

指标	原始动议	加强型动议
债务净现值/出口额（%）	200—250	150

续表

指标	原始动议	加强型动议
债务净现值/财政收入（%）	280	250
开放性指标	40	30
财政收入门槛值	20	15
减债额	达到完成点后固定	达到决定点后获得中期减免
前期债务减免	否	是

数据来源：World Bank, Operations Evaluation Department (OED). Washington, DC: www.worldbank.org/oed.

加强型重债穷国动议框架的主要修正案更大程度地减免了债务总额，更快地减少了还本付息额，并放宽了原始重债穷国动议中苛刻的资格标准。如表3-1所示，加强型动议框架对债务国在债务净现值/出口额、债务净现值/财政收入、财政收入门槛值等经济指标方面的要求都有较大幅度的降低，同时增加了前期减免和中期减免等选择。

综上，国际货币基金组织和世界银行发起的重债国动议是对传统减债机制的有益补充，以公平分担债务为宗旨，每一个多边债权人、援助机构和商业债权人在充分运用传统减债机制之后，提供与一国的债务额成正比的债务减免。此外，该动议确保了多边金融机构采取的措施与其作为"首选债权人"的身份相一致；倘若产生违约或外债还本付息问题，主权债务人将获得优惠的外汇拨款进行还本付息，而无须引起其他债权人的补救行动。然而，当前的减债机制仍存在问题，如果重债穷国无法履行还本付息的义务，可能导致《债务重新安排协议》中止并且（或者）来自各个相关债权人机构新的资金流中断。

（二）债务可持续性分析框架

21世纪以来，作为"蒙特雷共识"[①]和联合国千年发展计划的重

[①] 2002年3月22日，联合国发展筹资国际会议在墨西哥北部工业城市蒙特雷落下帷幕，各国家元首或政府首脑就国际发展筹资达成共识，即"蒙特雷共识"，主要包括调动国内经济资源、增加私人国际投资、开放市场和确保公平的贸易体制、增加官方发展援助、解决发展中国家的债务困难和改善全球和区域金融结构、发展中国家在国际决策中的公正代表性等6方面内容。

要目标，如何解决发展中国家的债务危机已经成为国际社会共同关心的重要问题。为缓解部分国家债务违约频发的状况，2005 年，以国际货币基金组织和世界银行为代表的国际多边金融机构不仅积极通过各种减债机制减轻重债国的债务负担，还共同制定了债务可持续性分析框架（DSF）以评估各国的债务风险状况，并以此作为制定债务减免和资金援助政策的重要依据。目前，该框架已经成为各国际组织分析债务脆弱性和指导制定防治债务问题重现政策的重要工具。对未获得债务减免的国家，国际货币基金组织已经利用 DSF 来监控各国的债务指标，并以此作为评判债务减免资格的重要指标。国际开发协会、非洲开发银行和部分区域性金融机构也相继采用 DSF 来作为分配援助资金的依据。

DSF 的目标主要包括以下几点。第一，根据各国国情，指导债务国的借贷政策，使之具有可持续性。第二，为债权人的借款和援助提供指导意见，确保债务国的发展目标与长期债务可持续能力相一致。第三，不断改善国际货币基金组织和世界银行提供的债务评估意见的有效性。第四，帮助债务国尽早发现潜在债务危机，以尽早采取预防措施。总而言之，DSF 的设立并不是要限制对债务国的资金援助，而是提供对援助是否符合债务可持续性的评估。

与政策和制度较强硬的低收入国家相比，政策和制度比较软弱的低收入国家更容易在债务水平较低时遇到偿债问题。因此，DSF 用世界银行国家政策和制度评估（CPIA）指数（强硬、适中、软弱），将这些国家归类，对不同的国家使用不同的指导性门槛值。世界银行每隔一年或两年将发布新的国际开发协会资源配置指数（IDA Resource Allocation Index，IRAI），该指数主要从宏观经济管理、结构化政策、社会发展政策、公共部门管理四大部分进行评估。根据 IRAI 得分值对应的区间，可以确定债务国所属的 CPIA 类别。2013 年，国际货币基金组织与世界银行对 CPIA 进行了调整，即当年偿债额/财政收入比率的门槛值有所降低。

表 3-2　　　　　　　IRAI 分值区间对应的 CPIA 指数

IRAI 分值区间	CPIA 指数
[0.00, 3.25]	软弱
[3.25, 3.75]	适中
[3.75, 6.00]	强硬

数据来源：IMF, 2008, Staff Guidance Note on the Application of the Joint Fund-Bank Debt Sustainability Framework for Low-Income Countries, IMF Policy Paper.

表 3-3　　　　　　　DSF 框架下的债务负担门槛值

项目	CPIA 指数		
	强硬	适中	较弱
债务净现值/GDP（%）	50	40	30
债务净现值/出口额（%）	200	150	100
债务净现值/财政收入（%）	300	250	200
债务利息/出口额（%）	25	20	15
债务利息/财政收入（%）	35（22）	30（20）	25（18）

注：括号中数字为 2013 调整后的门槛值。

数据来源：IMF, 2013, Staff Guidance Note for Public Debt Sustainability Analysis in Market-Access Countries, IMF Policy Paper.

DSF 分析一国的外债，也分析政府债务，它将一国的债务风险水平划分为以下几个等级。低风险（Low Risk），即所有债务指标远低于指导性门槛值；中等风险（Moderate Risk），即债务负担指标低于指导性门槛值，但是压力测试表明如果宏观经济政策出现外部冲击或者突变，可能会超过门槛值；高风险（High Risk）即一个或者多个指标超过了指导性门槛值，但不会立即出现偿债困难；债务危机（In-debt Distress），即出现难以偿还到期债务问题。

除上述以 CPIA 为基础的债务可持续性评估方法外，DSF 框架还包括债务可持续性分析（DSA）。DSA 主要内容包括以下几点。第一，预测一国 20 年的债务负担，并通过压力测试和预测的研究方法研究其对外部不确定性和国内政策变动的脆弱性。第二，根据对一国的经济政策和国家制度的评估，预测发生债务危机的可能性。第三，提出借贷建议和防范债务危机的有效措施，减少不良债务风险。

目前，国际货币基金组织债务可持续性分析方法将成员国分为"低度审查"国家与"高度审查"国家两类，在对所有国家进行基础分析之外，还要对"高度审查"国家再进行额外的风险识别。基础分析包括基准情景、标准化替代情景以及个体化替代情景；对"高度审查"国家的风险识别则包括了实际经济增长冲击、初级财政盈余冲击、融资利率冲击、汇率冲击及或有负债冲击等五种情景。

DSA 分析主要包括以下三个步骤。首先，根据一国宏观经济指标的预测值来估计负债率等债务指标在未来数年内的变化，这些债务指标要处于一个相对合理的区间内，且不能有大幅波动。其次，对这些债务指标进行情景分析，主要考察可能出现的各种负面情况对一国一段时间内债务水平的影响。最后，国际货币基金组织根据各种情景假设的结果，从债务水平风险、融资风险及债务状况风险三个维度，得出关于受评国债务可持续性的结论。

DSF 提供了分析一国债务负担相对有效的方法，对评估一国的主权信用、债务风险水平及未来正常的对外偿债能力具有积极作用。通过提高分析的频率和质量，DSF 使国际货币基金组织和世界银行能够更加有效的整合债务问题和政策建议。同时，该框架以净现值为中心的分析方法也保证了不同国家之间的可比性。但是 DSF 方法目前也存在一定争议。从测算方法看，债务负担指标的测算依赖假设，具有较强的主观性。从指标选择看，数据可得性问题尚未解决。从债务规模角度看，DSF 未考虑到债务增量对低收入国家经济发展的积极作用。

二 主要国际评级公司的主权信用评估框架

国家债务风险评估的另一个重要来源是信用评级机构对各个主权实体的主权信用评估。信用评级机构一般采用 4 到 5 类角度对主权实体进行评估，每一类角度的分析依赖于一些重要的变量参数。评级机构通过对各种变量参数打分和设定权重来得到分值，对分值进行系统性归纳形成评级预示区间。在得到初始分值之后，评级机构还会根据各个国家不同的状况进行分数调整。

目前市场上占主导的主权信用评级机构是标准普尔公司（Standard & Poor's）、穆迪公司（Moody's）和惠誉国际（Fitch），中国主要的主权信用评级机构是大公国际资信评估有限公司，以下分别对标准普尔、穆迪、惠誉和大公国际的评级标准进行简要阐述。

（一）标准普尔的主权信用评估框架

标准普尔采用的是定性和定量相结合的方法，从宏观经济、国家财政、机构效率、外部平衡和货币政策等五个方面对一国的主权信用状况进行评级。评级时选取相应的若干个指标进行加权平均。

标准普尔分配权重的过程较为简单，首先按照标准普尔的方法分别为宏观经济和机构效率以及国家财政、外部平衡和货币政策的组合计算出简单的算术平均值，然后基于一种特殊权重矩阵模型，根据二者的平均值再计算出评级预示区间。评级预示区间可以根据其他因素进行相应的调整。

标准普尔的信用评级分为长期评级（五年以上）和短期评级（一年以下），其中长期评级又分为投资级和投机级两大类，共10级，从高到低分别为AAA、AA、A、BBB、BB、B、CCC、CC、C和SD/D，其中AAA、AA、A、BBB为投资级，其余为投机级。AAA为最高评级，表示偿债能力极强。从AA级到CCC级可加上"+""-"号，表示评级在各主要评级分类中的相对强度。当债务到期而发债人未能按期偿还债务的即为D级，发债人有选择对某些债务或某类债务违约时为SD（选择性违约）评级。标准普尔的短期评级分为6个，从高到低分别为A-1、A-2、A-3、B、C和D，前三个为投资级，后三个为投机级，短期评级加"+"表示偿债能力相对较强。

表3-4　　　　　　　　　标准普尔关注的主要指标

宏观经济	国家财政	机构效率	外部平衡	货币政策
人均GDP	国债变化	政治机构和经济政策效率、稳定、透明度	外汇储备状态	汇率政策

续表

宏观经济	国家财政	机构效率	外部平衡	货币政策
人均GDP增长趋势	净国债额	地缘政治和外部安全风险	本地外汇市场流通情况	货币政策的信誉和效率
经济多元化	利息支出	还债意愿	国际收支差额	通货膨胀
贷款市场兴旺值	政府流动资金，财政收入波动	—	净国际投资头寸	实际汇率稳定
—	国债中外币债务占比，剩余还款期	—	国际市场交换比率	金融中介市场和贷款市场的发展程度
—	非居民持有国债余额	—	—	—
—	税法制度的灵活度	—	—	—
—	联合国发达指数人口	—	—	—
—	公共机构的债务	—	—	—
—	银行业的主权贷款风险敞口	—	—	—

资料来源：Standard & Poor's Rating Services（2013）：Sovereign Government Rating Methodology and Assumptions. https：//www.globalcreditportal.com/ratingsdirect/renderArticle.do？articleId＝1150958&SctArtId＝164326&from＝CM&nsl_code＝LIME&sourceObject-Id＝8043981&sourceRevId＝1&fee_ind＝N&exp_date＝20230625-15：42：28.

（二）穆迪的主权信用评估框架

穆迪在进行信用评级时也是采用定量和定性相结合的方法，从宏观经济、国家财政、机构效率、事件冲击等四个方面对国家主权信用风险进行综合评定。

穆迪的评级方法相对较为复杂，首先将宏观经济和机构效率进行加权平均。当主权实体在某一个领域获得最低或最高的分数时，按2/3的权重计算。随后，将以上两个领域综合权重的评分与国家财政领域相比较，并用特殊的矩阵模型形成权重。从宏观经济和机构效率的组合中得出的权重，在高分情况下权重较高，中等情况下权重中等，低分情况下权重又很高。也就说，如果主权实体具有很强或很弱的宏观经济和机构效率，则国家财政领域的分数不太重要。最后，在另一个权重模型的基础上将分数与事件风险领域进行比较。

穆迪对一国的主权信用评级分为两种：一是政府债券评级，在考虑一国政府及时偿付债务的能力和意愿的基础上，评估政府的违约风险；二是外币和本币上限评级，评估政府对其他经济体偿还债务的能力所可能带来的干预。和标准普尔一样，穆迪的信用评级也分长期评级和短期评级，长期评级又分为投资级和投机级两大类，共 9 个等级，从高到低分别为 Aaa、Aa、A、Baa、Ba、B、Caa、Ca、C，其中 Aaa、Aa、A、Baa 为投资级，其余为投机级。短期评级有 4 个等级，分别是 Prime-1、Prime-2、Prime-3 和 Non-Prime，前三个为投资级，最后一个为投机级。

表 3-5　　　　　　　　穆迪关注的主要指标

宏观经济	国家财政	机构效率	事件冲击
实体经济增长	国债	政府执政效率	内政风险
实体经济波动	利息支出	通货膨胀	地缘政治风险
WEF 竞争力指数	国债发展趋势	通胀波动率	总借款需求
名义 GDP	外币债务占国债比率	破产历史	非居民持有国债余额
人均 GDP	公共机构负债	—	市场隐含评级
经济多元化	国家财政的金融工具	—	基础信用评级（BCA）
贷款市场兴旺值	—	—	银行业总资产与 GDP 的比例
—	—	贷款/存款指数	
—	—	国际收支差额 + FDI	
—	—	外部脆弱性指标	
—	—	净国际投资头寸	

资料来源：Moody's Investor Service (2013): Rating Methodology. Sovereign Bond Ratings. https://www.moodys.com/researchdocumentcontentpage.aspx?docid=PBC_157547.

(三) 惠誉的主权信用评估框架

惠誉通过四个方面对一国主权信用状况进行评级，分别是宏观经济、国家财政、结构性因素和外部平衡。相对于标准普尔和穆迪，惠誉的透明度较低，仅列出了考虑的参数，没有公布每个参数相应的比例和评估方法。惠誉的信用评级分为长期评级和短期评级，其中，短期评级预测不超过 12 个月，更关注流动资金问题。如果一国能够及时进行短期债务偿还，则其短期评级可能高于相应的长期评级。惠誉的长期评级分为投资级和投机级两大类，共 12 个等级，从高到低分别为 AAA、AA、A、BBB、BB、B、CCC、CC、C、DDD、DD、D，其中 AAA、AA、A、BBB 为投资极，其他为投机级。短期评级分为 6 个等级，从高到低分别是 F1、F2、F3、B、C、D，其中前三个为投资级，后三个为投机级，F1 后可加"＋"表示更高的信用级别，B 表示具有投机性，C 表示具有较高的违约风险，D 表示违约。

表 3-6　　　　　　　　惠誉关注的主要指标

宏观经济	国家财政	结构性因素	外部平衡
实体经济增长	预算赤字	现金供应	原料依赖程度
实体经济波动	国债	人均 GDP	国际收支差额 + FDI
通货膨胀	利息支出	政府执政效率	国家财政外债
—	外币债务占国债比率	外汇储备状态	对外利息支出
—	—	自最后一次破产后经过的年数	外汇储备

资料来源：FitchRatings（2014）：Sovereign Rating Criteria. Master Criteria. https：//www.fitchratings.com/creditdesk/reports/report_frame_render.cfm? rpt_id=754428.

(四) 大公国际的主权信用评估框架

大公国际通过对一国的偿债环境、财富创造能力、偿债来源和偿债能力进行分析，对一国的主权信用状况进行评级。大公国际信用评级方法由八个部分组成，分别是：偿债环境分析方法、财富创造能力分析方法、偿债来源分析方法、偿债能力分析方法、信用级别确定方法、仿真模拟测试、信用级别验证与调整方法和信用级别符号。在具体分析时，大公国际采用定性和定量相结合的方法，通过对相应指标进行加权平均得到相应数值，再将数值映射到所对应的级别区间得到评级结果，再由评审委员会对计算结果进行审核，并考虑评级系统中未以指标形式出现的因素，确定最终级别。大公国际的信用评级分为A、B、C、D四等，共11个级别，从高到低分别为AAA、AA、A、BBB、BB、B、CCC、CC、C、SD、D。除了AAA和CCC（含）以下级别外，每一信用级别可用"＋"、"－"符号进行微调，D级别是违约级，分为SD和D两个等级。

表3-7　　　　　　　　　大公关注的主要指标

大公			
偿债环境	财富创造能力	偿债来源	偿债能力
国家权力稳定性	税收收入规模与结构	财政收入	中央政府总债务/GDP
政府管理能力	GDP	财政支出	中央政府短期债务/政府总债务
金融部门提供的国内信用/GDP	人均GDP	中央政府初级财政平衡/GDP	中央政府利息支出/财政支出
私人部门信用增长率	经济增长率	中央政府净金融资产/GDP	中央政府外债/政府总债务
本地股市融资能力	失业率	中央政府融资需求/GDP	国家总外债/GDP
贷款融资便捷度	通货膨胀率	外部支持	国际投资头寸净值/GDP
银行业存贷比	经常项目平衡/GDP	货币发行	外部融资需求/外汇储备
不良贷款率	中央政府财政收入稳定性	—	外国直接投资净额/GDP
资产利润率	国内总储蓄率	—	汇率稳定性

续表

大公			
偿债环境	财富创造能力	偿债来源	偿债能力
杠杆率	基尼系数	—	—
私人部门债务/GDP	长期经济增长潜力	—	—
房价指数涨跌幅与经济增长和居民收入增长匹配度	—	—	—

资料来源：大公国际资信评估有限公司，《大公主权信用评级方法》，2015。

三　现有文献研究综述与结论

随着经济全球化进程的加快，海外投资并购热潮的兴起，国家间债务往来愈加密切的同时债务危机也不时发生。目前学术界认为主权信用危机的产生主要源于两方面：一是由于偿付能力或流动性问题导致的能力不足，二是违约成本低于收益导致较低的偿还意愿。当一个企业进行海外投资时，东道国的主权信用状况是重要的考量因素。因此，一个能被大家普遍接受的，对借款方的还款能力和意愿做评估并公开以减少借贷双方之间的信息不对称的主权信用评估体系是十分必要的。目前，主要有定性和定量两种方式衡量国家主权风险。定性的方式一般是在对目标国的社会、政治与经济、金融状况全面分析的基础上，选择若干关键指标进行综合风险分析，通常由评级机构以国家风险报告或特定风险指数的形式给出。定量的方式则是在若干风险因素的基础上，通过一定量化模型方法集成最终的国家风险评级指数。

现今，三大评级机构标准普尔、穆迪和惠誉对一国主权债务风险的评估结果仍然是最被广大投资者所普遍接受的，但是也存在一些不容忽视的问题或缺陷。首先，三大评级机构主要采取定性和定量结合的评估方法，具有一定的主观性，可能出现信息失真。其次，评级机构还扮演着监管角色，主要通过提出可能降低评级的警告来督促借款方采取更正措施。但一旦出现债务风险预警，即使该国及时地采取相关财政货币政策，评级机构警告督促预期的自我实现效应依然可能导致不该发生的危机出现。最重要的是，国际规则的制定仍然掌握在西方发达国家的手中，三大评级机构不可避免地在一定程度上代表着某些国家或者利益集团的利益，难以形成客观真实的评判，新兴经济体由于缺乏话语权而难以保护债权国的利益。因此，参与国际风险评级博弈，掌握评级话语权，已经成为各国参与国际准则制定的重要战略选择。

基于上述三点，一些学者试图从风险识别、有效监测指标选取和评估方法等方面进行改进，期望形成更精确、更有针对性的主权债务风险评估体系。

（一）风险识别

目前对于主权信用风险的识别主要有以下三种方式。一是一国发行的长期外币主权债务，这是三大评级机构的重要评估对象，且以违约是否真实发生为依据，强调债务违约的事实。若面临偿付债务困难的国家通过向国际货币基金组织等国际金融机构申请救助避免违约，三大评级机构不会将其纳入违约。目前这种方式主要限于国际市场准入国家，覆盖面不足，穆迪、标普和惠誉分别涵盖了125个、127个和119个国家。二是主权信用违约互换（CDS）指数，但由于现存市场发展不成熟，做市商①在交易中作用大，CDS差价容易导致投机甚至加速主权债务危机的形成。三是信用风险事件，这是在学术界较早使用且较为普遍的一种衡量方式，以发生违约、重组或申请国际货币基金组织非优惠贷款超过一定份额作为判别标准。

（二）有效监测指标

目前学术界公认的主要影响指标可以划分为以下五类。一是清偿能力风险，主要用资本和经常账户、债务总额等指标衡量。二是债务流动性，主要以短期债务和债务偿还占外汇储备及出口总额的比例等度量。三是宏观经济指标，包括GDP增长率、通货膨胀率等。四是

---

① 做市商亦名坐市商，指在证券市场上，由具备一定实力和信誉的独立证券经营法人作为特许交易商，不断向公众投资者报出某些特定证券的买卖价格（即双向报价），并在该价位上接受公众投资者的买卖要求，以其自有资金和证券与投资者进行证券交易。

政治自由度，以政治自由度、政治周期等政治制度指标为代表。五是系统性风险，主要指债务危机的传染性。

（三）理论模型

一些学者从金融学经典理论出发，建立了相关的主权信用风险评估理论框架。贾罗等（Jarrow et al.）（1997）构建了一个信用风险期限结构的马尔科夫模型，通过实际数据测算出相关参数，从而对各国的主权债务违约可能进行测算[1]。奥尔特曼（Altman）和桑德斯（Saunders）（1998）将投资组合理论应用到主权债务风险评估当中，以企业债为例分析了债券收益和违约风险概率之间的关系[2]。哈伊里（Hayri）（2000）则构造了一个考虑了战略型债务减免因素主权债务定价模型，并通过数值模拟证明了模型与现实数据良好的匹配性[3]。该模型与世界银行的非洲债务减免项目有较好的适配性，有望进一步运用到非洲债务风险和债务危机的评估和分析当中。威斯特法伦（Westphalen）（2002）指出，主权国家发生债务违约时不能以破产的方式进行清算，主权债务违约与企业债务违约是有区别的，因此不适用于经典的投资组合理论。作者假定违约发生时，债权人重新安排债务（新债务的回报高于违约发生时的回报），并以此为基础构建了一个信用风险模型，用以对主权债务风险加以评估[4]。

但理论模型的缺陷在于均需假定信用风险市场较为完善，这在现实中显然是不成立的。因此，大量的实证模型也应运而生，期望从现实数据出发，得到精准的评估和预测模型。

（四）实证模型

主权债务风险评估的实证模型主要分为以下三类。

---

[1] Jarrow, R. A., Lando, D., Turnbull, S. M., "A Markov model for the term structure of credit risk spreads", *The review of financial studies*, 1997, 10 (2): 481 – 523.

[2] Altman, E. I., Saunders, A., "Credit risk measurement: Developments over the last 20 years", *Journal of Banking & Finance*, 1997, 21 (11 – 12): 1721 – 1742.

[3] Hayri, A. "Debt relief", *Journal of International Economics*, 2000, 52 (1): 137 – 152.

[4] Westphalen, M. S., "Valuation of Sovereign Debt with Strategic Defaulting and Rescheduling", *Ssrn Electronic Journal*, 2002 (rp43).

第一类是 logit/probit 模型，该模型主要选取一系列的宏观经济变量作为控制变量，以风险识别指标作为被解释变量进行回归分析，测算出相应回归方程系数，以实现对债务风险的评估和预测。恰洛内和特雷贝斯基（Ciarlone & Trebeschi）（2005）用一个区分了"稳定期"、"危机期"和"后危机期的"的 probit 模型，估计结果表明模型对债务危机的预测正确率达到 76%[1]。富尔特斯和卡洛蒂秋（Fuertes & Kalotychou）（2006）通过统计检验进一步考虑了数据生成过程（DGP），引入了异方差，以 logit 模型为基础对一国发生债务危机的概率进行了估计，并通过损失函数对债务危机发生概率进行预测。通过与实际数据的对比，作者认为 logit 模型的估计和预测能力均强于更为复杂的模型[2]。Probit/logit 模型操作简单，但缺点在于控制变量选取的随意性和不一致性，因此有学者提出其他更为复杂的模型对其进行补充。

第二类是结构模型，包括判别分析法和主成分分析法两类。判别分析法的主要思想是在分类确定的条件下，选取相关指标，根据不同国家的分类，分别进行评估和测试，该方法的优点在于考虑了不同类型国家的异质性。弗兰克和克莱因（Frank & Cline）（1971）针对发展中国家，以计算简单和预测性强为基本原则，选取债务、出口收入比率等八个指标，考虑了不同指标在不同国家的波动性差异，运用判别分析法对发展中国家的债务违约概率进行预测和评估[3]。乔治耶夫斯卡等（Georgievska et al.）（2008）运用 1981—2002 年的数据，以一组宏观经济和政治指标作为解释变量，利用主成分分析（PCA）的方法对 124 个新兴经济体主权债务违约的概率进行评估，并与三大评级机构的评估结果进行对比，认为三大评级机构通常会低估新兴经济

---

[1] Ciarlone, A., Trebeschi, G., "Designing an early warning system for debt crises", *Emerging Markets Review*, 2005, 6 (4): 376–395.

[2] Fuertes, A. M., Kalotychou, E., "Early warning systems for sovereign debt crises: The role of heterogeneity", *Computational Statistics & Data Analysis*, 2006, 51 (2): 1420–1441.

[3] Frank, Jr. C. R., Cline, W. R., "Measurement of debt servicing capacity: An application of discriminant analysis", *Journal of international Economics*, 1971, 1 (3): 327–344.

体的违约概率,对其评级持过于乐观的态度①。

第三类是信号预警理论,该理论认为,在债务危机发生之前,一些指标会发生异常变动,因此可以通过观测这些指标的变动来评估一国发生债务危机的可能。卡明斯基等(Kaminsky et al.)(1998)以指标异常变动后的 24 个月内是否发生债务危机为界限,选取一国汇率偏离程度、广义货币与国际储备比率等十几个指标,通过最小化"噪音—信号比"的方法,估计一国可能发生债务危机的临界值,该临界值被称为债务危机的"信号"。通过估计认为,由于债务危机可能由不同原因导致,因此在建立信号预警的框架时,应考虑尽可能多的经济指标以使评估结果更为精确②。玛拿西和鲁比尼(Manasse & Roubini)(2008)采用分类和回归树方法(CART),通过数据挖掘技术,筛选出 10 个解释力度高的经济指标,并计算出发送"债务危机信号"的临界值,来对一国债务风险进行评估。同时认为,单纯无条件的临界值对于债务危机的发生预测能力很弱,不同指标对流动性风险、清偿能力不足风险和宏观经济风险这三种可能的机制而导致债务危机的解释力度和相应临界值不同,只有有条件的门槛效应才能够较为精准地对债务风险进行评估③。萨伏纳和韦佐利(Savona & Vezzoli)(2015)采用一种新的回归树的方法,即在第一步中,每次去除一个国家进行估计,从而得到多个估计结果,在第二步中用第一步得到的估计量的平均值作为被解释变量进行评估和预测。研究结论表明,流动性不足、历史违约记录和实际 GDP 增长率是导致欧洲债务危机的重要因素④。菲奥拉曼蒂(Fioramanti)(2006)引入人工神经网络(ANN)的方法,将信号预警理论进一步延伸,并证明在特定的条件

---

① Georgievska, A., Georgievska, L., Stojanovic, A., et al., "Sovereign rescheduling probabilities in emerging markets: a comparison with credit rating agenciesâ ratings", *Journal of Applied Statistics*, 2008, 35 (9): 1031 – 1051.

② Kaminsky, G., Lizondo, S., "Reinhart C M. Leading indicators of currency crises", *Staff Papers*, 1998, 45 (1): 1 – 48.

③ Manasse, P., Roubini, N., "'Rules of thumb' for sovereign debt crises", *Journal of International Economics*, 2005, 78 (2): 192 – 205.

④ Savona, R., Vezzoli, M., "Fitting and Forecasting Sovereign Defaults using Multiple Risk Signals", *Oxford Bulletin of Economics & Statistics*, 2015, 77 (1): 66 – 92.

下，ANN 对债务危机的预测效果要优于 probit 模型结果①。

除了以上三类模型之外，也有学者从其他角度提出了有针对性的评估方法，以下几个比较有代表性。一是主权资产负债表方法。艾伦等（Allen et al.）（2002）认为，通过基态修正模型（BSA）可以清晰地界定出四类主要的金融风险：期限错配、货币错配、资本结构错配及清偿能力缺失②。李扬等（2012）基于国民资产负债表的理论框架，利用现有数据编制了中国资产负债表，通过债务结构对中国的主权信用风险水平进行了系统的评估③。二是数据包络分析（DEA）产出分析法。数据包络分析（DEA）产出分析法侧重于一国风险管理的效率。王稳等（2017）将既定风险下的贸易与投资最大化的生产效率作为国家风险管理效率的体现，对包括政治风险（含战争和内乱、国有化和征收、汇兑限制等）和主权信用风险在内的国家风险进行评估，形成了一个新的国家风险评估框架④。三是将风险传染机制加入模型。国家间经济往来意味着一国的债务状况很容易对相关贸易伙伴国或者地缘邻国的债务产生影响。张等（Zhang et al.）（2012）基于 GHST 设定的动态多元高斯分布，考虑了区域国家信用主权风险之间的交互影响，例如希腊主权债务危机除了影响自身的债务风险水平之外，还会影响与之经济往来密切的其他国家的主权风险，在经济全球化不可逆的趋势下，形成了一个新的、更贴近现实的主权债务评估框架⑤。

（五）债务可持续性与主权债务风险

近年来，债务可持续性逐渐成为主权债务风险的另一种表述。世

---

① Fioramanti, M., "Predicting sovereign debt crises using artificial neural networks: A comparative approach", *Journal of Financial Stability*, 2008, 4 (2): 149 – 164.

② Allen, M., Rosenberg, C. B., Keller, C., et al., "A Balance Sheet Approach to Financial Crisis", *Social Science Electronic Publishing*, 2002, 02 (210): 1 – 22.

③ 李扬、张晓晶、常欣等：《中国主权资产负债表及其风险评估（下）》，《经济研究》2012 年第 7 期。

④ 王稳等：《国家风险分析框架重塑与评级研究》，《国际金融研究》2017 年第 10 期。

⑤ Zhang, X., Schwaab, B., Lucas, A., "Conditional Probabilities and Contagion Measures for Euro Area Sovereign Default Risk", *Tinbergen Institute Discussion Papers*, 2011, 11-176/2/dsf29 (2): 76 – 79.

界银行以债务可持续性为原则,提出对非洲欠发达国家的债务减免项目。现有学术研究中主要以受限债务存量衡量可持续性,一个国家债务可持续等价于现有债务水平低于某一临界值。巴哈穆沙,索恩和刘(Baharumshah, Soon, & Lau)(2017)通过非线性回归分析,将债务水平对经济增长的影响变为显著负效应的点作为临界值的衡量[1]。特兰(Tran)(2018)基于非线性的主权债务风险溢价,认为在债务收入比较低时,主权风险溢价随债务风险缓慢上升,但超过某一临界值之后,两者呈显著正相关关系,并通过面板门槛回归模型来确定该临界值[2]。

四 非洲国家债务风险评估理论、方法与应用

本研究采用定性和定量相结合的方法,从经济基础、偿债能力和政治稳定等三个方面对部分非洲国家的主权信用状况进行评估与评级。评级时首先对各项指标进行标准化,然后采用加权平均的方法得到经济基础、偿债能力和政治稳定三大要素各自的得分,最后采用赋权的方法对三大要素得分进行加权平均得到最终评估结果。债务评估的目的在于了解非洲国家的债务现状,评估非洲国家的债务风险状况,并以此作为我国对非洲国家进行债务减免、资金援助和未来经贸项目合作的重要依据。债务评估亦有利于帮助非洲国家了解自身的债务状况,及时发现潜在的债务危机,以便尽早采取相应的应对措施。

(一)指标选取

(1)经济基础指标

运行良好的宏观经济是一国债务偿还能力的基础,能够显著降低该国的主权债务风险。具体来看,较高的经济总量和经济发展程度能

---

[1] Baharumshah, A. Z., Soon, S. V., Lau, E., "Fiscal sustainability in an emerging market economy: When does public debt turn bad?" *Journal of Policy Modeling*, 2016, 39 (1): 99–113.

[2] Tran, N., "Debt Threshold for Fiscal Sustainability Assessment in Emerging economies", *Journal of Policy Modeling*, 2018.

够增强一国抵御国内外风险的能力，较快的 GDP 增速将显著增强债务偿还的可持续性，降低债务违约率。同时，一国经济增长的波动也会对债务违约风险产生影响，经济波动将扰乱借债节奏，引发债务危机的可能。另外，失业率、通胀率、经济开放度等指标的变动也会对经济发展和债务结构的稳定性产生深刻影响。

为衡量非洲国家的宏观经济基础情况，我们选取了 9 个子指标（见表 3-8）。其中，GDP 总量、人均 GDP 和 GDP 增速分别用来衡量一个国家的经济整体规模和当前的经济发展水平；5 年波动系数则用来衡量各国经济增长的稳定性；GDP 增速、通胀率和失业率用来衡量经济绩效；而（进口+出口）/GDP、（外商直接投资+对外直接投资）/GDP 和 Chin-Ito 指数[1]则分别从贸易、投资和资本管制等方面衡量了一国的经济开放程度。

表 3-8　非洲国家债务风险评估依据的宏观经济基础衡量指标

经济基础指标	指标说明	数据来源
经济规模	GDP 总量	WEO
发展水平	人均 GDP	WEO
经济增速	GDP 增速	WEO
经济波动性	GDP 增速的波动性（5 年波动系数）	WEO
贸易开放度	（进口+出口）/GDP	WDI
投资开放度	（外商直接投资+对外直接投资）/GDP	WDI
资本账户开放度	Chin-Ito 指数（反映资本账户管制能力）	波特兰州立大学
通货膨胀	居民消费价格指数（CPI）	WEO
失业率	失业人口占劳动人口的比率	WDI

注：WEO 为国际货币基金组织的 World Economic Outlook Databases，WDI 为世界银行的 World Development Indicators。

数据来源：IMF、世界银行、波特兰州立大学数据库。

---

[1]　Chin-Ito 指数是 Menzie Chinn 和 Hiro Ito 基于 IMF 的《汇兑安排与汇兑限制年度报告》中的跨境金融交易限制虚拟变量计算得出。

(2) 偿债能力指标

偿债能力是债务人在一定时间内的偿债来源对到期债务的偿还能力,主要受债务总量和偿债来源的影响。债务总量反映一国的现实债务状况,是衡量一国债务风险的基础,一般而言,债务总量越高,发生债务风险的可能性就越大。偿债来源则反映一国政府偿还债务、抵御债务风险的能力,主要来自一国政府的财政收入,贸易状况和国民储蓄也会对偿债能力产生影响。一国的财政收入、国民储蓄越高,贸易状况越好,抵御债务风险的能力就越强。

根据以上分析,我们分别选取了7个指标对一国的偿债能力进行衡量。其中,公共债务/GDP、短期外债/总外债、外债利息/GNI 用来衡量一国的债务总量,而财政余额/GDP、经常账户余额/GDP、贸易条件、总储蓄/GDP 用来衡量一国的偿债来源,各个指标的具体含义如表3-9所示。

表3-9　　非洲国家债务风险评估依据的偿债能力指标

偿债能力指标	指标说明	数据来源
公共债务/GDP	公共债务指各级政府总债务	WEO
短期外债/总外债	短期外债指期限在一年或一年以下的债务	WDI
外债利息/GNI	每年应付的外债利息占 GNI 的份额	WDI
财政余额/GDP	财政余额等于财政收入 - 财政支出	WEO
经常账户余额/GDP	经常账户余额为货物和服务出口净额、收入净额与经常转移净额之和	WDI、WEO
贸易条件	出口价格指数/进口价格指数	WDI
总储蓄/GDP	总储蓄等于 GDP-总消费	WDI、WEO

注:WEO 为国际货币基金组织的 World Economic Outlook Databases,WDI 为世界银行的 World Development Indicators

数据来源:IMF、世界银行数据库。

(3) 政治稳定指标

政治风险可以反映一国政府的治理能力、法律法规完善度、内部社会以及外部环境稳定状况,这对于一国债务的可持续性来讲至关重要。政府治理能力弱意味着政府的政策得不到有效的实施，不可持续的政策一方面会阻碍国内经济的长远发展，另一方面频繁的政权更替会大大降低政府承诺的可信度，这些因素均会增加政府债务的违约概率，更容易发生债务危机。法律法规的完善度是对一国投资环境、合同、承诺监管和履行质量的衡量，良好的法律法规可以有效地保护债权人的权益，同时可以对政府起到应有的监督作用，使相关部门更有效地运转，从而降低债务违约风险。而内部社会及外部环境的稳定状况决定了一国能否拥有良好的发展实体经济的环境，债务的可持续性与长期经济增长的可持续性高度相关。

根据以上分析，我们分别选取了3大类8个指标对一国的政治风险进行衡量。其中政府治理能力包括军事干预政治、民主问责、政府有效性三个子指标，法律法规完善度包括法制和腐败两个子指标，内外部环境稳定状况包括政府稳定性、内部冲突和外部冲突三个子指标，各个指标的具体含义如表3-10所示。

表3-10　　非洲国家债务风险评估依据的政治稳定指标

政治稳定指标	指标说明	数据来源
政府稳定性	政府执行所宣布政策的能力以及保持政权的能力，0—12分，分数越高，政府越稳定	ICRG
军事干预政治	军队部门对一国政府的参与程度，0—6分，分数越低，军事干预政治越严重	ICRG
腐败	政治体系的腐败程度，0—6分，分数越低，越腐败	ICRG
民主问责	政府对民众诉求的回应，0—6分，分数越低，民主问责越弱	ICRG
政府有效性	公共服务的质量、行政部门的质量及其独立于政治压力程度、政策形成和执行质量，-2.5-2.5，分数越高，政府有效性越强	WGI
法制	履约质量，产权保护，-2.5-2.5，分数越高，法制程度越高	WGI

续表

政治稳定指标	指标说明	数据来源
内部冲突	国内政治暴动以及其对执政政府的影响带来的风险，包括是否存在反政府军队以及执政政府是否对公民随意施以暴力行为等，0—12分，分数越低，内部冲突越严重	ICRG
外部冲突	来自国外的行为对执政政府带来的风险，国外的行为包括非暴力的外部压力，如外交压力、中止援助、贸易限制、领土纠纷、制裁等，也包括暴力的外部压力，如跨境冲突、战争，0—12分，分数越低，外部冲突越严重	ICRG

注：DPI 为世界银行的 Database of Political Institutions，ICRG 为 PRS 集团的 International Country Risk Guide，WGI 为世界银行的 Worldwide Governance Indicators。

数据来源：世界银行、ICRG 数据库。

（二）评级方法

本研究在选取影响债务风险的各项指标并获得原始数据后，先对各项指标的数据进行标准化处理。对定量指标，如经济基础和偿债能力，直接采取标准化的处理方法；对定性指标，如政治稳定，则运用其他机构的量化或打分结果进行标准化。

本研究在对非洲国家债务风险进行评估时，主要采用 0—1 标准化方法，也叫离差标准化，将原始数据进行线性变换，使转换后的结果落到 [0, 1] 区间内。数据转换后，所得的分数越高，表示其风险越低，转换函数如下：

$$x^* = 1 - \left| \frac{x - x_{\text{适宜值}}}{max - min} \right|$$

其中，x* 为将 x 进行标准化后的值，x 适宜值为对应风险最低的指标值，max 为样本数据的最大值，min 为样本数据的最小值。

对定量指标进行标准化并转化为评估国家债务风险的分值的关键在于找到适宜值 x 的适宜值。在样本范围内，数值与适宜值越近，得分越高。

找寻样本中 x 的适宜值的方法有两种：一种是设定绝对适宜值，也就是适宜值的大小与样本国家的选择无关。例如，本研究将 CPI 指标的适宜值设定为2%，失业率的适宜值设定为5%。第二种是在样本中找到相对适宜值。例如，本研究将GDP的适宜值设定为该样本中GDP的最大值，将GDP增速的波动性的适宜值设定为该样本中GDP增速的波动的最小值。

在对数据进行标准化处理的过程中，本研究遵循四大原则：第一，标准化必须合乎逻辑；第二，标准化必须要考虑异常值的处理；第三，标准化必须客观，尽量减少主观判断；第四，标准化后的得分需具有区分度。

本研究在对经济基础、偿债能力和政治稳定这三大指标下各细项指标分别标准化处理后，通过加权平均的方法得到这三大风险要素各自的得分，区间为0—1。分数越高表示风险越低。然后，本研究对这三大要素再加权平均，得到最终的评估结果，再根据评估结果对非洲各个国家的债务风险状况进行排序。

表3-11　　　　　　　　国家风险评级指标权重

指标	权重
经济基础	1/3
偿债能力	1/3
政治稳定	1/3

数据来源：作者设计。

（三）评级样本

主要基于数据可获得性，本研究选取了非洲33个国家进行了债务风险评估。这33个国家分别是：阿尔及利亚、埃及、埃塞俄比亚、安哥拉、博茨瓦纳、布基纳法索、多哥、冈比亚、刚果（布）、几内亚、几内亚比绍、加纳、加蓬、津巴布韦、喀麦隆、科特迪瓦、肯尼亚、利比里亚、马达加斯加、马拉维、马里、摩洛哥、莫桑比克、南非、尼日尔、尼日利亚、塞拉利昂、塞内加尔、苏丹、坦桑尼亚、突尼斯、乌干达、赞比亚。

表 3-12　　非洲国家风险评级样本

国家	公共债务/GDP（%）			
	2014	2015	2016	2017
阿尔及利亚	7.673	8.747	20.44	27.455
埃及	85.127	88.458	96.841	103.161
埃塞俄比亚	47.852	54.523	56.059	58.986
安哥拉	39.81	57.093	75.663	68.544
博茨瓦纳	17.346	17.19	15.606	14.064
布基纳法索	29.873	35.612	39.159	38.419
多哥	62.785	72.111	81.062	75.595
冈比亚	69.415	68.574	82.349	87.913
刚果（布）	59.794	111.411	127.848	125.366
几内亚	35.09	41.938	42.01	40.414
几内亚比绍	57.433	56.018	57.898	53.908
加纳	51.159	54.83	57.117	57.266
加蓬	34.063	44.703	64.199	62.644
津巴布韦	40.287	41.806	54.164	52.866
喀麦隆	21.534	31.981	32.517	36.931
科特迪瓦	44.79	47.266	48.393	49.839
肯尼亚	48.562	51.446	53.202	54.814
利比里亚	21.676	25.88	28.302	34.122
马达加斯加	34.651	35.685	41.897	40.28
马拉维	54.743	61.168	61.343	61.92
马里	27.357	30.666	35.945	35.446
摩洛哥	63.339	63.688	64.858	65.109
莫桑比克	62.371	88.114	121.554	103.153
南非	46.988	49.335	51.465	53.022
尼日尔	30.612	39.713	43.729	48.974
尼日利亚	17.541	20.328	23.41	25.34
塞拉利昂	34.965	44.943	55.457	57.586
塞内加尔	42.372	44.51	47.661	60.637
苏丹	83.222	83.101	99.916	121.98

续表

国家	公共债务/GDP（%）			
	2014	2015	2016	2017
坦桑尼亚	32.615	35.864	36.444	36.587
突尼斯	51.529	55.429	62.271	70.331
乌干达	30.699	34.274	37.066	39.722
赞比亚	36.137	62.26	60.668	62.706

数据来源：IMF、WEO 数据库。

（四）评级结果

（1）分项指标分析

①经济基础

为观察非洲国家经济基础情况的变动，我们选取了 9 个具有代表性的宏观经济指标对 33 个非洲国家进行评估，首先对指标进行标准化处理，再对标准化处理后的指标进行加权平均，得到 33 个非洲国家 2014—2017 年的经济基础得分，如表 3-13 所示。

表 3-13　　　　　　　非洲国家经济基础得分

国家	2014	2015	2016	2017
阿尔及利亚	0.51	0.52	0.49	0.51
埃及	0.43	0.49	0.50	0.46
埃塞俄比亚	0.48	0.46	0.48	0.51
安哥拉	0.50	0.48	0.29	0.34
博茨瓦纳	0.57	0.59	0.59	0.60
布基纳法索	0.42	0.45	0.45	0.49
多哥	0.51	0.53	0.50	0.52
冈比亚	0.39	0.48	0.44	0.50
刚果（布）	0.63	0.64	0.49	0.51
几内亚	0.40	0.43	0.56	0.55
几内亚比绍	0.36	0.45	0.44	0.47
加纳	0.34	0.36	0.40	0.49

续表

国家	2014	2015	2016	2017
加蓬	0.49	0.51	0.50	0.52
津巴布韦	0.34	0.44	0.41	0.51
喀麦隆	0.47	0.49	0.46	0.47
科特迪瓦	0.43	0.46	0.49	0.52
肯尼亚	0.47	0.50	0.49	0.51
利比里亚	0.55	0.55	0.50	0.54
马达加斯加	0.45	0.46	0.44	0.47
马拉维	0.41	0.36	0.38	0.44
马里	0.44	0.46	0.43	0.47
摩洛哥	0.47	0.52	0.49	0.54
莫桑比克	0.53	0.45	0.42	0.44
南非	0.45	0.50	0.45	0.52
尼日尔	0.44	0.43	0.41	0.46
尼日利亚	0.55	0.55	0.44	0.48
塞拉利昂	0.38	0.25	0.35	0.38
塞内加尔	0.45	0.47	0.48	0.51
苏丹	0.19	0.30	0.29	0.30
坦桑尼亚	0.45	0.46	0.46	0.48
突尼斯	0.44	0.47	0.45	0.48
乌干达	0.51	0.53	0.50	0.54
赞比亚	0.53	0.54	0.50	0.56

数据来源：作者计算。

根据经济基础得分，我们接着对非洲国家的经济基础状况进行排序，分数越高的国家说明经济基础越好，排名越高，在国家顺序安排方面，我们以2017年的排名为依据对国家进行排序，非洲国家经济基础排名如表3-14所示。

从2017年的排名来看，33个国家中，经济基础最好的五个国家是博茨瓦纳、赞比亚、几内亚、乌干达和摩洛哥。其中，博茨瓦纳的排名较为稳定，连续四年都位居前列。博茨瓦纳本就是非洲经济发展状况较好的国家之一,经济增速较快,拥有丰富的矿产资源,资本账户开放度较高,人均 GDP 在非洲地区居于前列。赞比亚 2017 年的排名上升较快,从第 8 位上升到第 2 位,主要得益于通货膨胀状况的改善,另外 GDP 总量和人均 GDP 也相比 2016 年有所提高。几内亚是近年来经济基础排名变化幅度最大的国家,2014 年和 2015 年的排名很靠后,2016 年,基础排名一跃成为第 2 位,2017 年排名仍居前列。作为最不发达国家,几内亚位居前茅主要因为较高的贸易额度和 GDP 增长率,几内亚贸易额占 GDP 的比例在 2015 年为 72.44%,到 2016 年增长至 110.97%,增长了一半以上,2017 继续增长至 146.77%;而其以不变价格计算的 GDP 增长率在 2015 年仅为 3.81%,2016 年增至 10.46%,是当年非洲 GDP 增速最快的国家,2017 年也保持了9.88% 的高速增长。近几年乌干达实现了经济的稳定发展,各指标都表现较好,具有较高的资本账户开放度和较低的失业率,GDP 增长率也在 2017 年有所回升。

表 3-14　　　　　　　　　非洲国家经济基础排名

国家	2014 年排名	2015 年排名	2016 年排名	2017 年排名
博茨瓦纳	2	2	1	1
赞比亚	6	5	8	2
几内亚	27	29	2	3
乌干达	9	6	7	4
摩洛哥	13	8	13	5
利比里亚	3	4	5	6
多哥	7	7	6	7
科特迪瓦	24	19	10	8
南非	16	11	19	9
加蓬	11	10	4	10
刚果(布)	1	1	12	11
塞内加尔	18	17	15	12
埃塞俄比亚	12	21	14	13
肯尼亚	15	12	11	14

续表

国家	2014 年排名	2015 年排名	2016 年排名	2017 年排名
津巴布韦	32	27	28	15
阿尔及利亚	8	9	9	16
冈比亚	28	15	24	17
加纳	31	31	29	18
布基纳法索	25	26	18	19
尼日利亚	4	3	22	20
突尼斯	21	18	20	21
坦桑尼亚	17	23	16	22
马里	22	22	25	23
喀麦隆	14	14	17	24
几内亚比绍	30	24	23	25
马达加斯加	19	20	21	26
尼日尔	20	28	27	27
埃及	23	13	3	28
马拉维	26	30	30	29
莫桑比克	5	25	26	30
塞拉利昂	29	33	31	31
安哥拉	10	16	32	32
苏丹	33	32	33	33

数据来源：作者计算。

2017 年排名最靠后的 5 个国家分别为马拉维、莫桑比克、塞拉利昂、安哥拉和苏丹，其中马拉维、塞拉利昂和苏丹近四年的排名均靠后，三者共同的特点是资本账户开放度较低且通货膨胀率较高，较高的通胀率对经济发展造成了严重影响。苏丹连续四年排名最后的原因还在于较高的失业率和较低的外商直接投资，受 2014 年国际大宗商品价格下跌影响，苏丹的经济增长率从 2015 年起出现下滑，至今仍未恢复。莫桑比克和安哥拉的排名分别在 2015 年和 2016 年出现大幅下滑，主要原因都是经济增速的下跌、通货膨胀率的上升以及投资开放度的下降。莫桑比克的经济增长率在 2014 年为 7.44%，2017 年下跌至 3.74%，而通货膨胀率却从 2014 年的 2.56% 上升至 2017 年的 15.11%，增长了近 5 倍，投资开放度也从 2014 年的 30.04% 下降至 2017 年的 18.54%，减少了 38%。安哥拉的状况与莫桑比克一样，经济增长率从 2014 年的 4.82% 下降至 2017 年的 -0.15%，通货膨胀率则从 2014 年的 7.3% 上升至 2017 年的 29.84%，投资开放度从 2014 年的 4.23% 下降至 2017 年的 -4.95%。

从排名变化来看，博茨瓦纳、多哥和苏丹在 4 年中表现最为稳定。其中，博茨瓦纳的经济基础评分连续 4 年都位居前列，而苏丹则连续 4 年都位居末尾，多哥的经济基础排名则一直保持在第 7 位左右。在 33 个国家中，经济基础排名上升最快的国家是几内亚、津巴布韦和科特迪瓦，其中几内亚的排名从 2014 年的第 27 位上升至 2017 年的第 3 位。其次是津巴布韦，从 2014 年的第 32 位上升至 2017 年的第 15 位，津巴布韦的资本账户开放水平从 2015 年起有较大改善，经济增速在 2017 年有较大提高。再次是科特迪瓦，从 2014 年的第 24 位上升至 2017 年的第 8 位，主要原因是随着科特迪瓦国内局势的逐渐稳定，经济得到了较快的恢复，各项经济指标都有较大幅度的提升。在 33 个国家中，经济基础排名下降最快的国家是莫桑比克、安哥拉和尼日利亚，其中莫桑比克从 2014 年的第 5 位下降至 2017 年的第 30 位；安哥拉从 2014 年的第 10 位下降到 2017 年的第 32 位；尼日利亚从 2014 年的第 4 位下降至 2017 年的第 20 位，尼日利亚是非洲最大的产油国，2014 年国际原油价格下降以来，尼日利亚经济弊病暴露，经济发展面临困境。

②偿债能力

在偿债能力方面，我们选取 7 个指标对非洲 33 个国家的偿债能力进行评估，首先对指标进行标准化处理，再对标准化处理后的指标进行加权平均，得到 33 个非洲国家 2014—2017 年的偿债能力得分，如表 3-15 所示。

表3-15　　　　　　　非洲国家偿债能力得分

国家	2014	2015	2016	2017
阿尔及利亚	0.74	0.70	0.64	0.60
安哥拉	0.72	0.72	0.65	0.65
博茨瓦纳	0.72	0.76	0.80	0.81
布基纳法索	0.72	0.80	0.80	0.65
喀麦隆	0.72	0.78	0.74	0.66
科特迪瓦	0.67	0.80	0.76	0.67
埃及	0.53	0.65	0.57	0.44
埃塞俄比亚	0.67	0.75	0.74	0.67
加蓬	0.75	0.72	0.67	0.68
加纳	0.54	0.68	0.67	0.58
几内亚	0.64	0.68	0.66	0.73
几内亚比绍	0.61	0.69	0.68	0.67
肯尼亚	0.54	0.63	0.62	0.50
利比里亚	0.56	0.72	0.67	0.53
马达加斯加	0.66	0.73	0.73	0.66
马拉维	0.58	0.69	0.65	0.54
马里	0.73	0.82	0.81	0.75
摩洛哥	0.49	0.63	0.63	0.58
莫桑比克	0.41	0.48	0.44	0.43
尼日尔	0.64	0.75	0.74	0.61
尼日利亚	0.85	0.85	0.81	0.75
刚果（布）	0.68	0.42	0.43	0.59
塞内加尔	0.60	0.69	0.70	0.57
塞拉利昂	0.56	0.57	0.54	0.43
南非	0.49	0.59	0.61	0.55
苏丹	0.61	0.72	0.68	0.56
坦桑尼亚	0.67	0.79	0.79	0.75
冈比亚	0.56	0.66	0.62	0.55
多哥	0.54	0.64	0.62	0.60
突尼斯	0.44	0.55	0.53	0.40
乌干达	0.67	0.76	0.75	0.68
赞比亚	0.69	0.69	0.65	0.57
津巴布韦	0.44	0.53	0.54	0.42

数据来源：作者计算。

根据偿债能力得分，我们接着对非洲国家的偿债能力状况进行排序，分数越高的国家说明其偿债能力越好，排名越高，在国家顺序安排方面，我们以2017年的排名为依据对国家进行排序，非洲国家偿债能力排名如表3-16所示。

在非洲33个国家2017年偿债能力排名中，位列前5位的国家分别是博茨瓦纳、坦桑尼亚、尼日利亚、马里和几内亚。排名第一的博茨瓦纳各指标表现都较好。近年来，博茨瓦纳公共债务占GDP比例和短期外债占比逐年缩小，尤其是短期外债占比在2017年有较大幅度下降，经常账户余额和总储蓄则一直保持了较高的水平，这都大大提高了博茨瓦纳的偿债能力。坦桑尼亚是偿债能力排名上升较快的国家之一，从2014年的第13位上升至2017年的第2位，主要得益于经常账户逆差的缩小以及贸易条件的改善。尼日利亚和马里的偿债能力排名都较为稳定，其中，尼日利亚的偿债能力排名在2014—2016年间位居首位，2017年排名稍有下滑，降至第3位；2014—2017年，马里的偿债能力排名始终在第2和第4位。几内亚的偿债能力排名上升迅速，尤其是2017年，相较于上年上升了13位，主要原因是总储蓄水平出现了较大提高。

表3-16 　　　　　　　　**非洲国家偿债能力排名**

排名	2014年排名	2015年排名	2016年排名	2017年排名
博茨瓦纳	6	8	3	1
坦桑尼亚	13	5	5	2
尼日利亚	1	1	1	3
马里	4	2	2	4
几内亚	17	22	18	5
加蓬	2	14	17	6
乌干达	11	7	7	7
埃塞俄比亚	12	9	8	8
几内亚比绍	18	19	14	9
科特迪瓦	14	4	6	10

续表

排名	2014年排名	2015年排名	2016年排名	2017年排名
马达加斯加	15	11	11	11
喀麦隆	7	6	10	12
布基纳法索	5	3	4	13
安哥拉	8	15	21	14
尼日尔	16	10	9	15
阿尔及利亚	3	16	22	16
多哥	26	25	25	17
刚果（布）	10	33	33	18
加纳	27	21	16	19
摩洛哥	29	26	23	20
塞内加尔	20	20	12	21
赞比亚	9	17	19	22
苏丹	19	12	13	23
南非	30	28	27	24
冈比亚	24	23	26	25
马拉维	21	18	20	26
利比里亚	22	13	15	27
肯尼亚	25	27	24	28
埃及	28	24	28	29
莫桑比克	33	32	32	30
塞拉利昂	23	29	29	31
津巴布韦	31	31	30	32
突尼斯	32	30	31	33

数据来源：作者计算。

2017年偿债能力排名最后五位的国家是埃及、莫桑比克、塞拉利昂、津巴布韦和突尼斯，它们的共同特点是总储蓄占比较低，财政余额和经常账户都为负值。其中，埃及和莫桑比克的公共债务占比相对较高，埃及的公共债务占GDP比例在2014年为85.1%，2017年上升至103.2%；莫桑比克的公共债务占GDP比例上升的更快，从2014年的62.4%上升至2017年的103.2%，增加了65.4%；埃及的总储蓄在2017年出现大幅下滑，2014—2016年，埃及总储蓄占GDP的比例一直保持在5.5%左右，2017年下滑至1.8%。津巴布韦和突尼斯偿债能力排名靠后的主要原因是短期外债及外债利息占比较高，2017年，二者的短期外债占总外债的比例分别为35.9%和23.2%，外债利息占GNI的比例分别为76.3%和179%，沉重的利息负担对经济发展造成了重大负面影响。

从排名变化来看，2014—2017年偿债能力排名上升最快的国家是几内亚、坦桑尼亚、几内亚比绍、多哥和摩洛哥。几内亚和坦桑尼亚在前面偿债能力排名前五位的国家中已经提到过，是偿债能力排名上升最快的前两名。2014—2017年，几内亚比绍、多哥和摩洛哥的偿债能力排名都上升了9位，其中，几内亚比绍和摩洛哥是逐年稳步上升，多哥则是在2017年出现大幅上升。几内亚比绍偿债能力排名上升源于贸易条件和总储蓄状况的改善，净易货贸易条件指数从2014年的81.6上升至2017年的121.1，增加了48.4%，总储蓄占GDP的比例从2014年的0.24%上升至2017年的6.27%，增加了25倍。多哥的财政赤字在2017年出现明显好转，总储蓄占GDP的比例上升，公共债务占比缩小，使得当年偿债能力排名出现了较大提升。在33个国家中，偿债能力排名下降最快的国家是阿尔及利亚和赞比亚，2014—2017年，二者的偿债能力排名都下降了13位，其中，阿尔及利亚的排名在2016年下降至最低点第22位，主要原因在于2015年和2016年财政赤字和经常账户逆差的急剧扩大，不过这一情况在2017年出现缓解。赞比亚公共债务占GDP的比例本就不低，近年来不断上涨的外债利息加重了还债负担。

③政治稳定

我们选取了两大类8个指标对24个非洲国家的政治稳定状况进行评估，同样先对指标进行标准化处理，再对标准化处理后的指标进行加权平均，得到33个非洲国家2014—2017年的政治稳定得分，如表3-17所示。

表 3-17　　非洲国家政治稳定得分

国家	2014	2015	2016	2017
阿尔及利亚	0.46	0.45	0.46	0.44
安哥拉	0.38	0.36	0.36	0.37
博茨瓦纳	0.86	0.87	0.85	0.86
布基纳法索	0.40	0.39	0.54	0.52
喀麦隆	0.40	0.35	0.36	0.34
科特迪瓦	0.38	0.43	0.44	0.59
埃及	0.30	0.29	0.33	0.40
埃塞俄比亚	0.33	0.30	0.33	0.31
加蓬	0.44	0.38	0.36	0.37
加纳	0.70	0.67	0.69	0.73
几内亚	0.19	0.22	0.29	0.27
几内亚比绍	0.31	0.29	0.28	0.27
肯尼亚	0.59	0.58	0.61	0.61
利比里亚	0.51	0.48	0.49	0.49
马达加斯加	0.47	0.44	0.51	0.53
马拉维	0.49	0.46	0.44	0.47
马里	0.37	0.37	0.38	0.38
摩洛哥	0.59	0.60	0.62	0.63
莫桑比克	0.62	0.59	0.53	0.52
尼日尔	0.38	0.39	0.40	0.41
尼日利亚	0.29	0.36	0.37	0.37
刚果（布）	0.39	0.46	0.48	0.44
塞内加尔	0.56	0.52	0.52	0.55
塞拉利昂	0.52	0.49	0.54	0.56
南非	0.77	0.76	0.75	0.73
苏丹	0.03	0.02	0.03	0.06
坦桑尼亚	0.55	0.54	0.57	0.53
冈比亚	0.44	0.40	0.44	0.55
多哥	0.32	0.38	0.43	0.43
突尼斯	0.54	0.58	0.60	0.66

续表

国家	2014	2015	2016	2017
乌干达	0.31	0.37	0.36	0.37
赞比亚	0.64	0.66	0.68	0.68
津巴布韦	0.28	0.25	0.27	0.27

数据来源：作者计算。

根据偿债能力得分，我们接着对非洲国家的政治稳定状况进行排序，分数越高的国家说明其政治稳定越好，排名越高，在国家顺序安排方面，我们以2017年的排名为依据对国家进行排序，非洲国家政治稳定排名如表3-18所示。

从表3-18中可以看到，2014—2017年政治稳定排名前5位的国家分别是博茨瓦纳、南非、加纳、赞比亚和突尼斯，前四个国家的政治稳定排名比较稳定。博茨瓦纳实行多党议会制，立法、司法、行政三权分立，独立后民主党连续执政，政局长期稳定，各项指标整体表现良好，尤其是在法制建设和控制腐败方面。南非的民主制度和法律法规体系相对比较完善，但腐败问题相对严重，2014年前总统祖玛也被牵扯入腐败丑闻当中。事实上，除了博茨瓦纳，本研究选取的其他32个非洲国家的腐败程度都比较严重。加纳实行一院制，议会是国家最高权力机构，有立法和修宪的权力，国内党派众多，总体分为罗林斯派、丹夸—布西亚派和恩克鲁玛派三大政党派系，与博茨瓦纳和南非相比，加纳在军事干预政治和政府有效性方面表现相对较差。赞比亚的政体是总统内阁制，总统为国家元首、政府首脑兼武装部队总司令，由全民选举产生，任期5年，可连选连任一次，国民议会是国家最高立法机关，实行一院制，除了政府有效性和法制之外，其他政治指标表现良好。突尼斯的政治稳定排名上升较快，从2014年的第10位上升到2017年的第5位。2010年末2011年初，"阿拉伯之春"从突尼斯肇始，原政府解散，之后突尼斯政局一直陷入动荡之中，直到2014年12月埃塞卜西当选总统，政局才逐渐稳定，新政府成立后突尼斯的法制和民主问责指标得到大幅提高。

表 3-18　　非洲国家政治稳定排名

国家	2014 年排名	2015 年排名	2016 年排名	2017 年排名
博茨瓦纳	1	1	1	1
南非	2	2	2	2
加纳	3	3	3	3
赞比亚	4	4	4	4
突尼斯	10	8	7	5
摩洛哥	7	5	5	6
肯尼亚	6	7	6	7
科特迪瓦	22	17	18	8
塞拉利昂	11	11	10	9
冈比亚	17	18	19	10
塞内加尔	8	10	12	11
坦桑尼亚	9	9	8	12
马达加斯加	14	16	13	13
莫桑比克	5	6	11	14
布基纳法索	19	20	9	15
利比里亚	12	12	14	16
马拉维	13	13	17	17
阿尔及利亚	15	15	16	18
刚果（布）	20	14	15	19
多哥	26	21	20	20
尼日尔	23	19	21	21
埃及	29	29	29	22
马里	24	24	22	23
乌干达	27	23	26	24
尼日利亚	30	26	23	25
加蓬	16	22	24	26
安哥拉	21	25	27	27
喀麦隆	18	27	25	28
埃塞俄比亚	25	28	28	29
津巴布韦	31	31	32	30

续表

国家	2014年排名	2015年排名	2016年排名	2017年排名
几内亚比绍	28	30	31	31
几内亚	32	32	30	32
苏丹	33	33	33	33

数据来源：作者计算。

2017年政治稳定状况最差的五个国家是埃塞俄比亚、津巴布韦、几内亚比绍、几内亚和苏丹。埃塞俄比亚除政治稳定性之外的其他指标表现均比较差。一方面从2015年开始，埃塞俄比亚国内矛盾日益凸显，奥罗米亚州和索马里州交界地区爆发多次种族冲突，2016年因为征地拆迁等问题爆发了大规模民众示威，政府宣布进入紧急状态，直至2017年8月紧急状态才结束。另一方面，埃塞俄比亚长期以来与索马里和厄立特里亚边界冲突不断，2016年与厄立特里亚发生了激烈的边境冲突，同时面临的内外部冲突使埃塞俄比亚政局发生动荡。津巴布韦国内腐败情况严重，法制指标表现极差。津巴布韦曾在2000年初进行了土地改革，但并未使经济好转，反而陷入了长期的恶性通货膨胀之中。2017年，津巴布韦国内发生政变，原总统穆加贝下台，姆南加古瓦就任新总统。几内亚比绍政局一直动荡，发生过多次军事政变，2014年，几内亚比绍举行了总统和立法选举，前执政党几佛独立党候选人瓦斯赢得选举，但2015年，瓦斯总统宣布解散由佩雷拉总理领导的政府，引发了新一轮政治动荡。自2010年孔戴总统任职以来，几内亚的政局逐渐趋于稳定，但政府治理指标并没有明显改善，几内亚政府治理能力弱，严重的权利寻租和腐败大大削弱了政府部门的效率。2014年3月爆发的埃博拉疫情对几内亚的政治、经济、社会领域都造成巨大冲击。苏丹近四年来的政治稳定排名一直处于末尾。2011年，苏丹南北地区分裂，南苏丹独立，对苏丹的政局造成了冲击，之后由于石油收入分配、领土争端、边界划分等问题，两国时常发生冲突，苏丹政局一直处于动荡之中。

从排名变化来看，2014—2017年政治稳定排名上升最快的国家是科特迪瓦、冈比亚和埃及。2014年，科特迪瓦的政治稳定排名是第22位，2017年上升至第8位，主要得益于军事干预政治、控制腐败、民主问责等指标有较大改善。冈比亚和埃及的政治稳定排名在四年期间都提升了7位，冈比亚排名上升主要得益于政局稳定性的改善；2011年爆发的"阿拉伯之春"使埃及国内冲突不断，军方持续对政局进行干预，2018年之后，埃及局势趋于稳定，大幅度的经济体制改革让埃及回到发展正轨，前景展望向好。33个国家中，政治稳定排名下降最快的国家是加蓬、喀麦隆和莫桑比克，2014—2017年排名分别下降10位、10位和9位。2016年，由于反对党对阿里·邦戈当选总统不满，加蓬首都等地发生骚乱，虽然阿里·邦戈领导的加蓬民主党最终平息了骚乱，但加蓬的政局动荡持续了较长时间。喀麦隆政治稳定排名下降的一大原因是该国英语区不满被中央政府逐渐边缘化而发起非暴力抗议运动，除政府稳定性之外，喀麦隆在政府有效性、法制和控制腐败等方面的得分也有所下降。莫桑比克在2016年爆发了暴力武装冲突，且来自国际货币基金组织的国际援助被中止，出现了债务危机，使该国的政府稳定性、内部冲突和外部冲突等多个指标大幅下滑，政治风险大幅提升。

（2）总体结果分析

为了对非洲国家债务风险状况进行整体评估，本研究对经济基础、偿债能力和政治稳定这三大指标的得分进行加权平均，得到样本国家债务风险评估的最终分数，结果如表3-19所示。

表3-19 非洲国家债务风险评估总分

国家	2014	2015	2016	2017
阿尔及利亚	0.57	0.56	0.53	0.52
安哥拉	0.53	0.52	0.43	0.45
博茨瓦纳	0.72	0.74	0.75	0.75
布基纳法索	0.51	0.55	0.60	0.55
喀麦隆	0.53	0.54	0.52	0.49
科特迪瓦	0.49	0.56	0.56	0.59
埃及	0.42	0.48	0.47	0.43
埃塞俄比亚	0.49	0.50	0.52	0.50

续表

国家	2014	2015	2016	2017
加蓬	0.56	0.53	0.51	0.52
加纳	0.53	0.57	0.59	0.60
几内亚	0.41	0.44	0.50	0.51
几内亚比绍	0.43	0.48	0.47	0.47
肯尼亚	0.53	0.57	0.57	0.54
利比里亚	0.54	0.58	0.56	0.52
马达加斯加	0.52	0.54	0.56	0.55
马拉维	0.50	0.50	0.49	0.48
马里	0.51	0.55	0.54	0.53
摩洛哥	0.52	0.59	0.58	0.59
莫桑比克	0.52	0.50	0.46	0.46
尼日尔	0.49	0.52	0.52	0.49
尼日利亚	0.56	0.59	0.54	0.53
刚果（布）	0.57	0.51	0.46	0.51
塞内加尔	0.54	0.56	0.57	0.54
塞拉利昂	0.49	0.44	0.48	0.46
南非	0.57	0.61	0.60	0.60
苏丹	0.28	0.35	0.33	0.31
坦桑尼亚	0.55	0.59	0.61	0.59
冈比亚	0.46	0.52	0.50	0.53
多哥	0.46	0.52	0.51	0.52
突尼斯	0.47	0.53	0.53	0.51
乌干达	0.50	0.56	0.54	0.53
赞比亚	0.62	0.63	0.61	0.60
津巴布韦	0.35	0.41	0.40	0.40

数据来源：作者计算。

根据债务风险评估总分，我们对非洲国家的债务风险进行排序，分数越高的国家说明其债务风险越低，排名越高，在国家顺序安排方面，我们以2017年的排名为依据对国家进行排序，非洲国家债务风险评估排名如表 3-20 所示。

表 3-20　　非洲国家债务风险总体评估结果

国家	2014 年排名	2015 年排名	2016 年排名	2017 年排名
博茨瓦纳	1	1	1	1
赞比亚	2	2	2	2
南非	3	3	4	3
加纳	14	8	6	4
科特迪瓦	23	10	10	5
坦桑尼亚	8	4	3	6
摩洛哥	16	5	7	7
马达加斯加	15	16	11	8
布基纳法索	18	15	5	9
塞内加尔	10	11	9	10
肯尼亚	11	9	8	11
尼日利亚	6	6	14	12
马里	19	14	13	13
乌干达	20	13	15	14
冈比亚	27	23	24	15
加蓬	7	18	22	16
利比里亚	9	7	12	17
多哥	28	21	21	18
阿尔及利亚	4	12	16	19
几内亚	31	30	23	20
刚果（布）	5	24	29	21
突尼斯	26	19	17	22
埃塞俄比亚	22	27	20	23
尼日尔	25	20	18	24
喀麦隆	13	17	19	25
马拉维	21	25	25	26
几内亚比绍	29	28	28	27
莫桑比克	17	26	30	28
塞拉利昂	24	31	26	29

续表

国家	2014年排名	2015年排名	2016年排名	2017年排名
安哥拉	12	22	31	30
埃及	30	29	27	31
津巴布韦	32	32	32	32
苏丹	33	33	33	33

数据来源：作者计算。

在2017年非洲国家债务风险评估排名前10位的国家中，排名最稳定的国家是博茨瓦纳、赞比亚、南非和塞内加尔。博茨瓦纳和赞比亚在债务风险评估中连续4年位居第1位和第2位，南非的排名虽然在2016年有稍许下滑，但2017年又恢复至第3位，塞内加尔的排名也一直在第10位左右浮动。从排名波动情况来看，2017年排名前10位的国家中，只有坦桑尼亚的排名出现了小幅波动，整体保持在第3位到第8位之间，其他国家的排名相较于2014年都出现了大幅上升。上升幅度最大的国家是科特迪瓦，从2014年的第23位上升至2017年的第5位；其次是加纳，从2014年的第14位上升至2017年的第4位；摩洛哥的排名在2015年上升幅度最大，从第16位上升至第5位，2016年回落到第7位，2017年排名不变；布基纳法索的排名在2016年达到最高，为第5位，2017年回落至第9位；马达加斯加的排名总体呈上升趋势，从2014年的第15位上升至2017年的第8位。

博茨瓦纳位于非洲南部内陆，是经济发展状况较好的非洲国家之一，拥有丰富的矿产资源，主要矿藏为钻石，其次为铜、镍、煤、苏打灰、铂、金、锰等，以钻石业、养牛业和制造业为支柱产业。博茨瓦纳各指标表现都很优秀，2017年的经济基础、偿债能力、政治稳定均排名第1位，其中经济基础排名连续两年保持第1位，政治稳定排名连续四年保持第1位，虽然偿债能力仅在2017年排名第1位，其他年份的排名也比较靠前。博兹瓦纳实行多党议会制，独立后民主党由于自身优势得以多年连续执政，国内政局保持了长期稳定，为经济发展打下了良好基础。良好的经济基础，稳定的政治环境，加上外债负债率较低，使博茨瓦纳在非洲国家债务风险评估中常年保持第1位。

赞比亚位于非洲中南部，是撒哈拉以南地区城市化程度较高的国家，2014年由不发达国家转为发展中国家。赞比亚拥有丰富的矿产资源，矿业是支柱产业，在国民经济中居于重要地位。赞比亚的债务风险排名虽然连续四年保持第2位，但其偿债能力指标表现并不好，2014—2017年，偿债能力排名连续下滑，是偿债能力排名下降最快的国家之一。该国在经济基础和政治稳定方面的表现较好，经济基础排名出现小幅上升，因此总体排名较为排前。2018年开始，该国的债务状况屡被国际社会质疑，债务问题相较以往显得严峻。

南非属中等收入的发展中国家，拥有丰富的自然资源，拥有较完善的工业体系，矿业是支柱产业，深井采矿技术在世界居于领先地位。南非拥有较完善的政治和法律体系，政局稳定，政治稳定排名连续四年位居第2位。南非的排名在2016年出现小幅下降的原因主要是经济状况的下滑，当前，南非正在修宪并将实施土地改革政策，为未来的发展增添了较大的不确定性。南非的偿债能力排名虽然并不靠前，但在四年里一直稳步提升，说明债务状况在向好的方向发展。

加纳是西部非洲经济较发达的国家，自然资源丰富，但工业基础薄弱，工业发展水平滞后，经济以矿业和农业为主。近年来，加纳经济增速较快，2017年，加纳GDP增长率从2016年的3.4%上升至8.1%。与此同时，加纳的偿债能力有较大改善，排名从2014年的第27位上升至第19倍，这主要得益于短期外债占比的下降，以及财政余额、经常账户和贸易条件的改善，但2017年外债利息负担的增加以及总储蓄的下降，又对偿债能力造成了不利影响。加纳的政局一直保持相对稳定，政治稳定排名连续四年保持在第3位。

科特迪瓦是所有样本国家中排名上升速度最快的国家，2014—2017年，科特迪瓦的各项指标都有较大改善，尤其是经济基础指标。科特迪瓦曾于2002年发生内战，一直持续至2007年，2011年科特迪瓦大选结束之后，政局才趋于稳定，新政府上台后积极进行经济建设，大力改善投资环境，争取外援和外国直接投资，于2012年制定了第一个国家发展规划，提出了夯实和平基础，寻求社会和解，国家重建和经济振兴等四大任务，取得了良好的效果，国民经济实现了较快的增长，2015 年科特迪瓦又制定了第二个国家发展规划，经济继续保持良好的发展势头。

坦桑尼亚在四年内的排名较为稳定，这是坦桑尼亚的经济基础、偿债能力和政治稳定三方面因素综合作用的结果。虽然坦桑尼亚经济增速较快，四年内 GDP 增长率一直保持在 6% 以上，但资本账户开放度较低，影响了评分。坦桑尼亚的偿债能力较好，这项排名在四年期间出现大幅上升，从 2014 年的第 13 位上升到 2017 年的第 2 位。

摩洛哥位于非洲西北端，2009 年以来，摩洛哥政府致力于扩大内需，加强基础设施建设，在支持传统产业的基础上大力发展新兴产业，经济状况明显改善。2014—2017 年，摩洛哥的各项指标排名都有所提升。

马达加斯加位于非洲大陆的东南部，是世界最不发达国家之一，国民经济以农业为主，工业基础非常薄弱。2009 年，马达加斯加首都爆发大规模骚乱，原政府被反对党领导的政权推翻，经济社会秩序陷入混乱，之后马达加斯加一直动荡不安，近年来有所缓和。马达加斯加的经济基础指标表现一般，账户开放度较低，但政治指标表现向好，政府稳定性指标有所提升，此外政府有效性、内部冲突和外部冲突等指标也有所改善，只是政府腐败状况在 2017 年恶化。

布基纳法索是世界最不发达国家之一，经济基础较差，地处沙漠边缘，可耕地面积少，资源匮乏。布基纳法索偿债能力的提高主要得益于经常账户余额的改善和总储蓄的增加。2014 年，布基纳法索爆发了反对已任总统 27 年的孔波雷意图修宪延长任期的大规模示威，期间多次发生警民冲突、工人罢工等，之后军方宣布夺取政权，发生政变。此后动乱一直持续到 2016 年，才逐渐稳定下来，当年布基纳法索的政治稳定排名大幅提升 11 位。

塞内加尔是世界最不发达国家之一，资源贫乏，2012 年萨勒总统上台后，开始大力发展高附加值、劳动密集型的外向型经济，加强基础设施建设和农业投入，加大对中小企业的扶持力度。塞内加尔政府于 2014 年推出了振兴计划，意图改善投资和营商环境，这些举措使塞内加尔的经济增速加快，2014—2017年经济增速保持在6%以上。与经济基础的显著提高相比，塞内加尔的偿债能力和政治稳定并没有显著变化。

2017年排名后五位的国家分别是塞拉利昂、安哥拉、埃及、津巴布韦和苏丹。塞拉利昂的排名从2014年的第24位下降至2017年的第29位。塞拉利昂位于非洲西海岸，矿产资源丰富，矿业是支柱产业，近年来国际大宗商品市场的不景气直接影响了塞拉利昂经济发展，经济增速急剧下滑，2015年的GDP增长率甚至为-20.5%，是当年非洲经济衰退最严重的国家。与此同时，塞拉利昂的债务水平大幅增加，公共债务占GDP的比例从2014年的35.0%上升至2017年的57.6%，增加了64.6%。

安哥拉的排名从2014年的第12位下降至2017年的第30位，是排名下降幅度最大的国家。安哥拉石油、天然气和矿产资源丰富，石油产业是国民经济的支柱产业，石油价格下降对安哥拉经济造成了巨大打击。2016—2017年，安哥拉连续两年GDP增长率为负，还出现了恶性通货膨胀。此外，安哥拉的偿债能力和政治稳定指标在四年里也出现了大幅下降。

埃及、津巴布韦和苏丹的排名在四年期间一直靠后。埃及是非洲人口第二大国，非洲大陆第三大经济体，经济、科技等领域一直在非洲处于领先地位，拥有相对完整的工业、农业和服务业体系。埃及排名靠后的主要原因是偿债能力和政治稳定性排名。埃及的外债负债率较高，储蓄又较低，2011年以来，埃及政局持续的动荡对偿债能力产生了严重的负面影响。2016年3月，埃及央行宣布埃及镑脱钩美元，实行自由浮动，随后埃及镑大幅贬值，债务问题雪上加霜。四年中，津巴布韦和苏丹的排名一直处于倒数第2位和倒数第1位。近年来津巴布韦的经济状况有所好转，经济基础排名不断上升，但偿债能力和政治稳定表现较差。苏丹自从与南苏丹分裂之后，各项指标表现都较差，尤其是经济基础和政治稳定，连续四年排名最后。

其他国家中，排名上升速度较快的国家是冈比亚、几内亚和多哥。冈比亚的排名从2014年的第27位上升至2017年的第15位；几内亚从 2014 年的第 31 位上升至 2017 年的第 20 位；多哥从 2014 年的第 28 位上升至 2017 年的第 18 位。冈比亚经济表现并不稳定，经济基础排名也呈现波动变动形态，政治稳定在冈比亚排名上升中起到了重要作用。几内亚的政治稳定状况较差，但经济状况和偿债能力在四年内有较大改善。几内亚是联合国公布的最不发达国家之一，几内亚新政府上台后大力发展经济，推进财税金融改革，加强对资源开发的管理与控制，政府鼓励外资矿业公司开采当地铝土矿资源，并要求必须在当地投资建厂，吸引了大量外资进入，刺激了经济增长，助力了排名的提升。多哥也是世界最不发达国家之一，排名的上升主要得益于经济基础和政治稳定状况的改善，经济基础排名在四年期间上升了 9 位，政治稳定排名上升了 10 位。

加蓬、利比里亚、阿尔及利亚、刚果（布）、喀麦隆和莫桑比克的排名下降幅度较大。加蓬的排名从 2014 的第 7 位下降到 2017 年的第 16 位，一大原因是政局不稳，此外，加蓬的 GDP 增长率在四年期间出现较大下滑，2017 年的 GDP 增长率仅为 0.5%；加蓬的失业率也较高，四年期间失业率一直徘徊在 20% 左右；在偿债能力方面，加蓬的债务水平在四年期间出现了大幅上升，公共债务占 GDP 的比例从 2014 年的 34.1% 上升至 2017 年的 62.6%，增加了近一倍。利比里亚的排名从 2014 年的第 9 位下降到 2017 年的第 17 位，该国偿债能力明显落后于其他国家。阿尔及利亚的排名从 2014 年的第 4 位下降到 2017 年的第 19 位。阿尔及利亚政治稳定排名变化不大，但经济基础和偿债能力排名分别在 2017 年和 2015 年出现严重下降。阿尔及利亚拥有丰富的自然资源，天然气储量居全世界第 5 位，是全世界第二大天然气出口国；石油与天然气产业是支柱产业，2014 年开始受国际经济环境影响，财政赤字扩大，经常账户和贸易条件也急剧恶化，外债增加，储蓄下降。刚果（布）的排名从 2014 的第 5 位下降到 2017 年的第 21 位，同阿尔及利亚一样，国际大宗商品价格的下降也是刚果（布）经济发展表现欠佳的重要原因。喀麦隆的排名从 2014 年的是第 13 位下降到 2017 年的第 25 位，经济基础、偿债能力和政治稳定三方面指标都出现了较大下滑。2015 年开始，喀麦隆政局出现波动，受政局和国际环境的影响，喀麦隆经济基础和偿债能力也一路走低。莫桑比克的排名从2014年的第17位下降到2017年的第28位，偿债能力在四年期间一直处于榜尾，经济基础和政治稳定则在四年期间出现了大幅下滑。

五　妥善应对非洲国家债务风险

（一）妥善应对关于中国增加非洲国家债务的不实指责

自改革开放以来，中国与非洲国家间的经贸合作发展迅速；进入21世纪，中国已成为非洲最大的贸易伙伴和重要的外资来源国。国际上部分对中国怀有偏见或恶意的机构和媒体对中非经贸合作的批评和指责一直没有间断过。常见的对中非关系的负面舆论主要有以下几种：一是"中国掠夺非洲论"，主要观点是中国长期攫取非洲资源，削弱了非洲自身的发展能力；二是"中国威胁论"，主要观点是中非合作给非洲国家的和平与安全、可持续发展以及非洲国家与其他国家间的合作带来了威胁；三是"新殖民主义论"，主要观点是中国与非洲传统的殖民宗主国一样，对非洲的援助和贸易、投资等经贸行为的本质是强化对非洲国家的控制，最终进行殖民统治；四是指责中国当前推进的国际产能合作的实际目的是输出国内濒临淘汰或污染严重的落后产能；五是指责在非洲经营的中国企业的属地化经营程度低，雇佣当地工人比例低等。这些负面舆论让中国的国家形象在非洲面临挑战。

进入2018年，随着非洲国家债务的累积，债务风险开始逐步浮现，此时国际社会上又出现了所谓的"中国债务陷阱论"，指责中国对非洲国家提供的大量资金加重了债务问题，将部分非洲国家拉入债务泥潭，这在国内外引起了一定的关注。"中国债务陷阱论"最早可追溯至2017年1月印度学者布拉玛·切拉尼（Brahma Chellaney）发表的题为"中国的债务陷阱外交"一文，该文称：中国通过"一带一路"倡议，向具有战略意义的发展中国家提供巨额贷款，导致这些国家陷入中国的债务陷阱。同年12月，他又发表题为"中国的债务帝国主义"一文，以斯里兰卡把汉班托塔港租借给中国99年为例，将中国的对非投资和贷款与历史上欧洲帝国主义的"枪炮外交"相提并论,认为"中国正在用主权债务让受援国屈服,使之既失去自然资源,也失去主权"①。之后,部分西方国家媒体对此论调大肆炒作,给中国的国家形象造成了负面影响。

总结起来,目前的"中国债务陷阱论"主要有以下五类代表性的观点表述。第一类观点是,中国对非洲国家提供贷款的标准低,诱使非洲国家过度借贷。这种观点认为,中国对非洲国家提供贷款时没有提出附加要求,或者提出的附加要求太低,通常不包含人权状况、经济结构调整等条件,同时在利率方面实施一系列的优惠,诱使非洲国家放弃西方国家或国际金融机构的资金来源,更倾向于向中国贷款,导致债务规模快速上升。第二类观点是,中国对非洲国家提供的资金不透明,助长了非洲国家政府的腐败。这种观点认为,中国对非洲国家提供的资金的来源、渠道、条件和用途等信息透明度不够,这会给非洲国家政府官员提供职务腐败的便利,加剧该地区国家政府的腐败程度。第三类观点是,中国对非洲国家提供资金并没有促进非洲国家的长期发展。这种观点认为,中国对非洲国家提供的资金大多用于自然资源的开采和购买,属于"掠夺性"行为,在"掠夺"非洲自然资源的过程中并没有显著促进该地区生产力水平的提高。同时,中国在非洲经营的企业经常无法满足东道国雇佣本地劳动力数量的要求,对缓解当地就业压力的贡献不足,且经常引发劳资纠纷。第四类观点是,中国对非洲国家提供大量资金,显然具有特定的政治目的和战略目的,因此不具有商业稳定性。这种观点认为,中国对非洲国家提供的资金并不是完全出于商业利益目的,而是为了获取非洲国家对中国在特定问题上的国际支持,甚至未来在非洲国家实现政治、军事等战略目的;这种受政治和战略目的驱动的资金流入具有更高的不确定性,一旦中国的政治或战略目的无法达成,可能在短期内出现资本撤离,这就会对非洲国家的经济稳定和债务稳定带来冲击。这种观点反映出近期部分非洲国家的主要担忧,即担心中国会突然大幅减少对非

---

① 王秋彬:《一带一路"债务陷阱论"实质是制造舆论陷阱》,中国社会科学网,2019年2月14日,http://www.cssn.cn/gjgxx/gj_bwsf/201902/t20190214_4825750.shtml?tdsourcetag=s_pcqq_aiomsg。

洲国家的投资水平和融资帮助。第五类观点是，中国通过"一带一路"建设中的项目实施，给予包括非洲国家在内的发展中国家大量优惠贷款，显著增加了发展中国家的债务负担，从而将发展中国家拖入债务泥潭，而非洲国家的经济结构尤为脆弱，更容易陷入债务泥潭，中国借此实现控制非洲国家的长远战略目的。上述五种观点中，前两种观点是自中国与非洲国家经贸合作往来密切以来，部分西方国家和媒体长期持有的论调，属于老生常谈，并无新意，非洲国家对这样的论调也已"习以为常"。相比之下，后三种观点则对应了中国在非洲国家债务问题上面临的长短期风险，并将其引申到非经济范畴，值得高度重视，并实施有针对性的应对措施。

对于上述各类不实指责，中国从政府部门到学者都给予了坚定的反驳。如2018年1月14日，中国外交部长王毅在安哥拉表示：当前一些非洲国家的债务是长期积累的结果。解决债务问题的思路也已明确，这就是走可持续发展之路，实现经济多元化发展，中方对此予以坚定支持，并愿为非洲提高自主发展能力，实现经济社会发展良性循环继续做出我们的努力①。中国商务部副部长钱克明表示：在债务问题上，中国在非洲的债务不算多的，总体来看，非洲大部分债务的负担不一定是中国造成的。同时，中国也注意在选择项目时要多选择一些经济效益好、能创造就业、创造税收、创造出口的项目②。上海师范大学张忠祥教授指出，此次非洲债务危机是局部的，存在债务高风险的非洲国家约12个，仅占非洲国家总数的22%。此外，同历史上非洲债务的最高点相比，目前非洲债务风险也是相对可控的。世界市场的商品价格消长对于非洲国家的经济发展的影响十分明显；加上美元走强、非洲本国货币贬值的影响，更加重了一些非洲国家的债务负担③。浙江师范大学刘青建教授指出，中国贷款占非洲外债的比例极

---

① 《中国融资增加非洲国家债务？外长王毅：公道自在人心》，观察者网，2018年1月15日，http://mil.news.sina.com.cn/dgby/2018-01-15/doc-ifyqqieu6618919.shtml。
② 《中国贷款导致部分非洲国家债务趋于严重？商务部回应》，中新经纬，2018年8月28日，http://news.hexun.com/2018-08-28/193913454.html。
③ 张忠祥：《当前非洲潜在的债务危机是局部的和可控的》，《中国与非洲》2018年8月。

小，在一定的基础设施水平下，中国的贷款一方面有助于非洲国家债务的减少，一方面又能够推动 GDP 的增长，实质上有利于减少相关国家的债务负担，中国加重非洲债务负担论明显缺乏根据①。非洲方面也发出了反驳的声音，如卢旺达总统保罗·卡加梅（Paul Kagame）指出：批评来自那些"出钱太少"的人，而资金是推动非洲发展所必需的②。赞比亚首席政府发言人多拉·西利亚（Dora Siliya）说："我想清楚地表明中国贷款没有债务困扰。所有流传的故事都是恶意的，我们不会分心。③"

实际上，如果从以下三个层面了解非洲国家债务的本质，就可以清楚的知道上述不实指责完全是无稽之谈。

首先，从非洲国家债务累积的原因来看，来自中国的贷款并非重要原因。非洲国家债务累积一方面是历史原因导致的，20 世纪 70 年代第二次石油危机中，国际原油价格上涨、原材料价格下跌，导致非洲国家出口低迷、进口成本提升，贸易条件的恶化导致了国际收支的失衡，很多非洲国家出现财政危机。20 世纪 70 年代到 90 年代末，非洲国家军事政变、战乱、内部冲突频仍，军费和战争支出催生了大笔外债，同时也导致经济社会发展停滞甚至倒退，非洲国家偿债能力进一步减弱。非洲国家债务累积另一方面是近年来全球宏观经济条件导致的。从全球产业链来看，目前非洲仍处于产业链底端，多数非洲国家产业结构单一，出口产品多为原材料，出口收入有限，经济增长严重依赖国际市场，对国际市场变动的反映极其灵敏和快速。2008 年全球金融危机带来了全球大宗商品价格的下跌，如原油价格从 2014 年最高的 147 美元/桶一路下跌到最低的 36 美元/桶，并长期在低位徘徊，给非洲国家经济发展和财政收入带来了巨大压力，经济下滑；在安哥拉，2002—2010 年石油产业拉动经济年增长率达 12%，通胀

---

① 刘青建：《中国在非洲真的在进行资源掠夺吗？》，中国经济网，2018 年 5 月 28 日，http：//www.ce.cn/macro/more/201805/28/t20180528_ 29257385. shtml。
② 《外媒：中国致非洲陷"债务陷阱"论遭驳斥》，参考消息，2018 年 9 月 5 日，http：//news.sina.com.cn/o/2018-09-05/doc-ifxeuwwr4053701.shtm。
③ 《赞比亚政府表示中国贷款没有债务困扰》，新华社，2018 年 9 月 12 日，http：//www.kmlvyou123.com/shangye/19262.html。

率也由 2003 年 76.6% 降至 14.0%；但 2008 年全球金融危机导致国际油价大跌后，安哥拉经济增速明显放缓，2011—2017 年年均经济增长率仅为 3.27%①。为寻求资金刺激经济发展，非洲国家大量举借外债；同时，伴随着经济下滑，非洲国家的税收随之减少，财政收入的减少削弱了偿债能力。近年来美元不断走强，多数非洲国家货币出现不同幅度的贬值，进一步加重了非洲国家的债务负担。

其次，从当前非洲国家债务的来源看，来自中国的贷款比例并不高。目前，非洲国家债务主要来自商业银行贷款和国际债券发行。撒哈拉以南非洲国家 36% 的外债来自国际货币基金组织和世界银行等国际组织，38% 的外债来自国际商业银行，26% 的外债来自其他国家政府②，中国作为其他国家政府之一，来自中国的贷款比例有限③。近年来，中国对非洲国家的贷款有所增加，但在非洲当年的债务余额中占比仍然很低，2011 年之前一直未超过 2%，2016 年达到历史最高的 5%。2016 年，中国对非洲国家的贷款大幅增加，主要原因是 2015 年中非合作论坛中国承诺对非洲提供总额 600 亿美元的资金支持，但这只造成了短期贷款增加，2017 年中国对非洲国家贷款回落至 110 亿美元左右。另据 SAIS-CARI 数据估算，2000—2016 年间，非洲国家来自中国的债务占外债总额的 1.8%④。从国际债券发行来看，近年来，由于国际债券发行条件有利，投资者需求高且稳定，非洲国家非常依赖发行债券。2007—2016 年，非洲国家发行了大量主权债券，债券在公共债务总额中的占比从 9% 提高到 19%。2017 年，部分非洲国家又发行了 75 亿美元主权债券，2018 年第 1 季度，肯尼亚发行了 10 年期和 30 年期债券各 10 亿美元，票面利率分别为 7.25% 和 8.25%；尼日利亚共发行了 12 年期债券 25 亿美元，票面利率为 7.1%。在一些非洲国家中，欧洲债券在其总公共债务存量中占

---

① 数据来源：世界银行数据库，https：//data.worldbank.org.cn。
② 赵磊：《非洲债务危机，根在美元"剪羊毛"》，《环球时报》2018 年 7 月 23 日。
③ World Bank, Africa's Pulse, An Analysis of Issues Shaping Africa's Economic Future, April 2018, Vol. 17, http：//www.worldbank.org/content/dam/Worldbank/document/Africa/Report/Africas-Pulse-brochure_ Vol9.pdf.
④ 刘青建：《中国在非洲真的在进行资源掠夺吗?》，中国经济网，2018 年 5 月 28 日，http：//www.ce.cn/macro/more/201805/28/t20180528_ 29257385.shtml。

比较高，如截至 2016 年，加蓬的欧洲债务占公共债务存量的比例达 48%，纳米比亚为 32%。综上可知，来自中国的债务只占非洲国家债务较小的比例，也即中国不是非洲国家债务风险的主要来源。2018 年 12 月 19 日，外交部发言人华春莹在例行记者会中表示，中方始终秉持真实亲诚理念和正确义利观，同非洲各国开展互利共赢的务实合作，有力支持了非洲经济发展和民生改善，受到非洲人民广泛欢迎和国际社会普遍认可。没有哪个非洲国家是因为同中国开展合作而陷入债务困难的。[1]

再次，中非经贸合作有助于提升非洲国家的经济发展水平，增强经济实力，切实减少债务需求，提高偿债能力。非洲国家均为发展中国家，经济增长、基础设施建设需要大量资金支持，能够取得足够的、价格合理的资金极为关键，中国对非洲提供的大量资金是支持非洲国家发展的直接力量。近年来，中国经济与非洲经济之间呈现了明显的正相关关系，显示出中国已经成为非洲经济发展重要的外部动力。据测算，1996—2008 年间，中国经济与非洲经济增长相关性系数为 0.75，呈现正向同步增长；2008 年之后，由于受到全球金融危机、地区动荡等因素的影响，非洲经济与中国经济的相关性有所减弱，但中国仍是非洲经济增长最大的外部动力之一[2]。多年来，来自中国的投资显著拉动了非洲经济增长，这既是中方学者的观点，也是非洲各界的主流观点，同样也得到了国际社会的广泛认可。比如 2009 年 10 月，卢旺达总统保罗·卡加梅（Paul Kagame）指出，中国对非洲的投资促进了非洲国家的经济发展和基础设施建设[3]。2016 年 6 月，美国布鲁金斯学会发布报告《中非结合：从自然资源到人力资源》认为，中国对非洲的投资正从强调保障自身能源矿产供给向产能合作与当地人力资源开发的新阶段转变，这一过程将帮助非洲更好地参与国际分工、融入全球产业链，促进非洲经济从以自然资源为基础

---

[1] 《欧盟主席容克称中国使很多非洲国家陷入巨额债务 外交部回应》，环球网，2018 年 12 月 19 日，https://world.huanqiu.com/article/9CaKrnKg6fK。
[2] 姚桂梅：《中非直接投资合作》，中国社会科学出版社 2018 年版。
[3] 《卢旺达总统称赞中国对非投资》，商务部驻南非经商处，2009 年 10 月 19 日，http://www.mofcom.gov.cn/aarticle/i/jyjl/k/200910/20091006566933.html。

的采掘经济向以人力资源为基础的劳动密集型工业经济的转变①。2018 年美国霍普金斯发布的研究报告《未来之路：第七届中非合作论坛》更为详细和客观的评价了中国与非洲国家间的互利合作，报告指出，中国在埃塞俄比亚、加纳、尼日利亚和坦桑尼亚等国的工业区在吸引中国制造企业方面特别成功。非洲每年的中国外商直接投资总量正在增长，如果该趋势继续下去，将继续推动中国制造业进入非洲工业区，可能会得到蓬勃发展。2015 年中非合作论坛致力于非洲人力培训和能力建设，包括每年培训 1000 名非洲媒体专业人员，向非洲国家提供 3 万份政府奖学金和 2000 份中国学位奖学金，培训 20 万当地职业技术人员，并为非洲提供 4 万个在中国的培训机会。更多的非洲国家正在与中国公司达成人员培训协议，如在卢旺达的中国企业 C&H 服装公司在过去的几年中，为卢旺达培训并雇用了约 1500 名工人；在肯尼亚的中国建筑承包商和重型机械供应商中航国际，已实施了多项人力资源培训计划。中国大力帮助非洲国家开展能力建设，如华为公司在安哥拉、刚果（布）、埃及、肯尼亚、摩洛哥、尼日利亚和南非建立了培训中心，最近在内罗毕新建了一个新的区域培训中心，专注于"4G、物联网、云计算在内的新技术"和其他新兴技术专业人士的培训②。

如中国学者姚桂梅研究员研究指出：中国对非洲国家的投资在多个领域都促进了非洲社会的进步和发展，比如中国投资非洲能矿采掘业促进了非洲国家能矿工业体系的构建，中国能矿企业不只局限于资源的采掘，还特别注重在东道国配建精选、提炼或冶炼厂等资源加工类项目，对配建基础设施项目持积极态度。中国投资非洲国家的建筑业一定程度上缓解了非洲基础设施落后的局面，尤其注重后续技术合作、技术培训和能力建设，有助于增强非洲国家的基础设施管理运营能力。中国企业投资非洲国家制造业，带动了优势产能向非洲国家的转移，且实现了部分技术转移，有助于非洲国家在全球产业链上的攀

---

① John L. Thornton China Center Monograph Series, Number 7, July 2016.
② Janet Ecom, Deborah Brautigam, and Lina Benabdallah, "The Path Ahead: The 7th Fprum on China-Africa Cooperation", *Briefing Paper of Johns Hopkins*, No.1 2018. http://www.sais-cari.org/date-chinese-loans-and-aid-to-africa.

升。中国投资非洲国家农业，依托资源禀赋，有效的提升了当地的农业生产能力和技术水平，带动了当地农业深加工发展，有助于夯实非洲国家经济发展基础。中非经贸合作增强了非洲国家的自主发展能力和偿债能力，提高了应对债务风险的能力①。

中国并非是非洲国家债务累积的主要来源，但这并不意味着非洲国家和中国不需要对非洲国家潜在的债务风险保持警惕和忧虑。从短期看，一些非洲国家比较担心中国会突然减少资金输入。历史上，一些中东欧国家和拉美国家都曾因为外资流入的突然减少而爆发债务危机和经济危机，非洲国家目睹了阿根廷等国家资本外逃带来的毁灭性灾难，也担忧这种现象复制在非洲大陆。随着全球经济和中国经济放缓，国际大宗商品价格持续下跌，再加上近年来非洲自然条件的恶化，非洲国家的出口和经济增长受到负面冲击。这种情况下，许多非洲国家担心中国会因为经济下行等因素，短期内大规模减少对非洲国家的投资和信贷，进而触发非洲国家债务危机。从长期看，中国与非洲国家仍有较大的合作潜力，但这种潜力有赖于非洲国家的长期增长潜力的兑现以及投资项目本身的持续盈利。目前，中国在非洲的直接投资主要围绕自然资源开发和基础设施建设展开，相比而言，在制造业和金融业等领域的合作较少。一方面，自然资源大多附着一定的主权性，这容易使我国政府和企业成为西方国家和非洲东道国内不同利益集团攻击的对象。另一方面，基础设施建设有资金需求大、投资期限长、投资回报慢等特点。如果相关国家的长期经济增速不能达到预期水平，或者投资项目仅停留在建设层面，基础设施等工程项目的长期投资成本就有可能大于收益，中国相关企业和部门会因此遭受财务损失。

针对一些对中国增加非洲国家债务的不实指责，中国需要做出反驳，需要强化舆论引导，要组织专家学者积极发声，让受众全面、客观、正确看待这一问题。另一方面，要通过舆论引导，稳定非洲国家对中国资金的预期；明确表达中国对非洲发展前景的长期信心以及对非洲国家债务问题的关切，确保中非合作的长期可持续。

---

① 姚桂梅：《中非直接投资合作》，中国社会科学出版社2018年版。

(二)未雨绸缪，防范潜在的债务风险

我国政府对"一带一路"框架下国际合作项目的可持续性，融资可持续性给予了高度重视，2019年4月25日第二届"一带一路"国际合作高峰论坛资金融通分论坛上正式发布了《"一带一路"债务可持续性分析框架》，该分析框架是在借鉴国际货币基金组织和世界银行低收入国家债务可持续性分析框架基础上，结合"一带一路"国家实际情况制定的债务可持续性分析工具，适用于对"一带一路"低收入国家进行债务可持续性评估。该分析框架有助于提高"一带一路"项目投融资决策的科学性，加强有关国家债务管理能力，推动"一带一路"高质量发展。

中国在非洲有较多规模较大的项目，这些项目对于提升东道国经济社会发展内生能力，强化中非关系起到了积极作用，但考察这些项目的经营情况，可以发现部分项目存在一定的经营风险，如果经营不善，则将对这些项目来自中国的贷款偿还产生影响。对于这些项目，我们绝不能讳疾忌医，要贯彻中央精神，提前研究，及时预警，妥善解决，以保证项目的可持续性。

为有效防范和化解潜在的非洲国家债务风险，中国需要围绕"短期控制并化解面临的非洲债务风险，长期推动非洲国家债务可持续性、提高中非合作水平"的核心目标，采取以下应对措施。

要密切监控非洲国家债务风险。中国已成为非洲国家的最大融资方之一，且肩负有大国责任，无论从中国本身利益角度出发，还是从非洲国家利益角度出发，亦或从国际经济、社会发展的角度出发，都必须要密切关注非洲国家债务的可持续性。要密切监控非洲国家的债务风险，构建债务风险预警体系。从债务增速、债务结构、债务相对规模、经济增长动能和国际收支等方面，构建测度非洲国家债务风险的指标体系，及时有效监控非洲国家债务风险的变化情况并提前预警。联合世界银行、国际货币基金组织和非洲开发银行等与非洲国家债务密切相关的国际组织，共同商讨化解非洲国家债务风险的策略。

要摸清中国在非洲贷款项目的家底。要全面了解国家开发银行、中国进出口银行、中国工商银行等国内大型政策银行和国有商业银行

在非洲国家贷款项目的规模和项目收益情况，并对项目未来的进展和贷款的可偿性进行分析和判断。统筹规划对非洲提供的融资规模，提高融资效率，优化投资结构，避免过度投资。目前，中国在非洲的一些投资项目面临潜在的长期亏损风险，要明确判断这些项目是否属于过度投资的项目，并予以分类处理。同时，要对中国在非洲国家的存量债务进行分类，妥善处置不良债务。要严格按照国际金融市场通行标准，评估现有中国提供的商业融资项目风险等级，并按照不同风险等级将与中国有直接关系的存量债务进行分类。针对已经暴露出问题的不良债务，应综合采取利率优惠、展期、债转股等多种方式，提前化解相关风险，避免出现债务风险传递和连锁违约，确保不出现因中国减少再融资而导致的流动性风险和债务危机。

要不断优化现有的债权结构。要适度减少大型工程类、基建类项目投资，适度增加与制造业相关的对非洲国家债权规模。鼓励劳动密集型加工产业和企业以合资、交叉持股等多种形式在非洲开展直接投资和建设工厂，增加对非洲企业的技术转移，提高中资企业对非洲本地工人的雇佣比率。对债务风险较高的国家要尤其谨慎的推进大型项目融资。要强化同非洲国家政府的沟通交流，广泛开展实地调研，增加对民生类项目的资金投入，如社区医院、学校等，同时配合对当地相关人员的培训项目。全面认真总结民生类项目建设的经验教训，不断提高项目服务当地的实际效果。

要积极开展国际合作。要广泛的对接国际多边组织，提高中国对非洲国家债权的国际认知度和合法性。主动与世界银行、国际货币基金组织、非洲开发银行等相关国际和地区多边金融机构合作，联合对非洲国家项目开展融资贷款，增强中国对非洲提供资金的国际认知度和合法性。同时，增加新开发银行、亚洲基础设施投资银行等中国重点参与的国际金融组织对非洲提供资金的规模和比例，适度提高对非洲国家贷款的标准，增强贷款透明度。

要尝试扩大人民币使用范围，建立人民币回流机制。建立专业化的融资平台，为非洲国家发行人民币计价的政府债券和企业债券提供融资服务。鼓励非洲国家政府和企业用人民币进行贸易结算，并支付来自中国的商品和服务。进一步扩大包括自然资源、初级加工产品和中级加工产品在内的非洲本土产品进口，改善非洲国家的国际收支和对外偿付能力。

要建立非洲债务可持续性分析框架。部分西方国家和媒体之所以能不断对中国发起"债务陷阱论"的攻击，一个重要原因是现有的债务分析框架是由西方国家主导制定的。目前关于世界各国债务状况的评估是以国际货币基金组织的"低收入国家债务可持续分析框架"为基础的，这一分析框架在指标选取及评判标准上掺杂了很多西方国家政治、金融制度和文化价值观；国际货币基金组织选择以经济合作与发展组织不同币种的商业参考利率（CRIR）为贴现率，但我国采用的是人民币债券市场7年期以上的政策性银行债券利率为贴现率，高于CRIR，导致我国混合贷款按照国际货币基金组织的标准可能被认定为"非优惠"贷款等。评估工具的受制于人让一些国家很容易通过操纵评估结果来对中国发起舆论攻击。只有建立自己的非洲债务评估体系才能使我们从被动局面中脱离出来。2019年，中国财政部出台了《"一带一路"债务可持续性分析框架》，为我国进行国际债务评估拉开了序幕，但该分析框架对非洲国家的针对性不强，建立非洲债务可持续性分析框架可以帮助我们更好的监测非洲国家的债务状况，及时调整对非贷款和援助流向。在未来对非洲的贷款的优惠额度、合作方式，及非洲国家陷入债务困境后的应对策略选择等方面都有了相应的参考依据。对非洲国家而言，国际货币基金组织等以长期美元贷款利率作为计算低收入国家债务净现值的折现率的作法，提高了非洲国家的历史债务净值，缩小了举债空间，尤其是在经济危机期间，宏观经济环境的恶化会加剧国家经济和金融的不稳定，非洲国家负债率大幅上升，债务风险评级下降，导致本应扩大的外债需求受到限制，中国建立非洲债务可持续性分析框架对非洲国家也是利好政策。

第四章 非洲化解债务风险的重要选择之一

——大力吸引外资

实现经济快速健康发展是非洲国家提升抵御债务风险能力，解决债务问题的根本途径。但非洲国家普遍缺乏足够的发展资金，因此进一步优化营商环境，大力吸引外资，为经济发展提供足够的"血液"，是非洲发展的必需手段。

一 非洲国家吸引外国直接投资现状

（一）非洲国家大力吸引外国直接投资

20世纪90年代之前，非洲的外国直接投资流入规模总体较小，常年维持在50亿美元以下的水平；90年代之后，随着非洲经济的快速发展，其外国直接投资也不断增加；1997年，非洲外国直接投资流入首次超过100亿美元，2008年增至580.6亿美元，为历史最高点。2008年后，受全球金融危机和国际经济形势影响，非洲的外国直接投资流入有所减少，2010年为466.2亿美元，同比减少17.7%。虽然2012—2015年间非洲的外国直接投资规模有所反弹，但2016年和2017年再次出现大幅下滑，2017年为413.9亿美元，是2008年以来的最低点。据联合国贸易和发展会议报告，2016—2018年，全球外国直接投资流量连续三年下滑，2018年同比下降13%，但非洲却是摆脱了下降局面的地区之一；2018年，非洲的外国直接投资流入为459亿美元，同比增长了11%。

从非洲各次区域的外国直接投资流入来看，2000—2008年，非洲外国直接投资流入最多的地区为北部非洲，从2000年的32.5亿

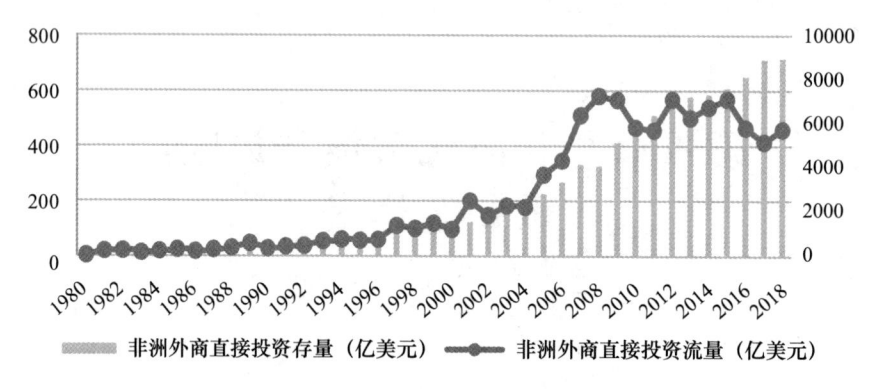

图 4-1　非洲外国直接投资流量和存量

数据来源：UNCTAD 数据库。

美元增至 2008 年的 222 亿美元，增长近 7 倍；其次为西部非洲，从 2000 年的 21.3 亿美元增至 2008 年的 123.6 亿美元，增长 5.8 倍；南部非洲、东部非洲和中部非洲的外国直接投资也都有大幅增加。2008 年之后，非洲各次区域的外国直接投资出现较大波动，其中，北部非洲的外国直接投资在 2011 年出现大幅下滑，降至 75.5 亿美元，之后一直保持在 150 亿美元左右。西部非洲的外国直接投资在 2008 年之后继续上升，2011 年达到 189 亿美元的历史峰值，之后持续下降至 2018 年的 95.6 亿美元。东部非洲的外国直接投资在 2013 年达到 154.9 亿美元的历史峰值后微降，总体保持稳定。与其他次区域相比，中部非洲和南部非洲的外国直接投资规模相对较小，其中，中部非洲的外国直接投资在 2014—2015 年间出现急剧增加，2015 年达到 179.5 亿美元历史峰值，之后迅速降低，2018 年仅为 27.2 亿美元；南部非洲的外国直接投资在 2008 年后波动较大，2014 年到 2017 年间不断下降，2018 年升至 58.2 亿美元。

近年来，外国直接投资主要流入非洲国家的服务业和制造业。从图 4-3 中可以看出，2016 年，非洲外资绿地投资中有 709.7 亿美元流入服务业，占当年外资绿地投资的 75.5%，之后，流入服务业的外国直接投资占比有所下降，流向制造业的占比有所上升。2018 年，非洲外资绿地投资中制造业和服务业占比分别为 43.6% 和 34.2%。

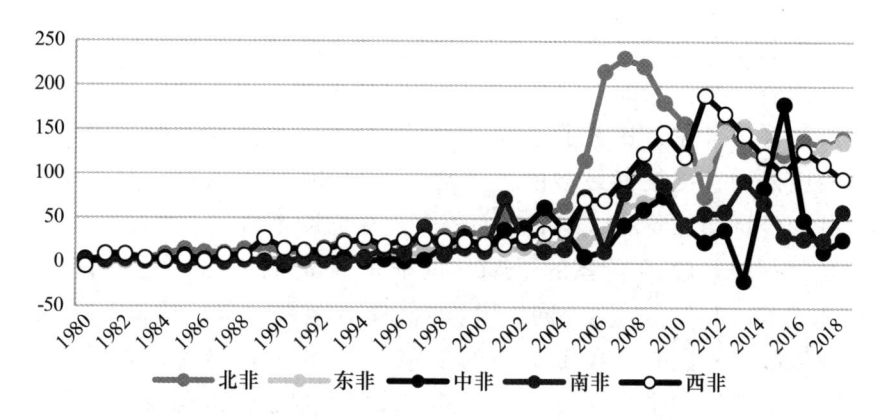

图 4-2 非洲各次区域外国直接投资流入（亿美元）

数据来源：UNCTAD 数据库。

就各行业的外国直接投资流入来看，2018 年，非洲外资绿地投资中占比最高的是采矿和石油行业以及化工及化工产品行业，外国直接投资额分别为 167.78 亿美元和 110.06 亿美元，在非洲当年外资绿地投资中所占比例分别为 22.2% 和 14.5%。

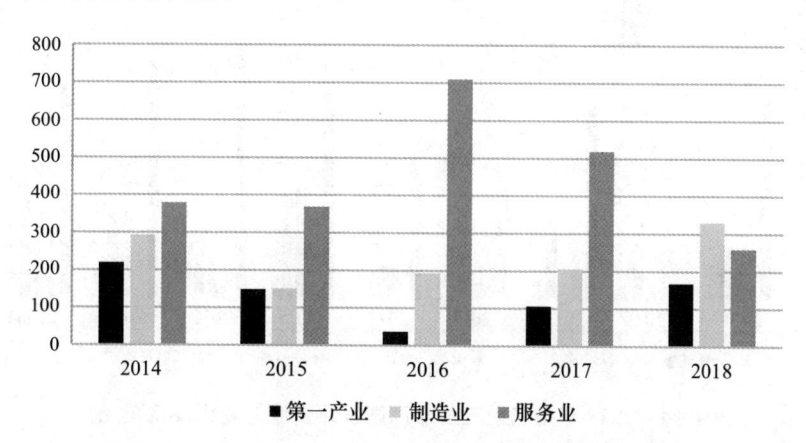

图 4-3 2014—2018 年非洲已宣布的外资绿地投资（亿美元）

数据来源：UNCTAD, World Investment Report, 2016-2019.

2018 年，非洲吸引外国直接投资排名前五位的国家分别是埃及、南非、刚果（布）、摩洛哥和埃塞俄比亚。埃及吸引外资 68 亿美元，同比下降了 8%，外资主要流入石油和天然气行业；2016

年，埃及在海上的天然气重大发现吸引了大量外国直接投资，如英国石油公司在埃及的投资总额超过 300 亿美元；2018 年，埃及与国际石油公司合作，签署了至少 12 项勘探和生产协议。南非曾是非洲吸引外国直接投资最多的国家之一，但 2015 年以来，由于政治动荡和经济增长不利，南非吸引外资规模急剧下滑，一度降至 17.3 亿美元；随着政治局势的趋稳，南非的外资流入正在逐渐恢复，2018 年为 53.3 亿美元，同比增长 166%。刚果（布）是 2018 年中部非洲吸引外国直接投资最多的国家，为 43.1 亿美元，大部分流向了石油勘探和生产领域。2018 年，摩洛哥吸引的外国直接投资为 36.4 亿美元，同比增加 36%，外资广泛分布在金融、可再生能源、基础设施和汽车工业等多个领域。2018 年，埃塞俄比亚吸引外国直接投资为 33.1 亿美元，同比减少 18%，仍是东部非洲吸引外资最多的国家，外资广泛分布在炼油、矿产开采、房地产、制造业和可再生能源等多个领域。

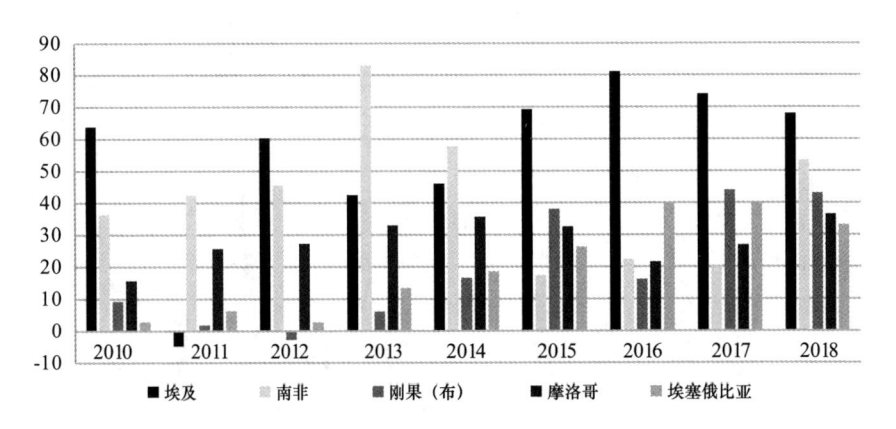

图 4-4　2018 年排名前五位非洲国家外资流入变化（亿美元）

数据来源：UNCTAD 数据库。

根据联合国贸易和发展会议报告，非洲主要的外国直接投资来源国包括法国、美国、英国、中国、荷兰、意大利、南非、新加坡和印度等。法国与非洲存在较强的历史联系，法国对非洲直接投资常年居于前列。截至 2018 年，法国对非洲直接投资累计达 463.1 亿欧元，其中投资最多的行业是采矿业和采石业，达 228.1 亿欧元，占法国对非洲投资总额的 49.3%；其次是金融和保险业，达 46.4 亿欧元，占法国对非洲投资总额的 10%。2018 年，美国对非洲投资流量为 3.55 亿美元，存量为 478 亿美元，投资存量与上年相比有所下降；埃及、尼日利亚和南非是美国在非洲投资最多的国家，投资存量分别为 83.8 亿美元、56.3 亿美元和 76.2 亿美元，占美国对非洲投资总存量的 17.5%、11.8% 和 15.9%。英国对非洲直接投资总量也有所减少，但仍是对非洲投资存量最多的国家之一，英国对非洲投资主要集中在金融服务及石油化工等行业，南非、尼日利亚、肯尼亚是重点投资国。

（二）中国对非洲国家的直接投资

中国是非洲重要的外资来源国之一，中国对非洲直接投资对于促进非洲国家的经济发展，增强非洲国家抵御债务风险能力具有重要的作用。

1. 中国对非洲直接投资的现状

可以从以下几个层面来看中国对非洲直接投资的现状。

第一，中国对非洲直接投资额高速增长。中国对非洲直接投资自 20 世纪 90 年代中期开始加速发展，从投资流量上看，1996 年，中国对非洲直接投资仅为 0.56 亿美元；2000 年，在"中非合作论坛"机制的带动下，中国对非洲直接投资进一步加速，2004 年投资额增加到 3.17 亿美元；2006 年，"中非合作论坛"北京峰会召开后，刺激了中国对非洲直接投资的再次飞跃，并逐步形成了多元化的投资格局，当年投资额达 5.2 亿美元，2007 年猛增到 15.74 亿美元，2008 年达到历史高峰的 54.91 亿美元；非洲成为中国实施"走出去"和"两种资源，两个市场"战略的重要地区之一。2009 年，受国际金融危机影响，中国对非洲直接投资下降到 14.39 亿美元，2011 年恢复到 31.73 亿美元。2011 年后，中国对非洲直接投资有所放缓，投资增长率逐年下降，2016 年投资额下降到 24.0 亿美元，2018 年回升到 53.9 亿美元，见表 4-1。

表4-1 2010—2018年中国对外直接投资流量地区分布（万美元）

	2010	2011	2012	2013	2014	2015	2016	2017	2018
全球	6881131	7465404	8780353	10784371	12311986	14566715	19614943	15828830	14303731
非洲	211199	317314	251666	337064	320192	297792	239873	410500	538911
亚洲	4489046	4549445	6478494	7560426	8498802	10837087	13026769	11003986	10550488
欧洲	676019	825108	703509	594853	1083791	711843	1069323	1846319	658839
拉美	1053827	1193582	616974	1435895	1054739	1261036	2722705	1407659	1460847
北美洲	262144	248132	488200	490101	920766	1071848	2035096	649827	872383
大洋洲	188896	331823	241510	366032	433695	387109	521177	510539	222263

数据来源：商务部、国家统计局、国家外汇管理局：《2018年度中国对外直接投资统计公报》。

虽然中国对非洲直接投资实现了高速增长，但总量依然较小，占中国对外投资总额的比例也较低。中国对外投资以亚洲为最大的目的地，近年来对亚洲投资流量占中国对外投资流量总额的70%以上；2003年，中国对非洲直接投资流量占对外投资总流量的2.6%，2008年增长至历史最高峰的9.8%，2018年为3.8%，见表4-1。

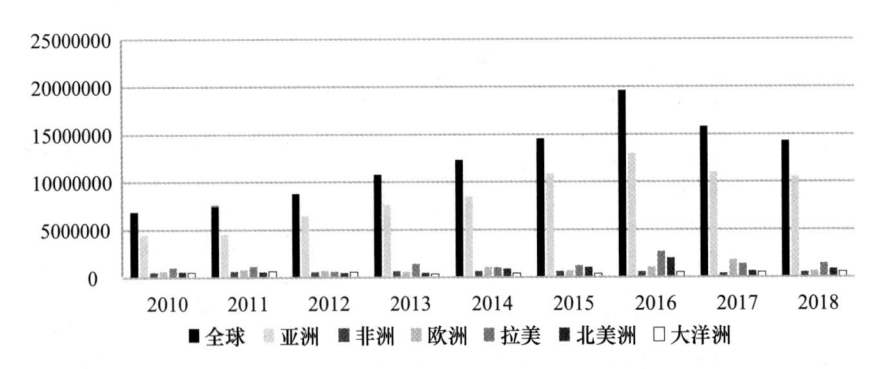

图4-5 2010—2018年中国对外投资地区流量分布图（万美元）

数据来源：商务部、国家统计局、国家外汇管理局：《2018年度中国对外直接投资统计公报》。

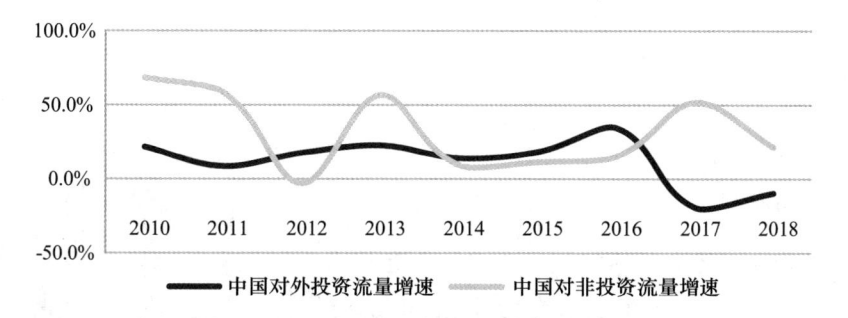

图 4-6　2010—2018 年中国对外投资流量增速与中国对非投资流量增速对比

数据来源：商务部、国家统计局、国家外汇管理局：《2018 年度中国对外直接投资统计公报》。

从投资存量上看，2010 年中国对非洲直接投资存量为 130.4 亿美元，到 2018 年增加到 461.0 亿美元，见表 4-2。从增速上看，2004—2011 年中国对非洲直接投资存量年均增速较高，达 56.8%，同期中国对外投资存量年均增速为 37.9%。2010 年之后，中国对非洲直接投资存量增速有所下降，2010—2018 年年均增速仅为 19.9%，见图 4-8。2010 年，中国对非洲直接投资存量占对外投资总存量的 4.11%，到 2018 年下降至 2.33%，见图 4-7。

表 4-2　2010—2018 年中国对外直接投资存量地区分布（万美元）

	2010	2011	2012	2013	2014	2015	2016	2017	2018
全球	31721059	42478067	53194058	66047840	88264242	109786459	135739045	180903652	198226585
非洲	1304212	1624432	2172971	2618577	3235007	3469440	3987747	4329650	4610353
亚洲	22814597	30343470	36440706	44740828	60096561	76890132	90944547	113932379	127613437
欧洲	1571031	2445003	3697512	5316156	6939987	8367897	8720192	11085468	11279692
拉美	4387564	5517175	6821163	8609593	10611113	12631893	20715257	38689230	40677193
北美洲	782926	1347243	2550299	2860974	4795149	5217926	7547246	8690597	9634833
大洋洲	860729	1200744	1511407	1901712	2586425	3209171	3824056	4176327	4411078

数据来源：商务部、国家统计局、国家外汇管理局：《2018 年度中国对外直接投资统计公报》。

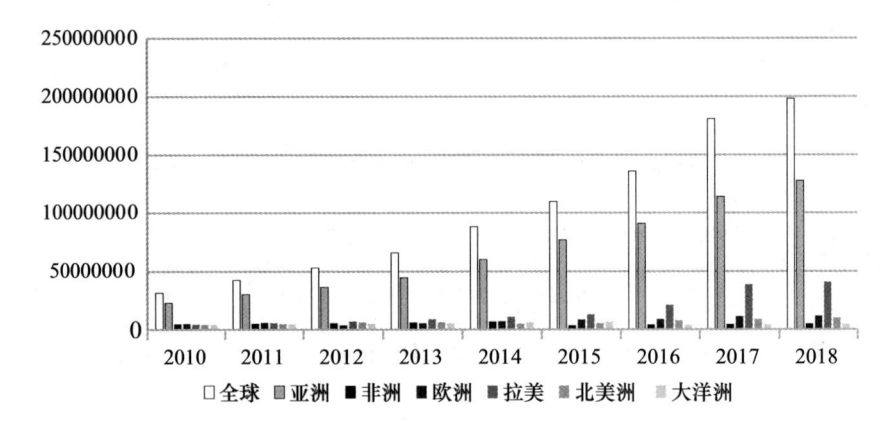

图 4-7　2010—2018 年中国对外投资存量地区分布图（万美元）

数据来源：商务部、国家统计局、国家外汇管理局：《2018 年度中国对外直接投资统计公报》。

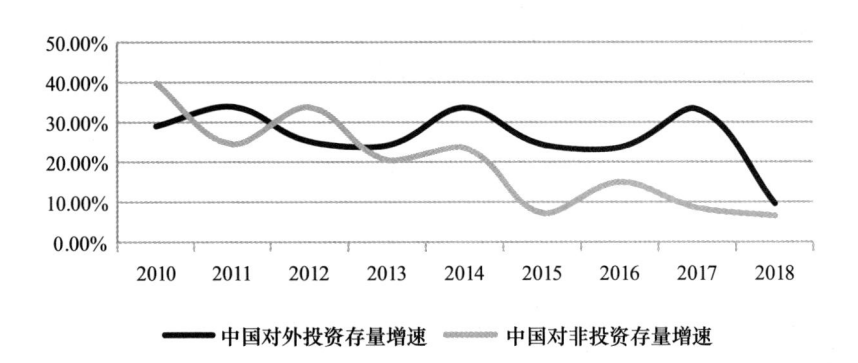

图 4-8　2010—2018 年中国对外投资存量增速和对非投资增速对比

数据来源：商务部、国家统计局、国家外汇管理局：《2018 年度中国对外直接投资统计公报》。

第二，中国对非洲直接投资的投资覆盖率大幅上升。经 40 多年的发展，中国对外投资区域不断拓展。2018 年，中国对外投资企业遍及全球 188 个国家和地区，全球投资覆盖率达 72.4%。中国在非洲的投资区域也同样不断拓展，2003 年投资覆盖率达 80.7%，2018 年上升到 86.7%，见表 4-3；投资国别分布由最初以北部非洲的埃及和苏丹、南部非洲的南非和赞比亚为主，扩展到了整个非洲。

表 4-3　　　　　　　2018 年中国对外投资覆盖率

地区	2018 年末国家地区总数（个）	中国境外企业覆盖的国家数（个）	投资覆盖率（%）
亚洲	48	46	97.9
非洲	60	52	86.7
欧洲	49	43	87.8
拉美	49	32	65.3
北美	4	3	75.0
大洋洲	24	12	50.0
合计	234	188	80.7

数据来源：商务部、国家统计局、国家外汇管理局：《2018 年度中国对外直接投资统计公报》。

从非洲大陆次区域分布来看，中国对非洲直接投资主要投往南部非洲，其次为西部非洲；2010 年，中国对南部非洲直接投资占对非洲直接投资的 49.37%，对西部非洲直接投资占 18.05%；2018 年上述数字分别为 39.72% 和 16.88%；2010 年之后，中国对东部非洲的直接投资增速较快；对东部非洲直接投资占对非洲投资的比例从 2010 年的 8.49% 提高到 2018 年的 16.22%，见表 4-4 和图 4-9。

表 4-4　　2010—2018 年中国对非投资分地区存量表（万美元）

	2010	2011	2012	2013	2014	2015	2016	2017	2018
非洲	1304212	1624432	2172971	2618577	3235007	3469440	3987747	4329650	4610353
北部非洲合计	197791	315181	316722	374102	509374	528696	493585	457010.7	529668.6
北部非洲占比	15.17%	19.40%	14.58%	14.29%	15.75%	15.24%	12.38%	10.56%	11.49%
南部非洲合计	643833	749381	1057832	1220737	1423447	1326782	1607305	1811978	1831426
南部非洲占比	49.37%	46.13%	48.68%	46.62%	44.00%	38.24%	40.31%	41.85%	39.72%

续表

	2010	2011	2012	2013	2014	2015	2016	2017	2018
东部非洲合计	110738	139495	197782	286066	352656	460662	619565	621768	747978
东部非洲占比	8.49%	8.59%	9.10%	10.92%	10.90%	13.28%	15.54%	14.36%	16.22%
西部非洲合计	235365	290532	367283	462978	530935	605227	708224	774432.9	778140.8
西部非洲占比	18.05%	17.89%	16.90%	17.68%	16.41%	17.44%	17.76%	17.89%	16.88%
中部非洲合计	116485	129843	233352	274694	418595	548073	559068	664460	723138
中部非洲占比	8.93%	7.99%	10.74%	10.49%	12.94%	15.80%	14.02%	15.35%	15.69%

数据来源：商务部、国家统计局、国家外汇管理局：《2018年度中国对外直接投资统计公报》。

图4-9 2010年和2018年中国对非洲投资地区分布对比图

数据来源：商务部、国家统计局、国家外汇管理局：《2018年度中国对外直接投资统计公报》。

中国对非洲国家直接投资的集中度较高。从流量上看，2018年中国对非洲投资流量为53.89亿美元，其中，投资额排名前十位的国家分别是刚果（金）、南非、莫桑比克、赞比亚、埃塞俄比亚、安哥拉、肯尼亚、塞舌尔、乌干达和埃及，合计占中国对非洲直接投资总流量的71.88%，见图4-10。

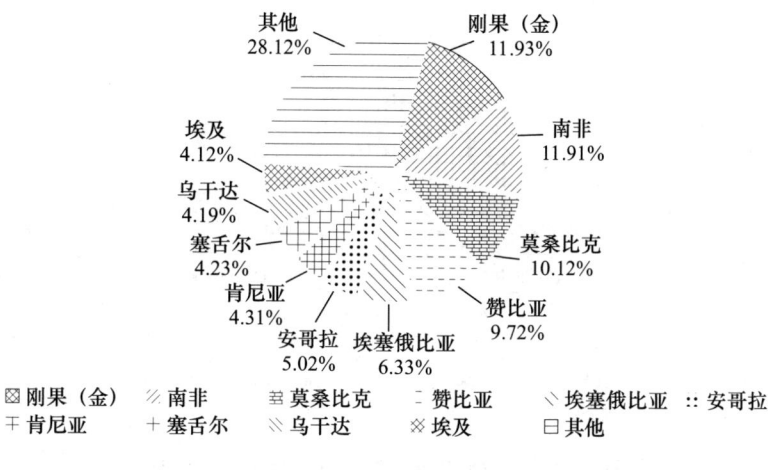

图 4-10　2018 年中国对非投资流量国别分布图

数据来源：商务部、国家统计局、国家外汇管理局：《2018 年度中国对外直接投资统计公报》。

从存量上看，2018 年中国对非洲直接投资存量 461.04 亿美元，是 2010 年末的 3.5 倍，其中，投资额排名前十位的国家分别是南非、刚果（金）、赞比亚、埃塞俄比亚、尼日利亚、安哥拉、阿尔及利亚、加纳、津巴布韦、肯尼亚，合计占中国对非洲直接投资总存量的 63.3%。其中南非是投资存量第一大国，2018 年投资存量 65.32 亿美元；刚果（金）排名第二，投资存量 44.44 亿美元，见图 4-11。

第三，中国对非洲直接投资的领域逐步拓宽。目前，中国对非洲直接投资主要流向矿业、服务业、基础设施行业和制造业。这一投资领域分布是经过多年发展而来的。在 21 世纪以前，中国对非洲直接投资主要集中在劳动密集型产业上，如轻工、机电、纺织、服装等；这是由当时中国的经济发展阶段、经济发展特点和非洲市场发展特点决定的。1979—2000 年，中国对非洲直接投资的 46.3% 流向制造业、27.5% 流向资源开发、18.3% 流向服务业、7.1% 流向农业，0.9% 流向其他行业，见表 4-5。

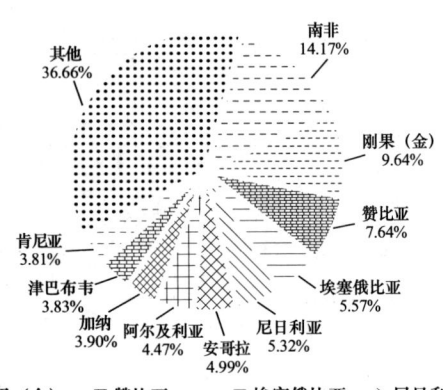

图4-11 2018年中国对非投资存量国别分布

数据来源：商务部、国家统计局、国家外汇管理局：《2018年度中国对外直接投资统计公报》。

饼图数据：
- 南非 14.17%
- 刚果（金）9.64%
- 赞比亚 7.64%
- 埃塞俄比亚 5.57%
- 尼日利亚 5.32%
- 安哥拉 4.99%
- 阿尔及利亚 4.47%
- 加纳 3.90%
- 津巴布韦 3.83%
- 肯尼亚 3.81%
- 其他 36.66%

表4-5 1979—2000年中国对非洲直接投资的领域分布

部门	项目数	投资额（百万美元）	金额占比
农业	22	48	7.1%
资源开发	44	188	27.5%
制造业	230	315	46.3%
机械设备	20	16	2.4%
家电	36	25	3.7%
轻工业	82	87	12.7%
纺织品	58	102	14.9%
其他制造业	34	86	12.6%
服务业	200	125	18.3%
其他	3	6	0.9%
总计	499	682	100%

资料来源：UNCTAD，基于中华人民共和国商务部提供的资料。转引自胡盛霞、董有德《中国对非洲直接投资特点及其原因分析》，《对外经贸实务》2008年12月。

21世纪以来，中国经济所处的发展阶段、特点发生了很大的变化，导致对外贸易和投资领域也发生了巨大的变化。中国经济增长中的资源供求矛盾越来越突出，经济发展对资源的需求与日俱增，石油对外依存度不断提高，确保国家能源安全成为中国可持续发展的首要任务，实现石油来源多元化是中国经济发展的重要保障。因此，中国对外投资中的能源投资不断扩大；同样的，中国对其他矿产资源的需求也持续加大，对外相关投资也不断加大。非洲大陆矿产资源丰富，在世界最重要的50多种矿产品中，非洲至少有17种矿产品的储量居世界第一；截至2018年底，非洲的石油储量约166亿吨[1]，是世界八大产油区之一。中国具有巨大的需求和充足的资金，非洲具有巨大的资源储量，但缺乏开发能力，急需外部资金的投入；双方在需求上的契合，让中国加大对非能源和矿产投资成为必然。能源矿产行业逐渐成为中国对非投资新的主导领域。2018年，中国对非洲能矿业直接投资存量占中国对非洲直接投资存量的22.7%，见图4-12。

非洲本地服务业发展落后，随着20世纪90年代中期以来经济的快速发展，对服务业的需求猛增，中国对非洲的服务业直接投资增长也较快，包括商务服务业、批发零售业等；非洲对适宜自身发展阶段的、来自中国的各类高科技产业持欢迎态度，中国对非洲的金融、电信等投资增长也较快；截至2018年底，中国对非洲金融业直接投资额占中国对非洲直接投资总额的11.0%，见图4-12。

产业转移和产业升级是解决中国经济发展面临问题的关键。非洲是中国产业转移和产业升级的重要合作地区。随着中国国内劳动力成本的不断提高，市场空间日渐狭小，非洲低廉的劳动力供给和潜在市场的价值凸显。21世纪以来，中国对非洲制造业直接投资不断增长，除传统的纺织品和轻工业外，也广泛涉及汽车、建材、皮革和家电等行业；2018年，中国对非洲制造业直接投资存量59.7亿美元，占中国对非洲直接投资存量总额的13.0%，见图4-12。

第四，中国对非洲直接投资主体趋于多元化。随着外经贸体制改革的不断深化和市场多元化战略的实施，中国对外投资主体逐渐多元化，国有、民营、个体企业在对外投资中都发挥了各自独特的作用。

---

[1] 数据来源：《BP世界能源统计年鉴》，2019年6月。

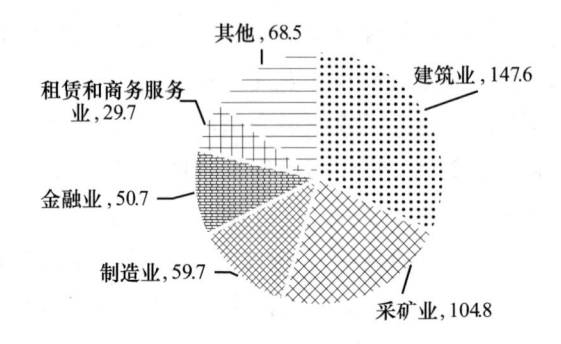

168 / 非洲债务问题与应对选择研究

```
其他，68.5
租赁和商务服务业，29.7
金融业，50.7
制造业，59.7
采矿业，104.8
建筑业，147.6
```

∷建筑业 ◇采矿业 ⊗制造业 ⊞金融业 ┐租赁和商务服务业 ⁻其他

图 4-12 2018 年中国对非洲直投投资存量（亿美元）

数据来源：商务部、国家统计局、国家外汇管理局：《2018 年度中国对外直接投资统计公报》。

2018 年，中国对外投资企业达到 2.71 万家，其中在非洲投资企业为 6211 家，占总量的 14.5%，见表 4-6。

表 4-6　　　　　　中国对外投资企业数量的地区分布

地区	境外企业数量（个）	比例（%）
亚洲	24437	57.0
非洲	6211	14.5
欧洲	4581	10.7
拉美	3680	8.6
北美	2565	6.0
大洋洲	1398	3.2
合计	42872	100.0

数据来源：商务部、国家统计局、国家外汇管理局：《2018 年度中国对外直接投资统计公报》。

20 世纪 90 年代以前，中国对非洲直接投资与政府对非洲援助相辅相成；90 年代以来，中国对非洲直接投资逐渐由国家指导下的国有企业为主导转变为国有、民营、个体三分天下的格局。在投资金额方面，国有企业占比最大，国有企业仍为对非洲直接投资的主要力量。在对非洲直接投资企业的数量上看，民营企业则占绝对的优势，这得益于中国不断完善的对非投资政策和机制。一些优秀的民营企业开始在我国对非洲直接投资中扮演重要角色，如华为公司等。各类投资主体各自发挥所长，相互补充。国有企业资金、技术实力雄厚，规模大，抗风险能力强，在能源矿产、基础设施建设、农业等领域发挥着中坚作用；民营企业充分发挥机制灵活、投资取向精准、市场敏感度高、投资领域与民生更为切合等优点，在服务业、制造业等方面发挥着较大作用。

此外，中国对非洲直接投资的形式逐渐多样化。国际投资通常采用的方式主要包括绿地投资和跨国并购。近年来，全球国际直接投资的主流是企业间的跨国并购，跨国并购额占国际投资总额的比例在有些年份甚至超过80%。同期，中国对外直接投资采取跨国并购的形式也逐渐增多，但比例远低于全球水平。具体到中国对非洲的直接投资，近年来，绿地投资仍然较多，尤其是规模较小的民营企业，投资规模较大的企业开始越来越多地采用国际并购模式。

2. 中国对非洲直接投资对双方经济发展的影响

中国对非洲直接投资的快速增长对中国经济、非洲经济和世界经济发展都产生了积极的影响。对中国而言，其一，非洲资源矿产丰富，许多资源尚未勘探、开发和有效利用。中国经济持续高速稳定发展，对资源的外部依赖不断加强，能矿对外依存度不断提高，需要完善外部资源保障体系。进入21世纪以来，非洲已成为中国重要的能矿资源进口来源地。其二，中国对非洲直接投资促进了中国对外贸易的增长，我们将在下文中对此进行专题研究。其三，中国对非洲直接投资在一定程度上拉动了中国的消费与经济的增长。中国对非洲直接投资至少在以下两个渠道拉动了中国国内的消费。一是对非洲直接投资产生的利润汇回国内，直接或间接的转化为投资或消费；二是对非洲直接投资在国外和国内两个层面增加了中国居民的就业机会，就业机会的增加可有效增加国民的可支配收入，转化为消费。其四，非洲目前逐渐成为中国经济结构调整、国际产能合作的重要合作区域。中非双方发展阶段契合，人才、技术、资本等禀赋都具有一定的互补性。

对非洲而言，来自中国的直接投资对其经济发展也起到了多方面的积极作用。其一，来自中国的直接投资满足了非洲经济发展的资金需求。非洲国家经济发展水平普遍不高，缺乏发展资金，来自中国的直接投资不仅满足了短期资金需求，且可带来一定的国际融资，成为非洲经济发展的"血液"。其二，中国对非洲的直接投资创造了较多的就业机会，根据奥肯定律，经济每增长1%，失业率下降3%。中国对非洲直接投资可通过促进非洲经济的增长减少当地失业，提高当地居民生活水平；相对于西方发达国家，中国在非洲的直接投资多集中于劳动密集型产业，创造就业能力更强。在中国企业本地化过程中，为非洲员工提供了诸多培训的机会，有利于当地人力资本的形成。其三，中国对非洲的直接投资带来了知识和新技术的转移。中国企业通过向非洲各国引入新产品和技术，推动了非洲市场的现代化进程。据麦肯锡2017年的报告，在非洲投资兴业的中国企业已超过1万家，约90%是规模不一、业务多元化的私营企业，其中又有三分之一为制造业企业。这些中国企业为非洲大陆带来了资本投入、管理知识和创业精神，加快了非洲国家发展步伐。在过去3年间，约48%的中国企业向非洲大陆引入了新产品或服务，36%的企业引入了新技术[①]。

此外，中国对非洲直接投资对世界经济发展也有一定的积极影响。首先，加剧了非洲市场的竞争，产生了"鲶鱼效应"，使其他一些国家，尤其是与非洲传统关系更为密切的西方发达国家产生了危机意识，加强了对非洲的重视程度。其次，一定程度上改变了非洲国家和西方援助国之间的关系。中国以及其他新投资国的出现，提高了非洲国家同传统合作国的博弈能力，近年来，很多非洲国家在国际经济合作中提高了门槛和要价，有利于合作向着更有利于非洲国家的方向发展。此外，中国对非洲直接投资也在一定程度上促进了世界商品市场、资本市场与其他要素市场的一体化，推动了全球经济的一体化进程。

---

① 《麦肯锡最新报告：中国对非投资为当地带来经济红利》，中国新闻网，2017年7月4日，http://www.chinanews.com/cj/2017/07-04/8268499.shtml。

3. 中国对非洲直接投资对中非双边贸易的影响

贸易是中非经贸合作重要的组成部分，进入21世纪，中非贸易额增长迅速，从2000年的103.96亿美元增至2018年的2041.9亿美元，增长了近20倍。中国对非洲直接投资对促进双方的贸易增长起到了明显的作用。当前，中国与非洲的贸易额仅占中国对外贸易额很小的比例，未来中非贸易空间还有待进一步开发，未来中国对非洲直接投资还将在推动中非贸易合作中起到积极的作用。本部分即研究中国对非洲直接投资对中非贸易产生的影响。

（1）相关学术综述

对外直接投资与国际贸易关系密切，对外直接投资的贸易效应分为"贸易创造效应"和"贸易替代效应"，前者指A国对B国的直接投资能增加两国的贸易总量，后者指A国对B国的直接投资替代了两国贸易总量的增长。贸易与投资的关系是罗伯特·蒙代尔（Robert A. Mundell, 1957）首先提出讨论的，他认为贸易与投资之间是相互替代的关系：首先，在存在关税的情况下，贸易障碍会产生投资，投资障碍会导致贸易；其次，投资国减少对比较优势商品的生产和出口，而在东道国进行投资并增加该商品的生产。雷蒙德·弗农（Raymond Vernon, 1966）则从产品生命周期的角度探讨了贸易与投资之间的关系，他认为一个产品要经历创新、成熟和标准化三个阶段，在标准化阶段，跨国公司在全世界寻求成本更低的地区进行直接投资，国际化经营水平不断提高，最终形成对出口贸易的替代。小岛清（1978）则从"边际产业扩张论"的角度论证了对外直接投资的"贸易创造效应"。"边际产业扩张论"的基本观点是：对外直接投资应该从本国已经处于或即将处于比较劣势的产业开始，并依次进行。投资国则从东道国进口相关产品，由此对外直接投资创造、扩大了贸易。弗雷德·伯格斯滕（Fred Bergsten, 1978）提出，当对外直接投资超过一定规模后，追加的对外直接投资对出口的促进效应就逐渐消失了。所以，两者之间既是互补又是替代的关系。马库森和斯文森（Markuson & Svensson, 1985）利用要素比例模型再次论证了这个结论，若贸易和非贸易要素之间是"合作的"，则商品贸易和生产要素流动之间会形成互补关系，否则会形成替代关系。

　　国内学者对直接投资与国际贸易的关系也展开了一系列研究,得出的结论也不尽相同。张如庆综合运用协整理论、误差修正模型和Granger检验等多种方法,考察了中国对外直接投资与进出口之间的关系。结果表明,进出口是对外直接投资变化的重要原因,出口和对外直接投资之间存在长期均衡关系,而进口与对外直接投资之间没有长期确定关系。[①] 项本武运用引力模型,对中国FDI的贸易效应进行实证分析表明:首先,中国对外直接投资是出口创造型的。相对于FDI流量来说,FDI存量对出口的影响更大。其次,中国对外直接投资是进口替代型的。相对于FDI流量来说,FDI存量对进口的影响更大。[②] 莫莎等以非洲33个国家为样本,运用2002—2006年数据,建立了中国对非洲直接投资与贸易之间关系的面板数据模型,研究表明,中国对非洲国家直接投资与贸易存在着互补效应;中国对非洲直接投资尚处于起步阶段,进一步拓展非洲市场有利于创造中非合作双赢局面。[③] 王嫚等人对2003—2008年中国对非洲46个国家直接投资的进出口贸易效应作了实证研究,结果表明中国对非洲直接投资对贸易起促进作用。同时中国对非洲各国直接投资的贸易效应在不同类型国家有较大差异。[④] 张哲利用2004—2009年中国对非洲12个国家的直接投资与贸易数据进行研究发现,中国企业对非洲国家的投资与中非之间的贸易是相互促进关系,且直接投资规模越大,投资对贸易促进效应越明显。直接投资对贸易的边际促进效应很高,正处于规模报酬递增的阶段。[⑤] 王苏琰等选取2003—2014年61个"一带一路"沿

　　[①] 张如庆:《中国对外直接投资与对外贸易的关系分析》,《世界经济研究》2005年第3期。

　　[②] 项本武:《对外直接投资的贸易效应研究——基于中国经验的实证分析》,《中南财经政法大学学报》2006年第3期。

　　[③] 莫莎、刘芳:《中国对非洲直接投资与贸易的关系研究——基于面板数据的实证分析》,《国际经贸探索》2008年第8期。

　　[④] 王嫚等:《中国对非洲的直接投资和贸易效应关系研究》,《中国市场》2011年第50期。

　　[⑤] 张哲:《我国对非洲直接投资对中非贸易影响的效应分析》,《现代财经(天津财经大学学报)》2011年第4期。

线国的面板数据建立对外直接投资贸易效应的回归模型，得出结论，中国对"一带一路"沿线国的直接投资总体上是促进双边贸易的，并且受能源产量、贸易便利化程度等因素的影响。[①] 张春宇等人选取中国贸易和投资往来较密切的 8 个拉美国家，实证检验了中拉直接投资对双边贸易的影响，研究结果表明：中国对外直接投资在短期内无法对贸易情况形成有效冲击，长期会增加中国从拉美的进口，抑制中国向拉美的出口。[②]

上述有关中非贸易的研究受数据选取的影响，或是时间跨期短，或是选取的样本国家太少，且有关研究数据选取年份距今甚久，仅贸易额和投资额而言，中非的贸易和投资关系已经发生了很大的变化。此外，已有贸易与投资关系的研究，更多的是涉及国别数据的研究，很少有分区域对比的探讨。因此，本书基于已有的研究，运用引力模型，采用面板数据回归方法，选取 2004—2016 年中国与非洲 42 个国家的进口额、出口额、对外直接投资流量和存量以及非洲各国的 GDP 和人均 GDP 等数据，研究了中国在非洲的直接投资对中非双边贸易的影响，并且分北部非洲、西部非洲、中部非洲、东部非洲和南部非洲五个区域比较了影响的不同。

（2）模型构建与数据选择

模型的构建。引力模型在国际贸易的实证研究中应用非常广泛，在对双边贸易流量的影响问题上具有较强的解释力。本研究探讨的主要问题是中国对非洲直接投资对中非双边贸易的影响，在参考相关文献的基础上，本研究部分引入中国对非洲各国的直接投资流量和存量作为主要解释变量，以中国对非洲各国的出口额及中国从非洲各国的进口额为被解释变量。当然影响双边贸易流量的因素还有很多，比如人口、经济状况、距离等，因此，本研究还引入了代表各国经济状况的 GDP 和各国消费水平的人均 GDP 作为控制变量。

[①] 王苏琰、陈元清：《中国对外直接投资的贸易效应研究——基于"一带一路"沿线国数据的实证分析》，《发挥社会科学作用，促进天津改革发展——天津市社会科学界第十二届学术年会优秀论文集》，天津人民出版社 2017 年版。

[②] 张春宇等：《中国在拉美的直接投资对中拉双边贸易的影响》，《拉丁美洲研究》2017 年第 1 期。

引力模型的基本设定为:

$$IM_{it} = \alpha_0 + \alpha_1 FDI_{it} + \alpha_2 FDIC_{it} + \alpha_3 GDP_{it} + \alpha_4 RGDP_{it} + \varepsilon_{it}$$
$$EX_{it} = \beta_0 + \beta_1 FDI_{it} + \beta_2 FDIC_{it} + \beta_3 GDP_{it} + \beta_4 RGDP_{it} + \varepsilon_{it}$$

其中, i 代表 1—42 个非洲国家, t 代表 2004—2016 年。IM_{it} 代表中国从非洲各国的进口额, EX_{it} 代表中国对非洲各国的出口额, FDI_{it} 代表中国对非洲各国的直接投资流量, $FDIC_{it}$ 代表中国对非洲各国的直接投资存量, GDP_{it} 为非洲各国 GDP, $RGDP_{it}$ 为非洲各国人均 GDP。为了减弱模型中数据的异方差性、消除量纲等, 我们对基本引力模型取对数可得:

$$\ln IM_{it} = \alpha_0 + \alpha_1 \ln FDI_{it} + \alpha_2 \ln FDIC_{it} + \alpha_3 \ln GDP_{it} + \alpha_4 \ln RGDP_{it} + \varepsilon_{it}$$
$$\ln EX_{it} = \beta_0 + \beta_1 \ln FDI_{it} + \beta_2 \ln FDIC_{it} + \beta_3 \ln GDP_{it} + \beta_4 \ln RGDP_{it} + \varepsilon_{it}$$

数据的选取。为了避免时间序列数据受多重共线性的影响以及模型中的自相关问题, 本研究采用面板数据进行实证研究。为确保数据分析结果尽量准确, 本研究选取尽可能多的国家和尽可能长的时间, 同时受数据的可获得性限制, 最终, 本研究选取了 42 个非洲国家, 其中, 北部非洲 6 国: 埃及、利比亚、阿尔及利亚、摩洛哥、突尼斯、苏丹; 西部非洲 13 国: 尼日利亚、尼日尔、毛里塔尼亚、塞内加尔、马里、几内亚、佛得角、塞拉利昂、利比里亚、加纳、科特迪瓦、多哥、贝宁; 中部非洲 6 国: 喀麦隆、乍得、赤道几内亚、加蓬、刚果 (布)、刚果 (金); 东部非洲 7 国: 肯尼亚、埃塞俄比亚、厄立特里亚、坦桑尼亚、乌干达、卢旺达、塞舌尔; 南部非洲 10 国: 安哥拉、南非、赞比亚、莫桑比克、津巴布韦、纳米比亚、马达加斯加、莱索托、毛里求斯和博茨瓦纳。进口额、出口额、对外直接投资流量、GDP、人均 GDP 这 5 个变量数据选取的时间跨度为 2004—

2016年，共13年；考虑到FDI存量对贸易的影响时间，FDI存量数据选取滞后一期，即2003—2015年。FDI流量反映的是中期影响，FDI存量反映的是长期影响。本模型中各变量数据来源为Wind数据库，共3276（42＊13＊6）个观察点。

（3）实证研究

为避免出现"伪回归"问题，检验各个变量是否存在随机趋势或确定趋势，在进行回归处理之前，本研究首先对模型中需要的数据进行平稳性检验。

平稳性检验。单位根检验是检验数据平稳性的常用方法。首先我们假设数据是非平稳的，即存在单位根，若检验结果是水平平稳的，则可直接进行回归分析；若是非平稳序列，则要对序列数据进行差分平稳性检验，如果出现同阶单整的情况则进一步进行协整检验，通过协整性检验才可以进行回归分析。本研究采用相同单位根检验LLC（Levin-Lin-Chu）和不同单位根检验Fisher-ADF检验，如果这两种检验方法都拒绝了存在单位根的原假设，我们就认为此序列是平稳的，否则就是非平稳的。表4-7是各个变量的单位根检验结果。

表4-7 单位根检验结果

变量	LLC检验法	P值	ADF检验法	P值	结论
$\ln IM$	-12.4758	0.0000	132.486	0.0006	平稳
$\ln EX$	-11.7593	0.0000	153.016	0.0000	平稳
$\ln FDI$	-14.8117	0.0000	196.757	0.0000	平稳
$\ln FDIC$	-12.6980	0.0000	164.553	0.0000	平稳
$\ln GDP$	-14.3107	0.0000	174.695	0.0000	平稳
$\ln RGDP$	-13.4686	0.0000	169.519	0.0000	平稳

由检验结果来看，在1%的显著水平下，水平序列检验结果显示各个变量的P值均小于0.01，即说明各个变量水平平稳，接下来可以直接进行多元回归分析。

模型设定与参数估计。在确定面板模型是采用固定效应模型还是随机效应模型之前,我们需要先对数据进行 Hausman 检验。检验的初始假设是采用随机效应模型,若检验结果拒绝了原假设,则采用固定效应模型,否则采用随机效应模型。表 4-8 是对进口数据和出口数据的 Hausman 检验结果。

表 4-8　　　　　　　　　　　Hausman 检验结果

	进口数据模型	出口数据模型
Chi-Sq. Statistic	15.131588	185.765289
Prob. (> Chi-Sq.)	0.0044	0.0000

根据检验结果可知,进口数据和出口数据均适用固定效应模型。接着,本研究进行 F 检验确定进出口数据是适应个体固定效应模型还是混合约束模型,最终检验结果证明两者均适用个体固定效应模型。

参数估计。对于进口数据回归模型的参数估计,运用 Eviews8.0,得到如下回归结果:

$\ln IM_{it} = -28.89480 - 0.020489\ln FDI_{it} + 0.1152836\ln FDIC_{it} + 4.371373\ln GDP_{it} - 3.425838\ln RGDP_{it}$

t = (-5.795437) (-1.883622) (2.826703) (5.258167) (-3.487183)

P = (0.0000)　　　(0.0602)　　　(0.0049)　　(0.0000)　　(0.0005)

$R^2 = 0.886578$

F-statistic = 85.11420

P (F-statistic) = 0.000000

根据上述进口回归结果,我们发现各个解释变量在10%的置信水平下均通过了显著性检验,对模型具有较强的解释力。此外,该模型 R^2 值约为0.89,并通过了显著水平为0.01%的 F 检验,说明了该回归方程的拟合情况良好且高度显著。

第一,对外直接投资流量对中国从非洲的进口额具有反向作用。中国 FDI 流量平均每增加(减少)1%,中国从非洲的进口额将减少(增加)约0.02%。从这个角度来看,中国对非洲直接投资替代了中国的进口贸易。这可以解释为，中国一直都主要从非洲进口能源和矿产品用于本国生产，而增加在非洲的直接投资，直接利用当地矿产资源在当地投资设厂，会在一定程度上替代我国对非洲矿产资源的进口。

第二，对外直接投资存量与中国从非洲的进口额同向变动。中国对非洲直接投资存量平均每增加（减少）1%，中国从非洲的进口额将增加（减少）约0.12%。长期而言，对外直接投资对中国进口贸易有较大的促进作用。在进行对外直接投资一定阶段后，中国还需要从非洲进口相关能矿制品；另外，我国可能将国内逐渐丧失比较优势的产业转移到非洲，但同时国内消费需求不减，此时这些产品又需要返销至国内，最终促进我国进口贸易的增长。

第三，非洲的 GDP 提高对中国从非洲的进口有较大的积极影响，而非洲人均 GDP 提高则较大幅度减少中国的进口贸易。

对于出口数据回归模型的参数估计，运用 Eviews8.0，得到如下回归结果：

$$\ln EX_{it} = -28.87103 + 0.008009\ln FDI_{it} + 0.050401\ln FDIC_{it} + 4.703675\ln GDP_{it} - 3.815892\ln RGDP_{it}$$

t ＝ （－17.83417）（2.267690）（3.806090）（17.42521）（－11.96267）

P ＝ （0.0000）　　（0.0238）　（0.0002）　（0.0000）　　（0.0000）

R^2 ＝ 0.948407

F-statistic ＝ 200.1638

P（F-statistic）＝ 0.000000

根据上述出口回归结果，我们发现各个变量在5%的置信水平下均通过了显著性检验，对模型具有较强的解释力。此外，该模型 R^2 值约为0.95，并通过了显著水平为0.01%的F检验，说明了该回归方程具有较高的拟合度且高度显著。

第一，与进口贸易不同，对外直接投资流量的增加促进了中国对非洲出口规模的扩大。中国对非洲直接投资流量平均每增加（减少）1%，中国对非洲的出口额将增加（减少）约0.008%，但这种促进作用相对有限。中国在非洲进行直接投资会带动我国相关机械设备产品的出口。

第二，对外直接投资存量正向影响着中国对非洲的出口贸易。中国对非洲直接投资存量平均每增加（减少）1%，中国对非洲的出口额将增加（减少）0.05%，相对直接投资流量，直接投资存量对出口贸易具有更大的补充效应。所以从长期来看，增加对非洲的直接投资能促进我国对非洲的出口贸易，但这种效应小于对外直接投资存量对我国进口贸易的扩大效应。由于相关机械设备的使用周期较长，并且随着我国在非洲市场的不断扩大，我国可以直接将在非洲生产的产品销往世界各地，因此出口创造效应会逐渐减弱。

第三，非洲国家的 GDP 和人均 GDP 对中国出口有较大的影响。非洲当地经济发展水平提高会拉动中国对非洲的出口，因为非洲需要从中国进口相关产品以满足当地生产生活的需要。当地人民生活水平提高则会阻碍中国出口贸易的扩张，因为中国主要出口农机具、纺织品等初级制成品到非洲，非洲人民生活水平提高自然会需要更高质量的进口产品。

表4-9　　　　　　不同国家的进口截距项和出口截距项

国家	进口截距项	出口截距项	国家	进口截项	出口截距项
北部非洲6国					
埃及	-7.876773	-7.853105	摩洛哥	-4.157013	-4.383406
利比亚	3.261014	1.941524	突尼斯	-0.926313	-0.312327
阿尔及利亚	-3.727544	-4.454895	苏丹	-2.890424	-5.038528
西部非洲13国					
尼日利亚	-10.10162	-10.49667	塞拉利昂	1.960531	1.797172
尼日尔	-5.698093	-2.266022	利比里亚	4.431916	7.034137
毛里塔尼亚	6.442481	4.708882	加纳	-2.600338	-2.36381
塞内加尔	-1.79992	-0.426282	科特迪瓦	-2.748676	-2.835643
马里	-1.052725	-1.985693	多哥	2.625037	4.292083
几内亚	-0.598299	0.477501	贝宁	1.395184	2.630428
佛得角	-1.490477	10.82526			

续表

国家	进口截距项	出口截距项	国家	进口截项	出口截距项
中部非洲6国					
喀麦隆	-1.440025	-2.769475	加蓬	8.523115	6.088986
乍得	0.18519	-1.829795	刚果（布）	6.752502	3.580657
赤道几内亚	10.8858	8.016805	刚果（金）	-4.237711	-7.680311
东部非洲7国					
肯尼亚	-6.589984	-4.877124	乌干达	-4.995963	-5.050238
埃塞俄比亚	-7.483528	-7.975076	卢旺达	0.056305	-1.231068
厄立特里亚	1.916976	2.851193	塞舌尔	12.52085	17.27105
坦桑尼亚	-4.847879	-5.293816			
南部非洲10国					
安哥拉	0.762585	-3.150185	南非	-3.769409	-5.929595
赞比亚	1.017582	-1.919821	马达加斯加	-2.394058	-2.26306
莫桑比克	-1.862234	-3.014019	莱索托	3.563879	6.183199
津巴布韦	0.361033	-1.44445	毛里求斯	5.20372	8.245264
纳米比亚	6.40624	5.650395	博茨瓦纳	5.050242	5.304714

截距项代表非洲各国不同的不可预测因素，如政治稳定性、自然资源情况等对中国进出口贸易的影响。从表4-9可以看出，对中国出口贸易正向影响最大的国家是塞舌尔、佛得角、毛里求斯、赤道几内亚和利比里亚，负向影响最大的国家是尼日利亚、埃塞俄比亚、埃及、刚果（金）和南非；对中国进口正向影响最大的国家是塞舌尔、赤道几内亚、加蓬、刚果（金）和毛里塔尼亚，负向影响最大的国家是尼日利亚、埃及、埃塞俄比亚、肯尼亚和尼日尔。可以发现，正向影响较大的国家普遍拥有丰富的石油、铁等矿产资源。而负向影响较大的国家中，尼日利亚、埃及和南非都位列非洲五大经济体之中，但近几年这几大经济体不仅经济增速下滑且政治危机频繁。以五大经济体之首——尼日利亚为例，2016年经济增长率为-1.6%，出现25年以来的首次负增长，失业率高达12.7%，并面临恐怖袭击活动和多股反叛武装势力的威胁，这些不可测因素都对中国的进出口贸易产

生了不可忽视的负面影响。

表4-10　　　　　　　进出口截距项为正的国家汇总

区域	进口截距项为正的国家	进口截距项为正的国家概率	该区域进口总效应	出口截距项为正的国家	出口截距项为正的国家概率	该区域出口总效应	该区域进出口总效应
北非6国	利比亚	16.7%	负	利比亚	16.7%	负	负
西非13国	5国：塞拉利昂、利比里亚、毛里塔尼亚、多哥、贝宁	38.5%	正	7国：塞拉利昂、利比里亚、毛里塔尼亚、多哥、贝宁、几内亚、佛得角	53.8%	负	正
中非6国	4国：加蓬、刚果（金）、乍得、赤道几内亚	66.7%	正	3国：加蓬、刚果（金）、赤道几内亚	50.0%	正	正
东非7国	2国：厄立特里亚、塞舌尔	28.6%	负	2国：厄立特里亚、塞舌尔	28.6%	负	负
南非10国	7国：莱索托、毛里求斯、博茨瓦纳、纳米比亚、安哥拉、赞比亚、津巴布韦	70.0%	正	4国：莱索托、毛里求斯、博茨瓦纳、纳米比亚	40.0%	正	正

从表4-10可以看到，综合而言，西部非洲、中部非洲和南部非洲都对中国的进出口贸易产生了正向影响，相对于北部非洲和东部非洲而言，这三大地区蕴藏着更加丰富的石油、铁、铜、锰等矿产资源。如西部非洲有丰富的铁矿和铝土矿，其中利比里亚铁矿和几内亚铝土矿享誉世界。中部非洲也拥有丰富的铜、锌等金属矿产资源。南非则有丰富的锰、铂、钯、铀等各类矿产资源。

(4) 中国对非洲直接投资对中非贸易的影响研究结论

本研究利用 2004—2016 年的进出口额、对外直接投资、GDP 等数据，选取了非洲 42 个国家，对中国对非洲直接投资与贸易的关系开展实证研究。研究结论如下：第一，短期而言，对外直接投资流量的增加会替代中国从非洲的进口贸易，促进中国对非洲的出口贸易，且替代效应大于创造效应。第二，长期而言，对外直接投资存量的增加既扩大了中国从非洲的进口贸易又创造了中国对非洲的出口贸易，中国对外直接投资是贸易创造型的。第三，非洲 GDP 的提高促进了中国与非洲的进出口贸易，非洲人均 GDP 的提高阻碍了中非的进出口贸易。第四，相较于北部非洲和东部非洲，西部非洲、中部非洲和南部非洲的不可测因素对中国进出口贸易产生了更大的正向影响。

根据研究结论，未来中国对非洲直接投资应做以下调整。

一是扩大中国在非洲的直接投资规模，增大投资对贸易的促进作用。虽然近年来，我国在非洲的直接投资存量和流量均呈总体增长趋势，但就全球范围而言，我国在非洲的直接投资占我国对外直接投资的比最低，仅为 1.20%。同时，投资规模较小也很难刺激投资对贸易的促进作用，因此我国应适当扩大在非洲的直接投资规模。

二是分散经贸合作领域和地区，促进企业对外发展布局合理化。从上述分析可知，中国在非洲的直接投资主要集中在赞比亚、尼日利亚、埃塞俄比亚等少部分国家，投资地区分布极不平衡，投资领域也主要集中在建筑业、采矿业及制造业等比较初级的产业，贸易伙伴国也主要集中在南非、安哥拉、尼日利亚等国，仅贸易额排名前三的国家占中国对非洲贸易总额的比例就高达 44.44%，中非贸易的结构也相对固定。这样的经贸关系一方面难以分散风险，另一方面较固定的投资、贸易合作模式，也很难促进双边经贸关系突破发展瓶颈，取得飞跃性的进展。

三是建立更加完善的投资预警机制，规避不可测因素对双边经贸的影响。从实证分析结果可知，尼日利亚、埃塞俄比亚、埃及、刚果（金）、南非、肯尼亚和尼日尔等国的不可测因素都会对中国与非洲的进出口贸易产生较大的负向影响，同时我们发现，这些国家恰是我国开展投资和贸易活动的主要非洲国家，如此一来，不仅加大了投资风险，也会对中非贸易产生较大的影响。因此，我国应适当分散经贸风险，建立有关非洲政治、经济环境变化的投资预警机制，规避不可测因素的负向影响，增进与塞舌尔、佛得角、毛里求斯、赤道几内亚、利比里亚、加蓬、刚果（金）和毛里塔尼亚等会带来较大正向影响的国家和地区的合作。促进中非经贸关系更加稳定、可持续地发展。

三　新时期非洲吸引外资面临的机遇与挑战

（一）国际经济复苏进程良好

2017年以来，全球经济复苏步伐稳健，为推动国际经济合作创造了良好的宏观条件。此阶段全球经济的最大特点是主要经济体复苏的同步性显著增强，发达经济体除美国外，欧元区、英国和日本经济均有不错表现；重要的新兴经济体也多展现了明显的复苏态势。国际货币基金组织在《2018年经济展望》中上调了2018年和2019年的全球经济增速的预期，均由3.7%调高至3.9%，对全球经济复苏前景看好。中国、美国和欧元区是对全球经济增长贡献率最大的三个经济体，是拉动全球经济复苏的主要动力。欧美发达国家经济向好态势超出市场预期，为国际经济平稳复苏注入了强劲动力。中国以及亚洲地区经济增长相对平稳，除传统基建和房地产外，服务业和新经济的快速发展已成为推动中国经济发展的新动能。去杠杆、房地产调控、环境保护、加速供给侧改革等政策措施，为中国经济保持稳健增长保驾护航。日本经济的持续温和复苏也为全球经济总体复苏作出了贡献。①

20世纪90年代中期以来的新兴经济体崛起给非洲国家带来了新的合作发展机遇。相比处于后工业化时代的发达国家，新兴经济体的刚性发展需求是全球经济增长的动力和引擎，强大的市场互补性将为非洲国家经济持续增长和发展带来动力。新兴经济体的崛起是非洲国家当前面临的最大外部机遇之一。新兴经济体是平衡西方的重要力量，有利于非洲国家自主选择发展道路。新兴经济体是非洲贸易和投

---

① 数据来源：IMF, World Economic Outlook, April 2018, Cyclical Upswing, Structural Change, April 2018.

资的重要伙伴，已与非洲的传统经贸合作伙伴形成竞争态势，有利于部分的解决非洲国家经济转型所需的资金和技术问题。新兴经济体的产业升级是非洲工业化难得的机遇。新兴经济体经过几十年的快速发展，工业化水平有了极大的提升，现在到了产业转型升级的关键时期，如果对接得当，非洲工业化进程将迎来明显加速。此外，看到新兴经济体的迅速崛起，非洲国家开始"向东看"，学习新兴经济体的发展经验，探索深化同新兴经济体的合作新领域和新方式。同属发展中国家的属性，也使新兴经济体与非洲国家具有诸多共同的利益追求，这为双方的合作提供了额外动力。2017年以来，得益于外部需求的大幅增长，也得益于总体稳定的国内消费需求，新兴经济体的经济增速明显提升。在全球经济总体复苏的大背景下，预计新兴经济体还将在未来一段时间呈现稳中向好发展态势，这将促进广大新兴经济体与非洲国家开展更深层次、更宽领域的合作。

（二）非洲是中国"一带一路"倡议重点合作地区

2018年中国《政府工作报告》提出，中国将推动形成全面开放新格局，以"一带一路"建设为重点推进国际合作；具体内容包括拓展对外贸易、实行高水平的贸易和投资自由化便利化、扩大服务业对外开放、探索建设自由贸易港、促进国际产能合作等。中国将继续深化对外开放的宣示，为当前充满不确定性的国际局势提供了可预期的稳定性，这将对新时代中非合作产生重大而积极影响。非洲是"一带一路"的重要节点，"一带一路"建设为中非合作创造了历史性机遇，为共筑中非命运共同体拓展了广阔空间。2014年5月李克强总理访问非洲时提出，中非要实施高速铁路、高速公路、区域航空等基础设施三大网络和积极参与非洲工业化进程。2015年12月，习近平主席在中非合作论坛约翰内斯堡峰会上全面系统阐述了中国发展对非关系的新思路、新理念，提出了促进中非合作发展的一系列新举措，包括夯实中非关系"五大支柱"、着力实施"十大合作计划"等，开展国际产能与投资合作是其中重要内容；2018年9月，习近平主席在中非合作论坛北京峰会上宣布：中国愿以打造新时代更加紧密的中非命运共同体为指引，在推进中非"十大合作计划"基础上，同非洲国家密切配合，未来3年和今后一段时间重点实施"八大行动"：一是实施产业促进行动。二是实施设施联通行动。三是实施贸易便利行动。四是实施绿色发展行动。五是实施能力建设行动。六是实施健康卫生行动。七是实施人文交流行动。八是实施和平安全行动。为推动"八大行动"顺利实施，中国愿以政府援助、金融机构和企业投融资等方式，向非洲提供600亿美元支持。以上都是我国继续推动对外开放，推进"一带一路"建设的重要组成部分。中国继续深化对外开放有助于推进"一带一路"建设在非洲落地，有助于帮助非洲国家实现自主可持续发展，这不仅是让非洲搭乘中国发展的快车，同时也会帮助非洲减贫，消除地区冲突和局势动荡滋生的土壤，促进稳定与可持续发展。中国的产业转型升级需求与非洲国家的工业化发展战略和需求高度契合，正在推动中非合作由一般商品贸易逐步转向产能合作和加工贸易升级。

（三）非洲经济发展态势良好

1995年以来，非洲经济中长期存在的通胀顽疾开始逐步得到控制。与此同时，非洲经济增长率开始进入一个较稳定的时期。2002—2007年间，非洲实际GDP增长率保持在5%以上，通胀也基本控制在10%以内，见图4-13。增长率和通胀率"一高一低"的局面标志着非洲经济进入了一个比较理想的发展期，也扭转了过去经济增长率低于人口增长率、人均GDP持续下降的趋势。

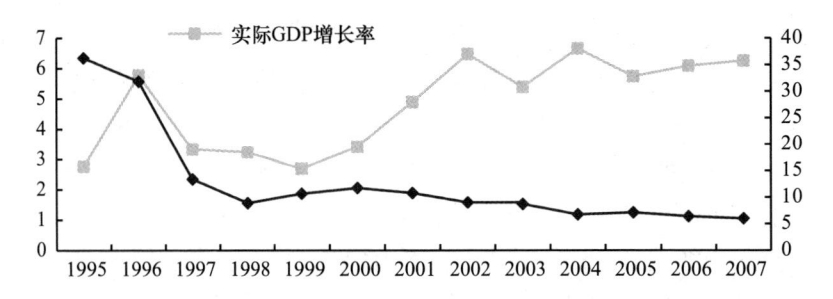

图4-13 1995—2007年非洲实际GDP年增长率和年均CPI增长率

数据来源：IMF, World Economic Outlook Database, Oct. 2009。

受 2008 年全球金融危机和 2011 年"阿拉伯之春"的冲击，2009 年非洲经济增速降为 2.7%，2011 年跌至 1.1%；但非洲经济展现了良好的弹性，复苏速度和势头喜人。2012—2017 年非洲经济年均增速为 3.98%，高于全球平均水平①。《非洲发展银行 2013—2022 年的战略——以非洲转型发展为基础》报告认为，2016 年以后的较长一段时间内，非洲经济仍将保持较为快速的增长②。国际货币基金组织在《2017 世界经济展望——谋求可持续增长》中指出，2018 年非洲经济增速将为 3.4%，未来一段时间将保持平稳增长③。回顾 1995 年至今的非洲经济发展，我们有理由认为这是非洲独立以来持续时间最长、增速最快的发展阶段。在此期间，部分非洲国家经济实现了更快的发展，逐步成长为重要的新兴经济体，或展现了成为世界主要新兴经济体的潜力。南非于 2010 年被吸纳进"金砖国家"，成为全球新兴经济体的重要代表；2011 年，尼日利亚被誉为"薄荷四国"（MINT）之一，与墨西哥、印度尼西亚和土耳其共同被认为是继金砖国家之后出现的重要新兴经济体，2013 年 GDP 首次超越南非；此外，埃塞俄比亚、肯尼亚、安哥拉、坦桑尼亚等国也显现出发展成为重要新兴经济体的潜力。总的来看，非洲经济发展较好的国家主要有三类：一类是经济基础雄厚，经济体系相对完整成熟的国家，主要是南非；二是资源富集国，典型的包括尼日利亚、安哥拉、刚果（金）等，这些国家乘前些年全球大宗商品价格高企的东风，经济实现了高速发展；三是资源禀赋优势并不突出，但采取了得当的经济政策，收获政策红利的国家，典型的如埃塞俄比亚、纳米比亚等。上述三类国家成为非洲经济发展的重要推动力量。

在未来一段时间，我们仍然有理由对非洲经济发展保持一定程度的乐观。首先，非洲的消费将在未来得到进一步释放；多数非洲国家

---

① IMF, World Economic Outlook, April 2018, Cyclical Upswing, Structural Change, April 2018.

② African Development Bank Group, AfDB Strategy for 2013-2022-At the Center of Africa's Transformation, May 16, 2013, p. 5, http: //www.afdb.org/en/documents/document/afdb-strategy-for-2013-2022-at-the-center-of-africas-transformation-31420/.

③ IMF, World Economic Outlook-Seeking Sustainable Growth, Short-Term Recovery, long-Term Challenges, October 2017, p. 18.

的居民可支配收入稳步增加，中产阶级大量涌现。麦肯锡全球研究院的研究指出，2020年非洲将有1.28亿个非洲家庭的可支配收入达5000美元；非洲消费总额将达1.4万亿①。中产阶级消费意愿和消费能力更强，中高档消费品、住房和投资的增多将是中产阶级消费的重要特征，这将是非洲经济未来发展的重要支撑。其次，人口红利开始逐步兑现。当前，多数发达国家和中国等重要新兴经济体出现了严重的人口老龄化问题；非洲国家人口增长率一直较高，2000年非洲大陆人口只有8.18亿，2017年已达12.56亿，是中国人口的90.4%②；按目前的人口出生率推算，2050年非洲人口将达到24.35亿③。非洲人口年轻化程度高，青年劳动力数量充足，2000年非洲15—24岁的青年总数为1.33亿，2020年将达2.46亿④。同时，非洲青年受教育程度不断提高，劳动力技能水平得到有效提升，这成为非洲承接新一轮的国际产业转移的关键依仗。人口高速增长带来了较高的城镇化需求，人口红利与城市化的结合将显著扩大消费规模，与经济增长形成良性互动。再次，非洲大陆的基础设施建设落后的局面开始逐步得到改观，不仅各国国内兴建大量交通、电信等基础设施，一些跨境基础设施也开始出现，互联互通水平的提高将有效提升非洲大陆的要素流动效率，推动经济发展。此外，非洲经济发展一直依仗的自然资源优势仍将保持。近年来，非洲大陆不断有新的油气资源发现，尤其是海上，西非海域有大型优质油田发现；东部非洲成为全球油气开发新前沿，乌干达、莫桑比克、坦桑尼亚、肯尼亚等国都有突破性发现，东非油气大发现改变了东部非洲油气资源贫乏的历史，给世界能源市场带来了新的变数；西部和南部非洲有新的矿产储备发现；非洲丰富的可再生能源资源，如风能、太阳能、地热能、海洋能等，正在吸引国

---

① Mckingsey Global Institute, Lions on the Move: The Progress and Potential of African Economies, pp. 3 – 4.
② 《未来人口四倍于中国的非洲 我们该如何面对》，新浪财经，2018年4月5日，http://finance.sina.com.cn/chanjing/2018-04-05/doc-ifyuwqez5281302.shtml。
③ Simplice A. Asongu, "How Would Population Growth Affect Investmentin the Future? Asymmetric Panel Causality Evidence for Africa", *African Development Review*, Vol. 25, Issue 1, March 2013, p. 14.
④ 李安山：《非洲经济——世界经济危机中的亮点》，《亚非纵横》2013年第1期。

际资本目光，美国、法国、中国、印度、日本等国都在非洲积极探索开展新能源领域的投资。

（四）国际社会更加重视与非洲的经济合作

非洲在国际事务中扮演着重要角色，从推进世界和平与发展到构建国际政治经济新秩序，从联合国改革到全球治理体系的完善，从反恐斗争到解决非法移民和跨国犯罪，从应对全球气候变化到解决能源危机及粮食危机，几乎所有的重大国际事务都离不开非洲的合作与参与。当前，拥有丰富资源和巨大市场潜力的非洲正在成为世界各国争夺发展资源和谋求竞争优势的重要舞台。西方大国基于战略利益和安全考虑纷纷加大对非洲的关注力度，尤其是中国与非洲国家经贸合作的密切让西方国家危机感和紧迫感加强，美、法、英等国都将中非关系的发展视为对其在非洲既得利益的挑战。西方国家纷纷调整对非洲的政策，加大对非洲的投入力度。美国提出构建面向21世纪的"美非新型伙伴关系"，欧盟提出面向21世纪的"新型战略伙伴关系"，日本为争取联合国常任理事国地位也从增加经济援助入手，密切同非洲的关系。在非洲，正在形成以美、中、法、英、日、德、俄等国在内的第一梯队竞逐格局。除上述国家外，世界主要新兴经济体也在逐渐加强对非洲的关注力度。印度近年来极力争取非洲国家在联合国的支持，并采用了与其他国家对非洲实施大量经济援助不同的策略，打出科技合作牌，以期通过向非洲输出教育、文化、技术等"软实力"的方式获得非洲国家的政治支持[1]。印度尼西亚、土耳其等国也在采用不同的方式，加强与非洲国家的合作。非洲大陆正在成为世界投资的热土。非洲丰富的自然资源，巨大的市场潜力和尚未完全释放的人口红利吸引着国际资本的目光。欧盟国家是非洲最重要的投资来源国，来自中国的投资在逐渐增加，美国、日本等发达国家对非洲投资也在持续；世界主要新兴经济体对非洲投资全面发力，韩国、印度、印度尼西亚是最具代表性的新兴经济体。从外资流向上看，除了流入

---

[1] 张永宏、赵孟清：《印度对非洲科技合作：重点领域、运行机制及战略取向分析》，《南亚研究季刊》2015年第4期。

传统的资源能源领域外,农业、旅游、基础设施建设和商业等领域也开始吸引更多的外资。一些国家开始投资于非洲的高技术产业,开展技术和产品开发。

国际社会对非洲的高度重视,有利于非洲国家在国际经济舞台上谋求更为有利的位置,也有利于非洲国家开展更大范围的国际经济合作。

(五) 非洲国家自主发展趋势愈发明显

非洲的发展一直受到外界掣肘。20 世纪 90 年代中期之后,全球新兴经济体快速崛起;2008 年全球金融危机后,新兴经济体与传统西方大国之间经济力量对比发生明显变化。部分非洲人士意识到"华盛顿共识"在非洲的失灵,希望从全球新兴经济体的发展中寻找灵感和启迪,探求非洲自主发展道路。最典型的是卢旺达总统卡加梅提出的"基加利共识",在这一理念的指引下,卢旺达采取了"向东看"的政策;"向东看"不仅是向中国看,而是向包括中国、日本和韩国等在内的东亚地区看;东亚地区经济快速发展的重要经验之一是成立了生产型政府,或称发展型政府;在经济发展中采取了政府引导与市场主导相结合的方式,政府与部分经营组织高度集合,政府对经济发展具有较强的整体规划能力和执行能力,政府运作规范高效自主。这一发展特征和经验与过去几十年非洲国家政府的实践有明显的差异,非洲国家长期实行新自由主义经济政策,政府在经济发展中成为了边缘化角色,普遍缺乏制定和落实长远规划的能力,也缺乏高效的运作。卢旺达在实行"向东看"政策的同时,还主张从非洲本土出发,将二者结合,试图走出一条具有非洲特色的发展道路;优先满足本国市场,然后尝试向外部拓展,强化非洲自主发展的基础即是一种代表性的发展方式。除卢旺达外,埃塞俄比亚、津巴布韦、博茨瓦纳、坦桑尼亚、肯尼亚、安哥拉、纳米比亚等国也都在积极践行生产型政府模式,各国均出台更强调政府作用的经济发展规划和落实措施。非盟也将创建发展型国家作为实现《2063 年议程》的关键[①]。自主发展道

---

① Allen Rosenbaum, New Challenges for Senior Leadership Enhancement for Improved Public Management, NewYork: UNDESA, 2003, pp. 106, 65.

路的探索和生产型政府的建立提高了非洲国家政府发展经济的能力和效率，有助于非洲国家与国际社会开展更为务实高效的合作。

（六）非洲国家经济多元化成效开始显现

经济结构单一是非洲国家经济发展最大的瓶颈之一，寻求经济多元化是非洲国家解决这一问题的方案；经过多年的持续努力，部分非洲国家的经济多元化初见起色。经济多元化有利于拓宽非洲国家国际经济合作领域，增加合作机会。

总体上，非洲大陆的工业化程度有了明显的提高。多数非洲国家都把工业化视为经济发展的关键，通过发展出口导向型或进口替代型工业推进工业化进程。非盟在推动非洲大陆工业化进程中发挥着重要作用，2008年非盟即通过了《非洲加速工业发展行动计划》，旨在推动基础原料加工业发展；同年10月，非洲国家工业部长会议制定了《非洲加速工业发展行动计划实施方案》，确定了7个优先发展领域。2015年9月，非盟发布了《2063年议程：我们想要的非洲——框架文件》（下简称"议程"）和《2063年议程：我们想要的非洲——第一个10年实施计划（2014—2023年）》（下简称"实施计划"），这是新的重要的非洲工业化指导文件。"议程"提出，2063年非洲要通过工业化促进经济转型，提升资源附加值，创造就业岗位，关键是发展制造业，扩大制造业在全球价值链的份额；具体而言，到2063年，非洲制造业相比2015年增长5倍以上，占国内生产总值的50%以上，吸纳50%以上的新增就业人口，建成一批区域制造业中心和科技研发中心，科技在非洲制造业发展中扮演更关键的角色[1]。"实施计划"的主要内容是提出实现非洲工业化的近期战略和具体措施，具体而言，到2023年，非洲制造业产值占国内生产总值的比例比2013年提高50%以上，每个区域经济一体化组织内有一个以上的制造业中心，并提出实现上述目标的政策措施和融资建议[2]。非洲次区域一体化组

---

[1] African Union Commission, *Agenda 2063: The Africa We Want-Framework Document*, AddisAbaba: the African Union, September 2015.

[2] Ibid..

织也一直在努力推进非洲国家工业化进程。2012年，东非共同体就实施工业化战略达成共识，提出在2032年前完成工业化进程。2015年，南部非洲发展共同体发布了《南共体工业化战略》和路线图，目标是夯实成员国农矿产品加工业基础，提升在地区及全球产业价值链的地位，该文件与非盟的《2063年议程》相呼应[①]。西非国家经济共同体于2010年批准了西非共同工业政策文件。除国际组织外，非洲各国都将工业化作为本国经济发展的重要途径和目标，纷纷出台推进工业化的政策文件，多数政策文件都与非盟或区域一体化组织的相关政策相协调；如南非于2013年出台了《2013—2014年工业政策行动计划》，尼日利亚于2014年出台了《工业革命计划》等。

鉴于落后的工业水平，多数非洲国家将发展劳动密集型轻工业作为实现工业化的主要手段；同时努力促进私人投资，增加私营工业部门的比例。具有资源禀赋优势的国家则更注重发挥自身优势，努力拉长能矿产业等资源类产业链，发展农业精深加工。非洲国家积极探索工业化方法与路径，建设工业园区成为很多国家重要的选择。非洲国家还注意借力信息化浪潮，将互联网、移动支付等新经济形式与工业化有机结合。非洲工业化基础的巩固，为非洲承接新一轮国际产业转移奠定了基础。

服务业的发达程度是国家经济社会发展水平的基本标志之一。非洲服务业是一半的非洲经济总量的来源，同时在经济增长、就业、国际收支等方面发挥着重大作用。近年来，非洲国家同时推动传统服务业和新兴服务业的发展，取得了明显的进展。在传统服务业部门中，得益于本地消费能力的增强，非洲已成为全球零售业快速发展的新前沿。在新兴服务业中，移动金融和电子商务成为新的亮点，非洲是全球移动支付和全球电商发展最快的地区之一。

（七）非洲国家的经济政策环境持续优化

近年来，大部分非洲国家坚持实行对外开放政策，且开放程度较

---

① SARDC, Prospects for Industrial Transformation in SADC Towards a Regional Strategy and Road map 2015, http//www.sardc.net, 2016-04-19.

高。在贸易领域，多数国家实行了高度自由的贸易政策，积极鼓励出口。在投资领域，吸引外资被非洲国家普遍认为是快速引进技术，提高生产能力，调整经济结构，扩大就业和减少贫困的主要驱动力。多数国家制定了专门的吸引外资政策，政策目的非常明确，主要为促进本国经济发展，创造更多就业，提高民众生活水平，促进区域平衡发展，推动科技进步和环境改善等；吸引外资的优惠政策主要体现在国民待遇、关税、其他税收优惠、放松外汇管制和投资者的财产安全保障等方面。如为吸引矿业投资，一些非洲国家逐步调整了本国的矿产资源政策，鼓励外资进入；刚果（金）的公司所得税由 50% 下降到 30%，马里规定外资矿业项目经营的前五年免征所得税等。为吸引外资，大部分非洲国家明确保障外资财产权不受侵犯，承诺不对外资企业实行国有化；个别国家虽然制定有重点行业国有化的规定，但有着非常严格的前提条件和补偿条款。绝大部分非洲国家对外资汇出采取宽松政策，汇出项目可包括净利润和红利、技术转让费、外籍雇员酬金等。

2007 年亚洲开发银行首次提出了包容性增长概念（inclusive growth），倡导机会平等的增长，所有人公平合理的分享经济增长，实现社会和经济协调发展和可持续发展，自提出后得到迅速推广。近年来，非洲国家更强调经济的包容性增长。一直以来，非洲是非包容性增长的典型地区，多数国家经济有增长无发展，普通民众受惠于经济增长有限，贫困人口占比较高；在尼日利亚等产油国出现了严重的"荷兰病"，经济越发展，普通民众越贫穷。为改变这一痼疾，非洲国家普遍开始重视包容性增长。非盟制订的《2063 年议程》中，将实现非洲的包容性增长和非洲复兴作为最重要的目标。包容性增长的政策目标主要倾向于两个方面，其一是改善就业，提高民生水平；具体而言就是倡导发展更多的劳动密集型产业，实现就业岗位的增加，保障民众基本收入和福利；比如尼日利亚 2014 年 12 月制定了纺织业振兴政策，政策目标是将纺织业就业人数从 2015 年的 5 万人增加到 2017 年的 10 万人，业外间接就业人数由 65 万人提高到 130 万人；其二是改善环境，应对气候变化；为此，非洲国家普遍更重视环保产业和绿色能源的发展，有诸多举措的出台；如 2015 年 8 月，马里吸引挪威太阳能电力开发公司 Scatec Solar 投资建设西部非洲最大的太阳能电站，装机容量 3.3 万千瓦，年发电能力5700万度；2016年3月，尼日利亚签署了联合国"2030年天然气零空燃倡议"，设定了2025年可再生能源占能源总消费10%的目标；吸引韩国HQMC公司建设太阳能发电站，装机容量1万兆瓦；吉加瓦州政府和NOVAScotia能源发展有限公司签署了建设50兆瓦的太阳能发电项目；吸引加拿大天空能源投资50亿美元在三角洲建设3000兆瓦的太阳能发电项目等。

（八）非洲地区一体化程度持续加强

联合自强，加速推进一体化进程是非洲国家实现可持续发展的重要手段。非洲大陆一体化加强有利于增强经济内生增长能力，也有利于各国以整体面貌应对外部风险，开展国际经济合作。

非盟是非洲最重要的一体化组织，此外还有多个区域一体化组织，其中较重要的包括南部非洲发展共同体（SADC）、东非共同体（EAC）、西部非洲国家经济共同体（ECOWAS）、东南非共同市场（COMESA）、中部非洲国家经济共同体（EC-CAS）、阿拉伯马格里布联盟（AMU）等。在上述区域一体化组织的大力推动下，近年来非洲国家的贸易融合、基础设施建设、产业链融合、金融合作、人员自由流动等方面均有明显加强。

贸易融合是非洲一体化的重要抓手。在内部贸易融合方面，各次区域组织中，东非共同体的内部贸易融合程度最高，2005年即建立了关税同盟，实行统一的对外关税，成员间关税取消；2013年，肯尼亚、乌干达和卢旺达达成单一关税区协议。西部非洲国家经济共同体的关税同盟于2015年1月生效，开始执行共同外部关税。建立自贸区是贸易融合的重要抓手，也是一体化的重要表现形式。2012年第19届非盟首脑会议制定了在2017年前建成非洲自由贸易区的目标，计划在2014年由东部非洲共同体、南部非洲共同体和东南部非洲共同市场达成自由贸易区协议；2017年正式启动非洲自由贸易区①。2015年6月，东部非

---

① AU Assembly, Declaration on Boosting Intra-African Trade and the Establishment of A Continent Free Trade Area (CFTA), http//www.au.int/en/content/addis-ababa-29-january-%E2%80%93-30-janua^-2012-%E2%80%93-assembly-african-u¬nion-eighteenth-ordinary-sessio.

洲共同体、南部非洲共同体和东南部非洲共同市场签署了自由贸易协定，启动了三方自由贸易区；非盟第 25 届首脑会议宣布启动非洲大陆自贸协议谈判。2019 年 7 月召开的非洲联盟特别峰会上，非洲大陆自贸区正式宣告成立。除厄立特里亚外，非盟 55 个成员现已有 54 个签署该协议，27 个成员递交了协议批准书。建成后，非洲大陆自贸区将成为 WTO 成立以来全球最大的自由贸易区，形成一个覆盖 12 亿人口、国内生产总值合计 2.5 万亿美元的大市场。众多周知，非洲区域内贸易水平不高，非洲区域内贸易占非洲地区贸易总额比例远远低于其他大洲，自贸区建成后，通过逐步取消商品关税、促进服务贸易自由化，到 2022 年域内贸易比例有望得到大幅提高。而且，统一大市场的形成将显著降低外国商品进入非洲的成本，扩大与非洲贸易规模。

基础设施互联互通是非洲大陆一体化的关键措施。非洲开发银行在《处于非洲转型中心：2013—2022 年战略报告》中将其列为五大优先行动领域之首。为推进非洲大陆基础设施建设，各区域一体化组织做出了长期的努力。早在 2011 年，非盟大会即通过了加速实施次区域和区域基础设施项目的倡议，并提出了 9 个优先项目。2012 年，非盟通过了《非洲基础设施发展规划》（PIDA），该规划整合了非洲现有的从 2012 年至 2040 年的各类跨境基础设施发展规划，涵盖能源、交通、信息通讯和跨境水资源四大领域，成为非洲国家和地区组织基建指南[1]。非盟在《2063 年议程》也指出，要通过建设运输、能源和通信技术等基础设施，实现非洲大陆各个国家的联通。非洲次区域组织以及非洲国家也均开始了新一轮基础设施建设。多个跨区域的基础设施项目开始实施，重要的项目包括肯尼亚拉穆港、南苏丹和埃塞俄比亚的运输走廊项目（LAPSSET），其中肯尼亚标准轨距铁路已于 2013 年动工；西起洛比托，终点到卢奥，贯通安哥拉全境的本格拉铁路；涉及塞内加尔、马里、布基纳法索、尼日尔、尼日利亚、喀麦隆、乍得、苏丹、埃塞俄比亚和吉布提的东西非铁路项目；经博茨

---

[1] 杨立华：《非洲联盟十年：引领和推动非洲一体化进程》，《西亚非洲》2013 年第 1 期。

瓦纳卡拉哈里沙漠连接纳米比亚和南非的铁路；连接南非、斯威士兰、莫桑比克的铁路。非洲国家基础设施融资方面取得了显著进步，多数国家在基础设施方面的预算都有所增加。

此外，近年来非洲各国逐步开始金融一体化进程。如南非、纳米比亚、莱索托和斯威士兰在 2013 年实行了南共体区域电子支付系统。金融一体化是经济一体化的关键，在一定程度上将成为未来进一步推动一体化发展的重要经济基础设施。自然人暂时流动的自由化是一体化的重要标志，近年来在非洲大陆也有明显进展，其中东非共同体和东南非共同市场之间的进展最快。

（九）非洲地区安全局势好转，政府治理能力有所增强

安全问题一直是阻碍非洲经济发展的关键障碍。21 世纪以来，非洲大陆安全形式逐渐好转。近几年，战争、动乱等严重的安全问题明显减少，整体趋于稳定；虽然仍有冲突发生，但主要是局部的，频率和烈度都显著降低，安全局势的好转是非洲国家经济多元化、吸引外资，走自主发展道路的重要基础。与此同时，多数非洲国家的民主制度有很大的进步。经过多年的磨合，多数非洲国家的多党选举制已深入人心，民主和良治已经成为非洲大陆政治发展的主要潮流。非洲的公民社会也日益发展和成熟，公民社会对国家决策的影响力有所加强，具有非洲特色的民主制度初步形成；非洲国家的政治局势总体趋向稳定，多数国家的大选越来越顺利，权力交接越来越平稳；非洲国家的基本制度建设和政府治理能力有所改善；多数非洲国家政府的公共服务能力有所增强，可以为民众提供更多的必要的公共产品；发展经济成为绝大多数国家的共识，多数国家的宏观治理能力明显改善，财政稳健性和货币政策纪律性有明显的提高。政治安全局势的好转为中非合作提供了基础保障，政府治理能力的增强将提升中非合作的效率和效果。

当然，非洲国家吸引外资，开展国际经济合作也面临着诸多调整，比如近年来，国际地缘政治局势复杂多变，给全球的稳定带来了严峻挑战，也制约着部分非洲国家和地区的对外经济合作。尽管非洲的和平与安全局势有所改观，但仍然脆弱，非洲传统安全问题大幅减少，但碎片化的非传统安全问题日益增多。非洲总体营商环境在不断

改善，但仍是世界范围营商环境较差的地区之一，等等，这些挑战都需要非洲国际采取积极的措施予以解决。

四　非洲国家对外资需求与投资潜力案例研究

很多非洲国家的很多产业都亟须外部资金支持，比如能源和矿产行业、制造业、服务业、农业等，本部分选定两个国家作为案例，来研究非洲国家对外资需求与投资潜力，尤其关注中国企业可以投资的领域的需求和潜力。

（一）科特迪瓦对外资的需求与投资潜力

科特迪瓦曾是西部非洲最发达的国家之一，后经历了长期内战，经济衰退严重。内战结束后，科特迪瓦经济开始恢复增长，2013年之后经济增速连创新高，目前来看，科特迪瓦经济仍有一定的发展潜力。总的来看，科特迪瓦战略位置关键，具有较好的经济基础和发展潜力，国际社会具有加强与科特迪瓦经贸合作的动力。

科特迪瓦也具有很强的与国际社会开展经贸合作的动力。科特迪瓦发展经济雄心勃勃，制定了庞大的发展计划，亟需外部资金支持。科特迪瓦于2012年制定了第一期国家发展规划《2012—2015年国家发展规划》，提出了夯实和平基础，寻求社会和解，国家重建和经济振兴等四大任务，计划投资11万亿西非法郎（约合167.7亿欧元）来推动经济建设。2015年通过了第二期国家发展规划《2016—2020年国家发展规划》，计划5年内投资30万亿西非法郎（约合457.3亿欧元）来促进经济发展；其中私有性质投资占比62.4%，政府投资占比37.6%。计划通过实施经济结构转型、提升竞争力、提高初级产品出口和本地加工率等措施来实现"2020新兴国家"发展目标，同时大幅降低贫困率[①]。由于科特迪瓦经济实力有限，加之金融业发

[①] 《科特迪瓦"2016—2020年发展规划"融资大会将在巴黎召开》，商务部驻科特迪瓦经商处网站，2016年5月5日，http://ci.mofcom.gov.cn/article/ddgk/zwjingji/201605/20160501312432.shtml。

展滞后，国内财政能力不足以支撑经济建设所需资金。因此，科特迪瓦在两次国家发展规划期间都积极进行国际融资，通过发行国际债券和向其他国家政府、国际金融机构贷款等方式来获得资金支持。此外，法国长期把持着科特迪瓦的经济命脉，科特迪瓦希望寻找更多的国际经济合作伙伴，对法国形成一定制约，这也构成了科特迪瓦亟需与包括新兴经济体在内的其他国家开展经贸合作的动力。

综合考虑科特迪瓦的经济发展现状，我们认为未来该国对外资的需求主要集中在基础设施建设、能源、农业等领域，其中，基础设施建设是重中之重。

基础设施建设领域。2015年，中国与非盟签署了推动非洲"三网一化"建设谅解备忘录，把基础设施建设置于中非合作的重要位置，科特迪瓦作为西部非洲重要国家，是"三网一化"的重点国家。科特迪瓦的基础设施状况并不完善，也有巨大的对外合作需求。目前该国仅有一条铁路，且以货运为主，客运较少，铁路运输速度慢，货运速度50公里/小时，客运速度40公里/小时，铁路年久失修，运输效率低。科特迪瓦是西部非洲电力大国，但战乱期间，电力系统遭受破坏，2010年甚至需要从周边国家进口电力。2011年之后，电力行业得到恢复，2016年发电量增长到99.32亿千瓦时，除满足国内基本需求外，还有余量向邻国出口，当年电力出口16.49亿千瓦时。科特迪瓦的电力设施具有一定基础，但由于设备陈旧老化及不断增长的电力需求，原有的电力系统已无法满足现实需要。科特迪瓦政府计划到2020年将电力装机容量从2000兆瓦提升到4000兆瓦，同时进一步扩大水电站和火电厂的建设投入，该目标的实现也需要国际资本的支持。2016年7月，科特迪瓦总理宣布，未来15年内科特迪瓦将投入200亿美元进行电力建设，目标是到2030年，电力装机容量由现在的2000兆瓦提高到6000兆瓦[①]。此外，科特迪瓦还计划在2030年完成混合能源架构建设，使电力能源来源更多地向可再生能源方向

---

① 《科特迪瓦计划未来十五年向电力领域投资200亿美元》，商务部驻科特迪瓦经商处网站，2016年7月15日，http://ci.mofcom.gov.cn/article/jmxw/201608/20160801372181.shtml。

转变。

科特迪瓦在本国发展计划中，将基础设施建设放在首要位置，计划投入大量资金进行公路、铁路、港口、电力等方面的建设。科特迪瓦在《2016—2020年国家发展规划》中提出了94个建设项目，在《全国道路2013—2020发展计划》中提出了全国道路维护和建设方面的要求。计划的重大基础设施建设项目包括阿比让四桥项目、阿比让－圣·佩德罗高速公路项目和铁比苏－布瓦凯高速公路项目等，这些项目均需要外部资金和技术支持。

能矿领域。科特迪瓦拥有丰富的能矿资源，但开发利用不足，主要矿藏有钻石、黄金、锰、镍、铀、铁和石油。自1996年新油田开采后，能矿业产值在科特迪瓦工业产值中所占比例逐年增加。2002年内战的爆发阻断了能矿产业的发展。2011年4月，科特迪瓦大选危机结束后，新政府积极开展经济恢复重建工作，将能矿业视为支柱产业。2014年3月，国民议会通过了新《矿业法》，取消了外国投资企业必须与国有矿业公司联合经营的规定。同时，新政府启动了国有企业私有化进程，出售部分经营不善的国有石油企业。这些措施推动了油气产业的发展，2018年，原油产量为1178万桶，天然气产量为6909万MMBTU①。科特迪瓦的石油产业还有较大发展潜力，其发展目标是到2020年将石油产量提高到20万桶/天，同时加强与世界主要石油企业的合作，目前来看，任重道远，石油开发将是未来几年经济建设中最重要的产业之一，可能成为最大经济增长点，科特迪瓦政府也积极鼓励国际石油企业进入。

除石油和天然气，外国企业还可以加强与科特迪瓦矿产行业的投资合作。科特迪瓦矿产资源开发利用程度相对较低，矿产资源开发占国内生产总值的比例不到5%，目前仅有黄金和锰实现了工业化开采，矿产行业存在较大的开发空间。

农业领域。农业是科特迪瓦的经济基础，农业从业人口占全国劳

---

① 《2018年科特迪瓦油气产量减少 石油产品产量增长6.62%》，商务部驻科特迪瓦经商处网站，2019年5月10日，http://ci.mofcom.gov.cn/article/jmxw/201905/20190502861893.shtml。

动总人口的49%，主要经济作物是可可和咖啡，可可生产量和出口量居世界第一位，占全球市场总供给量的40%。可可和咖啡的出口收入是科特迪瓦最主要的外汇来源之一。科特迪瓦新政府上台后对可可行业进行改革，2014年和2015年可可产量达到历史新高。科特迪瓦政府强调要继续把可可产业作为支柱产业，加强管理，增强抵御外部市场变化冲击的能力，计划到2020年，将可可的加工率提升到50%以上。同时，进一步提高农产品加工能力，增加农产品本地加工率，特别是可可和腰果，科特迪瓦目前已是世界第二大腰果生产国，政府计划2020—2025年将腰果的初加工率提升到100%。科特迪瓦农业发展非常不平衡，粮食种植业发展滞后，至今尚未实现粮食自给。近年来，科特迪瓦出台了国家农业投资计划（PNIA），同时实施多个农业基础设施项目来推动出口作物和粮食作物的生产。科特迪瓦还计划在农业部门吸引更多的国内外投资，加强对农产品销售、作物病虫害控制和农业生产者的管理，提高农业部门的能力建设，这都给国际企业提供了机遇。

综合来看，外资企业与科特迪瓦开展投资合作可能面临以下几个风险点，需要未雨绸缪，这也是有意在该国投资的中国企业需要密切关注的。第一，科特迪瓦政局和社会稳定风险。现任总统瓦塔拉上台之前，科特迪瓦曾经历了近10年的内乱，直到2011年大选危机结束后，政局才相对稳定，但各政治派别的争斗尤在。2020年，科特迪瓦将再次进行总统选举，选举博弈渐次展开，选举和政权更替的不确定性使科特迪瓦的政治风险再度显现。近几年，科特迪瓦各政治派别的争斗或明或暗，在科特迪瓦高校里形成了各自的支持群体。2017年5月以来，科特迪瓦多地军队发生叛乱，政治形势一度十分紧张。虽然目前事态已经平息，但潜在的暗流并没有消失，随着2020年大选的到来，政治斗争有可能升温，兵变、学生团体暴乱的可能性存在。

科特迪瓦非传统安全也对外资形成了威胁。首先是几内亚湾海盗问题。西非几内亚湾渔场是国际重要的渔场之一，也是我国重要的渔业作业区；同时，科特迪瓦国际贸易主要依靠海路运输，各国渔船和货船成为几内亚湾海盗重点目标。近年来已有多起渔船货船被劫持的案例。如 2015 年 12 月 26 日，科特迪瓦聚源渔业有限公司在科特迪瓦注册的船号 AN1467 的渔船在加纳海域作业时失联；该船有中国籍船员 6 人，科特迪瓦籍船员 9 人，12 月 26 日失联，29 日上午，失联渔船抵达贝宁科托努港。该渔船系在科特迪瓦海域作业时遭海盗劫持，海盗计划将渔船劫至尼日利亚，但行至贝宁附近时燃料耗尽，海盗将船上财物洗劫后弃船；船员利用船上隐藏的少量油料将渔船驶至最近的科托努港求救。科特迪瓦海军打击海盗能力极弱，目前仅有两艘法国援助的巡逻艇，科特迪瓦西非海事区域协调中心建设也由于缺乏资金而非常缓慢，消除几内亚湾海盗威胁仍需时日。其次是恐怖主义威胁。随着科特迪瓦解放武装和收缴散落武器进程的推进，全国犯罪率逐年下降，社会治安形势向好，但科特迪瓦邻国马里和布基纳法索于 2015 年和 2016 年发生的两起恐怖袭击事件，使科特迪瓦的反恐形势变得严峻。2016 年 3 月，在科特迪瓦大巴萨姆发生了该国历史上首次恐怖袭击，造成 18 人死亡。目前，科特迪瓦的社会安全状况仍值得关注，可能对外资进入该国产生负面影响。

第二，科特迪瓦的债务风险与偿债能力。近年来，科特迪瓦整体外债状况较好，随着货币基金组织重债穷国减债计划的提出和实施，及近年来经济增长态势的好转，外债占 GDP 的比例持续下降，尤其是短期债务。但公共债务水平长期处于较高水平，主要源于政府主权债券的大量发行，主权债券的发行扩宽了科特迪瓦的融资渠道，降低了政府的借贷成本，减少了政府财政赤字，但是科特迪瓦的经济基础较差，国民收入受大宗商品价格波动的影响明显，且未来政治环境并不稳定，较高的公共债务水平使其面临一定的债务风险，2017 年公共债务占 GDP 的比例为 46.9%。

科特迪瓦用于基础设施建设的投资大部分来自主权债券发行、外国政府的援助和投资以及国际金融机构和银行贷款等。2011—2014 年，科特迪瓦通过发行主权债券获得了约 24.2 亿美元融资。2016 年吸引了 7.47 亿美元外资，为 33 个项目提供了融资支持。此外，科特迪瓦还从世界银行、非洲开发银行、中国进出口银行、伊斯兰发展银行和西非进出口银行等金融机构获得了大量的融资支持。目前来看，科特迪瓦的部分项目融资比例较高，存在一定的债务风险。

第三，科特迪瓦区域发展不平衡的风险。科特迪瓦经济相对发达的地区主要集中在东南沿海，其中阿比让、亚穆苏克罗和布瓦凯是经济最发达的三个城市。阿比让所在的泻湖地区是工业最发达的地区。从政府发展规划和发展方向来看，上述三个城市在未来多年内仍将是科特迪瓦发展的重心。由于科特迪瓦地区经济发展非常不均衡，部分地区基础设施缺失问题严重，为降低运营成本和投资风险，外资企业在投资科特迪瓦的过程中要特别注重地区选择，重点选择地理区位优越、基础设施相对完善、经济较为发达的区域。

第四，激烈的国际竞争。历史上，科特迪瓦曾是法属殖民地，在双方长期密切的交往中，法国企业已经渗入了科特迪瓦经济的方方面面，科特迪瓦重要的经济领域都有法国企业的深度参与，包括电力、电信、物流、基建、石油等，法国在一定程度上控制着科特迪瓦的国家经济命脉。目前，法国在科特迪瓦有 600 多家企业，科特迪瓦全国最大的十家企业里，一半以上是法国公司。法国与科特迪瓦的政治军事合作密切。两国签有"防务条约"，法国每年为科特迪瓦培训超千名军人；提供部分军用装备，如提供两艘巡逻艇用于打击海盗；科特迪瓦需优先从法国购买武器，优先向法国出口军工原料和战略物资；有向法国提供军事基地的义务；法国在科特迪瓦设有临时军事基地。法国还直接对科特迪瓦实施军事干涉，如 2010 年科特迪瓦爆发总统选举危机，联合国安理会于 2011 年 3 月 30 日通过了第 1975 号决议，决定对巴博及其支持者实施金融和旅行制裁，法国开始增兵科特迪瓦，"独角兽"部队兵力达到 1500 人；4 月 4 日，法军开始直接的军事干涉，4 月 11 日巴博被逮捕，法国军事干涉行动告一段落。科特迪瓦总统瓦塔拉上台后给予法国更多的经济回报，法国公司享有诸多的优惠和特权。由于法国与科特迪瓦之间如此的紧密关系，在很多敏感领域或高利润领域，其他国家企业很难与法国公司竞争。

（二）苏丹对外资的需求与投资潜力

综合考虑苏丹的经济发展现状和潜力，我们认为未来苏丹吸引外资的重点应集中在能源资源、基础设施建设、农业和制造业等领域。

能源资源领域。受南北分裂影响，苏丹油气资源储量和产量大幅减少，现有的石油产区主要位于临近南苏丹或与南苏丹有领土争议的地区，纷争和战乱不断，对中苏能源领域合作产生了明显的不利影响。在国际社会和两国的共同努力下，苏丹和南苏丹之间大规模、高烈度的冲突日趋减少，被搁置的能源投资项目将重新启动。苏丹尚有不少待开发的石油产区，虽然苏丹积极开展产业多元化，但油气产业仍将是该国最倚重的支柱产业。因此，能源领域具有继续吸引外资的潜力。

除油气外，苏丹还富有多种矿产，如铁、银、铬、铜、锰、金、铅、锌、镍、钨等金属矿产，大理石、水泥用灰岩、云母、盐等非金属矿产。金矿主要分布在苏丹东北部、东部和南部，主要矿区有巴德鲁克（Baderuk）、哈道澳阿迪布（Hadal Auatib）和奥德鲁克（Oderuk）等。随着石油产量的锐减，苏丹政府开始将金、银、铬、铁等矿产开采作为新的支柱产业，出台了相应的鼓励措施。一些地方政府，如喀土穆州、红海州、杰济拉州等也出台了鼓励投资的相关法规，吸引外资进入。目前，在苏丹从事矿产勘查与开发的公司超过20家，主要开发的矿产有金、铬、铁等。有15家矿业公司从事黄金开采活动，其中包括3家中国企业，分别是保利集团投资的中非开发投资公司，天津华北地质勘查局投资的中非华勘投资公司，以及金桥矿业有限公司。

苏丹政府欢迎外资企业投资苏丹矿业。苏丹矿业法对矿业勘查实行许可证制；在企业与政府签订的合作协议中，勘探和开发一体，勘探权转入采矿权相对容易；勘探期限也可根据实际情况延期；矿业享受一些投资优惠政策，包括企业所得税、进口产品关税、个人所得税及投资优先返还等。因此，外资企业投资苏丹矿业具有相对广阔的前景。

基础设施建设领域。苏丹基础设施建设滞后。目前，全国公路总里程为3.7万公里，公路等级较低，运输效率较低。铁路全长5978公里，是非洲国家铁路里程第二长的国家，但由于战争和洪水，铁路损毁严重，已无法形成全国联通的网络。苏丹的基础设施无法满足经济社会发展需要，苏丹政府制定的中期和远期发展规划中，都将能源、道路、港口、电力和通讯等基础设施建设列为重点支持领域。

随着苏丹城市化进程的加速，居民收入水平不断增长，新兴中产阶级大量涌现，苏丹的房地产市场开始形成和发展。苏丹电力不足，需要大量的电力投资，政府规划兴建或扩建多个电力项目。随着非洲一体化进程加快，苏丹和周边国家间的跨国跨区域工程项目和工业基础设施建设将逐步出现。这些领域的需求，都为外资企业进一步开拓苏丹基础设施建设市场提供了空间。

农业领域合作。苏丹是传统农业国，拥有广阔而肥沃的土地和丰富的水资源，发展农业具有得天独厚的条件。20 世纪 90 年代以来，苏丹农业产值占 GDP 的比例持续下降。从 2005 年起，苏丹政府加大农业投入，推出了一系列农业复兴计划和鼓励投资政策，积极开展国际农业合作，农业生产有所起色。2015 年，苏丹农业产值占 GDP 的比例为 28.9%，农业人口占全国总人口的 80% 以上。苏丹的主要农作物有棉花、阿拉伯胶、粮食作物和油料种子。粮食年产量约 600 万吨，粮食自给率 85%。经济作物在农业生产中占重要地位，棉花、花生、芝麻和阿拉伯胶主要供出口，占农产品出口总额的 66%。苏丹的花生产量居阿拉伯国家之首，在世界上仅次于美国、印度和阿根廷；芝麻产量在阿拉伯国家和非洲国家中居第一位，出口量占世界总量的近一半；阿拉伯胶种植面积 500 万公顷，年均产量近 6 万吨，占世界总产量的 80% 左右。[①] 总体上看，苏丹农业长期投入不足，机械化程度低，技术落后，农业劳动生产率低。苏丹政府高度重视农业市场建设，积极吸引外资，规划了一些重要的农业项目，比如位于北方州的综合农业机械化项目等，农业发展具有一定的潜力。

制造业领域。苏丹制造业基础薄弱，企业数量较少，主要是一般工业原料和家庭消费品等劳动密集型产业企业，企业规模普遍较小。21 世纪以来，得益于石油工业的发展，苏丹工业化进程加快，汽车、机械等产业有了一定发展，但由于资金和技术等诸多因素的制约，资金和技术密集型制造业的发展仍比较缓慢，整体上处于工业化早期阶段。为推进工业化，苏丹在《2015—2019 年经济改革五年计划》中，明确工业为优先发展产业，能源、矿业和制造业为重点发展产业，鼓

---

① 商务部：《对外投资合作国别（地区）指南——苏丹（2016 年版）》。

励引进外国直接投资。苏丹投资部将工业和农业、基础设施建设、自贸区建设一道作为未来经济发展的四大方向。

综合来看，外国企业投资苏丹可能面临以下几个风险点，需要未雨绸缪，这也是有意到该国投资的中国企业需要密切关注的。

第一，债务风险和偿债压力。苏丹推进基础设施建设和工业化的愿望迫切，但金融体系不完善，金融机构实力有限，当地金融市场难以提供足够的融资支持。为弥补资金缺口，苏丹政府积极向世界银行、非洲开发银行等国际开发性金融机构，以及包括新兴经济体在内的国际发展援助伙伴寻求融资。近年来，苏丹的外债负债率徘徊在40%左右的警戒线位置，短期债务较高，短期偿债压力大，2017年公共债务占GDP的比例高达121.98%，债务情况不容乐观，未来存在偿债风险，需密切关注。

第二，营商环境风险。南北苏丹分裂后，苏丹经济增速急剧下滑，经济发展方式和模式被迫转型。目前，苏丹经济发展仍面临诸多问题，如财政收入锐减、出口创汇能力下降、高通货膨胀率、外债攀升等。苏丹的经济形势显著增加了外资企业在苏丹的投资风险。苏丹营商环境不佳，在世界银行发布的2017年《世界营商环境报告》中，190个国家中苏丹名列第168位。苏丹的政治体制和社会结构使得寻租行为广泛存在，腐败问题较为严重，增加了外资企业与当地政府部门沟通的难度，提高了运营成本。交通、电力等基础设施不足，影响了企业运营效率。国内资本不足，国际融资难度大，成本高。企业开办审批慢，效率低。这些营商环境方面的问题直接对外资企业构成了实质性的影响。

为缓解财政困境，苏丹政府有可能在特定的时期全面审视并改革税收政策，对外资实行的税收优惠也有可能改变，政策的不稳定性加大。外资企业要高度关注苏丹政治经济局势的变化，加强政治风险、市场风险的预判和评估，对国有化风险、政策变动风险要尤为重视；企业要构建内部风险预警和管理体系，设立应急机制。与东道国企业或其他国家企业组成联合体投资，也是降低风险的重要方式。

苏丹的外汇管制严格，外汇进出受央行的严密监控。由于石油收入锐减，苏丹外汇紧张，外汇兑换将受到更严的限制。苏丹镑的贬值趋势明显，从2007年到2017年贬值超过200%，黑市汇率贬值更明显，苏丹镑对国际局势反应敏感，波动相对剧烈。外资企业要重视防范资金风险，建立金融风险预判机制，积极关注国内国际金融动态；加强与投资东道国政府及金融界的密切沟通，以便于随时发现风险苗头；所签合同尽量约定以美元付款，如果是美元与当地货币混合付款，则应要求尽量提高美元的比例；在合同中要加入保值条款，防范通货膨胀风险；防范可能由于安全风险导致的外汇管制，选择合适的金融工具实现风险对冲。

第三，安全风险。苏丹的政治局势是未来影响外资企业投资苏丹的重要变量。苏丹很多石油资源主要分布在南北苏丹的交界地带，一些大型项目区通往苏丹炼油厂及红海港口的输油管道都要穿越两国种族、宗教关系极为复杂的边境地区，尤其是冲突频繁的达尔富尔、阿卜耶伊、南科尔多凡和蓝尼罗河等地区，给外资石油企业带来了严重挑战。

2019年4月11日，苏丹原国防部长奥夫通过国家电视台发表讲话，宣布废除巴希尔政权，解散中央和地方政府，成立为期两年的军事过渡委员会管理国家。国家进入为期3个月的紧急状态，同时宣布废止2005年制定的苏丹《临时宪法》。事实上。此次政变是苏丹长期存在的多种内外部问题交织的结果，包括民生问题，巴希尔长期执政导致的政权合法性问题，以及来自外部因素的影响和冲击。从当前苏丹实际情况来看，爆发内战或有外部军事力量介入的概率很小，但产生的负面影响不容忽视。更需要警惕的是，此类政变具有一定的传染性，会对其他国家，尤其是周边国家产生较强的刺激和影响。

第五章 非洲化解债务风险的重要选择之二

——大力发展服务业

多数非洲国家产业结构单一的问题长期存在，这些国家经济脆弱，易受外部因素影响。努力实现经济多元化是这些国家共同的选择，除大力推动以制造业为主的工业化外，根据本国国情选择适合本国的产业予以推动，是这些国家的重要发展任务。随着近年来非洲国家经济的发展，中产阶段规模的扩大，非洲国家对服务业的需求不断加大，发展服务业，提升服务业供给数量和质量成为非洲国家推动经济可持续发展的重要选择，同时也可以显著提升非洲国家抵御债务风险，解决债务问题的能力。

一 服务业在非洲经济中的地位、产业结构与特点

（一）非洲服务业研究的特点

自20世纪60年代初起，服务业在世界经济增长中的作用开始提升；90年代后，随着劳动生产率的提高，全球经济服务化趋势不断加剧，服务业就业人数和在国民生产总值中所占比例快速上升。目前，在全球经济中，服务业所占比例超过60%，其中，发达国家服务业占比超过70%；服务消费占总消费的50%以上；服务业的发达程度成为一个国家经济社会发展水平的基本标志。

服务业既为工农业生产提供生产性服务，又为居民生活提供生活性服务，是一国经济中不可或缺的产业组成部分。研究非洲服务业的难点主要体现在两方面。一是服务业并非单一的产业部门，而是一大

产业类别①，不同服务业产业部门存在较大的异质性，增加了研究的难度。这一点实际上也是服务业研究需要面对的共性问题。二是非洲国家众多，经济结构和发展水平各异，服务业发展情况千差万别。从产业发展的一般历程来看，在经济发展水平获得提升的同时，服务业也必然获得相应的发展空间，但两者之间并非简单的线性关系②。服务业与经济发展之间内在关系的复杂性进一步增加了非洲服务业研究的难度。正因为如此，目前国内外对非洲服务业的研究主要集中在一些部门，如金融、电信、旅游等，总体研究的文献相对较少，是有待开拓的领域。不过，研究的难度与效益并存。非洲国家总体经济社会发展水平较低、发展空间巨大，且近年来发展形势良好，发展空间正在得到释放，服务业发展和对外合作机遇也在逐步显现。在这种情况下，对非洲服务业发展以及开展服务业国际合作潜力的研究势必具有极大的研究效益。

（二）服务业在非洲国民经济中的地位

（1）服务业是非洲经济总量的主要来源

非洲经济总量中有一半以上来源于服务业。据联合国统计数据，2017年非洲服务业增加值（现价）达11273.58亿美元，占国内生产总值的50.9%，如图5-1所示。从历史数据来看，非洲服务业增加值占国内生产总值的比例年度之间存在较大波动。该比例的波动与服务业增加值和国内生产总值之间的增速差异有关。对于非洲国家而言，与受气候条件、国际市场价格等影响较大的工农业

---

① 世界银行所指的服务业范围涵盖联合国《国际标准产业分类》（ISIC Rev.3）下的批发零售和汽车、摩托车及个人和家庭用品的修理（G）、餐饮住宿（H）、运输、仓储和通信（I）、金融（J）、房地产、租赁和商务活动（K）、公共管理、国防和强制性社会保障（L）、教育（M）、卫生和社会工作（N）、其他社区、个人和社会服务（O）、雇用家政服务人员的私人家庭的活动和私人家庭的无差别生产活动（P）等十个产业门类。本研究对服务业范围的认定与世界银行相一致。

② 最新的研究认为服务业发展与经济发展水平之间并非简单的线性关系，而是显示出阶段性的"两波"特征，即服务业增长的第一波发生在人均收入达到1800美元以前，其后趋于稳定，第二波出现在人均收入4000美元左右。相关内容参见江小涓《服务业增长：真实含义、多重影响和发展趋势》，《经济研究》2011年第4期。

等非服务业部门相比,服务业增速更为稳定。经济增速较快的时期,工农业发展速度较快,而服务业增速相对较慢,从而服务业占比下滑(如20世纪70年代以及90年代末到2008年国际金融危机爆发前);反之则反(如20世纪80年代以及2008年国际金融危机爆发后)。

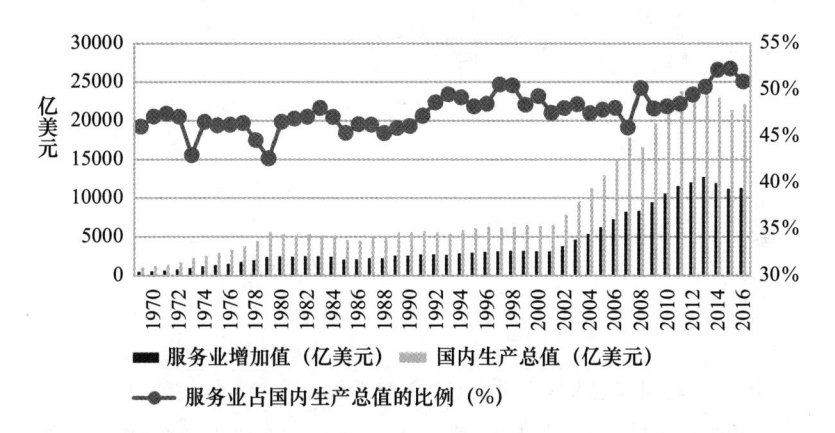

图5-1 非洲服务业增加值(现价)及其占国内生产总值的比例(1970—2017)

注:1990年以前不含埃塞尔比亚、厄立特里亚以及坦桑尼亚桑巴吉尔岛数据。

数据来源:United Nations Statistics Division, National Accounts Estimates of Main Aggregates.

分国别来看,不同非洲国家服务业占国内生产总值的比例存在较大差异,原因不尽相同。如图5-2所示,2017年非洲国家人均国内生产总值与服务业增加值占国内生产总值的比例之间并未显示出显著的线性关联;绝大部分非洲国家服务业增加值占国内生产总值的比例在30%—60%之间;一些国家,如赤道几内亚、刚果(布)、加蓬和安哥拉等国受工业部门(主要是油气工业部门)占比较高的影响,服务业占比偏低;一些国家,如佛得角、圣多美和普林西比以及吉布提等国经济规模较小,经济以服务业为主,服务业占比相对偏高;也有一些国家,如南非、毛里求斯、塞舌尔等国经济发展水平相对较高,服务业占比接近70%,经济结构与发达国家相近。

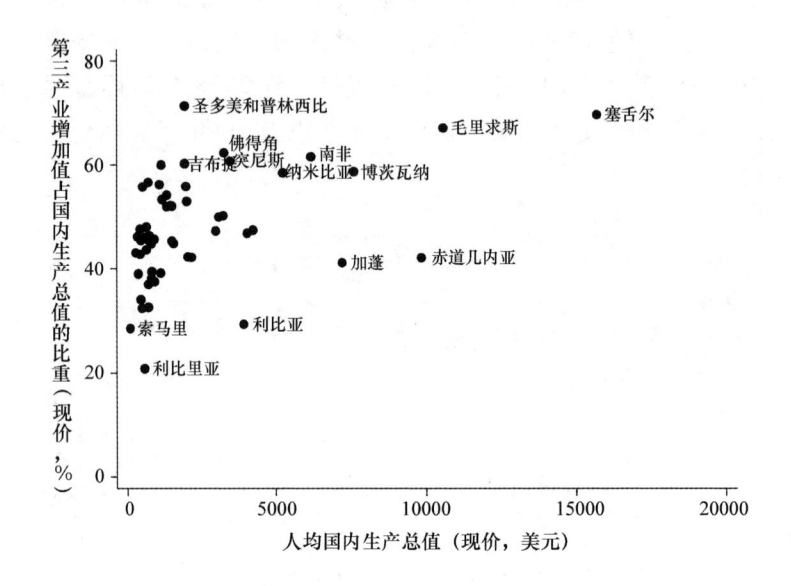

图 5-2 非洲国家人均国内生产总值与服务业增加值占比散点图（2017）

数据来源：United Nations Statistics Division, National Accounts Estimates of Main Aggregates.

总的来看，服务业贡献了一半的增加值，是非洲经济总量的主要来源。不过，由于服务业占比国别差异的存在，南非等少数国家对非洲总体服务业占比较高也值得注意。

（2）服务业是非洲经济增长的重要动力

服务业在非洲经济增长中起着重要作用。与现价计算的结果相比，以不变价计算的增长核算更能体现服务业在非洲经济增长中的作用。如图5-3所示，1971—2017年的47年中，服务业增加值（不变价）增速低于国内生产总值增速的年份仅有14年，且这些年份大多是经济发展形势较好、增速较高的年份。也就是说，大部分年份里，服务业增加值（不变价）对经济增长的贡献率都高于其本身在经济总量中的份额。有鉴于此，以不变价计算，非洲服务业增加值占国内生产总值的比例大部分年份均保持增长。2017年非洲服务业增加值占国内生产总值的50.5%，比1970年提高了近14个百分点。由此可见，服务业对非洲经济稳定和增长具有重要意义。

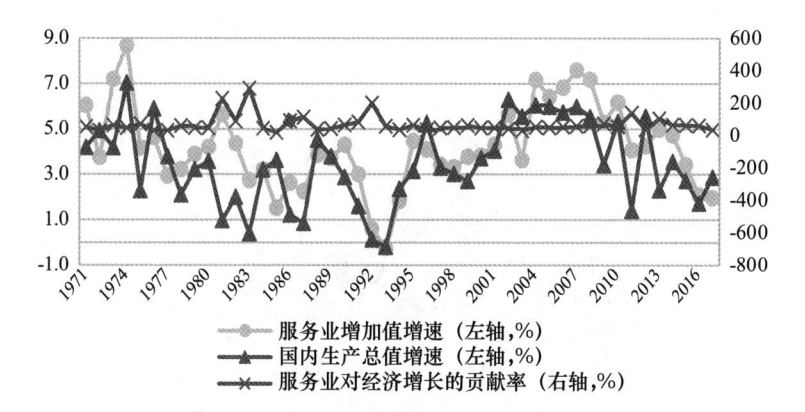

图 5-3　非洲服务业增加值（不变价）增速及其对经济增长的贡献率（1971—2017）

注：服务业增加值和国内生产总值均按 2010 年不变价计算。

数据来源：United Nations Statistics Division, National Accounts Estimates of Main Aggregates.

分国别来看，服务业也对多数非洲国家经济增长起着重要作用。如图 5-4 所示，在 1971—2017 年的 47 年中，服务业增速高于经济增速的年份数不少于 24 年的国家共有 39 个，超过国家总数的三分之二。也就是说，超过三分之二的非洲国家有超过一半的年份其服务业增速快于经济的总体增速。在南非，服务业增速高于经济增速的年份有 33 年，经济增长的服务业驱动特征明显。即使在服务业增速高于经济增速的年份数少于 24 年的 13 个国家中，服务业增速高于经济增速的年份数也都在 15 年以上，服务业仍然是经济增长的重要来源。

总的来看，以不变价计算，多数非洲国家大部分年份里服务业对经济增长的贡献率高于其在经济总量中的份额，非洲服务业增加值占国内生产总值的比例总体上呈增长趋势，服务业是非洲经济增长的重要动力。

（3）服务业是非洲居民就业的重要载体

服务业行业众多，且多属于劳动密集型行业，吸纳就业的能力较强，是非洲居民就业的重要产业。对大多数非洲国家居民而言，以公共管理、教育、卫生等行业为代表的公共服务业提供了优质的就业机

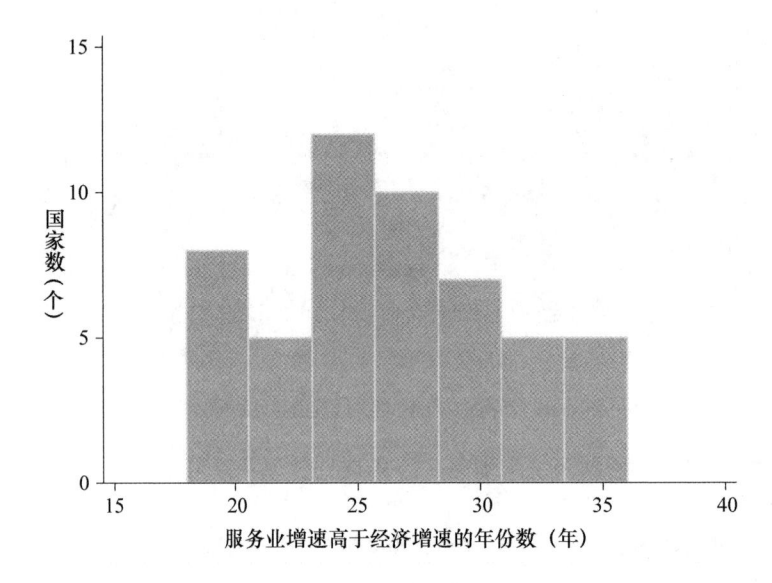

图 5-4　按服务业增速高于经济增速年份数分的非洲国家分布图（1971—2017）

注：含 52 个非洲国家，不含厄立特里亚、南苏丹，坦桑尼亚不含桑巴吉尔岛。

数据来源：United Nations Statistics Division, National Accounts Estimates of Main Aggregates.

会。传统的批发零售业、餐饮住宿业、交通运输等也能够提供大量就业岗位。随城市规模的扩大，金融和房地产行业的就业机会也在逐步增加。信息化条件下的通信行业的就业机会也在不断扩大。此外，随工业经济发展而专业化的各种生产性服务业也在提供越来越多的就业机会。

非洲服务业对劳动力的吸纳存在明显的国别差异。在市场竞争条件下，如果一国资本充足且资本和劳动力均可自由流动，服务业就业人口占总就业人口的比例与服务业增加值占国内生产总值的比例相近，二者之间差异不应过大。如表 5-1 所示的多哥、埃及、贝宁、南非和毛里求斯等国，两者之间的差异较小。不过，由于多数非洲国家仍然处于典型的二元经济发展时期，资本短缺严重，非农就业岗位稀缺，大量的剩余劳动力仍滞留在农业生产领域，农业吸纳的劳动力占劳动力总量的比例大大超过农业增加值占国内生产总值的比例，而服务业吸纳的就业占比也因此会明显低于其增加值占国内生产总值的比例。如表5-1所示，在表中列出的52个非洲国家中，大部分国家服务业就业人口占总就业人口的比例明显低于增加值占比，其中津巴布韦、莫桑比克、莱索托、布隆迪等国服务业就业占比比增加值占比低30个百分点以上。这些国家农业人口比例通常较高，其中，布隆迪的农业人口占总就业人口的比例超过90%，莫桑比克超过70%，津巴布韦和莱索托都接近70%。此外，也有一些国家由于农业资源相对匮乏等原因，剩余劳动力主要进入城市，滞留在服务业领域。如表5-1所示的利比亚、利比里亚、加蓬、阿尔及利亚、斯威士兰等国，服务业就业占比明显高于增加值占比。

表5-1　　　　　2017年非洲国家服务业就业人口情况

国家	年份	服务业就业人口占总就业人口比例（%）	总就业人口（万人）	总劳动力（万人）	服务业增加值（现价）占国内生产总值的比例（%）	服务业就业占比与增加值占比之差（%）
利比亚	2017	65.27	204.02	246.17	22.88	42.38
利比里亚	2017	42.44	151.30	154.43	13.40	29.04
加蓬	2017	52.22	54.55	67.67	30.05	22.16
阿尔及利亚	2017	59.86	1060.26	1204.79	45.08	14.78
斯威士兰	2017	62.41	28.39	36.55	52.23	10.18
刚果（布）	2017	41.74	184.83	205.72	32.56	9.18
南非	2017	71.48	1631.54	2245.06	63.19	8.29
加纳	2017	47.12	1141.67	1222.74	38.96	8.16
赤道几内亚	2017	42.05	44.65	49.15	35.10	6.95
佛得角	2017	64.48	23.00	26.21	61.56	2.92
塞内加尔	2017	54.15	379.83	405.95	53.16	1.00
贝宁	2017	38.98	445.79	455.72	38.45	0.53
埃及	2017	48.39	2705.28	3066.20	48.19	0.20
尼日利亚	2017	51.63	5546.35	5901.24	52.12	-0.50
安哥拉	2017	42.48	1141.77	1229.56	43.36	-0.88

续表

国家	年份	服务业就业人口占总就业人口比例（%）	总就业人口（万人）	总劳动力（万人）	服务业增加值（现价）占国内生产总值的比例（%）	服务业就业占比与增加值占比之差（%）
纳米比亚	2017	60.77	70.45	91.60	61.94	-1.16
苏丹	2017	41.74	994.13	1139.71	43.22	-1.48
科特迪瓦	2017	45.31	790.33	810.50	46.80	-1.50
毛里求斯	2017	65.63	56.23	60.31	67.44	-1.81
塞拉利昂	2017	35.15	244.58	255.63	36.98	-1.84
布基纳法索	2017	38.21	660.33	702.58	42.19	-3.98
冈比亚	2017	54.30	66.68	73.20	58.31	-4.02
多哥	2017	45.81	343.76	349.56	49.94	-4.13
博茨瓦纳	2017	58.77	85.73	104.08	63.12	-4.35
毛里塔尼亚	2017	33.22	106.18	118.34	37.97	-4.75
圣多美和普林西比	2017	58.33	6.13	7.05	65.12	-6.79
突尼斯	2017	52.03	342.32	404.53	60.92	-8.90
马里	2017	27.89	622.35	687.18	37.36	-9.47
摩洛哥	2017	40.12	1066.92	1173.11	49.69	-9.57
南苏丹	2017	35.19	403.11	461.43	45.56	-10.37
喀麦隆	2017	39.30	1036.15	1072.15	50.70	-11.40
索马里	2017	21.09	309.80	359.87	33.03	-11.94
刚果（金）	2017	20.81	2677.52	2792.03	33.13	-12.32
肯尼亚	2017	34.64	1801.92	1986.49	49.69	-15.04
乍得	2017	15.26	550.66	563.05	32.09	-16.83
几内亚	2017	26.32	419.10	434.63	45.07	-18.75
埃塞俄比亚	2017	21.48	4925.28	5016.11	40.34	-18.85
坦桑尼亚	2017	26.22	2487.12	2536.28	45.28	-19.06
几内亚比绍	2017	23.14	73.52	76.61	42.47	-19.33
吉布提	2017	41.57	36.96	41.60	61.47	-19.89
赞比亚	2017	35.17	642.14	692.00	55.10	-19.93

续表

国家	年份	服务业就业人口占总就业人口比例（％）	总就业人口（万人）	总劳动力（万人）	服务业增加值（现价）占国内生产总值的比例（％）	服务业就业占比与增加值占比之差（％）
尼日尔	2017	15.86	846.80	849.22	36.03	-20.17
中非	2017	17.94	171.67	183.50	42.27	-24.34
马拉维	2017	19.71	718.43	759.99	46.29	-26.58
科摩罗	2017	29.03	20.74	21.53	55.91	-26.88
卢旺达	2017	24.36	596.22	601.96	52.22	-27.86
乌干达	2017	21.65	1512.25	1538.38	50.56	-28.91
马达加斯加	2017	24.27	1281.26	1303.01	53.49	-29.22
津巴布韦	2017	25.67	647.95	681.64	58.59	-32.92
莫桑比克	2017	20.30	1201.56	1240.94	56.23	-35.93
莱索托	2017	22.92	71.55	93.66	52.38	-29.46
布隆迪	2017	6.01	458.63	465.62	60.96	-54.95

数据来源：World Bank, World Development Indicators Database; United Nations Statistics Division, National Accounts Estimates of Main Aggregates.

总的来看，尽管提供就业的能力受到总体发展水平等因素的限制，服务业仍然是非洲国家吸纳就业的重要产业部门。不过，应该注意的是，在总就业人口之外，非洲国家仍然有大量劳动力处于失业状态。据世界银行统计，2017 年非洲总劳动力约 4.63 亿人，其中总就业人口 4.31 亿人，失业人口 3177 万人，失业率约 6.9%。[1] 以南非为例，2017 年 15—64 岁的经济活动人口总数为 2229 万人，其中就业人口数为 1617 万人，失业人口数高达 610 万人，失业率达到 27.5%（15—24 岁青年人口失业率高达 53.4%）[2]。在这种情况下，非洲各

---

[1] 总劳动力口径与国际劳工组织定义的"经济活动人口"一致，含就业人口和失业人口。数据来源：World Bank, Africa Development Indicators Database.

[2] 参见巴西国家地理与统计局、俄罗斯联邦统计局、印度中央统计局、中国国家统计局、南非国家统计局：《金砖国家联合统计手册（2018 年）》（中文版），中国统计出版社 2018 年版，第 41 页。

国服务业普遍承担着与工业、建筑业一道发展经济、创造就业的压力。

(4) 服务业是非洲国家外汇收入的重要依靠

服务业相关的贸易和投资等是非洲国家获取外汇收入的重要渠道。服务贸易出口是非洲国家出口的重要组成部分。如图5-5所示，近年来非洲服务贸易出口规模总体呈增长态势，2017年非洲服务贸易出口额达1022亿美元，是2007年的1.31倍，相当于当年商品贸易出口额的24.5%。埃及、南非、摩洛哥、突尼斯、阿尔及利亚、肯尼亚、毛里求斯和尼日利亚等国是服务出口规模最大的国家。旅游和交通运输等是服务出口的主要内容。2017年旅游和交通运输服务出口收入占服务贸易出口额的40.4%和25.7%。[①]

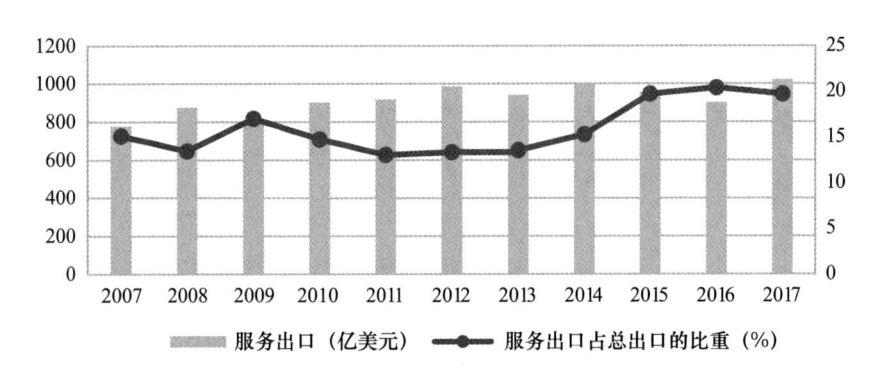

图5-5 非洲服务贸易出口额及其占出口总额的比例 (2007—2017)

资料来源：WTO, World Trade Statistics Review 2018, WTO Publications, pp. 180-191.

对于不同非洲国家而言，服务贸易出口的重要程度存在很大差异，服务出口是大部分非洲国家外汇收入的重要来源或主要来源。如表5-2所示，一些国家如利比亚、刚果（金）、几内亚、安哥拉等国，由于商品出口（主要是油气出口）规模较大，服务出口占总出口的5%以下，重要程度较低。与此同时，一些国家如毛里求斯、吉

---

① UNCTAD, UNCTAD Handbook of Statistics 2018, United Nations Publications, 2018, pp. 40-41.

布提、冈比亚、塞舌尔、圣多美和普林西比、佛得角、索马里、科摩罗等国，2016 年服务出口额大于商品出口额，服务出口占总出口的比例超过 50%，其中佛得角和索马里的比例甚至超过 90%。

表 5-2 2016 年非洲国家服务出口占总出口比例分布情况

	小于或等于 5	大于 5，小于或等于 15	大于 15，小于或等于 30	大于 30，小于或等于 50	大于 50
国家	利比亚、刚果（金）、几内亚、安哥拉	斯威士兰、赤道几内亚、莱索托、科特迪瓦、几内亚比绍、加蓬、尼日利亚、刚果（布）、阿尔及利亚、津巴布韦、马拉维、莫桑比克、赞比亚、纳米比亚、马里、布隆迪、毛里塔尼亚、乍得	尼日尔、博茨瓦纳、贝宁、布基纳法索、南非、突尼斯、塞内加尔、利比里亚	喀麦隆、多哥、塞拉利昂、苏丹、马达加斯加、中非、埃及、加纳、摩洛哥、乌干达、肯尼亚、坦桑尼亚、卢旺达、埃塞俄比亚	毛里求斯、吉布提、冈比亚、塞舌尔、圣多美和普林西比、佛得角、索马里、科摩罗

注：科摩罗、乍得和利比里亚为 2015 年数据。
数据来源：WTO, World Trade Statistics Review 2018, WTO Publications, pp. 180-191.

除贸易以外，服务业相关投资也是一些非洲国家外汇收入的重要来源。外国对非洲直接投资除了流向矿产资源开采等领域，金融、交通运输、旅游和贸易等服务部门也是吸引外资的重要领域。

总的来看，非洲服务业出口规模逐步扩大，服务出口是部分非洲国家外汇收入的重要来源或主要来源，服务业相关投资也具有较大规模，服务业相关的贸易和投资等已经成为非洲国家外汇收入的重要来源。

（三）非洲服务业的产业结构

从服务业内部结构来看，非洲服务业大体可以分为传统服务业、新兴服务业和公共服务业三大部分，本书主要研究了传统服务业和新兴服务业的产业结构。

传统服务业主要包括发展时期较长的批发零售和餐饮住宿以及运输仓储和通信等行业。这些行业同时兼具生活和生产服务功能。虽然被冠之以"传统"之名，但随着一国居民收入的增长、产业结构的升级、信息技术的应用以及城市化水平的提升，传统服务业总体市场规模也在不断扩大，投资活动保持活跃，新的经营管理模式也在竞争中得到逐步发展。新兴服务业主要包括金融、房地产、电信和旅游等行业。与传统服务业相比，新兴服务业相对其市场规模的供给缺口更大，行业总体增速更快，在非洲经济中的地位趋于上升。同时，新兴服务业对于第一、第二次产业以及其他服务业发展也有突出的拉动或推动作用，在产业发展全局中具有较高的战略地位。由于统计的缺失，目前非洲很多新兴服务业没有其产值占服务业总产值的比例，以及新兴服务业占国民生产总值的比例数据，各行业在各个国家的发展程度不同，占国民生产总值的比例也有很大不同。

（1）批发零售和餐饮住宿业在非洲服务业中的地位

批发零售和餐饮住宿业由批发零售业和餐饮住宿业合并而成，可以被视为是非洲规模最大的服务业部门。如图5-6所示，1970年以来非洲批发零售和餐饮住宿业规模持续扩大，2017年现价增加值达3321.73亿美元，占当年服务业增加值的29.5%，占当年国内生产总值的15.0%。1970年以来的历史数据显示，批发零售和餐饮住宿业占服务业增加值和国内生产总值的比例始终在28%—33%以及12%—16%的区间内波动，其相对规模保持相对稳定。

分国别来看，不同国家批发零售和餐饮住宿业的相对比例存在一定差异。经济发展水平、进出口贸易规模及旅游业相关的外部需求等因素是造成国别差异的主要原因。

非洲批发零售和餐饮住宿业也存在一些问题。大部分国家的批发零售和餐饮住宿业规模小、设施条件不佳、管理水平较低。这些问题有一些与总体经济社会发展水平有关，有一些则源于资本短缺和投资不足。一些非洲国家以本土化、青年发展等理由在批发零售等行业设立限制外资的政策，比如，2010年津巴布韦颁布的《本土化法》将批发零售业作为本国人专营的行业，类似做法实际上加剧了相关行业

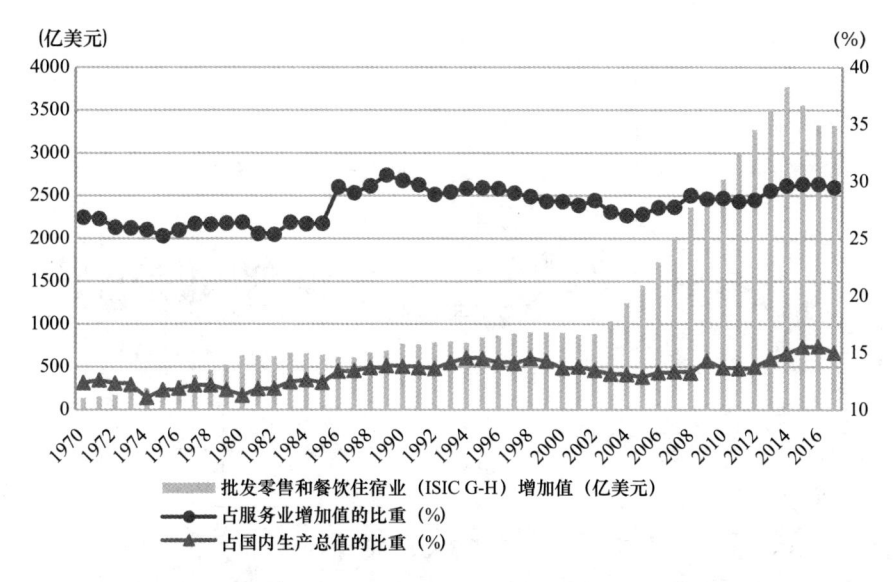

图 5−6　非洲批发零售和餐饮住宿业增加值及其占服务业和国内生产总值的比例（1970—2017）

数据来源：United Nations Statistics Division, National Accounts Estimates of Main Aggregates.

资本短缺和投资不足的问题。

　　从发展的角度来看，非洲批发零售和餐饮住宿业还存在巨大的发展空间。事实上，南非主要大型零售企业已涉足大部分非洲国家，而国际零售巨头如沃尔玛、家乐福等也已经在非洲十多个国家经营数百家超市。随着收入水平的提高和城市规模的扩大，可以预见新型的大型批发市场、超级市场将逐步在批发零售业中起到主干作用，连锁经营和电子商务等新的经营管理模式也将在批发零售和餐饮住宿业中得到应用。

　　（2）运输仓储和通信业在非洲服务业中的地位

　　运输仓储和通信业是非洲服务业的重要行业。如图 5−7 所示，1970 年以来，运输仓储和通信业规模总体规模不断扩大，2017 年现价增加值达 1914.33 亿美元，占服务业增加值和国内生产总值的 17.0% 和 8.6%。进入 21 世纪以来，运输仓储和通信业增速明显加快，工农业生产性服务需求的增加以及电信行业的迅速扩张是运输仓储和通信业有所加快、相对地位有所提升的主要原因。

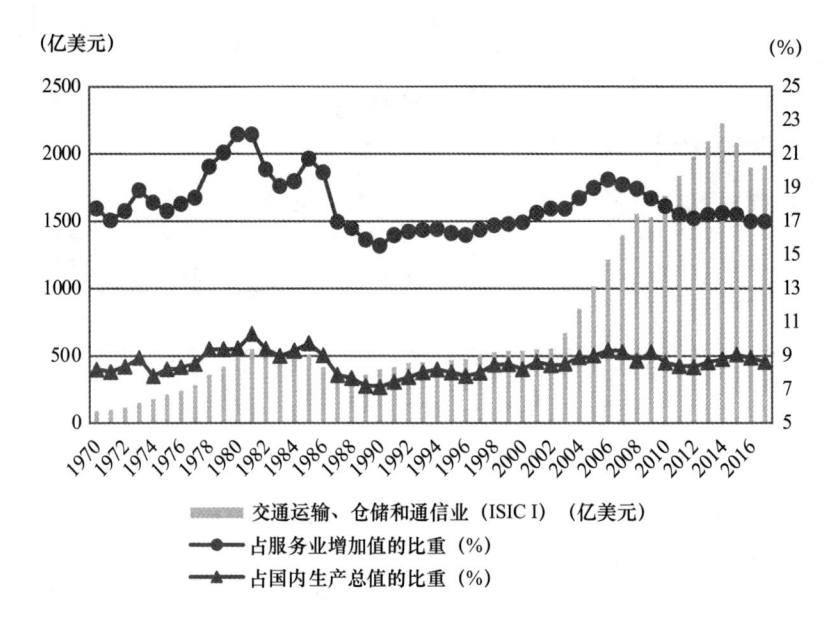

图 5-7　非洲运输仓储和通信业增加值及其占服务业和国内生产总值的比例（1970—2017）

数据来源：United Nations Statistics Division, National Accounts Estimates of Main Aggregates.

运输服务出口是非洲仅次于旅游的服务出口项目。2017年非洲运输服务出口额约280亿美元，占运输仓储和通信业增加值的14.6%。也就是说，非洲运输仓储和通信业近六分之一的服务产出用于出口。

（3）金融业在非洲服务业中的地位

经过多年改革发展，非洲国家大多形成了国有和私营金融机构并存、不同类型和不同层次金融机构共存、金融市场有所发展的金融体系。进入21世纪以来，强劲增长的非洲经济改善了金融业发展的外部环境并吸引了更多的外国资本进入金融业的发展，金融业总体规模也得到了较快的扩张。

非洲各国金融业发展的国别差异较大，金融业经营环境、行业结构、发展水平等也各不相同。南非金融业规模较大，几乎占整个非洲金融业增加值的一半。在国内发展的同时，南非银行、保险等金融机构也在非洲其他国家开展金融业务，在非洲大陆拥有广泛的市场影响力。除南非以外，北部非洲的埃及、摩洛哥、阿尔及利亚以及西部非洲的尼日利亚等国也是非洲金融业总体规模较大的国家。由于没有最新权威数据，本处使用较旧数据做说明。如图5-8所示，据世界银行的统计，2008年非洲金融业增加值1135.54亿美元，占当年非洲国内生产总值的7.2%。南非金融业规模较大，几乎占整个非洲金融业增加值的一半。

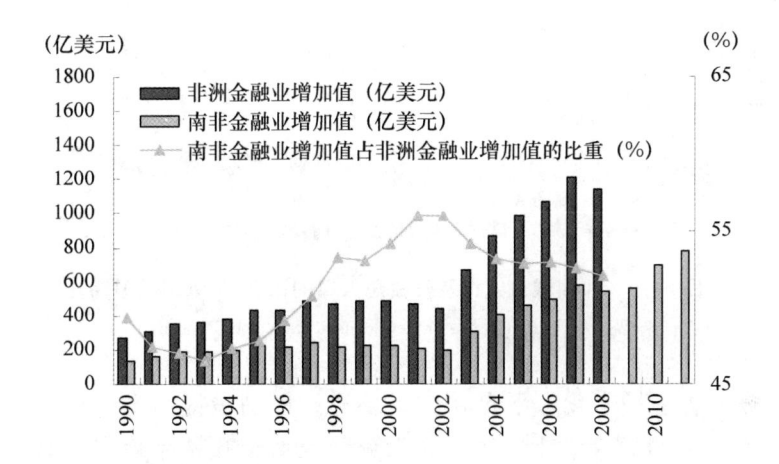

图5-8 南非金融业增加值及其占非洲金融业增加值的比例（1990—2011）

数据来源：World Bank, Africa Development Indicators Database.

（4）房地产业在非洲服务业中的地位

一国房地产市场需求与城市化进程往往同步。同时，居民收入水平的提升则可以进一步增加居住改善的需求，并拓展商用房地产市场的开发空间。

长期以来，非洲城市化水平一直稳步提升。如图5-9所示，从1960年到2017年，非洲城市人口从5300万增加到了5.22亿，每年新增城市人口从300万增加到1000万以上；城市人口增速从5%以上下滑到3.7%左右，始终高于总人口增速；城市人口占总人口的比例持续增长，从最初的 18.5% 提高到 42.1%，增加了 23 个百分点。进入 21 世纪以来，非洲每年新增城市人口均在 1000 万人以上，是非洲房地产业发展的主要动力。

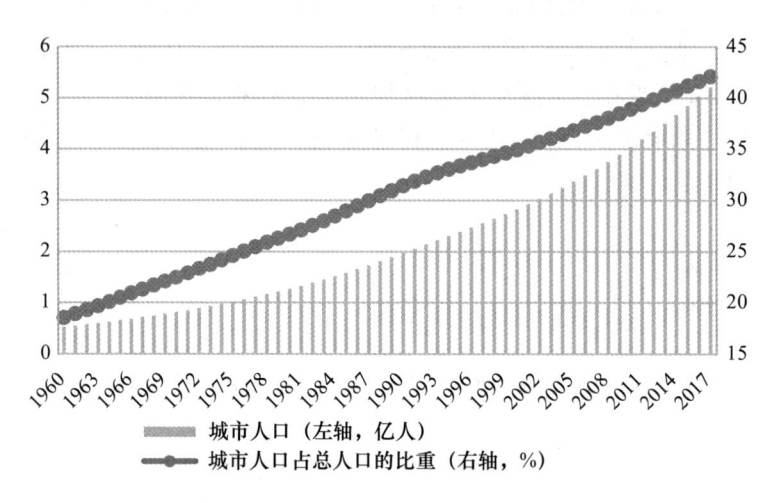

图 5-9　非洲城市人口及其占总人口的比例（1960—2017）

数据来源：World Bank，World Development Indicators Database.

非洲各国城市化水平存在较大差异，但均呈提高态势，且城市化水平偏低的国家增速稍快。除部分国家城市化水平更高，其他地区城市化水平偏低。2017 年，非洲城市人口占比超过 60% 的国家有北部非洲的利比亚、阿尔及利亚、突尼斯、摩洛哥，南部非洲的安哥拉、博茨瓦纳和南非，以及非洲其他地区的人口小国，如加蓬、刚果（布）、佛得角等国。从 1960 年到 2017 年，撒哈拉以南非洲地区（不含南非）城市人口占比从最初的 12.1% 增加到了 38.1%，增加了 26 个百分点，城市化水平一直低于平均水平，但增长速度稍快。

尽管城市人口及新增城市人口总量庞大，在大多数非洲国家，偏低的居民收入水平制约了房地产市场开发的水平。在许多非洲国家，由于收入水平低，城市居民居住条件简陋，多以简易住宅或低层住宅为主，城市居民的居住条件有待改善。

总的来看，非洲房地产业拥有较大发展空间。首先，随着非洲经济发展水平的提升和居民收入水平的增长,房地产市场需求将得到逐步释放。其次,非洲国家普遍重视房地产市场开发对工业制造、建筑、金融等行业的拉动作用,对房地产投资提供相应的市场准入等支持,有利于房地产业的发展。最后,随着金融业的发展及其对房地产抵押贷款支持力度的提升,非洲房地产需求增速也有望得以提升。

(5) 电信业在非洲服务业中的地位

进入 21 世纪以来,非洲电信业发展迅速,电话通讯普及程度特别是移动通信覆盖率迅速提升。由于没有最新的权威统计数据,本处使用较旧数据做说明。如图 5-10 所示,据世界银行的不完全统计数据,2011 年非洲国家每千人固话和移动电话开户数达到 652.5 个;2010 年非洲国家电信业总收入超过 572 亿美元。

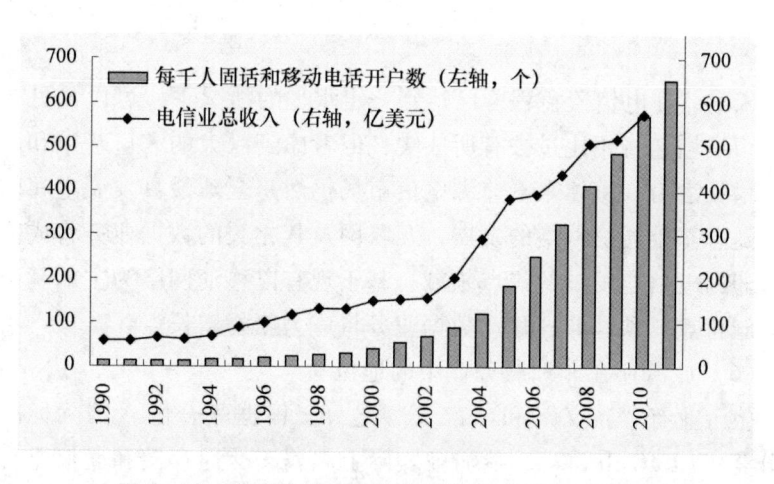

图 5-10 非洲电信业总体发展情况 (1990—2011)

数据来源: World Bank, Africa Development Indicators Database.

非洲电信业在区域、城乡和通信方式等方面的发展存在明显的不平衡特征。区域方面,北部非洲和南部非洲发展程度较高,西部、中部和东部非洲发展相对落后。城乡方面,非洲电信设施主要位于首都和主要城市,乡村地区普遍电信设施缺口较大。通信方式方面,非洲固话通信发展时间较长,但长期发展滞后,固话和移动电话发展起点差距不大,移动电话凭借网络构建的低成本优势获得了远高于固话的发展速度。

在市场迅速扩大的背后是非洲电信业投资规模的迅速扩大，而投资规模的扩大除市场需求的增长外，供给方面的电信业私有化改革和对外开放等举措也是重要原因。传统上，非洲电信行业以国有企业为主导。20世纪90年代开始，非洲电信业开始推行以私有化为主要方向的改革，激发了行业活力。同时，随着发达国家电信市场日趋饱和，发达国家电信企业也开始积极参与非洲国家电信业市场开发。比如，中东和非洲成为法国进行全球化拓展的主要新兴市场，法国电信近年来相继在非洲开展了多项收购，为能够筹集更多资金和投入更大精力在这两个新兴市场，法国电信出售了部分在欧洲资产。中东和非洲这两个新兴市场能为法国电信带来相较于欧洲市场近10倍的销售增长。此外，一些发展中国家，如印度等国电信企业也已进入非洲市场。

未来，在电信覆盖程度已达到一定水平的情况下，可以预见非洲电信市场增速将相比过去有所放缓，但考虑到巨大的人口基数和居民收入增长潜力，总体来看非洲电信市场仍然是全球最具发展空间的市场。随着基础通信网络的发展，互联网及其相关的数据业务将成为下一步非洲电信业发展的焦点领域。基于现有以移动网络为主的基础网络设施特点，预计非洲移动数据业务将成为新的增长点。

（6）旅游业在非洲服务业中的地位

旅游业有"狭义"和"广义"之分。根据联合国《国际标准产业分类》（ISIC Rev.3），旅游业实际上归属于交通存储和通信业（I）门类下的63类，即"辅助性和附属性运输活动；旅行社的活动"[①]。产业划分下的旅游业主要以旅行社为对应的实体单位，旅游业的增加值即为旅行社等单位的增加值。这一框架下的旅游业实际上是狭义的旅游业。考虑到旅游活动对各种商品和服务的消费，旅游活动带来的经济影响远不能由旅行社的增加值来计算，而是反映在包括交通运输、餐饮住宿、金融和房地产等在内的其他诸多服务业门类之中。正

---

① 各国行业分类对旅游业的处理有一定差异。比如，中国国家统计局《国民经济行业分类》（GB/T 4754-2011）将旅游业划入租赁和商业服务业门类。

因为如此，联合国国际旅游组织推荐采用旅游卫星账户框架对游客消费的所有服务的生产活动进行核算，而旅游卫星账户所核算的旅游业就是广义的旅游业。一般而言，广义的旅游业是探讨旅游业实际经济影响的更好框架。

经过多年的发展，非洲旅游业已经初具规模。许多非洲国家均拥有丰富的人文、历史和自然景观，旅游资源丰富。以优异的旅游资源为依托，许多国家把旅游业作为优先发展的重要产业部门。自20世纪70年代以来，非洲旅游业获得了长足进步，特别是进入21世纪以来，国际旅游人次和总收入增速均有所加快，成为发展速度最快的国际旅游市场之一。目前旅游业已经成为许多非洲国家举足轻重的新兴产业。如图5-11所示，2017年非洲各国接待国际游客6253万人次，国际旅游总收入496.05亿美元，分别比1995年增加了2.83倍和3.78倍。据世界旅游组织年度报告，2018年全球国际游客达14亿人次，非洲占比仅5%，与中东相当，远低于其他大洲。非洲旅游业未来的发展前景仍然十分广阔。

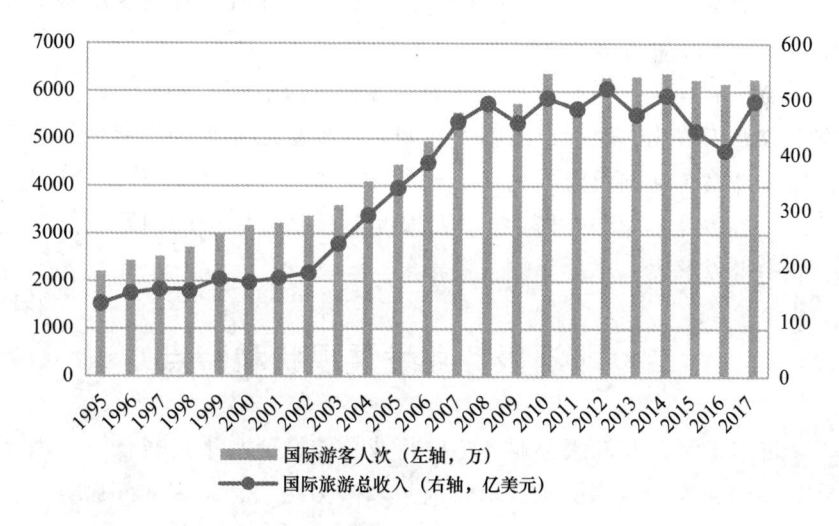

图5-11 非洲接待国际游客人次和旅游总收入（1995—2017）
数据来源：World Bank, World Development Indicators Database.

北部非洲和南非是非洲国际旅游收入最高的地区和国家。2017

年北部非洲国际旅游收入207.05亿美元,占当年非洲地区国际旅游收入的41.7%,南非国际旅游收入96.99亿美元。此外,摩洛哥、埃及、尼日利亚、埃塞俄比亚等国的国际旅游收入规模也相对较大。尽管一些国家国际旅游收入总额不高,但在其出口收入中占有重要地位,是外汇收入的主要来源。2017年,圣多美和普林西比、佛得角、冈比亚、埃塞俄比亚、塞舌尔、毛里求斯、卢旺达等国的国际旅游收入占出口收入的比例均在30%以上,其中佛得角、圣多美和普林西比超过50%。

目前,非洲多国把旅游业放在优先发展的地位,综合运用吸引外国投资、扩大旅游资源国际宣传等方式提升旅游资源的开发规模,以增加就业岗位、提高居民收入和促进经济增长。比如,南非贸工部出台旅游业支持计划,对任何符合旅游业支持计划的投资项目在新建和拓展原有旅游设施等方面提供最高相当于总投资额30%的投资补助;埃及通过修改旅游立法增加了对旅游业的支持力度;坦桑尼亚通过吸引外国投资、设立海外办事处及提供投资优惠政策等方式促进旅游业发展;纳米比亚每年拨出专款用于旅游宣传,并着力提高旅游基础设施水平,改善金融服务条件。

总的来看,非洲旅游业未来还将在全球旅游市场中占有更大份额。非洲旅游业的发展也面临一些问题,如缺乏完善的发展规划、资金短缺、旅游基础设施不完备、旅游项目单一、存在旅游安全隐患、信息业落后等①。但这些问题很大程度上只是发展中的问题,能够在发展中得以解决,不会影响长期发展。

二 非洲服务业发展现状和特点

目前来看,非洲服务业各主要行业总体发展水平还较低。但考虑到非洲国家人口众多、经济增长前景和潜力巨大,未来非洲服务业拥有可观的发展空间。

---

① 参见刘红梅《非洲旅游业的发展及存在的问题》,《西亚非洲》2009年第8期。

(一) 批发零售和餐饮住宿业发展现状和特点

批发零售和餐饮住宿业是非洲规模最大的服务业部门，近年来发展相对较快，电子商务成为新的亮点。

非洲国家人口增长率一直较高，2000年非洲人口只有8.18亿，目前已达12.86亿。非洲人口激增，一方面，将有更充足的劳动力、更广阔的消费市场；另一方面，会诞生大量中产阶层。非洲人口年轻化程度高，青年劳动力数量充足。从世界各地区的年龄中位数看，欧洲42岁、北美洲35岁、大洋洲33岁、亚洲31岁、南美洲31岁、非洲18岁，按此趋势，到2100年，世界上0—4岁的儿童将有近一半生活在非洲[1]。非洲青年的受教育程度不断提高，劳动力技能水平得到有效提升，这成为非洲承接新一轮国际产业转移的关键依仗。

近年来，非洲中产阶级人数快速增加，按照非洲发展银行的标准，当前非洲已有3.5亿中产阶级，但非洲发展银行设立的标准较低，其标准是日均收入2—20美元，这实际上指的是消费阶层。益普索集团研究认为，按照日均收入4美元以上的标准，非洲中产阶层约有1.5亿人口，到2040年这一数字将上升至2.3亿，他们在大型零售业、通信业、银行业、教育、房地产等有较强的消费潜力[2]。据南非标准银行集团研究显示，撒哈拉以南非洲经济表现前11名的国家（安哥拉、埃塞俄比亚、加纳、肯尼亚、莫桑比克、尼日利亚、南苏丹、苏丹、坦桑尼亚、乌干达、赞比亚）的中产阶级数量自2000年以来增长了230%。非洲中产阶层用于教育的投资占到家庭预算的13%，将购房置业作为家庭重要的目标，39%已拥有房产，68%表示希望在未来两年购置房产[3]。

撒哈拉以南非洲地区是全球零售与消费品行业扩张速度最快的地

---

[1] 《全球人口年龄大调查：非洲人口年龄中位数只有18岁》，新浪财经，2019年2月17日，http://finance.sina.com.cn/stock/usstock/c/2019-02-17/doc-ihrfqzka6465588.shtml。

[2] IPSPS, African Lions: Who are Africa's rising middle class? February 2018 p. 3, https://www.useit.com.cn/thread-18112-1-1.html。

[3] 《非洲消费潜力将持续增长》，商务部驻加蓬经商处网站，2014年9月15日，http://www.mofcom.gov.cn/article/i/jyjl/k/201409/20140900731351.shtml。

区，且显示出较强的增长潜力。2013年，非洲的零售业营业额即达到9000亿美元，成为全球零售业快速发展的"新前沿"。非洲零售业的发展，不仅表现在销售额的增长，也表现在投资额的增长，新品牌、新产品不断涌入非洲零售业。

撒哈拉以南非洲地区除南非以外的国家，其零售业市场依旧以"非正式"零售形式为主导，包括小型独立商铺，集市以及露天自由市场。在安哥拉，90%的零售业务通过集贸市场、报摊、露天桌摊和大街游走的方式销售。随消费者更趋向健康的生活方式，对商品品牌意识逐步增强，购买行为也将随之改变，逐步升级。在尼日利亚、肯尼亚和加纳等多个国家，西方式的现代购物中心数量正在不断增加，有逐步取代传统的非正规零售形式的趋势。

南非仍是非洲零售业的领头羊。2013年以来，南非的零售业销量一直处于较高的水平，2016年2月，南非零售业销量同比去年增加4.1%。国际零售业巨头不断布局南非市场，南非本土零售业企业发展也十分迅速。由于有数家国际连锁品牌入驻南非，2016年南非连锁门店总数和营业额均有明显增加，其中营业额比2015年增长了6%，达4930万兰特，连锁门店数量增加13%，增至3.1万家。21世纪以来，尼日利亚经济增长较快，同时尼日利亚是非洲第一人口大国，年轻人口占比高，国内消费活跃，逐渐发展成为非洲最大的零售市场之一。尼日利亚年消费支出已连续两年超过1000亿美元。尼日利亚的批发和零售业态，由传统的露天大市场等"非正式"形态，更多地转为超市、便利店和网店等现代零售业形态。尼日利亚消费水平相对较高的城市有拉各斯、卡杜纳、卡诺、瓦里、哈科特港、奥尼查和贝宁城。鉴于尼日利亚零售业良好的发展态势，国际零售业企业纷纷到该国兴业。

非洲零售业的飞速发展吸引了全球资本的目光，多家国际著名商业机构通过对非洲零售业的研究，认为非洲将是未来国际零售业投资的最重要选择之一。2014年，兰德商业银行（RMB）发布报告指出，到2030年，非洲的可支配收入将以年均5.5%的速度增长，非洲的零售业投资机会良好。根据人口规模及增长率、人均国内生产总值，城镇化率等数据，非洲国家零售业投资前景最好的五个国家分别是尼日利亚、埃及、埃塞俄比亚、刚果（金）和利比亚。① 2015年11月，管理咨询公司科尔尼（A. T. Kearney）发布了《2015年非洲零售业发展指数》，指出非洲大陆正在经历着快速的零售业扩张，非洲年轻的人口和快速增加的中产阶级，使得非洲零售业极具潜力。博茨瓦纳、尼日利亚和安哥拉入围2015年全球零售发展指数榜单前30名。科尔尼公司对撒哈拉以南非洲48个国家的零售业发展状况做了测算，排在前15位的分别是：加蓬、博茨瓦纳、安哥拉、尼日利亚、坦桑尼亚、南非、卢旺达、纳米比亚、加纳、塞内加尔、冈比亚、赞比亚、科特迪瓦、埃塞俄比亚和莫桑比克，具体分指标如表5-3。

表5-3　　2015年非洲零售业发展指数的具体指标

2015年排名	2014年排名	国家	市场吸引力	国家风险	市场饱和度	现代零售业销售额增速
1	5	加蓬	20.2	13.0	20.7	12.1
2	8	博茨瓦纳	22.3	25.0	0.2	15.9
3	12	安哥拉	16.6	3.5	22.0	15.8
4	2	尼日利亚	13.0	4.1	18.4	22.4
5	4	坦桑尼亚	4.9	7.9	19.8	25.0
6	7	南非	25.0	22.7	0.0	9.6
7	1	卢旺达	5.7	11.2	21.6	18.2
8	3	纳米比亚	18.2	21.9	0.0	14.0
9	6	加纳	10.9	11.3	21.6	8.5
10	14	塞内加尔	8.9	7.6	21.1	14.6
11	NR	冈比亚	7.8	4.4	23.7	13.3
12	13	赞比亚	8.8	8.4	13.5	18.2
13	NR	科特迪瓦	8.7	3.0	22.5	13.3
14	10	埃塞俄比亚	4.7	2.9	25.0	14.5
15	9	莫桑比克	4.3	6.3	18.2	18.1

资料来源：A. T. Krarney：The 2015 African Retail Development Index.

---

① 《尼日利亚等非洲国家零售业发展前景较佳》，商务部驻尼日利亚经商处，2014年9月20日，http://www.mofcom.gov.cn/article/i/jyjl/k/201409/20140900737881.shtml。

2016年3月，普华永道发布研究报告，认为非洲零售业增长潜力最大的10个国家依次是尼日利亚、加纳、肯尼亚、科特迪瓦、肯尼亚、喀麦隆、南非、坦桑尼亚、赞比亚和埃塞俄比亚；其中，尼日利亚、加纳、肯尼亚三国市场是国际投资者拓展零售业务的首选地。①

尽管非洲零售业发展态势良好，各界对其未来发展前景乐观，但一个明显的事实是，绝大多数非洲国家的供应链不够完善，虽然信息技术进步较快，但交通等基础设施仍然非常落后，居民消费观念保守，零售业发展面临着诸多的挑战。而且，2015年以来，由于国际经济复苏进程缓慢，非洲经济增长也受到不小的影响，这也逐渐的反应在非洲零售业发展上。如2016年5月，南非家具零售集团斯坦霍夫国际（Steinhoff International）裁撤4110个工作岗位，关闭251家店铺。同时，非洲的安全形势是零售业的最大威胁，地区动荡和冲突随时会让零售业多年的发展毁于一旦。

2014年，除非洲之外的世界其他地区电子商务增速为16.8%，而非洲电子商务增速达25.8%，是全球电商发展最快的地区。2017年非洲电子商务市场收入为165亿美元，预计到2022年将达290亿美元②。非洲多个国家的电子商务发展很快，如尼日利亚拥有非洲最多的电商网站，40%的电商企业总部设在该国；尼日利亚网络销售额逐年增长，2010年为499亿奈拉，2014年提高到10亿美元，这一方面得益于网络用户的大幅增加，2010年尼日利亚网络用户仅20万，2013年达5700万，2017年增加到9188万；得益于网络状况的改善，2014年开通的西部非洲至欧洲的海底光缆，为尼日利亚提供了更稳定、廉价的无线与宽带上网服务。另一方面得益于尼日利亚央行（CBN）于2012年推行的无现金政策（cashless policy），即持卡消费政策，通过信用卡等业务的推广，进一步方便用户结算。

---

① 《普华永道：尼日利亚、加纳、肯尼亚等非洲国家零售市场增长潜力巨大》，商务部驻尼日利亚经商处，2016年3月20日，http://www.mofcom.gov.cn/article/i/jyjl/k/201603/20160301278598.shtml。

② 《非洲电商市场报告："三国鼎立"主宰当地销售，中国卖家的机会点在哪?》，雨果网，2018年6月19日，https://www.cifnews.com/article/35890。

尽管非洲电子商务实现了飞速发展，但一方面，非洲电子商务仍然主要集中在经济相对发达的国家和地区，而多数的非洲国家电子商务仍十分落后；未来一段时间，有诸多因素制约着非洲电子商务的发展，如安全形势的威胁；道路、通信、银行等社会基础设施的不健全；物流业尚无法匹配快速增长的电子商务需求；上网费用高、网速不稳定；电子商务相关的技术落后；电子商务公司从资本市场融资困难等。

（二）非洲运输仓储和通信业发展现状和特点

进入21世纪以来，非洲的运输仓储和通信业增速明显加快。滞后的交通和通信基础设施仍然是目前制约非洲运输仓储和通信业发展的重要因素。除以南非为中心的南部非洲以及北部非洲外，其他地区交通和通信基础设施普遍比较落后。尽管非洲国家已经将建设非洲大陆互联互通的交通和通信基础设施纳入非洲一体化建设的日程，但是由于基础设施缺口过大且资金不足，消除基础设施瓶颈还有待时日。

从历史角度来看，非洲交通和通信基础设施势必随其经济发展水平的提升而得到逐步建设和完善，而其过程也将表现出一定的"后发优势"特征。在通信领域，非洲电信行业正在实现跨越固话发展阶段直接进入移动通信和数据服务的阶段。在交通运输行业，可以预见，随着非洲制造业的发展，将已有交通运输渠道和工具高度整合的现代化物流企业将逐步成为非洲交通运输和仓储业的发展方向。

民航业是运输业重要门类。1969年非洲民航委员会（AFCAC）成立，现有54个成员国，负责处理与非洲民航事务相关事宜。21世纪前，非洲民航业发展速度较慢，发展水平较低。进入21世纪，开始快速增长；2012年，非洲民航业营业额678亿美元，运送乘客6980万人次；2014年实现收支平衡，但受全球经济复苏步伐减缓、总需求降低的影响，2015年亏损7亿美元，2016年再度亏损；2018年，全球民航旅客数量43亿人次，非洲航空公司占3%，非洲民航收入同比增长6.5%①。除宏观背景外，非洲民航业业绩不佳还有其他

---

① 《2018年非洲民航乘客数量占全球的3%》，商务部驻尼日利亚经商处网站，2019年1月17日，http://www.mofcom.gov.cn/article/i/jyjl/k/201901/20190102827545.shtml。

原因，如运营成本高于其他地区；地区安全局势不佳，飞机租赁成本高；大部分国家的航空基础设施低于国际标准，提高了运营成本；飞机体积偏小，运营商在单位乘客上的收益较低等。

非洲民航业发展非常不均衡。目前，外国航空公司占据了非洲80%的市场份额，本土航空公司仅占20%左右的市场份额。非洲本土共有203家航空公司，排名前五的航空公司占据了超过50%的市场份额。2016年，英国国际航空评级机构Skytrax公布了全球航空公司排名，非洲共有8家跻身全球前100名，包括南非航空公司、塞舌尔航空、毛里求斯航空、埃塞俄比亚航空、肯尼亚航空、TAAG安哥拉航空、南非库鲁拉航空、芒果航空、摩洛哥皇家航空及南方航空（留尼旺）。① 中部和西部非洲的航空公司数量很多，但规模普遍较小。

埃塞俄比亚航空是非洲大型航空公司的杰出代表，该公司于1946年开始营运。2013年，埃塞航空首次成为非洲最大的航空运营商，营业额达23亿美元；埃塞航空货运市场2013—2017年复合年均增速达5.3%，居世界第四位②。2018财年，埃航的利润为2.45亿美元，运送乘客1060万人次③。埃塞航空目前开通了5大洲共85条航线，每天超过200架次的航班。目前，埃塞航空正在实施"愿景2025"规划，目标是发展成为非洲领先的航空集团。根据该规划，2025年将全球航线网络布局增加至100个，机队规模扩大至140架；客运吞吐能力提升至1800万人次，货运量增加至82万吨；收益增加至100亿美元，年度营业利润增加至10亿美元。除航空客运外，集团多元化业务还包含7个盈利中心，销售额数百亿美元④。

非洲民航机队规模逐年扩展，2013年非洲现役机队数量为721架，占全球的3.9%，年均增长率约2.4%，其中支线机平均增长率

---

① 《英国评级机构评出非洲十大航空公司》，中国日报网，2016年8月3日，http://news.eastday.com/eastday/13news/auto/news/world/20160803/u7ai5896878.html。
② IATA, Airline Industry Forecast (2013–2017).
③ 钱小岩：《空难难挡非洲民航业高飞》，新浪财经，2019年3月29日，http://finance.sina.com.cn/roll/2019-03-29/doc-ihtxyzsm1387697.shtml。
④ 《非洲成航空市场潜力股 或爆发"全球混战"》，商务部驻加蓬经商处网站，2014年10月16日，http://www.mofcom.gov.cn/article/i/dxfw/gzzd/201410/20141000761647.shtml。

约 2.7%。① 未来 20 年，机队规模将达 1360 架。现役机队平均机龄 15.79 年，撒哈拉以南非洲地区的平均机龄达 17.4 年，存在安全隐患，且维护成本高。② 根据《中国商飞公司市场预测年报（2013—2032 年）》，未来 20 年，非洲涡扇支线客机机队规模将达 285 架，其中 191 架为新交付使用。未来非洲市场对支线客机的需求较大。

非洲民航市场航线总数 4345 条，其中，洲内航线 1893 条，洲际航线 2452 条，洲际航线占比超 50%。非洲内陆通航极不充分，尤其是中西部非洲，缺乏直达航线，部分临近国家的通航需要到第三国转机。目前非洲共有 918 个机场，大型机场主要集中在南非、肯尼亚、埃塞俄比亚、埃及、尼日利亚等经济相对发达的地区，如约翰内斯堡机场、开罗机场、亚的斯亚贝巴机场、卡萨布兰卡机场、阿尔及尔机场、突尼斯机场、内罗毕机场、拉各斯机场；其余大部分机场设施投入不足，保障能力低下。

目前，非洲民航业发展的重大障碍之一是严重的航空壁垒。尽管非洲 44 个国家早在 1999 年就签署了进一步开放非洲域内航空市场的《亚穆苏克罗协议》，该协议允许 44 国的航空运营商在相互的领空以任意航线飞行。但至今多数非洲国家在领空使用上对其他非洲国家航空公司仍然限制较多，只有南非和埃塞俄比亚实际履行了协议。航空壁垒显著的增加了飞机租赁和运营成本，削弱了航空公司的盈利能力，破除航空壁垒成为多数非洲国家的共同呼声。

InterVISTAS 咨询公司研究表明，国际航空服务每增加 10%，会为 GDP 总值贡献 0.07%。21 世纪以来，南非和肯尼亚互相开放航空市场，两国的客流量增长了 69%；南非和赞比亚航线允许廉价航空运营，两国航空费用降低了 38%，客流量增长了 38%。如果航空壁垒消除，非洲各航空公司通过成立合资企业、并购、交叉投资等方式联合，能实现民航业更快的发展；有助于解决航空公司资金不足的问题。InterVISTAS 咨询公司预测，如果非洲放弃航空壁垒，预计尼日

---

① 中国商用飞机有限责任公司：《中国商飞公司市场预测年报（2013—2032）》，2013 年 5 月。

② 中国民用航空局发展计划司：《2012 从统计看民航》，中国民航出版社 2012 年版。

利亚客流量将增加51%，阿尔及立亚将增加141%，非洲总客流量增加81%，从2013年的610万人增长到1100万人，乘客在非洲旅行费用下降25%—35%，年度节省费用超过5亿美元。①

远洋运输是非洲国家最重要的运输方式之一，承载着非洲多数进出口贸易；非洲沿海诸国拥有很多重要的国际性港口，港口服务是非洲服务业的重要组成部分。在北部非洲。埃及有亚历山大、塞得港、杜米亚特、苏伊士等62个港口，年吞吐量800万标箱；苏伊士运河是沟通亚非欧的主要国际航道，2017年运河收入53亿美元。阿尔及利亚有45个港口，最大的是阿尔及尔港，承载着该国30%的货物，70%的集装箱进出口。突尼斯有30个港口，主要港口是突尼斯－古莱特、比塞大等。摩洛哥有港口30个，主要港口有卡萨布兰卡、穆罕默迪耶、丹吉尔等，总吞吐量11510万吨；卡萨布兰卡是最大港口，占港口总吞吐总量的26%。苏丹港是苏丹的主要商港，年吞吐量800万吨，承担着该国90%的进出口运输量。

在南部非洲。南非海洋运输业发达，约98%的出口靠海运，主要港口有开普敦、德班、东伦敦、伊丽莎白港等，港口吞吐量约12亿吨；德班港是非洲最繁忙的港口，最大的集装箱集散地，年集装箱处理量120万个。纳米比亚的沃尔维斯湾是该国唯一深水港，年吞吐量约200万吨。安哥拉主要港口有罗安达、洛比托等，均可停靠万吨级货船，罗安达港处理全国约80%的进口货物量。莫桑比克有马普托、贝拉和纳卡拉等15个港口，马普托港年吞吐量1560万吨。马达加斯加有7个海港，海运集中在东部港口塔马塔夫，年吞吐量约400万吨。

在东部非洲。肯尼亚蒙巴萨港是东部非洲最大港口，年吞吐量2200万吨。坦桑尼亚主要有达累斯萨拉姆、姆特瓦拉、坦噶和桑给巴尔四大港口，正在建设巴加莫约港。吉布提港是东部非洲最重要的港口之一，2016年散货吞吐量652.4万吨，油码头油料吞吐量377万吨，多哈雷集装箱码头吞吐量91.4万标箱。厄立特里亚有马

---

① 《非洲国家寄望航空市场不再"各自为政"》，《人民日报》2014年12月4日，http://world.people.com.cn/n/2014/1204/c157278-26147355-3.html。

萨瓦与阿萨布两大海港，马萨瓦港年均吞吐量1.6万标箱、83.5万吨货物。毛里求斯全国90%以上的进出口物资依靠海运，路易港是唯一的国际商港，是撒哈拉以南非洲地区第二大集装箱港口。塞舌尔首都维多利亚港为该国唯一天然深水良港，是印度洋上重要的交通枢纽。科摩罗穆察穆都港为该国最大港口，港口年吞吐量约10万吨。

在西部非洲。尼日利亚有拉各斯港、科科港等8个主要海港，吞吐量8276万吨，占西部非洲海运贸易的68%；拉各斯港是西部非洲最大、最繁忙的港口，承担该国70%的进出口货物运输。喀麦隆主要海港有杜阿拉、林贝和克里比等，年吞吐量1086.8万吨；杜阿拉港是最大港口，吞吐量占全国的99.6%。加纳主要有特马港和塔克拉迪港，特马港是非洲最大人造海港，吞吐量1210万吨。科特迪瓦98%以上的进出口贸易通过海运，阿比让港是西部非洲最重要集装箱码头，年吞吐量2000万吨。加蓬主要海港有让蒂尔港、奥文多港和马永巴港，年吞吐量2200万吨。刚果（布）的黑角港是非洲西海岸三大海港之一，年吞吐量1900万吨。几内亚科纳克里港为西部非洲重要海港之一，货物吞吐量700万吨；卡姆萨港为博凯铝矿专用港，年吞吐量1000万吨。贝宁的科托努港为地区性重要转运港口，年货物吞吐量900万吨。多哥主要港口为洛美港，年吞吐量800多万吨。几内亚比绍最大港口是比绍港，年货物吞吐量50万吨。佛得角有8个港口，吞吐量5万标箱。赤道几内亚主要港口是马拉博港和巴塔港，巴塔港年吞吐量650万吨。塞拉利昂主要港口为弗里敦港，年吞吐量125万吨。利比里亚是全球第二大方便旗船籍国，船籍注册收入一直是重要的财政来源之一，该国有蒙罗维亚、格林维尔、哈珀、布坎南四个港口。毛里塔尼亚主要港口是努瓦克肖特和努瓦迪布，吞吐量1670万吨。

非洲是世界八大石油产区之一，有多个重要产油国。管道运输是石油和天然气运输的重要方式，管理运输服务业也是服务业的组成部分。由于经济发展程度和地区安全局势的制约，非洲的油气管道运输行业发展滞后，油气管道数量、里程、运送能力都相对较少，油气管道主要分布在阿尔及利亚、尼日利亚、苏丹和肯尼亚等国。其中，阿尔及利亚有9条输气管道，总长4699公里，年输送能力820亿立方米；8条输油管道，总长3604公里，年输送能力6390万吨；3条凝析油管道，总长1330公里，年输送能力2100万吨；2条液化石油气管道，总长1331公里，年输送能力986万吨；另有3条通往欧洲的输气管，两条名为"穿越地中海输气管"，经突尼斯到意大利和斯洛文尼亚，全长2509公里，年输气能力240亿立方米；一条名为"马格里布—欧洲输气管"，经摩洛哥到葡萄牙和西班牙，长1370公里，年输气能力120亿立方米；输气管道"medgaz"到西班牙，全长757公里，年输气量80亿立方米。尼日利亚有5000公里长的输油管道，将各炼油厂和部分港口、油井和储油库相连。苏丹港有至喀土穆输油管道，全长815公里，年输油能力80万吨。肯尼亚有蒙巴萨—内罗毕输油管道，已扩建至纳库鲁、埃尔多雷特和基苏木。

（三）非洲金融业发展现状和特点

（1）非洲金融业的历史

非洲金融业发展与其经济社会发展的历史息息相关。大部分非洲国家都有着脱离殖民地统治而独立建国的经历。在建国初期，为了巩固政治权力和强化国家对经济发展的干预，多数非洲国家建立了以国有金融机构为主体的金融体系。由于政府对银行贷款利率、规模和流向进行管制以确保国有企业能够获得廉价的资金，许多国家实际利率为负，同时不良贷款规模不断扩大。进入20世纪80年代以后，国际初级产品价格下滑，非洲国家经济面临困难。与此同时，经济困难也迫使非洲金融体系的问题集中爆发，银行积压的呆坏账使得许多非洲国家金融业陷入困境。[①] 面对经济和金融的双重困境，在世界银行和国际货币基金组织的指导下，许多非洲国家着手实施以"新自由主义"为指导思想、市场化、自由化和私有化为主要特征的经济结构调整计划，而金融业改革就是调整计划的重要组成部分。改革的主要内容包括重建金融体系、鼓励私人资本参与金融业改革、放松或取消利率和汇率管制、实施紧缩货币政策以及

---

① 苏泽玉：《试论非洲国家的金融改革》，《西亚非洲》1995年第3期。

培育和发展资本市场等。① 此次改革涉及众多非洲国家，"有 13 个国家进行了利率自由化或合理化改革，12 个国家对银行进行重组，6 个国家实施银行私有化，6 个国家对银行进行清偿。"② 虽然在此以后许多非洲国家继续推动本国金融业的改革，但是这次改革所确立的金融体系框架基本得到了保留。经过多年改革发展，非洲国家大多形成了国有和私营金融机构并存、不同类型和不同层次金融机构共存、金融市场有所发展的金融体系。

当前，非洲国家金融业改革正在进入一个强调金融企业竞争能力和金融企业内部治理的新阶段。改革的主要内容包括推动金融企业重组并购、增强企业治理的透明性、提高信息披露的标准、加强投资者教育以及与国际接轨的会计和审计标准等。一些国家如尼日利亚、埃及和坦桑尼亚等国已经或正在通过推动金融业并购重组来提升整体实力和竞争能力。

（2）非洲开发性金融机构发展现状

非洲开发性金融机构可以分为区域、次区域和国家开发性金融机构三个层次。开发性金融机构旨在矫正市场失灵，促进金融资源的优化配置。③

区域开发性金融机构。非洲开发银行成立于 1964 年，是非洲最大的地区性政府间开发金融机构。非洲开发银行向成员国提供贷款，以发展公用事业、农业、工业项目以及交通运输项目。此外，银行还为开发规划或项目建设的筹资和实施提供技术援助。非洲开发银行还与第三方合作建立了非洲开发基金、尼日利亚信托基金以及非洲投资与开发国际金融公司。这些机构均属于区域开发性金融机构范畴。通过与区域内外的其他金融机构合作，区域开发性金融机构在推动区域一体化建设中起着主导作用。

2014 年 9 月，为帮助非洲各国在未来 50 年基础设施建设领域融资，非洲开发银行创办了"非洲 50 基金会"，作为新兴的投资方式，

---

① 苏泽玉：《试论非洲国家的金融改革》，《西亚非洲》1995 年第 3 期。
② 陈宗德：《非洲国家应充分重视金融业》，《西亚非洲》2002 年第 6 期。
③ Pietro Calice, "African Development Finance Institutions: Unlocking the Potential", *AfDB Working Paper*, No. 174, May 2013, p. 12.

重点支持非洲各国在能源、交通、信息和通信技术领域的基础设施建设，可在一定程度上弥补非洲总额达 500 亿美元的基础设施资金缺口。

次区域开发性金融机构。次区域开发性金融机构主要包括次区域合作组织层面推动建立的主要面向本区域开发性融资项目的金融机构，其中包括西非开发银行、东南非贸易和发展银行、南部非洲开发银行和东非开发银行等多个金融机构。通过与次区域内外的其他金融机构合作，区域开发性金融机构在推动次区域一体化建设中起着主导作用。

国家开发性金融机构。一些国家也成立有开发性金融机构，如安哥拉非洲投资银行和肯尼亚开发银行等。这些金融机构主要致力于从多种渠道募集资金以为国内开发性项目提供融资支持。

(3) 非洲银行业发展现状

非洲银行业包括中央银行、商业银行、信用合作社和微型金融机构等多种金融机构。

非洲中央银行。中央银行是国家最高的货币金融管理组织机构，在各国金融体系中居于主导地位。国家赋予其制定和执行货币政策，对国民经济进行宏观调控，对其它金融机构乃至金融业进行监督管理权限。非洲不同区域的中央银行的职能有所不同。西部非洲八个法语国家（贝宁、布基纳法索、科特迪瓦、几内亚比绍、马里共和国、尼日尔、塞内加尔和多哥）于 1961 年设立了共同的中央银行——西非国家中央银行（BCEAO），总部设在塞内加尔首都达喀尔，西非国家中央银行为西非经济货币联盟国家发行货币、制订货币政策。西部非洲英语国家尚未形成统一中央银行，各国均设中央银行并实行独立的金融政策。中东非和南部非洲国家也多设有独立的中央银行。南非中央银行是南非储备银行（The South African Reserve Bank，SARB），始建于 1920 年，为股份有限银行，职能主要是发行货币、维持物价稳定、银行监管和管理外汇储备等，还对其它南非金融机构进行协调和管理。

非洲商业银行。非洲商业银行包括本地银行、西方国家银行、以中国为代表的新兴经济体银行。近年来，非洲新的贷款模式、居民收入的增长以及技术改进加速推进了非洲银行业发展;非洲国家政府大力推进的金融改革也极大地释放了银行业的发展潜能。非洲经济较发达的国家都有较为成熟的商业银行体系。如南非共有注册银行31家,另有42家外国银行在南非设有代表处;最大的四家银行是第一兰特银行(First Rand Bank)、南非联合银行集团(Amalgamated Banks of South Africa Group)、标准银行(Standard Bank)和莱利银行(NedBank Limited),四大商业银行总资产约占南非商业银行总资产的80%以上。肯尼亚共有42家商业银行,其中巴克莱银行、渣打银行、肯尼亚商业银行和肯尼亚国民银行业务总量占肯尼亚金融业务总量的60%。喀麦隆有14家商业银行,安哥拉共有23家商业银行。

微型金融是在传统金融体系外发展起来的金融方式。近些年来非洲国家微型金融机构数量大幅增加;客户数量稳定增长,存款客户多于贷款客户。各次区域中,东部非洲的微型金融机构客户数量最多。非洲微型金融的组织与运营大致有四种形式,分别是非正式金融中介,以非正式的储蓄为主营业务,加纳的非正式存款吸收与信贷发放机制——SUSU(储蓄收集)是典型的方式;成员制集体组织机构,储蓄与信贷协会的合作模式是典型方式,贝宁的微型金融以这种形式为主导;非政府组织与捐赠者支持下的微型金融机构,如几内亚微型金融机构PRIDE和3AE;商业银行参与的微型金融业务。多数非洲国家对微型金融机构没有采用审慎监管,监管环境相对宽松。微型金融机构主要面对的是乡村市场,产生了良好的社会收益。提高了贫穷家庭的收入水平和教育水平[①]。虽然非洲信用合作社和微型金融机构数量不少,但吸纳存款资源较小,远低于商业银行吸收的储蓄额。因此,商业银行仍然是非洲银行业的主体。总的来看,非洲银行业主要有以下几个显著特点。一是非洲各家银行网络虽然存在交叉重叠,但基本覆盖率低,没有银行在全非开展运营。

---

① 李志辉、国娇:《非洲国家的微型金融》,《中国金融》2009年第13期。

表 5-4　　　　　　非洲国家主要商业银行运营覆盖情况

	商业银行	总部所在国	所有权归属	覆盖非洲国家数
国际银行	兴业银行	法国	法国	17
	花旗银行	美国	美国	15
	渣打银行	英国	英国	14
	法国巴黎银行	法国	法国	13
非洲银行	泛非银行	多哥	南非	32
	非洲联合银行	尼日利亚	尼日利亚	19
	南非标准银行	南非	南非	18
	摩洛哥贸易银行	摩洛哥	摩洛哥	18
	Banque Sahelo-Saharienne pour' Investissement et le Commerce（BSIC）	利比亚	利比亚	14
	Attijariwafa Bank	摩洛哥	摩洛哥	12
	Banque Centrale Populaire duMaroc（BCP）	摩洛哥	摩洛哥	11
	巴克莱非洲银行	南非	南非	10

数据来源：African Development Bank 数据库。

二是大部分非洲国家商业银行网点严重不足，乡村地区网点覆盖率尤低。据统计，撒哈拉以南非洲地区每千名成人平均拥有银行账户数仅 500 个，大幅低于全球平均水平。① 这使得商业银行吸收存款的规模受到严重限制，资源动员能力很弱。② 在一些欠发达国家，由于本身国民储蓄率很低，吸收存款的不足使得可资利用的金融资源更为匮乏，扩大了融资缺口。三是非洲各国银行规模差异很大，大型银行主要集中在南非和尼日利亚等国。历年英国《银行家》杂志公布的非洲百强银行排名显示，南非和尼日利亚银行资本金占非洲百强银行

---

① 数据来源：IMF, Financial Access Survey database.
② 陈宗德：《非洲国家应充分重视金融业》，《西亚非洲》2002 年第 6 期。

资本金的比例超过85%。① 南非等国排名靠前的大型银行均在其他非洲国家，甚至海外拥有分支机构，国际化程度较高，国际竞争力较强。与此同时，大多数非洲国家本国银行规模小，竞争力差。四是许多非洲国家以外资银行为主，本国银行市场份额较小。据国际货币基金组织的统计，2008年共有20个非洲国家的最大银行中外资股权比例超过50%。② 世界知名的渣打银行、汇丰银行、法国兴业银行和葡萄牙商业银行等银行均在多个非洲国家拥有分支机构或持有银行股权，是非洲最为活跃的外资银行。五是非洲国家银行业总体利润水平高于其他地区。据国际货币基金组织"金融稳健指标"数据库的统计，2012年纳入监控体系的13个非洲银行业股本回报率的简单平均值高达22.5%，是所有地区和国家分组中的最高水平。③ 资金短缺和风险回报是致使非洲国家银行业总体利润水平高于其他地区的主要原因。六是非洲许多商业银行不能准确地评估信用、市场和操作风险，热衷构建复杂的资产负债表，蕴含更大的资产负债风险。七是监管不利一直存在，目前非洲各国开始意识到监管对于遏制金融风险的重要意义，开始实施相对严格的监管措施。如2016年8月，南非GBS共同银行、Habib海外银行、投资技术银行、雅典南非银行及渣打银行约堡分行由于在打击洗钱和支持恐怖主义的金钱活动方面措施不力，被南非央行罚款3千万兰特。

（4）非洲资本市场的发展现状

非洲资本市场包括股票市场、债券市场和衍生品市场等。大部分非洲资本市场准许外国投资者投资各种证券产品。

股票市场。非洲股票市场发展历史起源很早。南非、津巴布韦和埃及等国证交所均有超过100年的历史。尼日利亚、肯尼亚和科特迪瓦证交所分别成立于20世纪50年代、60年代和70年代。大多数非

---

① The Banker, Nigerian banks begin eating into South African dominance, 2007. http://www.thebanker.com/news/fullstory.php/aid/5058/Nigerian_banks_begin_eating_into_South_African_dominance.html.

② IMF, World Economic and Financial Surveys: Regional Economic Outlook Sub-Saharan Africa, April 2009, p. 42. http://www.imf.org/external/pubs/ft/reo/2009/afr/eng/sreo0409.pdf.

③ 数据来源：IMF, Financial Soundness Indicators database.

洲国家20世纪80年代末陆续开始发展资本市场并成立证券交易所。目前，非洲共有近30个国家成立有证券交易所。

少数股票市场上市公司数量多、市值规模大、流动性较强。南非约翰内斯堡证交所和埃及证交所是非洲规模最大的两个股票市场，其中南非约翰内斯堡证交所是进入世界排名前20的股票市场，2014年，约翰内斯堡证券交易所上市公司380家，总市值9340亿美元；埃及证券交易所上市公司247家，总市值700亿美元；尼日利亚证券交易所上市公司197家，总市值620亿美元。此外，摩洛哥、突尼斯、科特迪瓦等国股票市场规模也相对较大。

与此同时，大部分非洲股票市场上市公司数量少、流通市值小、流动性差。大部分非洲股票市场上市企业数量不超过20家[1]，一些证券交易所如乌干达证交所等，仅有数家上市企业；喀麦隆杜阿拉证券交易所（Douala Stock Exchange）仅有三家上市企业，分别为喀麦隆矿泉水公司（SEMC）、喀麦隆非洲林业与农业公司（SAFACAM）和喀麦隆棕榈公司（SOCAPALM）。

近年来，陆续有新的非洲国家证券交易所成立，如2016年1月22日，莱索托央行成立了莱索托证券交易所，在莱索托境内开展证券集中交易；前期由央行运营，条件成熟后，交由私营机构管理。

债券市场。大部分国家均建立有债券市场，参与者包括银行、共同基金和保险公司等。除南非、埃及、尼日利亚等国外，大部分债券市场以各种期限的国债为主要交易产品，从而大部分非洲债券市场是主要服务于国债发行的市场，企业直接融资功能仍非常薄弱。

衍生品市场。非洲衍生品市场主要以南非约翰内斯堡期货交易所为代表，交易产品包括商品期货、利率和货币衍生品以及各种金融期货、期权等衍生产品。其他非洲国家部分债券市场也有利率和货币衍生品可供交易。

外汇市场。非洲国家外汇市场通常分为即期和远期两种，参与者包括央行、银行、外汇经纪人、进出口企业等。非洲国家汇率制度主

---

[1] 转引自杨宝荣《非洲负债发展与国际融资环境——兼论金融危机对非洲负债发展的影响》，《西亚非洲》2010年9月。

要分为四种，一是有管理的浮动汇率制度，如阿尔及利亚、埃及、尼日利亚等；二是盯住汇率制度，如西非和中非法郎区国家、佛得角等；三是货币局制度，如吉布提等；四是自由浮动制度，如南非、布隆迪、加纳等。前两种要求央行对外汇市场的大幅波动进行干预。

（5）非洲保险业发展现状

非洲大部分国家均建立有由再保险公司、综合保险公司、财产保险公司、人寿保险公司和保险经纪公司等构成的商业保险体系。此外，非洲还有一家区域性再保险公司——非洲再保险公司，可以面向非洲各国受理再保险业务。非洲贸易保险公司（ATI）是非洲最重要的保险公司之一，是提供出口信贷、政治风险保险、投资风险保险业务的非洲跨国保险机构，持股国家包括肯尼亚、坦桑尼亚、卢旺达、乌干达、布隆迪、贝宁、刚果（金）、马拉维、马达加斯加、赞比亚、埃塞俄比亚和科特迪瓦；肯尼亚为最大股东，占股15.6%。

受制于非洲的总体发展水平，非洲保险业发展总体滞后且不平衡。少数国家保险业发展程度较高，具备全球竞争力。非洲大部分保费收入来源于南非等国。南非保险业较为发达。与此同时，大部分非洲国家人寿保险覆盖率极低，还有很大的发展空间。

（6）非洲移动金融发展现状

移动金融是指使用移动智能终端及无线互联技术处理金融企业内部管理及对外产品服务的解决方案。20世纪90年代，移动金融首次应用于捷克。随着通信技术的进步，智能终端的普及，移动金融在全球迅速推广。[①]

近年来，非洲移动金融业发展迅速，先后推出了M-Pesa、Wizzit、MNT、celpay等多种移动金融服务系统。全球移动通信协会（GSMA）统计显示，2017年，移动支付已经覆盖全球90个国家和地区，撒哈拉以南非洲移动支付账户3.38亿个，同比增长18.4%，交易金额199亿美元；东部、中部、南部和北部非洲的移动用户数量和交易金额分别为1.91亿个和132亿美元、3290万个和13亿美元、1000万

[①] 参见：Johnson, S. & Arnold, S., "Inclusive financial markets: is transformation under way in Kenya?" *Development Policy Review*, 2012, 30 (6): 719–748.

个和 1.23 亿美元、1.04 亿个和 53 亿美元①。2018 年底，撒哈拉以南非洲的移动支付账户 3.957 亿个，超过 130 家机构在该地区提供移动金融服务②。

移动金融的发展模式主要有三种，分别是银行主导型、非银行主导型和移动运营商主导型。银行主导型模式需要有成熟的银行体系和众多的银行分支机构、网点，多在发达国家和地区采用。非洲部分银行尝试推出移动金融业务，但没有成功。③ 非洲移动金融主要采用移动运营商主导模式，代表是肯尼亚的 M-Pesa。M-Pesa 是 2005 年英国沃达夫公司与肯尼亚的附属公司萨法利及肯尼亚政府合作建立的移动电子货币系统，英国沃达夫公司持有 40% 的股份。2007 年，肯尼亚将 M-Pesa 确定为"短信服务"的货币转账系统。④ 运营商通过将金融应用集成到客户的手机 SIM 卡中，客户即可在各代理商网点实名注册账号并将现金转换为电子货币，通过发送文本消息和代码就可以实现多种金融服务。在肯尼亚，银行只为少数高端客户服务，开户门槛高，服务费用高。M-Pesa 改善了普通居民金融服务的便利性，成为当地农村居民小额汇款转账的主要手段。非洲移动金融的另一个重要代表是乌干达 MTN（Mobile Telephone Network），该公司是乌干达最大的网络运营商，2009 年 3 月推出移动金融服务，服务网络可覆盖全境 85% 的地区，到 2012 年末，已为全国 38% 的家庭提供了移动金融服务，活跃用户超过 900 万；拥有 15000 个代理网点，交易额达 4.5 亿美元。⑤

相对于发达国家和其他发展中国家，非洲移动金融的发展最快。

---

① GSMA：《2017 全球移动支付行业现状》，2017 年。
② 《2018 年撒哈拉以南非洲移动通信市场发展迅速》，商务部驻马里经商处网站，2019 年 7 月 24 日，http://www.mofcom.gov.cn/article/i/jyjl/k/201907/20190702884400.shtml。
③ 参见：Mas. I. & Kumar. K. "Banking on mobiles: why, how, for whom?", *CGAP Focus note.* 2008 (48) 10.
④ 参见：Buku. M. W. & Meredith. M. W. "Safaricom and M-Pesa in Kenya: financial inclusion and financial integrity", *Wash. Jl tech. & arts*, 2012. 8: 375.
⑤ 参见：Mishra, V. & Bisht, S. S., "Mobile banking in a developing economy: A customer-centric model for policy formulation", *Telecommunications Policy*, 2013, 37 (6): 503 – 514.

主要原因有两个,其一是手机的普及,撒哈拉以南非洲地区基础设施投入水平低,相对于建设固定电话网络而言,手机通信网络建设的成本要低得多;手机在非洲的普及程度提高很快。此外,非洲共享主义的文化传统也让手机能够在人群间分享。二是非洲的传统金融物理网点严重不足,受落后的经济条件限制,扩展能力低,这让成本低的移动金融有了加速发展的条件。

(四)非洲电信业发展现状和特点

非洲是世界电信行业发展最滞后的地区,20世纪90年代以后发展步伐加快;进入21世纪的第二个十年,非洲的移动互联网行业和移动通信行业实现了突飞猛进的发展。

非洲互联网行业实现了长足发展,2013年,非洲互联网业产值为180亿美元,预计到2025年将达3000亿美元,是2013年的近20倍。2001年,非洲连接互联网的海底光缆仅有两条,2014年底增加到16条,大大改善了非洲的通信状况①。目前多个光缆项目在实施当中,将助推非洲互联网业实现跨越式发展。2013年,法国Orange公司、苏丹Expresso公司和塞内加尔通信公司Sonatel联合投资2.14亿美元,建设连接非洲海岸与欧洲海底电缆(Ace)项目。2015年9月1日,连接尼日利亚和喀麦隆的海底光缆系统(NCSCS)完工。2016年,乍得和尼日尔签署了关于共同建设两国间跨境光纤网络的谅解备忘录,两国境内分别铺设510公里和1000公里光纤线路。2016年5月,非洲发展银行宣布将向刚果(布)政府提供5204万欧元贷款,用于支持"中部非洲骨干网"框架内的刚果(布)全国光纤网建设。2011年,科特迪瓦第二条海底光缆登陆点建成,2015—2016年另外三条光缆也陆续建成,网络服务质量大幅提升,价格大幅下降。

非洲各国的固网通信服务仅由国有电信企业提供,基础设施陈旧,改善成本高;而移动网络设备投资小,加之智能设备日益普及,使移动网络成为目前非洲访问互联网的主要途径。据全球移动通信系

---

① 《2025年非洲互联网产业产值或将1.86万亿》,商务部驻加蓬经商处网站,2014年7月31日,http://ga.mofcom.gov.cn/article/jmxw/201407/20140700681516.shtml。

统协会（GSMA）数据，2018年撒哈拉以南非洲移动通信用户4.56亿，移动设备普及率44%，预计2025年用户规模突破6亿。预计到2019年底，3G网络连接率将超过45%，成为撒哈拉以南非洲使用的主要移动通讯技术，但4G网络没有如人们预期一样快速普及，连接率反而出现下降，2018年的4G网络连接率仅为7%，主要原因在于4G网络设备成本高，4G技术在非洲市场部署迟缓，预计2025年4G网络连接率可达23%。2018年，以通话、数据和移动支付为主导的移动通信行业为撒哈拉以南非洲创造了8.6%的GDP，1440亿美元的经济附加值，提供了350万个就业岗位，预计2023年该产业附加值将达1850亿美元，占撒哈拉以南非洲GDP的9.1%[①]。

撒哈拉以南非洲电信市场最大的6个国家分别是尼日利亚、南非、埃塞俄比亚、肯尼亚、刚果（金）和坦桑尼亚。其中，尼日利亚是最大的电信市场，截至2016年1月，电信用户为1.51亿个，而2000年时仅有40万个；2017年下降到1.423亿，2018年提高到1.691亿，电话密度[②]在2018年11月达到了120.79%的峰值。2015年，尼日利亚电信行业对GDP贡献率为15%[③]。

根据肯尼亚电子商务平台Jumia发布的《2019年移动报告》，2018年肯尼亚移动用户普及率91%，用户达4694万人，互联网普及率84%，互联网用户4330万人。肯尼亚移动通信的迅速发展与肯尼亚政府2013年开始实施的"国家宽带战略"密切相关，2018年肯尼亚移动通信基础设施覆盖了90%的人口。3G网络覆盖率从2014年的67%提高到2017年的85%，4G网络覆盖了超过1/3的人口[④]。

南非电信发展水平相对较高。2016年，南非互联网用户2100

---

① 《2018年撒哈拉以南非洲移动通信市场发展迅速》，商务部驻马里经商处网站，2019年7月24日，http://www.mofcom.gov.cn/article/i/jyjl/k/201907/20190702884400.shtml。

② 电话密度是生活在一个区域内的每百名居民的有效电话连接数，以百分比数字表示，用户数是许可服务提供商的电话服务的有效用户数，包括GSM、CDMA、固定无线和固定有线。

③ 姚家威：《尼日利亚2018年电信行业用户数量稳步增长》，中国国际电子商务网，2019年1月9日，http://www.ec.com.cn/article/hwds/201901/36172_1.html。

④ Jumia：《肯尼亚移动用户普及率达到91%》，中文互联网资讯网，2019年7月17日，http://www.199it.com/archives/885745.html。

万，2017年增长至2250万以上，互联网普及率达40%。南非电信公司TELKOM是非洲最大的电信公司，信息技术公司DIDATA和DATATEC不仅在非洲，在英美市场也占有一席之地。南非的卫星直播和网络技术水平在世界上具有一定的竞争力，南非米拉德国际控股公司（MIH）垄断了撒哈拉以南非洲的绝大部分卫星直播业务。2015年，南非物联网设备市场规模突破20亿美元，约33%的企业计划投资物联网技术，预计到2020年约有500亿台设备接入互联网[①]。

尽管非洲电信业在近年来取得了举世瞩目的进步，但非洲仍然是世界上电信业最不发达的地区。宽带使用、固话使用比例都很低，互联网行业使用费用居高不下。联合国宽带委员会报告显示，世界上宽带接入水平最低的10个国家有8个位于撒哈拉以南非洲地区，分别为埃塞俄比亚、尼日尔、塞拉利昂、几内亚、索马里、布隆迪、厄立特里亚和南苏丹[②]。非洲互联网行业面临以下主要的问题。首先是基础设施薄弱，大部分互联网服务器不在非洲；为了接入服务器，运营商们必须使用海底光缆。其次是垄断现象普遍存在，如西部非洲海底光缆运营商几乎全部存在垄断现象，导致西部非洲互联网接入费用畸高。再次，鉴于智能手机等终端设备销售量大增，为增加税收，一些非洲国家对此类设备征收高昂的进口税，影响了移动网络的进一步普及，如科特迪瓦智能设备进口税率为39%，马里和塞内加尔约30%。

（五）非洲旅游业发展现状和特点

非洲旅游业发展大致可以分为三个阶段，即20世纪50年代到60年代末的起步阶段；70年代初到20世纪末的初步发展阶段和20世纪末至今的快速发展和提高阶段。

进入21世纪，非洲旅游业发展速度超过世界平均水平。1990年，

---

① 国际数据公司：《南非物联网设备市场规模已突破20亿美元》，商务部驻南非经商处网站，2016年2月24日，http://www.mofcom.gov.cn/article/i/jyjl/k/201602/20160201262067.shtml。

② 《非洲互联网接入水平居世界末流，业内专家提出数项建议》，商务部驻莱索托经商处网站，2014年12月23日，http://www.mofcom.gov.cn/article/i/jyjl/k/201412/20141200844416.shtml。

非洲接待国际游客 670 万人次；2000 年提高到 2770 万人次，旅游收入 109 亿美元；2005 年，接待国际游客 3670 万人次，旅游收入 213 亿美元；2008 年，受全球金融危机的影响，非洲旅游业发展势头放缓；金融危机后，非洲国家积极采取措施，如简化旅游政策、旅游经营多元化等，力促旅游业复苏；2012 年，接待国际游客 3380 万人次，旅游收入 360 亿美元；2017 年，接待国际游客 6253 万人次，旅游收入 496.05 亿美元①。

近年来，非洲国家通过吸引国际资本，积极推动旅游业的发展，多数国家取得了一定成效。国际社会也以多种方式帮助非洲国家发展旅游业。如 2016 年 4 月，世界旅游组织为莫桑比克旅游业制定新的发展规划，意图将莫桑比克打造成非洲领先的旅游目的地，规划期至 2024 年。2016 年 5 月，佛得角新政府制定国家发展计划，旨在通过帮扶当地旅游企业及负责旅游领域管理及投资的机构来扩大本国旅游领域的竞争力，世界银行批准 500 万美元贷款计划，用于帮助佛得角提高旅游竞争力。

粗略划分，非洲特色旅游可以分为四大片区，分别是以肯尼亚为中心的东部非洲片区；以南非为核心的南部非洲片区；以毛里求斯、马达加斯加、塞舌尔为代表的海岛游片区；以埃及为中心的北部非洲片区。

东部非洲片区的核心旅游国家是肯尼亚。肯尼亚旅游资源丰富，内罗毕、察沃、安博塞利、纳库鲁、马赛马拉等地的国家公园，东非大裂谷、肯尼亚山和蒙巴萨海滨等是最重要的旅游资源，野生动植物资源独具特色。旅游业是肯尼亚的支柱产业。2011 年接待国际游客 180 万人次，旅游业收入约 10 亿美元；2011 年以来，受到阿尔沙巴布恐怖袭击的影响，旅游业下滑；2014 年，接待国际游客量 130 万人次，下降了 11.1%，旅游业收入 9.2 亿美元，下降了 7.3%；旅游业直接就业人数 25 万，间接就业人数 55 万。为推动旅游业复苏，肯尼亚旅游部于 2016 年颁发了《旅游税收法令 2015》，规定所有旅游部门统一税率为 2%，以减轻旅游和酒店业的税负。2016 年旅游业有

---

① 数据来源：World Bank, World Development Indicators Database.

所恢复，当年接待国际游客87万人次，来自中国的游客接近7万人次；2017年，接待国际游客147.4万人次，来自中国的游客近8万人①。

南部非洲片区的核心旅游国是南非。南非旅游资源丰富，旅游业是南非的重要产业，南非是非洲旅游业规模最大的国家。据世界旅游业理事会（WTTC）数据，2016年，南非接待国际游客超过1000万人次，旅游收入273亿美元，预计从2016年到2027年，南非旅游收入每年将增长4.2%；2016年，南非旅游业直接提供了71.6万个工作岗位，约占总就业岗位的4.6%，间接提供了250万个工作岗位；2018年南非旅游业收入302.5亿美元②。2014年南非开始实行的严格的签证政策是南非旅游业进一步发展的障碍。

非洲的海岛游目的地以毛里求斯、塞舌尔和马达加斯加为主。旅游业是毛里求斯的支柱产业，产值占GDP的7.8%左右。2018年，接待国际游客139.94万人次，同比增长4.3%；旅游收入640亿卢比③。旅游业直接或间接创造近4万个就业岗位。塞舌尔是国际著名旅游圣地，全境50%以上地区被辟为自然保护区，旅游业为支柱产业，直接或间接创造了约72%的国内生产总值，创造了30%的就业；2018年，接待外国游客36.12万人，同比增长4%④。马达加斯加是世界上最理想的自然生态旅游地之一，旅游业是支柱产业，但服务设施不足，2009年政治危机爆发后，旅游业遭受沉重打击，游客急剧减少；2016年接待外国游客29.3万人次，旅游收入为7亿美元⑤。

北部非洲片区以埃及为最重要的旅游国家。埃及名胜古迹、历史遗产众多，包括金字塔、狮身人面像、卢克索神庙、阿斯旺高坝、沙姆沙伊赫等，是世界最著名的旅游目的地之一。2011年爆发的"阿

---

① 《肯尼亚2017年接待逾147万外国游客》，新华网，2018年2月9日，https://news.china.com/internationalgd/10000166/20180209/32072393.html。
② KERRY DIMMER，《南非旅游业稳步发展》，《非洲振兴》2018年4月。
③ 《毛里求斯国家概况》，中国外交部网站，https://www.fmprc.gov.cn/web/gjhdq_676201/gj_676203/fz_677316/1206_678164/1206x0_678166/。
④ 《塞舌尔国家概况》，中国外交部网站，https://www.fmprc.gov.cn/web/gjhdq_676201/gj_676203/fz_677316/1206_678428/1206x0_678430/。
⑤ 《马达加斯加国家概况》，中国外交部网站，https://www.fmprc.gov.cn/web/gjhdq_676201/gj_676203/fz_677316/1206_678092/1206x0_678094/。

拉伯之春"严重影响了该国旅游业的发展，接待国际游客人数锐减。2012年开始恢复，当年接待游客1050万人次，收入约100亿美元；2013年，埃及政局再度动荡，旅游业再受打击，2014年接待国际游客1000万人次，旅游收入约75亿美元；2015年，接待国际游客960万人次，旅游收入约61亿美元；之后，受恐怖主义威胁，埃及接待国际游客人数和旅游收入明显减少，2016年，接待国际游客450万人，旅游收入约34亿美元，2017年，接待国际游客830万人，旅游收入约53亿美元；2018年旅游收入回升到98亿美元。

虽然非洲旅游业实现了长足的发展，但总体来看，发展水平仍相对低下，与其拥有的极为丰富的旅游资源并不匹配。非洲旅游业面临的问题和挑战很多，除经济发展水平滞后和地区安全形势复杂之外，还有如旅游相关基础设施薄弱，欠缺完整的交通运输网络，景区建设、旅游产品开发、旅游设施建设和服务水准存在明显欠缺，旅游业服务意识不足，服务水平低下，资金结算方式落后，传染性疾病肆虐，针对游客的腐败问题等。

三　外资企业投资非洲服务业的领域选择

近年来，外资企业已经投资到非洲各国服务业，包括批发零售业、餐饮住宿业、交通运输仓储业、金融、房地产、电信、旅游、公共管理、教育和医疗等。但非洲国家服务业需求空前的大，且仍在迅猛增长，而本地的服务供应能力有限，对外资企业进入非洲服务业持欢迎态度。

分析来看，未来外资企业在非洲服务业投资中具有较好前景的主要包括以下细分行业。在批发零售业领域，随着贸易和投资水平的提升以及非洲本土批发零售业竞争形势的发展，现代化的商贸企业将在非洲找到新的发展空间。在交通运输仓储业领域，非洲各国、各地区组织均将基础设施建设作为近期核心任务，各国出台了具体的加大基础设施投资建设的措施，各地区组织也纷纷建设跨区域的基础设施，包括铁路、公路、桥梁、港口、水电网络等诸多项目，目前资金缺口比较大；外资企业参与在非交通运输基础建设项目的空间还较大，投资可广泛涉及航空、港口、管道、铁路和公路；非洲航空业中的支线航空市场潜力巨大，竞争压力较小，是非洲投资的蓝海。此外，外资企业还可以通过多种形式涉足交通运输仓储等基础设施的运营，以进一步延伸价值链条。在金融领域，包括贸易融资、股权融资、商业信贷、证券和保险领域都有较大的发展潜力。在房地产领域，考虑到随城市化和居民收入增长带来的巨大民用和商用住宅需求，外资房地产企业有望在非洲找到新的投资热点。在电信业领域，未来一段时间主要投资方向仍然是电信基础设施建设和电信设备。在医疗卫生领域，药物研发生产和销售、投资兴办医疗卫生机构等也存在发展的空间。

自2000年中非合作论坛成立以来，经过十多年的开拓和发展，中非合作已经进入全方位、多层次、宽领域的新阶段。服务业作为重要产业部门，也是中非合作的重要领域。2015年12月，中非合作论坛约翰内斯堡峰会，中方提出愿在未来3年同非方重点实施"十大合作计划"；2018年9月，中非合作论坛北京峰会上中国宣布了中非合作"八大行动"；服务业合作都是其中重要的内容，这为中非服务业发展提供了政策保障。近年来，中国企业投资于诸多非洲服务业的细分领域，但总体来说，投资规模仍然较小，层次依然较低。根据小规模技术理论，中国服务业的技术和发展程度更适应于非洲市场的需求。展望未来，服务业毫无疑问将是中国对非洲直接投资的重点方向。我们研究认为，以下几个领域将成为未来中国对非洲服务业直接投资的重点选择。

第一，医疗卫生领域将成为新兴领域。非洲医药市场正面临着重大历史机遇。一是非洲整体消费能力迅速提升，人们将不断提高个人及家庭在医疗卫生方面的开支，为包括药品在内的消费产品发展提供了坚实的市场基础。二是传统与新型疾病防治药物需求强劲。近期内，非洲都将是传染性疾病和非传染性疾病双重负担地区，非洲各国对医药产品保持强劲需求，各国也意识到推动本地制药业的必要性和迫切性。三是医疗卫生事业受到更多重视，一些国家建立了专门机构着重培养医疗卫生行业的技术人才。四是医药商业环境日趋成熟。各国相继出台了各种优惠鼓励政策，包括加强知识产权保护、制定医药产业发展战略与目标、对制成药的进口加以限制、鼓励短缺产品的研发、对本地制药厂的原材料进口给予关税优惠等。部分国家还出现了一些应用新技术改善医疗服务水平的趋势，尤以移动通讯在医疗领域的应用最为抢眼。

面对如此机遇，一些国家已经抢先布局。目前中国对非洲的医药投资尚处起步阶段，对非洲医药投资项目多位于非洲欠发达国家，尚未涉足非洲主流市场，且以生产基础药物为主。许多企业在非洲从事医药贸易，有望成为潜在投资者。中国应将医药行业作为对非洲产能合作的重点领域，支持企业投资。除制药业外，医疗器械制造、医疗机构开设和运营、医疗新技术等都是重要领域。其中，数字医疗诊断中心是未来中国对非洲医疗行业投资的重要方向。数字医疗诊断中心是当前医疗行业设备水平配置较高的，包含高科技含量和医疗诊断水平的平台，该类项目的推广意味着中国高新技术出口达到较高的高度，可以利用其做为提供医疗服务和培训的综合平台，为非洲的健康医疗事业培养人才，有利于非洲的民生发展。目前，大连东软集团已经在苏丹首都喀土穆运行了一个数字医疗诊断中心，盈利情况良好；患者主要来自于政府保险、商业保险公司客户，也有少部分自付费客户。

第二，房地产是潜力较大的行业。非洲经济发展前景看好；人口基数庞大，增长率高，且年轻人口占比大；城市化进程持续加速；中产阶级数量不断增加；住房需求增长较快，住房缺口大；这都构成了对非洲房地产市场前景持乐观态度的理由。目前，中国多家公司已经在非洲开展了房地产行业的投资或承包工程，如中国交建、中国水电、中国铁建等中央基建企业；威海国际、甘肃建投、大连国际、南京住宅建设总公司等地方基建企业；以及部分民营基建企业，如南非金巢集团、肯尼亚内罗毕爱德曼地产公司等；已有的投资项目主要集中在部分非洲国家的首都或其他经济较发达的城市，如内罗毕、拉各斯、金沙萨、阿克拉、马拉博、罗安达等城市。

非洲房地产市场前景广阔，但也面临着较大风险。除常见的安全风险、汇率风险外，还面临着一些房地产行业特有的风险，其中最应注意的是非洲国家复杂的土地产权。非洲国家的土地产权形式主要包括永久产权和租赁使用权，在博茨瓦纳、纳米比亚、埃及等国，外国投资者可以通过购置的方式获得土地的永久产权；在肯尼亚、尼日利亚、安哥拉、坦桑尼亚等国，则不允许获得土地的永久产权，只允许租用一定时期，各国允许的租借期限不同；此外，还有很多非洲国家存在以部落习惯法管理的土地，其中很多管理办法与现代法律制度相悖，因此，在这些国家存在一地多卖、权属纷争的问题，外国投资者经常由于对该国土地产权的不了解而陷入麻烦。此外，虽然非洲国家经济发展态势较好，但切忌盲目高估非洲国家的住房购买力。非洲人储蓄率低，多数非洲国家银行按揭只覆盖少数的公务员体系，限制了需求者的购买能力；另外，非洲人有自建房的传统，很多有实际购买力的家庭选择自买土地自建房，也缩小了消费者的范围。

我国企业投资非洲房地产行业，一是在投资国别的选择上，要选择那些政局稳定、法律健全、经济发展趋势良好的国家，少选择具有较大的安全形势风险、政局动荡风险的国家，这就要求企业对意向投资国长期跟踪，深入研究，提前准确预判该国的发展态势。二是鼓励在非洲投资的房地产企业和工程承包企业在有投资项目或意向的国家设立海外房地产事业部，专门从事房地产项目的开发，趁目前国际优秀房企尚未重视非洲市场的时机，加速非洲布局。三是投资非洲的房地产企业要争取多样化的金融支持，包括基于我国对非政策基础上的政策性银行相关贷款项目，争取与所在国银行、中国各银行在当地的分支机构开展相关合作等。四是积极探索在非洲开展房地产开发的新形式，如将零售业和房地产行业相结合的方式。目前我国正在积极实施中非产能合作，未来赴非洲投资的制造业企业将逐渐增多，但这些企业缺乏在当地拓展市场的平台，而产能的转移需要与前端市场结合起来，通过市场销售再逐渐延伸到实现当地制造。因此，在当前我国零售业企业还未充分具备"走出去"能力的情况下，基于非洲缺乏消费行业完整产业链和相关基础设施的现实，可以探讨在一些国家开展"地产—商贸—生产"的综合开发项目，包括大型商品批发市场的建设，使之成为中国优质产品展示和销售的集散地，帮助中资企业拓展渠道、扩大市场；同时，进行相关配套的办公、酒店、娱乐等商业地产开发，满足中资企业和人员的工作和生活需求。

第三，数字经济是潜在增长点。2008年金融危机之后，全球经济进入了一个新的发展阶段。传统经济持续低迷，新经济快速崛起。当前，以云计算、大数据、人工智能、区块链等为代表的新一代信息技术发展如火如荼，以数字化、网络化、智能化为特征的信息化新经济浪潮兴起，加速了信息技术与经济社会各领域、各行业融合创新，推动着全球进入数字经济新时代。数字经济时代的到来给非洲国家的发展和与世界各国的合作带来了新的机遇。对非洲国家来说，数字化将会对经济起到明显的拉动作用。研究表明，数字化程度每提高10%将拉动0.5%—0.62%的经济增长。当前非洲各国的数字经济发展不一，总体上仍处于起步阶段。发展数字经济可以使非洲国家利用技术手段提高民众的生活水平，并为教育、贸易和生产带来一系列便利，缩小与发达国家的差距。世界其他国家与非洲国家在数字化领域的合作具有广阔的前景。受世界互联网发展的带动以及全球经济一体化的影响，大多数非洲国家都在积极制定数字经济发展规划，具有较大的发展潜力。

中国在数字经济方面具有明显优势。近年来，得益于政府的大力支持和巨大的国内市场，中国数字经济正处于跨越式发展的阶段。根据中国信息通信研究院的报告，2018年，中国数字经济规模达到31.3万亿元人民币，占GDP比例为34.8%。数字经济领域就业岗位1.91亿个，占当年总就业人数的24.6%[1]。而中国数字经济指数也表明，数字经济增速显著高于我国宏观经济景气指数，已经成为拉动中国经济增长的重要动力。

非洲是世界最不发达地区，但非洲的数字经济也已开始崭露头角，中国与非洲之间在数字经济领域存在着较大的潜在合作空间。一方面，中国的互联网市场已经趋向饱和，国内市场竞争激烈。而非洲刚刚步入数字经济时代，是科技互联网产业最后一片蓝海。非洲逐渐提升的互联网普及率，移动支付的迅速推广，巨大的人口红利以及逐年提高的教育水平等有利条件，都为中国数字科技企业深耕非洲市场提供了可能。另一方面，非洲国家处于数字经济发展的初期，还缺乏发展数字经济所需的技术和经验，更缺乏制定和实施数字经济发展规

---

[1] 中国信息通信产业研究院：《中国数字经济发展与就业白皮书（2019年）》。

划的能力，而中国已是公认的全球数字经济领军国家之一，在数字经济领域具有一定优势，中国发展数字经济的丰富经验和质优价廉的数字解决方案将帮助非洲国家克服发展数字经济中面临的困难，最大程度上释放数字经济的增长潜力。

第四，旅游业仍然具有较大的发展潜力。2002年，埃及成为非洲第一个"中国公民组团出境旅游目的地"，自此开始了中非现代旅游业合作。目前，非洲旅游越来越受中国高端游客的欢迎，赴非洲旅游的人数与日俱增。目前，中国赴非洲旅行的游客人数在中国出境游总人数中所占的比例不高，但增长很快。中国游客比较集中的旅游目的地包括埃及、南非、肯尼亚等传统旅游大国；以及近年来开始广受欢迎的毛里求斯、坦桑尼亚、塞舌尔、摩洛哥、纳米比亚等新兴旅游目的地。中国游客已成为部分非洲国家国际游客的重要来源。

当前中国对非洲旅游业的投资项目还比较少，仅有的投资项目主要集中在宾馆住宿和餐饮服务等方面，如安徽外经在莫桑比克首都马普托投资2.5亿美元建成集住宿、餐饮、商务、购物于一体的五星级凯莱大酒店；再如加纳华人企业家阿克拉投资兴建的唐宫大酒店；香港企业家在赤道几内亚马拉博投资的中国安达酒店等，都成了地标性建筑。非洲多数国家都可以看到中国企业投资的酒店、旅馆、饭店。

未来，中非旅游业合作需要双管齐下。一方面促进双方游客的往来；我国可以实行更加开放的赴非旅游政策，放开甚至鼓励所有符合经营出境旅游条件的旅游业公司参与非洲旅游市场的经营，旅游管理部门只负责维护秩序，保护竞争的公平性；鼓励旅游业公司树立市场和竞争意识，开发适合目标市场的差异性产品，推动对非旅游业务；为保护我国赴非洲游客的合法权益，加强中非旅行业公司之间的合作与交接，加强非洲各国、各地区间的旅游合作与交流。另一方面采取多样性措施推动中国企业投资非洲旅游相关的上下游配套产业；基于非洲的政策和市场的现实情况，酒店、餐饮业仍然是对非洲旅游业投资的主要方向，但要在目前的基础上逐步实现上述产业的高端化、连锁化发展；在非洲投资酒店、餐饮服务的企业多为私营企业，要强化对这些企业的多样化和适用性的金融支持手段，为其提供成本相对低廉的融资渠道。

第五,支线航空是合作蓝海。非洲经济正在崛起,非洲民用航空业蓬勃发展。目前,非洲的区域航空匮乏,非洲内的通航仍不充分,特别是在非洲的中西部,很多国家之间没有直达航线。从航线运营来看,运力与市场需求之间也存在着很大的不平衡。未来数年,非洲市场对支线客机和支线航空运营的需求较大,非洲支线航空将迎来强劲增长。中国民航业企业在航空基础设施建设、机场设备、民航管理及飞行员培训等方面具有较强的综合实力,中国生产的民航飞机逐渐被国际民航市场认可,具备"走出去"的能力。随着"一带一路"建设和中非产能合作的深化,中国民航业企业与非洲合作面临较好的机遇,支线航空将成为合作重点。但机遇与风险并存,中国民航企业必须对非洲航空市场存在的风险有清晰的认识,要制定系统性、整体性、长远性地规划,做好合理的投资选择。要客观看待和分析非洲支线航空市场。虽然自20世纪90年代以来,非洲支线航空机队规模快速增长,但由于基数小,保有量依然相对较小。非洲很多国家的机场等民航业相关基础设施薄弱,空管、地勤等服务落后,这些客观条件影响了飞机运营的安全性,提高了运营成本。同时,非洲航空业人才匮乏、运营水平不高、维修能力不足,都将成为我国航空业企业投资障碍。

第六,金融业是服务业投资的核心领域。在现代经济条件下,金融是经济发展的核心产业。目前,中国企业投资非洲金融业还处于初级阶段,有着广阔的发展空间。关于中国企业投资非洲金融业,我们在下一节中详细讨论。

四 金融创新与中国企业投资非洲金融业

中国正在推动"一带一路"建设,为之提供了金融支持,中国企业投资非洲金融业要置于"一带一路"建设的大背景下来考虑和推进。

(一) 中国金融支持"一带一路"的现状

2013年,习近平总书记提出"一带一路"倡议,随着"一带一路"建设的持续推进,众多沿线国家纷纷参与其中,许多重大项目逐步落地。2017年,我国与"一带一路"沿线国家贸易额达到7.4万亿元人民币,同比增长17.8%。其中,出口4.3万亿元人民币,增长12.1%,进口3.1万亿元人民币,增长26.8%。在对沿线国家投资的过程中,金融支持始终是决定"一带一路"能否持续推进的先决条件之一[①]。

面对"一带一路"建设中部分项目融资难的问题,我国国内政策性银行、商业银行以及传统多边金融机构、新兴多边金融开发机构等都给予了不同规模的金融支持。为我们归纳了现有为"一带一路"建设提供金融支持的主要金融机构、支持项目及规模和目标重点,如表5-5所示。

表5-5　　　　　　　　主要金融机构的金融支持规模

金融机构类型	主要金融机构	金融支持规模	重点支持领域
政策性银行	国家开发银行	截至2017年9月末,在"一带一路"沿线国家累计发放贷款1789亿美元,余额超过1100亿美元;在香港以私募方式发行3.5亿美元5年期固息"一带一路"专项债券;出资5亿元人民币参与丝路基金建设	基础设施互联互通和国际产能合作,在油气、核电、高铁、装备、港口、园区等重点领域开展投资
	中国进出口银行	截止2017年7月,在"一带一路"沿线国家有余额的信贷项目1200多个,贷款余额超过6400亿元人民币;出资15亿元人民币参与丝路基金建设	基础设施互联互通

---

① 王一鸣:《"一带一路"离不开金融创新》,《学习时报》2015年8月6日。

续表

金融机构类型	主要金融机构	金融支持规模	重点支持领域
国内商业银行	中国银行	截至2017年9月末,在"一带一路"沿线国家共跟进境外重大项目480个,项目总投资额超过4600亿美元,提供意向性授信支持超过1030亿美元;完成对"一带一路"沿线国家各类授信支持约900亿美元	基础设施建设项目;大型企业海外建厂、并购等
	中国工商银行	至2017年5月,累计支持"一带一路"沿线项目212个,承贷金额674亿美元,同时还拥有3372亿美元的项目储备;在卢森堡证券交易所首次发行"一带一路"气候债券,募集资金约合21.5亿美元(约143亿人民币)	基础设施建设项目;国际产能合作
传统多边金融机构	世界银行	在"一带一路"沿线国家承诺金额达868亿美元;其中交通类项目的承诺金额超过240亿美元	基础设施、贸易、电力和联通性相关的项目
	亚洲开发银行	截至2016年底,批准"一带一路"沿线国家相关项目9个,贷款承诺额17.3亿美元	基础设施建设
新兴多边开发金融机构	亚洲基础设施投资银行	截至2016年9月底,参与投资建设"一带一路"沿线国家6个项目,贷款额约8.29亿美元	为"一带一路"沿线国家的经贸合作和多边互联互通提供融资支持
	丝路基金	截至2017年年底,已签约17个项目,承诺投资额约70亿美元,支持的项目涉及总投资额达800多亿美元	

数据来源:笔者统计。

虽然境内外各类金融机构为"一带一路"建设融资提供了大力支持,但企业参与"一带一路"建设依然面临着较多来自金融方面的制约。其一,许多项目前期需要巨大的资金投入,但缺乏针对性的配套融资手段，仅靠股权型资金仍不足以满足大量的资金缺口；其二，中国国内金融市场建设尚不完善，境内企业无法充分利用国内的低利率环境为境外项目募集充足的资金，加之人民币对外投资仍要满足诸多严格条件，增加企业对外投资难度的同时限制了企业的投资意愿；其三，"一带一路"沿线国家多为发展中国家和新兴经济体，金融体系效率较低，加之政治经济差别产生较多风险，增加了企业境外融资成本和直接投资风险。为进一步发挥金融对"一带一路"建设的支持力度，应充分总结我国金融创新的经验，继续坚定推进金融创新，从深化金融产品创新，推进新型金融市场建设，优化金融机构治理体系等方面入手，提升金融创新的广度和深度。

（二）"一带一路"金融创新的特点

（1）金融工具创新——"一带一路"专项债券及其创新点

近年来，我国各类金融机构逐步探索利用债券市场支持"一带一路"投融资，主要有以下一些金融创新：2015年6月，中国银行发行40亿美元"一带一路"主题债券，这是国内首支"一带一路"债券，也是中国银行业发行的规模最大的境外债券。此举主要是为改善海外吸收短期存款发放长期贷款的问题，通过筹集中长期资金替换部分短期资金，以更稳定地支持项目建设。2017年3月，俄罗斯铝业联合公司在上海证券交易所发行了首期人民币债券（即"熊猫债券"），这是首单"一带一路"沿线国家企业发行的"熊猫债券"，该债券的成功发行体现了我国为拓宽沿线国家企业的融资渠道付出的努力，具有较强的示范效应和意义。2017年12月，国家开发银行在香港首次以私募方式发行了3.5亿美元5年期固息的"一带一路"专项债券，募集的资金将用于国家开发银行在"一带一路"沿线国家的项目建设，这是我国金融机构进一步拓宽项目融资途径，推动解决基础设施建设的融资难题所做的尝试。

2018年3月，上交所与深交所共同发布了《关于开展"一带一路"债券业务试点的通知》，旨在通过设立专项债券，推动项目融资，加快"一带一路"项目的建设。自该《通知》发布之日起，各类相关主体可以三种方式在沪深交易所发行"一带一路"债券融资，第一类是"一带一路"沿线国家的政府类机构在交易所发行的政府债券；第二类是在"一带一路"沿线国家注册的企业及金融机构在交易所发行的公司债券；第三类是境内外企业在交易所发行，募集资金用于"一带一路"建设的公司债券①。

相对于其他债券，"一带一路"专项债券的创新点主要体现为三个方面：第一，相对于银行贷款，"一带一路"专项债券能够提高融资效率和透明度。相对于银行贷款和直接投资等融资方式，债券融资具有高度市场化的特征②。债券市场引入了市场化程度较高的注册发行管理机制、完善的信息披露机制和公开透明的市场定价机制，债券市场的这一特点，有利于更好地促进"一带一路"融资的公开透明，缓解合作伙伴的顾虑，增进相互之间的信任。第二，"一带一路"专项债券的包容性较强，能够吸引境外企业参与"一带一路"建设。在此之前，境外企业在我国的投资领域受到一定限制，募集的人民币资本缺乏与之对应的应用空间。"一带一路"专项债券为境外企业参与"一带一路"建设提供了良好的渠道，有助于吸引更多其他国家的企业，特别是"一带一路"沿线国家的企业参与"一带一路"建设。第三，"一带一路"专项债券在实现融资功能的同时，还能推进金融基础设施的建设。"一带一路"沿线国家大多风险较高，不少国家存在政局动荡、地缘冲突等问题。"一带一路"专项债券加强了项目所在地政治、经济、金融及法律环境情况说明及风险披露，相关企业和政府主体可以借此构建"一带一路"沿线国家、企业以及项目信息数据库，为降低沿线投资风险提供宝贵数据资源，夯实金融服务的基础设施。

（2）金融机构创新——丝路基金的现状和特点

2014年12月29日，为响应习近平总书记建设"一带一路"的号召，由中国投资有限责任公司、国家开发银行、中国进出口银行等共同出资，成立丝路基金有限责任公司（以下简称"丝路基金"）。

---

① 上海证券交易所：《关于开展"一带一路"债券试点的通知》，http://www.sse.com.cn/lawandrules/sserules/listing/bond/c/c_20180302_4468353.shtml。

② 万泰雷、李松梁、刘依然：《"一带一路"与债券市场开放》，《中国金融》2017年第22期。

丝路基金是为"一带一路"建设的长期融资量身打造的金融机构，资金规模为 400 亿美元。

目前，丝路基金参与投资的项目涵盖了丝绸之路经济带上的巴基斯坦、哈萨克斯坦、俄罗斯、阿联酋、埃及、意大利等国家。2015年 4 月，丝路基金签下"首单"，投资中巴经济走廊优先实施项目之一——卡洛特水电站。此后，在中俄能源合作中，丝路基金先后购买亚马尔液化天然气一体化项目 9.9% 股权并提供专项贷款，入股了垂直一体化天然气处理和石化企业西布尔公司。2015 年，丝路基金参与投资的倍耐力并购项目被《亚洲投资者》杂志评选为"2015 年度最佳并购交易"。2016 年投资的迪拜哈翔清洁燃煤电站项目分别获得 Project Finance International 评选的"中东及非洲 2016 年度电力交易"和 IJ Global 评选的"中东及北非 2016 年度电力交易"称号。

与其他金融机构相比，丝路基金的创新点主要体现为四方面：第一，丝路基金的项目投资期限相对较长，能更好地与基础设施建设以及运营的期限相匹配。基础设施是每个国家经济发展要解决的瓶颈问题，推进"一带一路"建设的核心任务之一就是通过有效的金融安排为相关国家的基础设施建设提供融资①。一般而言，传统的股权私募投资机构的投资时间大多为 5—7 年，但基础设施建设时间往往超过 10 年，资金的供需存在较大的期限错配。丝路基金虽然也是股权私募基金，但可以接受短期收益率较低但中长期收益较稳定的项目，并为之提供期限较长的融资服务，因而能够与"一带一路"基础设施项目的投资周期相匹配，为企业参与"一带一路"建设提供长期、可持续的资金支持。第二，与现有的援外资金相比，丝路基金的运作更具市场化特征。丝路基金的股东虽然以我国的国有平台为主，为特定的国家战略服务。但与援外资金相比，丝路基金的运作方式却有着鲜明的市场化和国际化特征。援外资金大多来自每年的财政预算，具有一次性、无偿性和短期性等特点。丝路基金在选择投资项目的时候，会综合考虑项目的可行性、盈利性和可持续性，做到既能够支持

---

① 林毅夫：《如何通过金融创新寻找资金助力"一带一路"》，《金融经济》2017 年第 5 期。

"一带一路"建设，又能够确保获得中长期的财务回报，增强丝路基金为"一带一路"建设服务的可持续性。第三，与传统的金融机构相比，丝路基金能够提供以股权投资为主，配合债券、贷款、融资租赁等多元化的综合融资服务。过去，中国企业进行境外项目投资大多只能依靠银行贷款，不仅期限较短，而且需要优质抵押品，融资成本较高。由于股权私募投资基金需要分散风险，少数能够获得股权投资的境外投资企业实际可以融到的资金规模并不大。在这方面，丝路基金创新性地将股权投资、债券融资、银行贷款等融资方式结合起来，为项目提供资本金。在此基础上帮助项目方在全球进行债券融资、银行贷款等融资操作，大大促进了项目融资的效率。

第四，丝路基金凭借特有的官方背景和专业团队，可以发挥出杠杆效应和增信效应。一方面，丝路基金不仅可以用自己的资本直接对项目进行投资，还可以与其他资本方合作，以子基金的方式扩大可用资金规模，发挥自身的杠杆效应。目前，丝路基金作为基石投资人投资了专注于新兴行业投资的中法 FC Value Trail 基金。丝路基金还出资 20 亿美元，设立了双边合作专项基金——中哈产能合作基金，重点支持中哈产能合作及相关领域的项目投资。另一方面，丝路基金具有专业的团队和官方背景，对挑选标的项目极为慎重。被丝路基金选中的项目，往往具有巨大的商业效益和社会价值。这在一定程度上消除了金融市场上的信息不对称。现有的实践表明，丝路基金的股权参与不但可以减轻中资企业的出资压力，优化融资结构，而且还可以对项目起到增信作用，帮助项目获得条件更优惠的融资。

（3）支付清算体系创新

完善高效的支付清算体系是我国各类金融机构和企业走进"一带一路"的重要前提和保障。"一带一路"沿线很多国家是发展中国家，支付系统发展水平不一，但总体滞后；在跨境支付中采用了联系行制度，间接实现资金拨付。为在"一带一路"中建立统一规则和技术协议，提供更加便捷高效的支付清算平台，我国在 2013 年推出了跨境人民币支付清算系统，该系统具有一定的优势，可以承担对"一带一路"沿线国家合作的跨境支付业务。

"一带一路"倡议提出至今，正值世界范围内的金融科技爆发式增长,大数据、区块链、人工智能、云计算等都为优化支付清算体系、加强"一带一路"的区域经济合作起到了推动作用。近些年我国的支付产业实现了跨越式发展,移动支付业务增长势头迅猛,第三方支付机构飞速发展,中国企业正凭借金融清算支付工具的创新加快走向世界。为进一步开展同"一带一路"沿线国家的合作,需要利用金融科技的发展来改进和完善跨境支付体系,并在此基础上推动各国以互联网、手机银行为核心的普惠金融的发展。

  金融科技下的支付清算与传统的支付清算具有明显的不同。金融科技改变金融体系的一个重要切入点便是支付清算,它利用区块链、云计算等建立支付信用体系,优化了清算支付体系流程,改善了现有支付体系中的诸多弊端,在人民币跨境支付清算中起到重要作用,如可降低多方跨行跨境交易中的复杂性,提高交易记录的透明性等。体量庞大的客户群将成为支付清算的重要方向,利用互联网等金融科技不仅可简化供需双方交易流程,也将弱化跨境等区域限制问题[1]。此外,随着手机等移动设备的日益普及,以及国内第三方电子支付平台模式的日渐成熟,我国移动支付开始加速"走出去",希望可以借此推动"一带一路"沿线金融体系不完善的发展中国家实现金融基础设施方面的跨越式发展;同时也借助移动支付的便利性和普及性深入当地金融体系,增强我国金融业在国际上的影响力[2]。

  需要注意的是,我国的金融科技企业输出的是整套模式,这种完整的模式能够成为金融清算支付的推动力,但也会受到各种各样的来自当地和国际上的阻力。以印尼为例,由于当地人均信用卡持有量远远低于中国,当地银行与国际清算网络发展信用卡业务间本来拥有巨大的增长空间,但引进中国的移动支付后,将对原有庞大的信用卡市场产生冲击,从而产生利益冲突;这种经济利益上的冲突往往是其他领域冲突的导火索。所以,中国金融科技"走出去"必须要重视属地化运营,加强同其他国家企业的深度合作,共同解决当地遇到的各

---

[1] 《〈中国支付清算发展报告(2017)〉发布暨支付清算创新与安全研讨会会议纪要》,http://www.rcps.org.cn/newsitem/277884333。

[2] 张建平、刘景睿:《丝路基金:"一带一路"建设的启动器》,《国际商务财会》2015年第3期。

类问题。此外，金融科技带来便利的同时也带来了金融风险的高度聚集，大数据与金融深度融合，海量金融数据不断汇聚，增加了数据集中泄漏及其他多种问题的风险，对此要尤为关切。

当然，"一带一路"金融创新也仍存在一定的不足，比如金融创新的开放性和联动性有待进一步提高，金融创新的战略意义有待进一步明确，金融创新和金融监管目标有待进一步加速协调等，这都是未来需要进一步完善之处。

（三）中国企业投资非洲金融业的重点领域

目前，中国企业投资非洲金融业还处于初级阶段，有广阔的发展空间。随着中非战略合作的不断深化，中非经贸合作还将不断扩大，中国企业投资非洲金融业也将因应双边经贸发展的需要而进一步向纵深方向发展。非洲是"一带一路"的重要组成部分，中国企业投资非洲金融业是"一带一路"金融合作的重要组成部分，可以将我国在建设"一带一路"过程中的金融创新应用到中国企业投资非洲金融业当中，并根据非洲实际情况予以优化。

首先，中方政策性金融机构的非洲政策性金融业务将进一步扩大。在现有的中非合作论坛机制下，政策性金融机构的作用得到了极大发挥。在发展政策性金融业务的导向下，政策性金融机构进入非洲市场时间早，对非洲市场了解更加深入，业务网络也相对成熟，在发展非洲金融业务方面已经积累了较丰富的项目经验和客户信息。这些业务积累不仅有利于政策性金融业务的发展，而且有助于非政策性金融业务的发展。目前，国家开发银行和中国进出口银行非政策性金融业务均有所发展，并取得了较好的经济效益。未来，除了继续承担优惠贷款、开发性金融等政策性金融职责外，政策性金融机构还将发挥其自身优势，在贸易融资、股权融资和商业信贷等领域扩大业务规模。

其次，中方银行在非洲业务将获得加速发展。在当前非洲经济社会总体形势较好，金融风险水平有所下降的情况下，非洲银行业高回报特征对国内银行的海外扩张将产生吸引力。随着中非经贸合作规模的扩大，越来越多的国内企业将落户非洲，中国银行金融机构在非洲发展的目标客户群体不断扩大。当前，中国在非洲投资企业已经超过

6000家。对于率先进入非洲市场的中国银行、中国建设银行和中国工商银行等来说，经过多年的积累，已经初步具备了发展在非洲业务的能力。未来，它们还将通过增设分支机构、扩大业务网络及股权投资和并购等方式适时推动在非洲业务的发展。此外，上述银行在非洲市场的发展成果也将产生一定的示范效应，吸引更多的国内商业银行参与中非金融合作。

再次，中方银行在非洲的合作形式将趋于多样化。回顾中国银行、中国建设银行和中国工商银行等银行在非洲业务的发展，与当地银行的合作是一条重要的经验。由于进入非洲市场时间较短，短期内国内银行无法在网点数量和网络覆盖上与当地银行竞争。通过与当地银行的业务代理、战略合作及股权合作等形式，国内银行可以构建一定规模的业务网络，实现阶段性业务发展目标。中国银行推出的中国业务柜台等与当地银行的合作形式有效的利用了现有资源，是典型案例。未来，中国的银行在非洲的合作形式会不断创新。

第四，中方证券和保险金融机构在非洲业务有望获得发展。与银行相比，虽然中国证券和保险金融机构也在谋求国际化发展，但进展较慢。目前，除中国出口信用保险公司可以向国内出口企业提供出口信用保险外，国内证券和保险金融机构仍然未将非洲证券市场和保险市场纳入视野。不过，这一局面有望在不久的将来被打破。随着人民币国际化进程的推进和海外投资渠道的逐步放开，证券业海外发展空间逐步扩大，非洲资本市场的投资价值将得以体现。与此同时，随着国内在非洲企业数量的增多和业务规模的扩大，海外保险需求也相应增长，与之相应的海外保险市场也存在发展空间，在非洲的企业在企业财产保险和员工人身保险等方面都存在需求。

第五，移动金融合作成为新增长点。当前，全球新经济飞速发展，移动金融是重要的代表性行业之一。移动技术已经逐渐成为可持续发展的重要工具，增加了连接性并提供创新服务，有利于实现包容性增长。移动金融降低了金融门槛，有助于改善居民生活质量，减少贫困。非洲的移动金融在近几年实现了跨越式发展，推动了电子商务等数字经济的兴起，为与中国开展移动金融领域的深度合作奠定了基础。

第六章 非洲化解债务风险的重要选择之三
——发展海洋经济

推进经济多元化发展，是非洲国家实现经济可持续发展的重要途径。而在经济多元化发展方向的选择上，除了上一章提到的服务业之外，还需要寻找经济发展的新动能，推动经济增长的新旧动能对接。当前已经成为很多沿海国家重要经济增长点的海洋经济，就是经济增长新动能的一个重要选择。非洲有38个沿海国家，推动海洋经济的发展对非洲大陆至关重要

一 海洋经济全球价值链探析

（一）全球价值链的定义

关于全球价值链的研究很多，不同的研究形成了各有侧重的概念和定义。一般而言，全球价值链分工是指某一产品从概念萌发、核心设计、产品研发试制，到产品规模化生产，再到产品营销和售后这一完整过程，根据不同国家和地区的比较优势，被分割为不同阶段，形成不同价值链环节，在不同国家和地区完成；中间品通过国际贸易到某一国家或地区集成，最终完成产品组装，并通过服务性活动实现产品的整体功能和全部价值。可以说，1978年改革开放以来，中国经济之所以能够迅速发展，很重要的原因即是中国融合进入世界经济体系恰逢全球价值链分工形成之际；进入21世纪，中国更是从全球价值链分工体系获益最大的国家之一。

驱动全球价值链形成的机制主要是生产者驱动和采购者驱动。

生产者驱动是指，为形成全球生产供应链的垂直分工体系，需加大生产者投资来推动市场需求，多数资本和技术密集型产业的价值链都是生产者驱动型价值链；海洋经济的一大特征是资本和技术密集型，因此从理论上看，很多海洋产业也属于生产者驱动型价值链，在全球海洋产业价值链形成中，拥有强大的技术和资本实力即可在一定程度上发挥主导作用。采购者驱动的主体是具有强大品牌优势和销售渠道的跨国公司，采取的是全球采购和贴牌生产相结合的生产模式，传统的劳动密集型产业多属采购者驱动价值链，发展中国家企业大多参与的是此种类型的价值链。在全球价值链上实现攀升和跨越是各类企业，尤其是处于全球价值链中下端的发展中国家企业追求的目标，这些企业正在通过技术进步参与到全球价值链的高附加值环节。

处于全球价值链高端的跨国公司是治理全球价值链的主要力量，长期以来，发达国家就是依靠这些具有全球价值链治理能力的跨国公司在开展全球经济治理，并借此维持其在全球经济治理中的地位。因此，包括中国和广大非洲国家在内的发展中国家各产业实现全球价值链上的攀升就成为了发展中国家深度参与全球治理的重要方式，在海洋产业领域也是如此。

（二）国内外海洋经济总体情况

研究者一般采用 RCA 指数、IIT 指数、VAR 指数和 GVC_ Position 指数来衡量一国制造业在全球价值链中的地位。RCA 指数又被称为显示比较优势指数，是某产业产品出口额占本国出口额之比与全球该产品出口额与全球贸易额之比的比值，用来反映一国某种产品在国际市场上的竞争强度。RCA＜0.8 表示该产品的国际竞争力较弱，0.8≤RCA＜1.25 表示国际竞争力中等，1.25≤RCA＜2.5 表示国际竞争力较强，RCA≥2.5 表示国际竞争力很强。VAR 指数又被称为加工贸易增值率，VAR = 加工贸易出口额/加工贸易进口额 - 1，用来测量加工贸易发展水平及在产业结构优化中的作用。VAR 值越大，表示进口料件产生的附加值越高。IIT 指数又被称为产业内贸易指数，用来反映某产业的产业内贸易程度，IIT 等于 0 表示不存在行业内贸易，0 < IIT < 0.25 表示该产业参与了高度垂直分工，0.25 ≤ IIT < 0.5 表示参与的是垂直分工，0.5 ≤ IIT < 0.75 表示参与的是水平分工，0.75 ≤ IIT < 1 表示参与的是高度水平分工。GVC-Position 指数又被称为全球价值链地位指数，是基于 OECD-WTO 的 TiVA 数据库得出的比较不同国家不同产业在全球价值链所处地位的公式，值越高表明该国该产业在全球价值链中的地位越高。

上述几个指数能够较好的说明制造业在全球价值链上所处的地位，但对各国各类产业数据的全面性和统一性要求较高，适用于全球行业分类标准清晰，统计数据统一全面的产业，数据情况不佳的产业无法运用上述指数。当前全球海洋经济相关数据统计的现状是各国的海洋经济概念不一，产业门类划分标准不一，数据统一口径不一；各国仅有的数据质量参差不齐，多数国家数据缺失严重，仅有个别产业的数据相对全面，数据较新，但深究数据，也会发现存在诸如统计口径不一的问题。基于此现实条件，我们采取了数据描述与定性描述相结合的方式，主要从产值总量层面对中国与世界主要海洋大国的海洋经济及代表性产业的相对地位做以描述。

1. 国内外海洋产业统计分类现状

海洋既提供了海水、海洋生物、矿产、沙滩、滩涂、滨海旅游观光等重要的经济资源，也为生产生活和贸易等重要经济活动提供了场所。据统计，全球 20 个 1000 万人口以上的特大城市中，有 13 个位于沿海地区，全球约 40% 的人口（超过 28 亿）居住在距离海岸线 100 公里的范围内，全球贸易的 90% 依靠海洋运输，30% 的石油和天然气产自海洋，滨海旅游等海洋产业是国民经济重要产业（IOC/UNESCO，IMO，FAO，UNDP，2011）。鉴于海洋经济的重要性，不少国家官方或者第三方研究机构对海洋经济或海洋产业进行了一定程度的统计。国内学界为了厘清海洋经济和海洋产业研究的范围，对海洋产业的范围进行了较为系统的研究，出现了一批具有代表性的研究成果，对开展后续海洋产业统计分类研究提供了较丰富的参考资料。①

当前国内外海洋产业统计分类现状具有四方面的特征，对开展海洋经济和产业相关研究具有重要的指导意义。一是目前国际上对海洋经济并没有一个统一的统计分类框架，致使海洋经济研究的数据基础面临统计口径差异、数据质量等方面的严峻挑战。虽然国际标准产业分类（ISIC）对于各国产业分类的趋同和比较发挥着重要的推动作用，但是海洋产业的特点使其难以从 ISIC 框架下进行直接分列核算，而需要较为复杂的统计拆分和加工，这就使得海洋产业统计数据的国际比较基础非常薄弱。二是与其他国家相比，中国对海洋经济及海洋产业范围的界定总体上较为系统全面，已经成为比较成熟的统计分类体系。从上世纪 80 年代末国务院赋予国家海洋局"负责海洋统计工作"职责开始，海洋经济统计工作经历了一个从分散统计到集中统计、从部分统计到全面统计、从松散化管理到制度化管理的发展历程，先后推出了《海洋经济统计分类与代码（HY/T 052—1999）》和《海洋及相关产业分类（GB/T 20794—2006）》两个标准，并建立了《海洋生产总值核算制度》。② 三是关于海洋经济及其产业范围的界定、大类产业下细分行业的界定等方面仍然存在不少值得争论和探讨的空间。比如，以中国海洋产业统计分类为基准，通过与其他国家的比较也还存在海上贸易、海洋金融、滨海房地产、海军等是否应纳入统计范围的争论空间，部分产业如滨海旅游业的实际范围在各国之间也存在较大的统计差异。四是对海洋产业国际比较的统计数据及相关研究结果的使用应该非常慎重，原则上海洋产业的国际比较应建立在同一可比的产业内涵基础之上。

---

① 刘康等：《海洋产业界定与海洋经济统计分析》，《中国海洋大学学报》（社会科学版）2006 年第 3 期；徐丛春：《中美海洋产业分类比较研究》，《海洋经济》2011 年第 5 期；董伟、徐丛春：《中外海洋经济统计分类比较分析》，《海洋经济》2011 年第 6 期；朱凌等：《世界主要沿海国家海洋经济内涵和构成比较》，《海洋经济》2011 年第 2 期；林香红等：《海洋产业的国际标准分类研究》，《海洋经济》2013 年第 1 期；洪伟东：《海洋经济概念界定的逻辑》，《海洋开发与管理》2015 年第 10 期。

② 何广顺：《中国海洋经济统计发展历程》，《海洋经济》2011 年第 1 期。

表6-1　　　　　　中国与部分国家海洋产业分类比较

性质	类别	经合组织	美国	英国	法国	日本	韩国	加拿大	澳大利亚	爱尔兰
海洋产业	海洋渔业	√	√		√	√		√	√	√
	海洋油气业	√	√	√	√	√		√	√	√
	海洋矿业	√	√	√	√			√		√
	海洋盐业	√								√
	海洋船舶工业	√	√	√	√			√		
	海洋化工业					√		√		
	海洋生物医药业	√						√		
	海洋工程建筑业	√	√	√	√	√		√	√	
	海洋电力业	√	√	√	√					√
	海水利用业									
	海洋交通运输业	√	√		√	√		√	√	√
	滨海旅游业	√	√		√			√	√	
	海洋信息服务业	√								
	海洋环境监测预报服务	√						√	√	√
	海洋保险与社会保障业	√	√		√					√
	海洋科学研究	√	√		√			√	√	√
	海洋技术服务业	√						√	√	√
	海洋地质勘查业	√						√	√	√
	海洋环境保护业				√	√		√		
	海洋教育	√						√		√
	海洋管理	√						√		
	海洋社会团体与国际组织							√		

续表

性质	类别	经合组织	美国	英国	法国	日本	韩国	加拿大	澳大利亚	爱尔兰
海洋相关产业	海洋农林业									
	海洋设备制造业	√		√		√		√	√	√
	涉海产品及材料制造业									
	涉海建筑与安装业									
	海洋批发与零售业									
	涉海服务业									

注：表中行业对应为以中国分类为基础的大类产业对应，实际大类产业内涵还存在差别，因而表列对比结果仅供参考。

数据来源：中国，《海洋及相关产业分类》（GB/T 20794—2006）；经合组织，OECD（2016）①；美国，Colgan, C. S.（2013）②；英国，林香红（2013）③；法国，林香红（2013）④；

---

① 经合组织将海洋产业分为传统海洋产业和新兴海洋产业，传统海洋产业包括海洋捕捞、海产品加工、近海油气开采、海运、港口运营和管理、船舶修造、海洋制造和建筑、海洋和滨海旅游、海洋商务服务、海洋研发和教育、海岸防护，新兴海洋产业包括海洋养殖、深海油气开采、海洋风电、海洋可再生能源、海洋和海底矿产、海洋安全和巡查、海洋生物科技、高科技海洋产品和服务、其他。

② 美国海洋经济包括12个部类的经济活动，其中6个产业统计较为健全，分别是海洋相关设施及构筑物部类、海洋生物资源利用部类、矿产类、船舶修造类、滨海旅游与休闲部类以及海洋运输部类。其中，海洋相关设施构筑类包括涉海建筑与构筑产业、涉海设施的维护与维修业、渔业孵化及恢复设施业；海洋生物资源利用类包括海洋捕捞业、海产品市场及海产品加工业；矿产类包括滨海砂矿及石灰矿开采业、油气勘探与开采业；旅游与休闲部类包括滨海娱乐休闲服务业、游艇零售产业、餐饮业、旅馆及住宿业、游艇码头经营业、休闲车船停靠经营业、水上观光产业、运动器材零售产业、动物园以及水族馆经营业，其他6个产业分别为沿岸和近岸区房地产开发、海洋科学、海洋研究和技术研发活动、海洋保险和金融业、海洋工程与设计、海岸带海洋能源生产等。美国涉海行业分类并未建立海洋行业分类的相关标准以及独立的海洋产业分类体系，只是按照《北美产业分类系统》对海洋经济相关活动进行归类，同时从产业和地理两个角度综合确定海洋经济的行业范畴。

③ 英国界定的海洋经济范围包括海洋油气业、海洋土砂石挖掘业、船舶修造业、海洋装备业、海洋可再生能源业、海洋建筑业、船舶运输、港口业。

④ 法国界定的海洋经济范围包括工业（海产品产业、海洋矿物开采业、能源开发、船舶制造及维修业、海洋及河流国民工程建设、海底电缆、海洋油气及相关产业、滨海旅游业、水上交通运输业、海洋保险业），非商业活动（法国海军、公共调解、海岸带环境保护、海洋研究）。

日本，朱凌（2014）和刘纪岗（2016）①；加拿大，宋维玲等（2016）②；澳大利亚，刘纪岗（2016）③；爱尔兰，Shields, etc.（2005）④。

2. 全球海洋经济总量
（1）经合组织2016年的一项研究

近年来国际上有关全球海洋经济总量的权威研究较少，其中质量较高、系统性较强的是经济合作组织（OECD）于2016年4月发布的历时三年完成的《2030年的海洋经济》研究报告（OECD, 2016）。该研究在估算海洋经济总量时，从数据基础和质量出发，仅选取了10个行业，分别是通过《国际标准产业分类》可直接提取的相关统计数据的渔业（含海洋捕捞、海水养殖）、水运、船舶修造和渔产品加工等五个行业以及港口活动、海洋和滨海旅游、海洋油气、海洋风能、海洋装备制造等五个其他行业。对于数据基础较好的前五个行业，研究运用科布—道格拉斯生产函数对数据完整国家的海洋产业生产函数进行计算，并进一步按照收入组别对数据缺失国家的海洋产业

---

① 日本把海洋产业分为A类、B类和C类：A类产业主要是发生在海上的产业活动，也包括发生在水中、海底和底土的活动，如渔业、航运业、油气开发、拖船业、矿物、污染防治、海洋工程建筑等；B类产业主要是为A类产业提供产品和服务的产业活动，如造船、电子产品制造、钢铁等，这些产业并非发生在海里，而是发生在陆地上；C类产业的产品是由A类产业提供的，并将其转化为自己的产品和服务，如水产品加工业、海洋贸易活动、海洋化工业等，这些产业购买并接受A类海洋产业的产品和服务，并将其转化为自己的产品。

② 加拿大海洋产业活动包括盈利性活动和非盈利性活动两类。其中盈利性活动是指直接依赖海洋的活动，包括提取性海洋活动（如渔业、石油和天然气、海水养殖）和非提取性海洋活动（如船舶制造、海洋运输、海洋旅游和建筑）；非盈利性活动是指间接依赖海洋的活动，如安全部门活动、管理活动和科研活动等。

③ 澳大利亚海洋经济共含8个产业，主要包括商业渔业与水产养殖业，休闲渔业，海洋油气勘探开发和加工，其他资源勘探，海洋船舶制造业和设备维护、服务和基础设施，海洋旅游业，水路交通和水路交通服务，海洋环境管理，这些产业都能获得基本统计数据。

④ 爱尔兰海洋经济由交通、食品、能源、旅游和技术部门5个部类的大量公司的经济活动组成，这些经济活动可以分为海洋服务业、海洋资源利用业、海洋装备制造业及海洋研究、教育和培训业四大类。其中，海洋服务业包括滨海旅游休闲业、海洋运输、海洋贸易业、其他海洋服务业及国际巡航业；海洋资源利用业分为海洋能源利用、海洋食品开发及海洋矿物开发3个子类；海洋科研、教育及培训业分为海洋教育业和海洋研发产业；海洋装备制造业分为游艇建造业、生物利用装备制造业、海洋技术装备制造业及其他海洋制造业。

总产值、增加值、从业人员等数据进行估算。对于后五个行业，研究主要以数据较完整国家的海洋产业总产值、增加值和从业人员数据按收入组别推算数据缺失国家的海洋产业总产值、增加值、从业人员数据。最后，将各海洋产业统计数据进行整合汇总，从而完成对全球海洋经济总量的推算。

研究发现，2010年全球海洋经济增加值为1.5万亿美元，约占世界经济总量的2.5%，其中海洋油气开采产业占比为海洋经济总量的1/3，其次为滨海旅游业、海洋交通运输产业（含水运和港口活动）和海洋装备制造业，分别占25.98%、18.35%和11.19%；海洋经济为3124万人口提供了就业，其中海洋渔业（含海水养殖、海洋捕捞、渔产品加工）所提供的就业岗位最多，约占就业总人口的1/2。经合组织预测，正常情景下，到2030年，全球海洋经济总量将达到近3万亿美元，提供的就业岗位可达4051万个，其中风能开发带来的增加值和就业增长增速最快。

表6-2 2010年海洋产业增加值估算及正常情景下2030年预测结果

行业类别	2010年估算值				2030年预测值			
	增加值（亿美元）	占比（%）	就业（万人）	占比（%）	增加值（亿美元）	占比（%）	就业（万人）	占比（%）
海水养殖	36.27	0.24	208	6.65	109.65	0.37	317	7.81
海洋捕捞	210.82	1.40	1098	35.14	470.49	1.59	1031	25.44
渔产品加工	788.07	5.25	240	7.68	2656.01	8.97	495	12.21
海洋和滨海旅游	3901.07	25.98	696	22.27	7771.38	26.25	852	21.03
海洋装备制造	1680.35	11.19	214	6.87	2996.74	10.12	266	6.56
海洋油气	5040.35	33.56	184	5.89	6360.90	21.48	232	5.72
海洋风能	28.68	0.19	4	0.12	2304.73	7.78	47	1.17
港口活动	1930.00	12.85	174	5.56	4728.50	15.97	426	10.50

续表

行业类别	2010年估算值				2030年预测值			
	增加值（亿美元）	占比（%）	就业（万人）	占比（%）	增加值（亿美元）	占比（%）	就业（万人）	占比（%）
船舶修造	576.93	3.84	188	6.00	1028.90	3.48	233	5.74
水运	825.94	5.50	119	3.82	1180.23	3.99	155	3.82
合计	15018.47	100	3124	100	29607.54	100	4051	100

数据来源：OECD（2016）.

从研究内容来看，经合组织2016年的这项研究是少有的关于全球海洋经济现状的高质量研究，研究方法较严谨，研究数据采集和使用也较恰当，是一项可信程度较高的研究。但该研究也有两方面的不足。一是研究的时间结点较早，当前距离2010年已过去9年，时间上已经处于2010—2030年预测区间的中段，该研究的结论应随时间变化而有所修正，还有待进一步研究证实或证伪。二是研究的海洋产业范围相对较窄，受数据限制，该研究所覆盖的十个海洋行业仅为海洋产业的一部分，特别是未覆盖部分新兴海洋产业，因而对整个海洋经济现状和未来发展的描述还不够全面。

（2）国内学者的相关研究

胡振宇对中国海洋油气、海洋工程装备、海洋运输和海洋渔业四大海洋产业的发展情况与国际发展现状进行了对比。[①] 林香红等对中国海洋经济的国际比较分产业进行了初步尝试，但是该研究主要落在已有的物量统计数据上，没有经济核算维度的比较，从而无法对海洋经济总量进行比较。[②] 张耀光等发表在《经济地理》上的则是目前国内少有的一项以全球海洋经济为研究对象的研究成果。该研究引用数据表明，1990年代以来，世界海洋经济增加值快速增长。1980—

---

① 胡振宇：《中国海洋经济的国际地位——四大产业比较》，《开放导报》2013年第1期。

② 林香红、张晨、高健：《从统计数字看中国海洋产业的国际地位》，《中国统计》2014年第10期。

表6-3　2005—2012年主要国家海洋经济增加值情况（亿美元）

年份	中国	美国	日本	加拿大	澳大利亚	英国	法国	印尼	新西兰	韩国	泰国	越南
2005	877.49	2356.52	1507.7	290.02	288.36	905	256.27	640.98	27.32	209.6	—	—
2006	1106.02	2513.08	1400.6	303.51	309.57	984.9	269.06	801.9	34.82	320.7	—	—
2007	1376.93	2676.26	1536.3	324.64	353.48	1047.59	281.85	950.84	44.45	341	195.67	70
2008	1667.95	2643.09	1727.9	341.91	414.6	1118.33	313.96	1072.1	38.12	358.6	210.3	88.71
2009	1877.72	2789.71	1765	360.11	440.82	913.29	289.56	1137.6	41.32	373	247.4	90.1
2010	2370.1	2648.07	1780	396.88	423.12	945.8	305.9	1456	47.03	456.7	263.41	101.08
2011	2825.1	2777.58	1796	395.37	456.04	1021.27	332.36	1778.2	51.64	550.1	285.47	105.4
2012	3306.33	3078.49	1933.9	434.11	478.83	1033.96	339.46	1925.7	56.27	611.4	292.8	111.3

数据来源：张耀光等（2017）。

2006年，世界海洋经济增加值增大了5倍。1960年代末，世界海洋经济增加值仅130亿美元，1970年代为1100亿美元，1980年为3400亿美元，1990年已近5000亿美元，到2006年已达约1.5万亿美元。从12个国家海洋经济增加值数据的比较可以看到，2011年中国海洋经济增加值已经超过美国跃居世界第一位，中国、美国、日本、印尼、英国是2012年全球范围内海洋经济增加值规模最大的五个国家，这五个国家领先其他国家的幅度也较大。①

从人均海洋经济增加值、占各自国家增加值比例和2005—2012年年均增长率等指标来看，中国人均海洋经济增加值排名较低，但中国在增速上位列全球第一，同一时期发展较快的国家还包括印尼、韩国、泰国、越南等国，年均增速均超过10%，而中国海洋经济增加值占GDP的比例则处于中游水平。此外，该项研究还引用了《中国海洋统计年鉴》中的海洋捕捞产量、海洋养殖产量、海洋石油产量、海洋天然气产量、海盐产量、风电发电量、造船完工量、海运货运量、集装箱港口吞吐量、入境旅游人数以及旅游收入等统计数据，对中国与主要国家海洋产品产量水平进行了对比，能够较好的揭示中国相关产业的国际地位。

表6-4　　　　　　　2012年主要国家海洋经济指标情况

国家	海洋经济增加值		人均海洋经济增加值		占各自国家增加值比例		2005—2012年年均增长率	
	亿美元	排名	美元	排名	%	比例	%	排名
中国	3306.3	1	244	11	4.01	6	20.02	1
美国	3078.49	2	981	7	1.9	11	3.89	10
日本	1933.9	3	1516	3	3.27	9	3.62	11
加拿大	434.11	8	1240	5	2.39	7	6.15	8
澳大利亚	478.83	7	2093	1	3.11	10	7.54	7
英国	1033.96	5	1632	2	4.2	5	0.81	12

①　张耀光等：《中国与世界多国海洋经济与产业综合实力对比分析》，《经济地理》2017年第12期。

续表

国家	海洋经济增加值		人均海洋经济增加值		占各自国家增加值比例		2005—2012年年均增长率	
	亿美元	排名	美元	排名	%	比例	%	排名
法国	339.46	9	513	9	11	12	3.95	9
印尼	1925.7	4	782	8	22	1	15.06	3
新西兰	56.27	12	1267	4	3.3	8	8.33	6
韩国	611.4	6	1223	6	5	4	15.06	4
泰国	292.8	10	429	10	7.9	2	15.61	2
越南	111.3	11	126	12	7.1	3	12.51	5

数据来源：张耀光等（2017）。

总的来看，该项研究对研究中国在全球范围内海洋产业发展的地位有着重要参考价值。不过，该项研究也存在明显缺点，即未对跨国比较时的口径问题进行必要的处理。比如，考虑到中国和美国在海洋产业口径上的明显差异，直接用中国主要海洋产业的增加值与美国海洋产业增加值进行对比明显存在弊病。严小军（2018）在对中美海洋产业发展情况进行对比时就对两者口径上的差距进行了明确。[1] 考虑到海洋经济研究中跨国比较口径问题的较大影响，该项研究的准确性需要通过更进一步的研究来进行判别。

3. 主要国家海洋经济总量

（1）中国海洋经济总量

近年来，中国海洋经济增加值逐年增长。2018年中国海洋产业及海洋相关产业增加值已经突破8万亿元人民币，其中主要海洋产业增加值达到3.36万亿元人民币，约合5081亿美元。2015年中国主要海洋产业就业人数达到1224.4万人，其中海洋渔业及相关产业就业人数达到593万人，是就业人数最多的海洋产业。

---

[1] 严小军：《中美海洋经济对标研究及中国发展海洋经济的对策建议》，《浙江海洋大学学报》（人文科学版）2018年第2期。

表6-5 2001—2018年中国海洋产业及海洋相关产业增加值情况（亿元人民币）

年份	海洋产业及海洋相关产业合计	海洋产业合计	主要海洋产业合计	海洋渔业	海洋油气业	海洋矿业	海洋盐业	海洋化工业	海洋生物医药业	海洋电力业	海水利用业	海洋船舶工业	海洋工程建筑业	海洋交通运输业	滨海旅游业	海洋科研教育管理服务业	海洋相关产业
2001	9518	5734	3857	966	177	1	33	65	6	2	1	109	109	1316	1072	1877	3785
2002	11271	6787	4697	1091	182	2	34	77	13	2	1	117	145	1507	1524	2091	4483
2003	11952	7138	4754	1145	257	3	28	96	17	3	2	153	193	1753	1106	2383	4815
2004	14662	8710	5828	1271	345	8	39	152	19	3	2	204	232	2031	1522	2883	5952
2005	17656	10539	7188	1508	528	8	39	153	29	4	3	276	257	2373	2011	3351	7117
2006	21592	12697	8790	1672	669	13	37	440	35	4	5	340	424	2531	2620	3906	8896
2007	25619	15071	10478	1906	667	16	40	507	45	5	6	525	500	3036	3226	4592	10548
2008	29718	17591	12176	2229	1021	35	44	417	57	11	7	743	348	3499	3766	5415	12127
2009	32162	18769	12768	2441	614	42	44	465	52	21	8	987	672	3147	4277	6001	13393
2010	39619	22886	16188	2852	1302	45	66	614	84	38	9	1216	874	3786	5303	6699	16733
2011	45580	26518	18865	3203	1720	53	77	696	151	59	10	1352	1087	4218	6240	7652	19063

续表

年份	海洋产业及海洋相关产业合计	海洋产业合计	主要海洋产业合计	海洋渔业	海洋油气业	海洋矿业	海洋盐业	海洋化工业	海洋生物医药业	海洋电力业	海水利用业	海洋船舶工业	海洋工程建筑业	海洋交通运输业	滨海旅游业	海洋科研教育管理服务业	海洋相关产业
2012	50173	29405	20830	3561	1719	45	60	843	185	77	11	1291	1354	4753	6932	8575	20768
2013	54718	32659	22462	3998	1667	54	63	814	239	92	12	1213	1596	4877	7840	10196	22060
2014	60699	36365	25303	4127	1530	60	68	920	258	108	13	1396	1735	5337	9753	11062	24334
2015	65534	39555	26839	4317	982	64	41	964	296	120	14	1446	2074	5641	10881	12716	25980
2016	70507	43283	28646	4641	869	69	39	1017	336	126	15	1312	2172	6004	12047	14637	27224
2017	77611	48234	31735	4676	1126	66	40	1044	385	138	14	1455	1841	6312	14636	16499	29377
2018	83415	52965	33609	4801	1477	71	39	1119	413	172	17	997	1905	6522	16078	19356	30449

数据来源：2017 年《中国海洋统计年鉴》及 2017—2018 年《中国海洋经济统计公报》。

表6-6　部分年份中国主要海洋产业就业人数情况（万人）

年份	主要海洋产业合计	海洋渔业及相关产业	海洋石油和天然气业	海滨砂矿业	海洋盐业	海洋化工业	海洋生物医药业	海洋电力和海水利用业	海洋船舶工业	海洋工程建筑业	海洋交通运输业	滨海旅游业	其他海洋产业
2001	719.1	348.3	12.4	1	15	16.1	0.6	0.7	20.6	38.8	50.8	78.3	136.5
2015	1224.4	593	21.1	1.7	25.5	27.4	1	1.2	35.1	66.1	86.5	133.3	232.4

数据来源：2016年《中国海洋统计年鉴》。

（2）美国海洋经济总量

美国海洋经济增加值在近40年中持续增长。1972年为306亿美元，1987年首次超过1000亿美元，达到1090亿美元；2012年增长到3351.74亿美元，历年海洋经济增加值占GDP比例在1.8%—2.0%之间变动。① 2015年以来，美国海洋经济增加值规模有明显减少，主要与油气市场价格变动有关。

从美国各海洋产业的情况来看，海洋矿业增加值在美国海洋产业增加值中所占比例较大，受油气价格下降影响，2015—2016年，美国海洋矿业增加值连续两年大幅减少，是致使美国海洋经济增加值减少的主要因素。

表6-7　2005—2016年美国海洋经济主要指标变化情况

年份	企业数量（万家）	就业人数（万人）	工资总额（亿美元）	增加值（亿美元）
2005	13.22	269.78	857.44	2383.13
2006	13.44	276.72	923.31	2634.42
2007	13.65	284.55	1002.67	2917.29
2008	13.92	286.01	1039.08	3307.67
2009	14.00	274.01	991.58	2768.48

① 张耀光、王涌、胡伟：《美国海洋经济现状特征与区域海洋经济差异分析》，《世界地理研究》2017年第3期。

续表

年份	企业数量（万家）	就业人数（万人）	工资总额（亿美元）	增加值（亿美元）
2010	14.30	273.89	1004.97	2865.68
2011	14.60	280.63	1061.29	2956.80
2012	14.68	291.43	1128.83	3351.74
2013	14.94	300.14	1171.74	3639.15
2014	14.89	307.60	1226.40	3682.06
2015	15.16	317.34	1278.72	3271.76
2016	15.45	325.81	1294.26	3038.65

数据来源：美国 NOEP.

表6-8　2005—2016年美国海洋产业增加值变化情况（亿美元）

年份	海洋建筑	渔业	矿业	船舶修造	滨海旅游和休闲	运输	合计
2005	53.10	55.93	899.65	138.27	766.37	469.80	2383.13
2006	57.32	61.09	1052.60	140.77	812.99	509.64	2634.42
2007	61.83	62.22	1242.10	165.75	850.23	535.16	2917.29
2008	59.93	59.32	1595.54	161.35	853.88	577.64	3307.67
2009	58.73	67.81	1096.47	153.89	817.94	573.64	2768.48
2010	56.58	68.10	1154.93	155.65	855.52	574.90	2865.68
2011	50.14	70.84	1387.87	151.57	735.84	560.53	2956.80
2012	56.23	74.46	1506.65	154.26	978.82	581.32	3351.74
2013	56.66	77.52	1691.12	162.16	1032.95	618.73	3639.15
2014	57.47	75.44	1675.77	164.97	1083.66	624.75	3682.06
2015	63.11	81.18	1099.96	183.11	1192.44	651.96	3271.76
2016	63.97	112.93	801.30	174.99	1242.33	643.13	3038.65

数据来源：美国 NOEP.

（3）欧盟海洋经济总量

受欧盟委员会委托的一份2012年研究报告（Ecorys，2012）对欧盟海洋经济的六个主要产业部门——海运和船舶修造（含海运和内河运输等）、食物营养健康和生态服务（含渔业、海洋生物科技等）、能源和原材料（含油气、矿产、可再生能源、海水淡化等）、休闲工作和生活（含邮轮旅游、滨海旅游等）、海岸保护（含防浪堤防、海水倒灌和生态区保护等）以及海洋监测和管理（含安全防护、环境监测等）进行了研究。研究显示，2010年欧盟沿海地区增加值不少于4.11万亿欧元，其中海洋经济增加值达4950亿欧元，就业人数达560万人。

（4）英国海洋经济总量

2008年，英国皇家财产管理局公布了首份《英国海洋经济活动指标》报告，是至今为止的最新数据，数据显示2004—2006年英国海洋经济活动产值460.41亿英镑，占国内生产总值的4.2%，就业占全国总就业的2.9%，海洋经济对英国经济的贡献率为6.0%—6.8%。[①] 2013年，牛津经济研究院的一份报告（Oxford Economics，2013）显示，2011—2012年英国海事和海洋产业增加值达到470亿英镑，就业达到94.5万人，税收贡献135亿英镑。

表6-9　　2011—2012年英国海洋经济总量和就业人数

年份	增加值（亿英镑）	就业（万人）	税收（亿英镑）
海事产业合计	374	73.4	101
港口	212	39.2	62
水运	125	28.7	28
海事商务服务	37	5.5	11
海洋产业合计	96	21.1	34
船舶修造	28	6.1	9
海洋装备制造	19	3.3	5
可再生能源	9	1.6	3
休闲和小商业	23	6	9
海洋科研	6	2.1	5
海事（技术）顾问	11	2	3
海事和海洋产业合计	470	94.5	135

数据来源：英国Oxford Economics（2013）.

---

① 林香红、高健、何广顺：《英国海洋经济与海洋政策研究》，《海洋开发与管理》2014年第11期。

(5) 日本海洋经济总量

近年来，日本海洋产业开发正向经济社会各领域全方位渗透，呈现出分工细化、领域扩大、传统产业与新兴产业并驾齐驱的发展态势，构筑起新型的海洋产业体系。海洋渔业、造船工业、滨海旅游业和海洋新兴产业所占比例较大，发展也较成熟，已成为日本海洋经济的支柱产业。2007年4月，日本颁布的《日本海洋基本法》将海洋产业定义为"对海洋开发、利用和保护的活动。"随后，由一些学者和八名专家组成研究委员会，开展了海洋产业调查，对投入产出结果进行了分析研究，并编写了《海洋产业调查研究报告》，该报告于2009年3月正式由日本首相府发布。据《海洋产业活动调查报告》测算，2009年日本海洋产业增加值约为20万亿日元，从业人员达98.1万人。

(6) 韩国海洋经济总量

造船、海工装备、海运业、海上建筑业、旅游业是韩国海洋经济的支柱产业。韩国在海工装备、潮汐能发电、跨海大桥建设、健康养殖等领域具备世界一流的先进技术。从海洋高端产业全球创新资源分布路线图来看，在全球十大海洋高端产业领域中，韩国在四个领域都占据一席之地，分别是海洋工程装备制造、船舶装备产业、海洋生物医药与生物制品、海水健康养殖及捕捞产业。有研究曾经指出，以中国《海洋及相关产业分类》为基准，估算出2010年韩国主要海洋产业增加值占韩国GDP的5%，海洋生产总值（包含主要海洋产业及海洋相关产业）占韩国GDP的10%左右。①

(7) 新加坡海洋经济总量

近十年来，新加坡海洋经济总产值由2006年的98亿美元增长到2015年的147.3亿美元，其中2008和2009年出现峰值，分别为168亿美元和168.3亿美元，此后虽有下降，但仍保持总体上升的趋势。同时以2009年为分界线，2009年之前海洋经济总产值发展速度明显

---

① 林香红、高健、周怡圃：《韩国海洋经济发展现状研究》，《海洋经济》2014年第3期。

高于2009年之后,由此可见2009年的金融危机对新加坡海洋经济产生了较大影响。①

(8) 印度尼西亚海洋经济总量

2009年,印尼海洋事务与渔业部进行了较为完整的关于海洋经济对国民经济贡献率的测量。该研究使用投入产出模型(I-Omodle),统计127个涉海部门、7大涉海产业(渔业、油气业、制造业、运输业、旅游业、建筑业和服务业)的经济产值。结果表明,2005年印尼海洋产业的增加值为573.047万亿印尼盾,占GDP的19.92%;海洋产业就业人数为10868万人,占总就业人数的11.38%。其中,油气业(占DGP的7.6%)对海洋经济贡献最大,其后依次是服务业(占GDP的4.2%)、旅游业(占GDP的3.5%)、渔业(2.1%)、制造业(1.7%)、交通运输业(0.7%)、建筑业(0.1%)。对就业率贡献最高的是服务业(5.6%),最低的是建筑业(0.1%),中间依次是旅游业(3.3%)、渔业(1.9%)、交通运输业(0.7%)、制造业(0.4%)与油气业(0.3%)。

(9) 南非海洋经济总量

南非三面环海,拥有3924公里的海岸线和丰富的海洋资源。海洋经济在南非社会经济中所占份额较少,对经济发展贡献不足,2010年海洋经济产值约540亿兰特(约合37.5亿美元),对GDP的贡献仅为1%。沿海地区经济发展也并未对经济增长起到很好的引领带动作用,所有沿海省份的经济产值总和不及内陆地区的豪登省,海洋产业未得到有效开发。2014年南非政府提出了"费吉萨"计划(Opera-tion Phakisa),旨在充分挖掘其"蓝色经济"的潜力,提升国家经济实力。按照"费吉萨"计划,预计到2033年能为南非国内生产总值贡献1770亿兰特(约合142亿美元)的产值,提供100万个就业岗位。根据当前海洋经济现状和未来发展方向,"费吉萨"计划确定了海洋运输和制造业、沿海油气资源开发、水产养殖、海洋保护和管

---

① 张舒:《新加坡海洋经济发展现状与展望》,《中国产经》2018年第2期。

理等四个优先发展领域。①

从已有数据看,由于各国海洋经济定义不同,造成数据统计口径不一,且多数国家并非每年都做数据统计,数据陈旧,很难科学的进行国际横向比较。但从各国海洋经济现有统计口径下的统计数据量级看,我国海洋经济总体规模在国际上处于领先地位。但也如同我国总体经济情况一样,大而不强,仍处于全球海洋经济价值链的中端。

(三)国内外主要海洋产业发展情况

海洋产业门类众多,从规模、战略性以及和非洲的相关性,我们选择以下几个海洋产业来看中国在全球海洋产业价值链中的地位。

(1)全球和中国海洋渔业发展状况

联合国粮农组织(FAO)维护着一个比较完整系统的世界各国海洋渔业数据库。从捕捞和养殖的对比来看,有海洋捕捞鱼类产量的国家(地区)较多,其中仅有不到1/3的国家(地区)也开展海水养殖。从2016年统计情况来看,197个有海洋捕捞鱼类产量的国家(地区)中,有55个国家(地区)也有海洋养殖鱼类产量,占比不到30%,产量方面,捕捞鱼类则占据绝对多数,2016年全球海洋鱼类产量为6759万吨,其中捕捞鱼类产量6508万吨,养殖鱼类产量仅206万吨。分国家看,中国大陆是海洋鱼类产量最多的国家,总产量超过排名第二的印度尼西亚一倍以上。中国海洋捕捞主要品种是鱼类,甲壳类,头足类,3种捕捞产量占海洋捕捞产量的92.58%;海水养殖品种则主要为贝类、甲壳类、鱼类,分别占海水养殖的72.37%,7.97%和6.86%。②

---

① 任航、童瑞凤、张振克:《南非海洋经济发展现状与中国—南非海洋经济合作展望》,《世界地理研究》2018年第4期。
② 吴晓祥、张效莉:《中国海洋渔业产业国际竞争力评价研究——基于AHP—模糊综合评价方法》,《海洋开发与管理》2019年第1期。

表6-10　2016年世界主要国家（地区）海洋鱼类产量情况

国家（地区）	海洋鱼类（万吨）	其中	
		捕捞鱼类（万吨）	养殖鱼类（万吨）
全球合计	6758.66	6507.95	206.49
中国大陆	1222.08	1087.32	134.76
印度尼西亚	520.98	518.00	1.75
俄罗斯	386.29	386.29	0.00
美国	374.74	374.54	0.20
秘鲁	338.21	338.21	0.00
印度	283.31	274.31	0.00
日本	277.89	254.46	23.43
越南	223.74	208.11	1.18
挪威	184.10	183.89	0.21
菲律宾	174.01	173.93	0.04
马来西亚	134.66	132.22	0.00
摩洛哥	132.07	132.05	0.01
智利	120.08	120.08	0.00
缅甸	115.51	115.50	0.00
韩国	110.60	102.63	7.97
泰国	106.98	106.76	0.00
冰岛	105.57	105.53	0.04
墨西哥	100.46	99.54	0.92
西班牙	89.90	85.27	4.37
中国台湾	73.41	70.46	0.24

数据来源：世界粮农组织（FAO）数据库。

由于有联合国粮农组织的数据库，全球海洋渔业数据相对全面，口径统一，数据较新，可以进行横向对比。我国海洋渔业在全球居于重要地位，生产规模大，在生产总量上处于领先地位；远洋渔业增长较快；海洋渔业已经形成了显著的经济、社会和生态效益。但我国海洋渔业以民营企业为主力，企业实力不强，产业结构不完善。多数企业缺乏对远洋渔业资源分布、渔船装备、渔具渔法和生产技术等产业基础的研究和创新，加工和销售网络不畅，产品质量和价格都在全球处于低位和劣势；远洋产品增值和利润实现环节多被发达国家跨国公司掌握，缺乏定价话语权。同时，产业发展缺乏金融资本支持，缺乏具有国际视野的高端经营和管理人才，市场开拓和品牌建设能力较弱。在全球价值链中仍处于中低端。

（2）全球和中国海洋油气业发展状况

全球海洋油气资源潜力巨大。据国际能源署（IEA）统计，2017年全球海洋油气技术可采储量分别为10970亿桶和311万亿立方米，分别占全球油气技术可采总量的32.81%和57.06%。从探明程度上看，海洋石油和天然气的储量探明率仅分别为23.70%和30.55%，尚处于勘探早期阶段。从水深分布来看，浅水（＜400米）、深水（400—2000米）、超深水（＞2000米）的石油探明率分别为28.05%，13.84%和7.69%；天然气分别为38.55%、27.85%和7.55%。从开发利用情况来看，当前，海洋油气的累计产量仅占技术可采储量的29.8%和17.7%，低于陆上油气的39.4%和36.8%。其中，深水和超深水的石油累计产量仅占其技术可采储量的12%和2%；天然气累计产量仅占5%和0.4%。未来，海洋油气具有极大的资源潜力，是全球重要的油气接替区。[①]

上世纪70、80年代到本世纪初，在世界海洋石油产量中，北海海域石油产量及其增速一直居各海域之首，2000年产量达到峰值的3.2亿吨，随后逐渐下降；波斯湾石油产量缓慢增长，年产量保持在2.1—2.3亿吨；而墨西哥湾、巴西、西非等海域石油产量增长较快，年均增长超过5.0%，其中墨西哥湾已超过北海，成为世界最大产油海域。[②] OECD（2016）曾沿用APEC（2014）的估计，以32%全球油气产量来自海洋为假设前提，推算2010年全球海洋油气增加值为5040亿美元，其中主要分布在欧洲和北美。2018年国际能源组织发布的一份报告（IEA，2018）对全球海洋油气资源开采情况作了详细

---

① 吴林强、张涛、徐晶晶：《全球海洋油气勘探开发特征及趋势分析》，《国际石油经济》2019年第3期。

② 吴家鸣：《世界及我国海洋油气产业发展及现状》，《广东造船》2013年第1期。

系统的分析。据该报告，2016年全球范围内海洋油气产量超过总产量的1/4，其中天然气产量近年来增速较快。2000—2016年，海洋原油产量大体保持在2600—2700万桶/天的水平，因而占总产量的比例有所下降，但是同期海洋天然气产量增长了30%，从6000多亿立方米/年增长到1万亿立方米/年的水平，按照全球36000亿立方米/年的总产量估算，海洋天然气产量占总产量的比例已经达到28%左右，海洋油气最大的产区分布在中东、北海（欧洲）、巴西、墨西哥湾和里海，并且随着技术进步，原来只能在陆地上完成的天然气液化、存储和再气化等技术环节都可以在海上完成，扫清了产量增长的重要瓶颈。

中国是世界海洋石油生产大国之一，建成了完整的海洋石油工业体系，在海洋石油勘探开发、海洋石油工程技术、大型装备建造等领域迈入世界先进行列。2018年，受国内天然气需求增加影响，海洋天然气产量再创新高，达到154亿立方米，比上年增长10.2%；海洋原油产量4807万吨，比上年下降1.6%。从现有情况来看，中国海洋原油产量占总产量的比例与全球平均水平大体相当，但海洋天然气产量占总产量的比例仅在10%左右，大幅低于全球平均水平；据IEA（2018）的数据估算，2016年中国海洋原油产量、天然气产量占全球总产量的比例仅分别为3.6%和1.3%。

表6-11　　　　2001—2018年中国海洋油气产量情况

年份	原油产量（万吨）	海洋原油产量（万吨）	占全国原油产量比例（%）	天然气产量（亿立方米）	海洋天然气产量（亿立方米）	占全国天然气产量比例（%）
2001	16396	2143	13.07	303	—	—
2002	16700	2405	14.40	327	—	—
2003	16960	2546	15.01	350	—	—
2004	17587	2842	16.16	415	—	—
2005	18135	3175	17.51	493	—	—
2006	18477	3241	17.54	586	—	—
2007	18632	3179	17.06	692	—	—

续表

年份	原油产量（万吨）	海洋原油产量（万吨）	占全国原油产量比例（%）	天然气产量（亿立方米）	海洋天然气产量（亿立方米）	占全国天然气产量比例（%）
2008	19044	3420	17.96	803	—	—
2009	18949	3699	19.52	853	—	—
2010	20301	4724	23.27	948	—	—
2011	20288	4451	21.94	1027	—	—
2012	20700	4434	21.42	1072	—	—
2013	20992	4540	21.68	1169	120	10.26
2014	21143	4614	21.82	1260	131	10.40
2015	21456	5416	25.24	1285	136	10.58
2016	19969	5162	25.85	1368.7	129	9.43
2017	19151	4886	25.51	1480	140	9.46
2018	18911	4807	25.42	1603	154	9.61

数据来源：历年《中国统计年鉴》《国民经济和社会发展统计公报》《中国海洋统计年鉴》《中国海洋经济统计公报》。

海洋油气行业所处的全球价值链复杂，至少包括全球勘探与生产价值链、全球炼油与化工业务价值链、全球销售业务价值链、全球天然气与管道业务价值链、全球工程服务业价值链。总体上看，中国已是世界海洋石油生产大国之一，但同时也存在着海洋油气资源探明程度低，新增探明储量经济性较差，生产企业包袱重，降成本难度大，勘探生产技术守旧，创新力不足，海洋油气开发过度集中于近海等问题。总体上看，我国海洋油气产业处于全球价值链的中端，向中高端攀升的难度较大。

（3）全球和中国船舶修造业发展状况

近年来，全球新建船舶总吨数每年均在6000万吨以上。全球船舶修造业已经形成中国大陆与韩国、日本三足鼎立的竞争格局。2017年，中国大陆、韩国、日本新建船舶总吨数分别为2368万吨、2262万吨和1311万吨，分别占全球新建船舶总吨数的36.04%、34.43%和19.96%，三者贡献了全球新建船舶超过90%的份额。

表6-12　2014—2017年排名靠前国家的新建船舶情况

国家或地区	新建船舶总吨（万吨）				占全球比例（%）			
	2014	2015	2016	2017	2014	2015	2016	2017
世界合计	6366	6788	6678	6571	100	100	100	100
中国大陆	2285	2528	2237	2368	35.89	37.24	33.49	36.04
韩国	2187	2376	2546	2262	34.36	35.00	38.12	34.42
日本	1339	1290	1336	1311	21.04	19.00	20.01	19.96
菲律宾	186	177	120	198	2.93	2.61	1.80	3.01
罗马尼亚	33	40	85	59	0.52	0.59	1.27	0.90
中国台湾	57	72	47	55	0.90	1.07	0.70	0.84
德国	50	38	43	47	0.78	0.56	0.64	0.71
意大利	30	22	42	47	0.48	0.32	0.63	0.71
巴西	24	40	18	38	0.37	0.59	0.26	0.57
越南	34	57	44	34	0.53	0.85	0.65	0.52

数据来源：联合国贸发会议（UNCTAD）。

中国船舶工业已经成为具备国际一流竞争力水平的产业之一。2008年，中国造船完工量达2881万载重吨，三大指标首次超越日本，跃居世界第二。2010年，中国造船完工量、新承接船舶订单量、手持船舶订单量三大指标全面超越韩国，成为世界造船第一大国。[①]从总量指标看，中国船舶修造行业无可争议的居于国际领先地位，但仍以中低端船舶建造为主，高技术船舶建造水平和订单量都与国际最高水平有较大差距；在船舶工业的技术标准、产业规则制定等方面也缺乏足够的发言权；从总体上看，我国船舶修造行业的技术和管理水平也处于国际前列；但与国际最高水平也有明显差距。在技术能力上，我国船舶工业企业的设计开发能力不足，自主设计船舶经济指标低，设计差错率高；造船精度控制技术薄弱，造船效率低，信息集成技术欠缺，仿真技术研究和应用深度不够；生产管理方式相对落后。

---

① 林香红、张晨、高健：《从统计数字看我国海洋产业的国际地位》，《中国统计》2014年第10期。

因此，总体上看，中国船舶修造行业处于全球价值链的中高端，未来有进一步向上攀升的可能。

(4) 全球和中国海洋工程装备制造业发展状况

海洋工程装备是指用于海洋资源勘探、开采、加工、储运、管理及后勤服务等方面的大型工程装备和辅助性装备，具有高技术、高投入、高产出、高附加值、高风险的特点。国际上通常将海洋工程技术装备分为三大类：海洋油气资源开发装备；其他海洋资源开发装备；海洋浮体结构物。

目前，世界海洋工程装备制造商清晰的分为三大阵营：第一阵营为欧美公司，垄断着海洋工程装备开发、设计、工程总包及关键配套设备供货，美国跨国公司占有全球海洋石油装备50%的市场份额；①第二阵营为日本、韩国和新加坡，在总装建造领域发展快速，占据领先地位；第三阵营为中国、阿联酋等，主要生产低端产品。总体上，欧美垄断了海洋工程装备设计和高端制造领域；亚洲国家主导着海洋工程装备制造领域。在亚洲，韩国、新加坡、中国和阿联酋是主要的海洋工程装备制造国。其中，韩国垄断了钻井船市场，韩国和新加坡分别占据了FPSO改装和新建市场，中国、新加坡和阿联酋在自升式钻井平台建造领域占据主导地位。

尽管中国海洋工程装备制造业发展较快，但发展层次较低，表现在以制造自升式和半潜式钻井平台等低端产品为主，制造水平远远落后于欧美以及韩国、新加坡；本土化率较低，大约有70%以上的海洋工程配套设备需要进口；生产优势主要体现在劳动力和原材料成本上，资本、人力资源、设计、研发、工程服务等环节都比较薄弱，2000年以来建造完成和在建的40余座钻井平台，70%以上为欧美公司设计。近年来，中国海洋工程装备订单规模持续保持在世界前列，在产品层次、产业分工、经营规模等方面都有了很大进步，在全球市场的竞争力已显著提升。2017年工业和信息化部等八部门联合印发《海洋工程装备制造业持续健康发展行动计划（2017—2020年）》，提

---

① 殷为华、常丽霞、李白：《海洋工程装备产业发展态势及上海的对策》，《科学发展》2013年第8期。

出到2020年，我国海洋工程装备制造业国际竞争力和持续发展能力明显提升，产业体系进一步完善，专业化、系列化、信息化、智能化程度不断加强，产品结构迈向中高端，力争步入海洋工程装备总装制造先进国家行列。总体来看，中国海洋工程装备制造业处于全球价值链的中低端。

（5）全球和中国滨海旅游业发展状况

滨海旅游业是海洋经济的重要产业。据世界旅游组织统计，2008年滨海旅游业收入占全球旅游业总收入的1/2，比10年前增长了三倍；全世界40个较大的旅游目的地中有37个是沿海国家或地区，这些国家或地区的旅游收入占全球旅游总收入的80%。[1] 据经合组织的估算（OECD，2016），2010年全球滨海旅游业增加值达3901亿美元，吸收就业人数达696万人。考虑到大多数国家未通过设置卫星账户对滨海旅游业增加值进行核算，可主要以入境旅游作为观测滨海旅游业发展的替代研究对象，当然以入境旅游替代滨海旅游会有差异，差异来源于两个方面，一是入境旅游中有部分应归入非滨海旅游，应予以扣减，二是国内旅游中有部分应归入滨海旅游，应该加进来。因此，以入境旅游替代滨海旅游的偏差取决于二者之间的差值。从入境旅游的情况来看，中国大陆、香港和澳门均进入全球入境旅游收入排名前二十，其中中国大陆入境游客人次达到6074万人次，全球排名第4位，但入境旅游收入仅326亿美元，排名第12位。

表6-13　　　　　　　2017年主要国家入境旅游情况

国家或地区	入境旅游人次（万人次）	入境旅游收入（亿美元）	交通收入（亿美元）	旅行收入（亿美元）	入境旅游收入占比（%）
世界合计	134146	15257	2813	13388	100
美国	7694	2514	406	2107	16.48
法国	8686	699	89	610	4.58

[1] 汪为祥、苏勇军：《国内外滨海旅游竞争力研究进展》，《海洋经济》2016年第1期。

续表

国家或地区	入境旅游人次（万人次）	入境旅游收入（亿美元）	交通收入（亿美元）	旅行收入（亿美元）	入境旅游收入占比（%）
西班牙	8179	684	..	684	4.49
泰国	3559	622	47	575	4.07
德国	3745	562	162	400	3.68
英国	3765	515	..	515	3.37
意大利	5825	445	..	445	2.92
澳大利亚	882	440	22	418	2.88
中国香港	2788	380	64	317	2.49
日本	2869	370	29	341	2.42
中国澳门	1726	357	..	357	2.34
中国大陆	6074	326	..	326	2.14
土耳其	3760	319	94	225	2.09
印度	1554	279	5	274	1.83
墨西哥	3929	225	11	213	1.47
奥地利	2946	224	21	203	1.47
葡萄牙	1543	211	38	173	1.38

数据来源：世界银行世界发展指标（WDI）。

中国滨海旅游业持续快速增长，据旅游及相关产业核算数据和滨海旅游业核算数据，2017年中国滨海旅游业增加值占旅游及相关产业增加值的比例达39.33%，比2014年提高了接近4个百分点。考虑到二者在统计口径上的差异，主要是滨海旅游业比旅游及相关产业核算口径小，实际滨海旅游业增加值在全国旅游业增加值的比例应该高于该比值。

表6-14　　　　2014—2017年中国滨海旅游业情况

年份	旅游及相关产业增加值（亿元）	滨海旅游业增加值（亿元）	占比（%）
2014	27438	9753	35.55
2015	30017	10881	36.25
2016	32979	12047	36.53
2017	37210	14636	39.33

数据来源：2017年《中国海洋统计年鉴》、2017年中国海洋经济统计公报、国家统计局旅游及相关产业增加值核算数据。

我国的滨海旅游业规模较大，游客数量较多，但滨海旅游呈同质化竞争，房地产化严重；海洋旅游产品仍以传统观光线路为主，缺乏高端海洋旅游度假产品，对高端消费游客吸引力不强；缺乏与国际通行规则相衔接的旅游服务标准体系，旅游服务质量较差；部分滨海地区环境污染和景观破坏严重；游客主要来自境内，境外游客相对较少；海洋特色文化尚未形成。总体上看，我国滨海旅游业处于全球价值链的中低端。

（6）全球和中国海洋船运业发展状况

全球海洋船运市场是高度市场化和专业化的重要市场，是国际贸易开展的重要保障。从主要船籍国注册船舶的情况来看，由于不少国家或地区船队选择将较大部分船舶不在本国或本地注册，而选择在外国或外地注册，悬挂方便旗，全球现有船舶的注册地集中程度较高，2018年巴拿马、马绍尔群岛、利比里亚、中国香港、新加坡、马耳他和巴哈马等地注册的船舶载重吨达12.9亿吨，占全球总载重吨的67.16%。

从船东国角度来看，当前全球船运市场呈现以希腊和日本为第一集团，中国、德国、新加坡、中国香港等国家和地区为第二集团，多国参与市场竞争的格局。以商用船舶载重吨计算，2014—2018年希腊和日本船队共占全球近30%的份额，其中希腊所占份额有所增加，日本所占份额有所减少，2014—2018年，中国船队载重吨占比保持在9%左右，2018年德国、新加坡和中国香港船队载重吨占比均在5%以上。

表6-15　　2018年排名靠前的船籍国注册船舶情况

国家或地区	载重吨（万吨）						占全球比例（%）					
	合计	油轮	散货船	杂货船	集装箱船	其他	合计	油轮	散货船	杂货船	集装箱船	其他
世界合计	192377	56095	81873	7441	25288	21702	100	100	100	100	100	100
巴拿马	33589	6709	19535	759	3601	2984	17.46	11.96	23.86	10.20	14.24	13.75
马绍尔群岛	23783	8742	10926	112	1454	2549	12.36	15.58	13.35	1.50	5.75	11.74
利比里亚	22367	7355	8987	193	4553	1279	11.63	13.11	10.98	2.59	18.01	5.89
中国香港	18149	4004	10017	322	3209	597	9.43	7.14	12.24	4.32	12.69	2.75
新加坡	12788	3706	5196	161	2602	1124	6.65	6.60	6.35	2.16	10.29	5.18
马耳他	10876	3550	4704	219	1710	692	5.65	6.33	5.75	2.95	6.77	3.19
中国大陆	8419	1342	5050	500	899	627	4.38	2.39	6.17	6.71	3.56	2.89
巴哈马	7666	3298	1973	36	121	2238	3.98	5.88	2.41	0.48	0.48	10.31
希腊	7235	4696	2182	18	46	293	3.76	8.37	2.66	0.25	0.18	1.35
英国	4404	1207	1587	104	888	617	2.29	2.15	1.94	1.40	3.51	2.84

数据来源：联合国贸发会议（UNCTAD）。

表6-16　　2014—2018年排名靠前的船东国拥有船舶情况

国家或地区	载重吨（万吨）					占全球比例（%）				
	2014	2015	2016	2017	2018	2014	2015	2016	2017	2018
世界合计	167556	173252	179161	184822	191001	100	100	100	100	100
希腊	25814	27802	29771	31412	33018	15.41	16.05	16.62	17.00	17.29
日本	22561	22851	22526	22336	22361	13.46	13.19	12.57	12.09	11.71
中国大陆	15871	15151	15706	16671	18309	9.47	8.74	8.77	9.02	9.59
德国	12666	12349	11929	11126	10712	7.56	7.13	6.66	6.02	5.61
新加坡	7958	8616	9920	10327	10358	4.75	4.97	5.54	5.59	5.42
中国香港	6956	8015	8894	9319	9781	4.15	4.63	4.96	5.04	5.12

续表

国家或地区	载重吨（万吨）					占全球比例（%）				
	2014	2015	2016	2017	2018	2014	2015	2016	2017	2018
韩国	7709	7977	7835	8084	7728	4.60	4.60	4.37	4.37	4.05
美国	5615	5970	5796	6293	6893	3.35	3.45	3.23	3.40	3.61
挪威	4280	4654	5018	5397	5938	2.55	2.69	2.80	2.92	3.11
百慕大	3754	4218	4721	4842	5425	2.24	2.43	2.63	2.62	2.84
法国	2823	3454	4186	4387	5146	1.68	1.99	2.34	2.37	2.69
英国	4582	4932	4664	4930	5055	2.73	2.85	2.60	2.67	2.65
中国台湾	4809	4353	4688	4705	5042	2.87	2.51	2.62	2.55	2.64
丹麦	3909	3666	3713	3725	3921	2.33	2.12	2.07	2.02	2.05
土耳其	2872	2784	2802	2815	2724	1.71	1.61	1.56	1.52	1.43
印度	2186	2138	2192	2315	2485	1.30	1.23	1.22	1.25	1.30
瑞士和列支敦士顿	1764	1810	2250	2398	2481	1.05	1.04	1.26	1.30	1.30
比利时	1426	2102	2202	2308	2363	0.85	1.21	1.23	1.25	1.24
俄罗斯	1866	1831	2068	2217	2222	1.11	1.06	1.15	1.20	1.16
印度尼西亚	1627	1731	1725	1892	2030	0.97	1.00	0.96	1.02	1.06

数据来源：联合国贸发会议（UNCTAD）。

按照2014年国务院发布的《国务院关于促进海运业健康发展的若干意见》中关于优化海运船队结构的要求，中国船运业在有序推进规模增长的同时，加速拆解一批高能耗、高成本的老旧船，建造一批节能、减排的 CAPESIZE（海岬型散货船）、VLOC（超大型矿砂船）、VLCC（超大型原油船）、超大型 LNG 运输船和超大型集装箱船，海运运力结构得到显著改善，平均船龄由 2010 年初高于世界平均水平 4.3 年调整为 2018 年初低于世界平均水平 3.1 年，平均吨位由低于世界平均水平 8% 调整为高于世界平均水平 6%，船队实现了大型化和年轻化。中远和中海两大集团实施重组，中外运长航集团整体并入招商局集团，重组后的中国远洋海运集团有限公司船队综合运力、干散货船队运力、油轮船队运力、杂货特种船队运力居世界首位，集装箱班轮规模居世界第三位；招商局集团散货船队运力居世界第四位，液体散货船队运力居世界第九位，其中以 VLCC 为代表的大型油轮和 VLOC 超大型散货船规模居世界首位；民营海运企业稳步发展，海丰国际进入世界 20 大班轮运力行列。①

中国海洋船运总量规模，液化散货、干散货和集装箱三大专业化船队规模都处于世界前列，也有一批富有国际竞争力的海运企业，是名副其实的世界海运大国。但五星红旗船队规模相对于我国经济体量和外贸总额仍然偏小，运力结构、专业化船队、技术水平有待优化和提高；海运控制力弱，对重要的海运通道影响力小；海运产业链不完整，海运保障能力弱；在国际海运事务相关组织中的发言权有限。总体上看，我国的海洋船运位于全球价值链的中端。

（7）全球和中国港口运营业发展状况

与船运业相似，港口运营和管理也具有高度专业化特征，同时由于港口之间构成网络结构，许多港口的运营和管理实际上都有大型跨国港口投资和运营商的身影。据德鲁里航运咨询公司发布的《年度全球集装箱码头运营商回顾》统计，全球四大集装箱码头运营商——新加坡国际港务集团（PSA International）、和记港口（Hutchison Ports）、马士基码头（APM Terminal）和迪拜港口世界（DP World）的运营规模合计占全球总吞吐量的 26%。新加坡国际港务集团采用国际区域性总部经济的发展模式，已在 16 个国家的 28 个港口项目中投资控股，拥有的码头岸线长达 66 公里，集装箱吞吐能力达 13000 万标箱；

---

① 贾大山：《中国海运发展的历史性转变（四）》，《中国远洋海运》2018 年第 11 期。

迪拜港口世界则参与了31个国家的49个港口项目。

从集装箱吞吐量来看,近年来中国大陆长期占据着集装箱吞吐量的榜首位置,2017年中国大陆集装箱吞吐量达2.14亿标箱,占全球总量的28.39%,接近排名第二的美国的四倍。

表6-17 2014—2017年排名靠前的国家港口集装箱吞吐量情况

国家或地区	集装箱吞吐量（万标准箱）				占全球比例（%）			
	2014	2015	2016	2017	2014	2015	2016	2017
世界合计	167556	173252	179161	184822	100	100	100	100
中国大陆	18668	19528	19955	21372	27.17	28.06	28.10	28.39
美国	4785	4953	5018	5143	6.96	7.12	7.07	6.83
新加坡	3469	3171	3267	3360	5.05	4.56	4.60	4.46
韩国	2482	2535	2615	2743	3.61	3.64	3.68	3.64
马来西亚	2265	2426	2457	2472	3.30	3.49	3.46	3.28
日本	2114	2058	2078	2190	3.08	2.96	2.93	2.91
阿联酋	2022	2123	2061	2128	2.94	3.05	2.90	2.83
中国香港	2230	2011	1958	2077	3.25	2.89	2.76	2.76
德国	2013	1914	1936	1945	2.93	2.75	2.73	2.58
西班牙	1421	1427	1527	1707	2.07	2.05	2.15	2.27
中国台湾	1527	1463	1489	1497	2.22	2.10	2.10	1.99
荷兰	1247	1241	1266	1395	1.81	1.78	1.78	1.85
印度尼西亚	1162	1198	1248	1386	1.69	1.72	1.76	1.84
印度	1132	1188	1209	1326	1.65	1.71	1.70	1.76
越南	1019	1148	1185	1228	1.48	1.65	1.67	1.63
比利时	1106	1124	1149	1186	1.61	1.62	1.62	1.58
泰国	942	952	994	1073	1.37	1.37	1.40	1.43
意大利	1025	1002	1026	1070	1.49	1.44	1.45	1.42
英国	936	960	977	1053	1.36	1.38	1.38	1.40
巴西	1032	1030	993	1005	1.50	1.48	1.40	1.34

来源:联合国贸发会议（UNCTAD）。

目前,中国沿海港口吞吐量超过亿吨的大港超过30个,集装箱吞吐量超过百万标箱的港口超过 22 个，主要内河中，长江干线港口吞吐量超过亿吨的大港超过 12 个；交通运输部统计范围内的规模以上港口，沿海超过 30 个，内河超过 60 个；此外，沿海及内河主要水系还有数量众多的小规模港口。根据交通运输部《2017 年交通运输行业发展统计公报》，截至 2017 年末，全国港口拥有生产用码头泊位 27578 个，其中，沿海港口生产用码头泊位 5830 个，内河港口生产用码头泊位 21748 个。全国港口拥有万吨级及以上泊位 2366 个，其中，沿海港口万吨级及以上泊位 1948 个，内河港口万吨级及以上泊位 418 个。2018 年，中国沿海规模以上港口完成货物吞吐量 92.13 亿吨。

中国港口吞吐量居于全球前列，2018 年全球港口集装箱吞吐量排名的前 20 名中有 10 个来自中国，上海港连续第九年居全球第一。但我国港口仍然存在同质化竞争、重规模轻效益等问题，国际航运中心建设任重道远。我国现有大型港口海运服务能力仍然与主要国际航运中心存在较大差距。我国海运服务贸易长期逆差，服务业竞争力弱。高端海洋服务业发展滞后，已有的高端海洋服务业没有形成产业聚集，发展水平滞后于世界主要国际航运中心。总体上看，我国的港口运营和管理居于全球产业链中端。

从上述海洋经济总量及各主要海洋产业的研究来看，我国海洋经济在全球海洋经济价值链中总体处于中端，总量规模、产业覆盖、技术水平、管理能力相对非洲国家具有明显的优势，且发展阶段与非洲国家海洋经济的发展阶段能够形成良好的衔接，因此双方海洋经济领域合作具有明显的互补性和可行性。

二 非洲海洋治理与海洋经济

（一）全球海洋治理概念和现有研究

纵观历史，全球经济格局一直处于动态的演化过程中，国家经济实力的此消彼长带来了不同国家集团间力量的变化，这种变化所带来的失衡状态在一定时间内会带来再平衡的动力，世界格局就是在这种平衡—失衡—再平衡的过程中不断演变。20 世纪 90 年代中期以来，新兴经济体的快速崛起带来了全球经济引擎的多元化，不断推进国际货币与金融体系的巨大变革，已经和正在带来全球经济格局的重塑。新兴经济体经济实力的上升和影响力的提高必然要求获得更多的全球话语权，第二次世界大战以来相对稳固的全球治理结构已经难以适应目前的世界局势。新兴经济体希望扩大在全球治理中的话语权，欠发达国家希望获得一个更为公平和合理的全球治理体系，发达国家希望改进和完善现有全球治理机制，以便将新兴经济体纳入其中，形成更高效和稳定的新机制。推进新的更有利于兼顾公平和效率的全球治理机制已成为各方共识，其中的博弈关键是新的国际协调与管理机制如何体现各国之间经济实力的不断变化。

目前，新兴经济体在全球治理中发挥作用的主要载体是 G20，G20 已逐步取代了 G8，发展成为协调国际经济政策的常设性论坛，这意味着在新的全球经济秩序中，新兴经济体所扮演的角色更为突出和重要。但直至目前，新兴经济体尚未形成一套新的全球治理的替代方案，对于未来的发展趋势，及在全球治理新机制中将发挥的作用，承担的责任和义务尚未有清晰的认识。新兴经济体在探索新的全球治理的道路上，还不断受到发达国家的制约和打压，发达国家也非常善于利用新兴经济体内部间的竞争和利益分歧，在不同的议题上分化新兴经济体，起到了很好的效果。G20 并不能满足新兴经济体重塑全球治理机制的需求。为此，新兴经济体开始不断探索形成新的全球治理的载体和途径，金砖国家就是最新的尝试之一。

全球治理体现在海洋领域即为全球海洋治理。世界海洋理事会认为，海洋治理是经济活动所需的规则、机构、过程、协议和安排的基础。稳定、可预测的治理框架对于负责任地使用海洋空间和资源以及海洋可持续发展至关重要。有效和可持续的海洋治理对于实现海洋经济增长和发展之间的平衡，以及维持全球海洋的健康和生产力至关重要。[①] 有学者认为，海洋治理是指海洋事务不仅由政府管理，而且由团体、企业和其他利益相关者管理的方式，包括国家法律和国际法、

---

① World Ocean Council, Ocean Governance and the Private Sector, June 2018, p. 2.

公法和私法、习俗、传统和文化以及各行为体建立的机构和制度。① 还有学者提到，海洋治理是国家、市场、公民和政府与非政府组织之间正式和非正式的制度、机制、关系和过程，借此阐明集体利益、确立权利和义务并弥合分歧。② 海洋治理的六项原则包括责任、规模匹配、预防、适应性管理、完全成本分配、参与。③ 海洋治理的三个维度包括规范、制度性安排和实质性政策。规范不仅规定了行为标准，而且还将权力分配给特定行为体来规定和应用政策。④ 本部分的海洋治理主要着眼于海洋经济治理和海洋安全治理，其他范围的治理内容暂不纳入分析。

当前有关非洲与海洋治理的研究主要分为三类。第一类是非洲与区域治理的关系。有学者提出非洲区域治理的三种模式分别为新自由主义式、主权强化式和影子网络式。新自由主义治理建立于一系列政策框架和倡议基础上，由政府网络、商业行为体等共同创建；主权强化治理认为国家政府控制治理体制，通过政治秩序、国家稳定和国家主权进行干预；区域影子治理是少数机制行为体利用国家机器作为外表，并与非正式行为体合作，加强私人利益。⑤ 还有学者分析了非盟通过泛非议会、区域机制和国际组织等构成的治理结构参与区域安全治理。⑥

第二类是非洲与海洋安全的关系，梳理了非洲加强海洋安全的动机、挑战和举措。有学者认为，非洲加强海洋安全的动机包括保护资源通道、海上运输和控制海洋以维护良好秩序。海洋安全问题的内容

---

① Elisabeth Mann Borgese, Ocean Governance, International Ocean Institution, 2001, p. 10.

② Peter Lehr, "Piracy and Maritime Governance in the Indian Ocean", *Journal of the Indian Ocean Region*, Vol. 9, No. 1, 2013, p. 105.

③ Robert Costanza, Francisco Andrade, "Principles for Sustainable Governance of the Oceans", *Science*, Vol. 281, Issue 5374, 1998, pp. 198 – 199.

④ Edward L. Miles, "The Concept of Ocean Governance: Evolution toward the 21st Century and the Principles of Sustainable Ocean Use", *Coastal Management*, Vol. 27, No. 1, 1999, p. 5.

⑤ Fredrik Söderbaum, "Modes of Regional Governance in Africa: Neoliberalism, Sovereignty Boosting, and Shadow Networks", *Global Governance*, Vol. 10, No. 4, 2004, pp. 431 – 432.

⑥ Samuel M. Makinda and F. Wafula Okumu, *The African Union: Challenges of Globalization, Security and Governance*, New York: Routledge, 2008, p. 89.

包括走私和武器扩散、恐怖主义、海盗、有组织犯罪和海上边界争端。① 有学者指出，非洲海洋安全内容存在争议，包括传统的安全政治（海盗、海上恐怖主义和非法捕捞）、发展和环保关切，以及恢复非洲领海和离岸经济主权。② 非法捕捞和海上安全问题是对非洲国家海洋安全产生影响的两个主要挑战，非洲海洋区域治理面临的问题在于海洋区域框架迅速演变、海上利益相关方数量众多和海洋空间利益碎片化。③ 克里斯蒂安·布格（Christian Bueger）提出非洲应对海上安全挑战的三重维度，包括国家互动，发展技术基础设施、培训中心和规则等构成的共同平台，并联合各类行为体。④

第三是非洲与海洋经济的关系，梳理了非洲发展海洋经济的动机、举措和挑战。有学者提到非洲的海洋经济治理框架分为大陆性和地区性两类，大陆性包括《2050年非洲海洋整体战略》，地区性包括东非和南非共同市场、东非共同体、南部非洲发展共同体。⑤ 非洲发展海洋经济的挑战包括低效管理、海上执法能力有限、气候变化等带来的发展问题。⑥ 同时还面临资金和技术瓶颈以及港口设施升级。⑦ 作为非洲大国，南非的海洋经济治理得到更多关注与讨论。虽然海洋经济为南非带来经济发展机会，但海上活动扩展会使南非和莫桑比克

---

① Francois Vreÿ, "African Maritime Security: a time for good order at sea," *Australian Journal of Maritime and Ocean Affairs*, Vol. 2, No. 4, 2010, pp. 122 – 125.

② Ulf Engel, "The African Union, the African Peace and Security Architecture, and Maritime Security", *African Security*, Vol. 7, No. 3, 2014, p. 207.

③ Paul Musili Wambua, "Enhancing regional maritime cooperation in Africa: The planned end state", *African Security Review*, pp. 52 – 53.

④ Christian Bueger, "Communities of Security Practice at Work? The Emerging African Maritime Security Regime", *African Security*, Vol. 6, No. 3, 2013, pp. 304 – 311.

⑤ Siqhamo Yamkela Ntola and Patrick Vrancken, "African Governance Perspective of the Blue Economy in the Indian Ocean Rim", in Vishava Nath Attri and Narnia Bohler-Muller (eds.), *The Blue Economy Handbook of the Indian Ocean Region*, Pretoria: Africa Institute of South Africa, 2018, pp. 147 – 170.

⑥ Cyrus Rustomjee, "Green Shoots for the African Blue Economy," *Center for International Governance Innovation*, Policy Brief, No. 132, May 2018, pp. 2 – 3.

⑦ 张艳茹、张瑾：《当前非洲海洋经济发展的现状、挑战与未来展望》，《现代经济探讨》2016年第5期，p. 92.

以及纳米比亚的海洋区域声索重叠，可能导致国家间的不安全。①

既有研究在非洲与海洋安全和海洋经济的事实性论述方面提供了丰富材料，成为非洲海洋治理研究的基础。但既有研究也存在两方面不足。一是论述和列举事实无法带来系统分析，需要加以整合。二是着眼个别国家的研究容易忽视非洲作为统一单元的行为。整体而言，目前对非洲参与海洋治理方式和路径的关注较为缺乏。基于此，本部分试图构建非洲参与海洋治理的整体框架。

（二）非洲参与海洋治理的路径

从治理路径上看，非洲更多依靠制度和规则，在海洋治理的制度性安排方面扮演不可或缺的角色。第一，非洲国家较早参与以《联合国海洋法公约》为代表的国际海洋制度和体系的构建。1958 年，包括利比里亚、加纳、利比亚、摩洛哥、南非和突尼斯在内的 6 个非洲国家参加了第一次联合国海洋法会议。在大部分与会国家都关注领海宽度时，以突尼斯为代表的非洲国家提出关注核试验所带来的公海污染，保护海洋这一全人类的共同财产。但在会后达成的四项公约中，仅有南非一国批准通过。② 1960 年，共有 10 个非洲国家参加了第二次联合国海洋法会议，尽管一些国家认为领海的最大限度为 6 海里，但非洲国家提出 12 海里领海范围的主张，会议最终没有达成协定。但由于大多数非洲国家当时仍未独立，因此非洲在前两次会议中的作用较小，更多反映的是海洋大国的贸易和军事利益。1973 年，49 个非洲国家参加了第三次联合国海洋法会议，且为了增强非洲国家的话语权，1963 年成立的非洲统一组织也参与了海洋问题的讨论。在其立场文件中，非洲统一组织认为非洲需要以团结为基础，在联合国海洋法会议上协调其在各种问题上的立场，并从中获益，提出了领海宽

---

① 可参见 Jo-Ansie van Wyk, "Defining the Blue Economy as a South African Strategic Priority: Toward a Austainable 10th Province?" *Journal of the Indian Ocean Region*, Vol. 11, No. 2, 2015, pp. 153 – 169. Thean Potgieter, "Oceans Economy, Blue Economy, and Security: Notes on the South African Potential and Developments", *Journal of the Indian Ocean Region*, Vol. 14, No. 1, 2018, pp. 49 – 70.

② 四项公约分别为《领海及毗连区公约》《大陆架公约》《公海公约》与《捕捞和保护公海生物资源公约》。

度在内的9项议题。《联合国海洋法公约》最终于1982年达成并开放签字，一年后该公约由60个国家批准，非洲国家占27个。《公约》接受了非洲国家一直倡议的12海里领海，并同意200海里专属经济区的诉求。在当前批准《公约》的168个国家中，非洲国家共有46个。尽管非洲在《公约》的产生中不可或缺，但三次会议期间，大多数非洲国家实现独立不久，正着眼于国家建设问题。尤其是到20世纪70年代，由于支持独立斗争的共识在社会经济困难和不负责任的治理面前黯然失色，许多非洲国家开始经历内乱。与欧洲、美洲甚至亚洲国家相比，非洲缺乏必要的技术和专门的法律知识就海洋法等复杂问题进行有利谈判。①

专属经济区的提出是非洲国家里程碑式的贡献和成就。200海里的延伸范围最初由拉美国家于1947年首倡，但非洲国家将概念完善并最终纳入国际海洋治理体系。1971年1月，肯尼亚代表恩贾加（Frank X Njenga）在亚非法律协商委员会第12次会议上首次明确提出200海里专属经济区概念。1972年，肯尼亚代表在第13次会议上再次表示，专属经济区概念试图为解决发达国家与发展中国家在利用海洋方面的利益冲突建立框架，维持沿岸国家和其他利用海洋国家在管辖权方面的相对平衡。委员会批准了他的建议并表达了对这一概念的支持。② 6月，非洲17个国家在喀麦隆的雅温得举行海洋法区域研讨会，宣布非洲国家有权建立领海以外的经济区，在经济区内，为了控制、协调和开发生物资源，实现经济发展和人民福祉，各国拥有专属管辖权，并号召非洲国家在联合国海洋法会议上坚持该原则。③ 同年，在联合国海底委员会日内瓦会议上，以肯尼亚为首的非洲国家提交了《关于专属经济区概念的条款草案》，详细阐述专属经济区的内容和200海里范围。1973年5月，非洲统一组织通过了《关于海洋

---

① Martin Tsamenyi, Kamal-Deen Ali, "African States and the Law of the Sea Convention: Have the Benefits Been Realized", in *Ocean Yearbook 113*, 2012, p. 114.

② Ram Prakash Anand, *Law of the Sea: Caracas and Beyond*, Hague: Martinus Nijhoff Publisher, 1980, p. 174.

③ "Conclusions in the General Report of the African States Regional Seminar on the Law of the Sea held in Yaounde", *International Legal Materials*, Vol. 12, No. 1, 1973, pp. 210–213.

法问题的宣言》，承认沿岸国家具有建立 200 海里专属经济区的权利，对其中的生物和矿产资源具有永久主权，对经济区的管辖不受其他合法利用海洋行为的干预。到 1975 年，专属经济区的概念基本得以建成，并最终在《联合国海洋法公约》第四部分合法化。①

第二，非洲国家积极参与国际海事组织、国际海底管理局等国际海洋机构。国际海事组织是联合国下专门负责国际航运的政府间机构，非洲国家的身影也出现在其成立和运行的过程中。1948 年 2 月，国际海洋会议于日内瓦召开，会议通过了《国际海事组织公约》，成立政府间海事协商组织，即国际海事组织的前身。其中埃及作为参会国家成为公约的签字国。1958 年，埃及批准该公约，公约批准国数量达到 21 个后正式生效，埃及也因此成为政府间海事协商组织创始成员国中唯一的非洲国家。此后，非洲国家陆续加入并多次参加该组织会议及其通过的公约，如 1974 年《国际海上人命安全公约》、1988 年《制止危及海上航行安全非法行为公约》以及 2000 年《国际安全管理规则》。当前在撒哈拉以南非洲的 48 个国家中，有 37 个都是国际海事组织成员国。② 在 2017 年国际海事组织理事会选举中，共有 5 个非洲国家成为对海上运输或航行有特殊利益的 C 类成员。

非洲还在国际海底管理局中发挥作用，当前共有 47 个非洲国家是该组织成员国。国际海底管理局源于《联合国海洋法公约》第十一部分，该部分对海底问题做出规定，但缺乏国际性制度框架，因此 1994 年各国达成协定，并在牙买加成立国际海底管理局。非洲在海底治理问题上较早表达自身诉求，推动成立国际海底管理局。1971 年，坦桑尼亚提出了一项关于国际海底管理机构的规约草案，提议设立一个具有全面管辖权的机构以管理该地区的海底活动。非洲统一组织在 1973 年的《关于海洋法问题的宣言》中表示，国际机构的权限应超出国家管辖范围而延伸到海底。尼日利亚代表在第三次海洋法会议第一委员会上呼吁建立一个国际机构，对国家管辖范围以外的海床

---

① Yoshifumi Tanaka, *The International Law of the Sea*, Cambridge: Cambridge University Press, 2012, p. 125.

② International Maritime Organization, "African Region", http://www.imo.org/en/OurWork/TechnicalCooperation/GeographicalCoverage/Africa/Pages/Default.aspx.

使用权进行管辖,并具有适当的权力和功能。近年来,非洲在该组织中的角色日渐突出。2008 年,加纳工程师尼·阿洛泰·奥丹顿(Nii Allotey Odunton)成为该组织秘书长。2017 年,在非盟委员会支持下,乌干达与国际海底管理局成立海洋矿产资源联合工作组。此外,非洲还将海洋治理问题纳入 G77 等多边机制。G77 成立于 1963 年,主要由非洲等发展中国家构成。G77 在 200 海里专属经济区和建立国际海底管理局上的立场与非洲一致。1971 年该集团在《关于海洋资源的决议》提出,国际社会应承认沿海国家有权保护和开发其海岸附近的海洋资源。在随后的第三次联合国海洋法会议上,非洲国家在 G77 中组成的小集团在谈判中发挥了关键作用。一些国家如阿尔及利亚、坦桑尼亚和毛里塔尼亚,还领导 G77 提出海底问题,并使一些非洲国家从中获益。[1]

国际制度为全球治理提供框架。全球治理包括所有制度、政策、规范、程序和倡议,各国通过制度安排应对跨国挑战并带来可预测性、稳定性和秩序,没有机制、制度和组织,全球治理就无法实现。[2] 有效的海洋治理需要全球认同的国际规则和程序、基于共同原则的区域行动以及国家法律框架和政策。[3]《联合国海洋法公约》为全球海洋治理提供了合法框架,通过该框架在处理全球海洋问题方面协调各国努力。[4] 在已建立的制度基础上,非洲逐渐开展海洋治理,力图推动区域发展。

(三) 非洲海洋治理的主要内容

非洲的海洋治理在内容方面较早关注海上安全和航运发展。非洲

---

[1] Penelope Simoes Ferreira, "The Role of African States in the Development of the Law of the Sea at the Third United Nations Conference", *Ocean Development and International Law*, Volume 7, Number 1 – 2, 1979, pp. 94 – 95.

[2] United Nations Committee for Development Policy, *Global Governance and Global Rules for Development in the Post-2015 Era*, June 2014, p. 3.

[3] D. Pyc, "Global Ocean Governance", *The International Journal on Marine Navigation and safety of Sea Transportation*, Vol. 10, No. 1, 2016, p. 159.

[4] José Inácio Faria, "Report on International Ocean Governance: An Agenda for the Future of Our Oceans in the Context of the 2030 SDGs", European Parliament, December 2017, p. 13.

25 个国家于 1975 年就建立了西非和中非国家海洋组织 (MOWCA)，发展航运网络和建立海上安全的有效应急预案是其关注要点。正式的海洋治理文件于 1994 年出台。非洲统一组织在这一年发布了《非洲海洋交通宪章》，认为非洲海洋领域的薄弱性体现在对海上运输的低度参与，因此需要加强非洲的海洋合作，包括设立区域性组织和国家海洋机构，从而解决阻碍海运部门发展的问题，加强海洋运输推动经济发展。① 《非洲海洋交通宪章》是一项关于非洲航运的关键政策文件，有助于指导非洲海洋运输的发展，并将海洋安全和安保纳入考虑。2010 年非盟又发布了修正版，在目标方面强调海洋安全。② 整体而言，这一时期的海洋治理内容较为单一，且缺乏整合的治理框架。

近年来，非洲对海洋治理的重视程度不断上升，非盟和不少非洲国家政府相继颁布与海洋治理议程相关的文件。尤其是作为地区政府间组织的非盟，出台了与海洋治理相关的纲领性文件。从治理客体上看，当前非洲的海洋治理主要集中于海洋经济与海洋安全两方面。非洲智库提到，蓝色经济与海洋安全是非洲海洋治理的中心。③ 海洋安全是海洋经济的推动者，能够保护航线以及管辖海域内海洋资源和活动的权利。同时海洋经济扩大将对海上安全能力产生更大需求，反过来推动国家对其加大投入。④ 非盟分别于 2012 年和 2014 年发布《2050 年非洲海洋整体战略》和《2063 年愿景》，海洋治理是其中的重要部分。2015 年 10 月，首次非洲海洋治理战略会议召开，与会的非洲官员决定制定统一的非洲海洋治理战略，该战略以《2050 年非洲海洋整体战略》和《2063 年愿景》为基础，并符合

---

① Organization of African Unity, African Maritime Transport Charter, 1994, pp. 5 – 7.
② African Union, Revisited African Maritime Transport Charter, 2010, p. 7.
③ Ernesta Swanepoel, "The Nexus between Prosperity in the African Maritime Domain and Maritime Security", *South African of International Affairs*, June 2017, p. 2.
④ 有关海洋安全和海洋经济的互动关系可参见 Michelle Voyer, Clive Schofield, Kamal Azmi, Robin Warner, Alistair McIlgorm and Genevieve Quirk, "Maritime Security and the Blue Economy: Intersections and Interdependencies in the Indian Ocean", *Journal of the Indian Ocean Region*, Vol. 14, No. 1, 2018, pp. 28 – 48.

被广泛接受和认同的原则。① 2016年10月，52个非洲国家在多哥举行非盟特别首脑会议，会议通过的《洛美宪章》是非洲海洋治理的里程碑文件。海洋治理在宪章第三部分得到阐述，要求各国保持海洋善治，强调国家对航行安全的责任。宪章认为大多数非洲国家正在努力改善海洋治理，但需要实现更高的治理标准，包括海洋边界划定以及航行安全。② 此外，非盟还在会议上宣布2015—2025年为非洲海洋的十年。

海洋安全是非洲海洋治理的基础性内容。非洲国家的安全关切曾长期聚焦陆地，对海洋威胁以及如何保护和管控海洋边界关注极少。非洲安全体系的构建主要集中在陆地冲突及其解决方案上，海洋安全问题往往处于次要地位。③ 大多数非洲人甚至一些占据高位的政治家认为，尽管90%的世界贸易通过海运实现，然而即使在内陆国家看来，海洋安全对于非洲来说也是非常宏大乃至遥不可及的事情，这种认识的局限阻碍人们采取进一步的行动。④ 2010年的非盟委员会参与的一份报告指出，海上安全是集体安全的重要组成部分和经济发展的基础。非洲是世界上唯一没有海洋政策或战略的主要区域。⑤ 但近年来非洲的海洋安全状况不容乐观，主要体现为海上非传统安全威胁。非洲之角的海盗和海上武装抢劫问题曾引发世界关注，随着国际社会的共同努力，该地区的海盗威胁有了大幅下降，尤其是2012年以来呈现骤降。国际海事组织2013年的报告表明，索马里海盗事件数量保持了2012年的趋势进一步下降到20起，比2007年索马里海盗开始报告的78起事件少得多。2013年索马里高风险地区没有商船被海

---

① United Nations Environment Programme, Concept Note for Development of an Ocean Governance Strategy for Africa, October 19, 2015, p. 3.

② African Union, African Charter on Maritime Security, Safety and Development in Africa (the Lomé Charter), 2016, pp. 13 – 24.

③ Francois Vreÿ, "African Maritime Security: A Time for Good Order at Sea", *Australian Journal of Maritime and Ocean Affairs*, Vol. 2, No. 4, 2010.

④ ［安哥拉］曼纽尔·科雷亚·巴罗斯：《实现真正的安全：海洋战略视野下的中非关系》，《非洲研究》2012年。

⑤ The BrenThurst Foundation, Maritime Development in Africa: An Independent Specialists' Framework, Discussion Paper 2010, p. 6.

盗劫持。① 然而，东非海盗问题存在重新复发的可能，因此非洲仍密切关注安全治理。同时，几内亚湾的海上安全经常受到海盗威胁，对西部非洲沿海国家的经济发展和政治稳定造成严重后果。国际海事组织的报告指出，几内亚湾（西非）在海盗和海上武装抢劫影响程度方面位居前列，尤其是在2016年，几内亚湾的事件数比前一年骤增77%。②

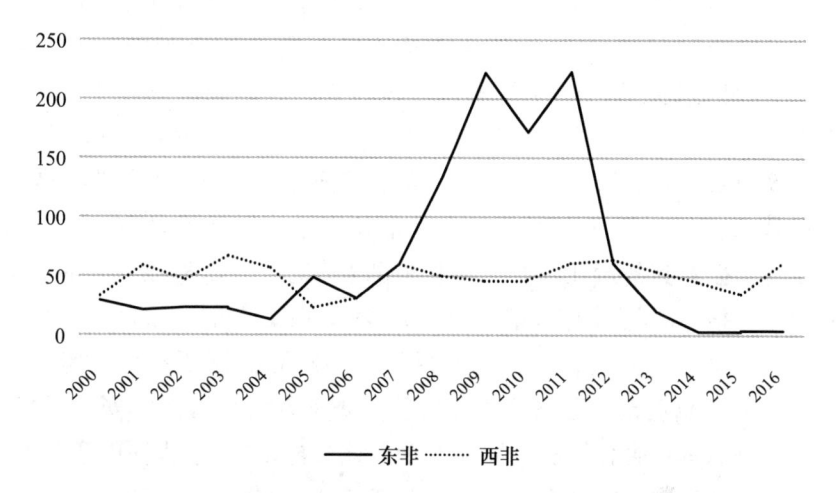

图 6-1 2000 年以来非洲海岸海盗和海上武装抢劫情况（起）
数据来源：国际海事组织。

非洲沿岸国家对海洋依赖程度较高，因此尤其重视海上非传统安全。2009 年 1 月，来自西印度洋、亚丁湾和红海地区的 17 个国家在吉布提召开高级别会议，以解决索马里沿海和亚丁湾海盗及武装抢劫问题，会议通过《吉布提行为准则》，文件认识到该区域海盗和海上武装抢劫问题的严重性，认为签字国需要以符合国际法的方式尽可能合作并开展共同行动。文件还呼吁设立国家海盗和海上武装抢劫问题

---

① International Maritime Organization, Reports on Acts of Piracy and Armed Robbery Against Ships, 2013, p. 2.
② International Maritime Organization, Reports on Acts of Piracy and Armed Robbery Against Ships, 2016, p. 2.

协调中心和区域培训中心。①《2050年非洲海洋整体战略》列出了非洲面临的7项任务，其中海洋维度包括海盗和海上武装抢劫在内的非法活动，非洲海域的主要威胁之一就是海上跨国有组织犯罪，包括海盗和海上武装抢劫、海上恐怖主义等。② 2011年，由16个国家组成的南部非洲发展共同体签署了《海上安全战略》，对海上威胁作出回应。虽然该战略的具体内容未完全向公众披露，但重点领域明确：消除海盗行为；保护南部非洲西海岸；军事防御和情报收集。③ 2013年6月，25个中非和西非国家在喀麦隆正式通过的《雅温得行为准则》，文件提到，签字国需要最大程度合作，在国家层面设立海洋安全委员会和海洋安全规划，并制定海洋安全政策保护海上贸易，同时还提到应对海盗、海上武装抢劫、海上恐怖主义等非法活动的举措。④ 2015年2月，非盟海上安全与安保部长级会议在塞舌尔召开，会议关注海盗以及其他对几内亚湾和非洲之角的海上安全构成威胁的非法犯罪活动根源。其后的《洛美宪章》综合了《雅温得行为准则》和塞舌尔会议的主体内容，其主要目的是预防和控制所有海上跨国犯罪，包括恐怖主义、海盗、武装抢劫，要求各缔约国制定安全目标，在多个领域进行合作，提高海洋安全。该文件由31个非洲国家签署，包括多国的国家元首和政府首脑，改变了此前非洲海洋安全议程具有的软性法律和不具约束力的特征，赋予其法律效力。⑤

非洲的海洋安全治理可以分为两类举措。第一，选择性参与大国组成的国际海上安全机制，保护航线安全。美国海军司令部于2006

---

① International Maritime Organization, Code of Conduct Concerning the Repression of Piracy, Armed Robbery Against Ships in the Western Indian Ocean and the Gulf of Aden, 2009, pp. 5-7.

② African Union, 2050 Africa's Integrated Maritime Strategy, 2012, pp. 9-11.

③ Andrea Royeppen, Rethinking challenges to SADC's Maritime Security model, Institute of Global Dialogue, https://www.igd.org.za/research/infocus/11204-rethinking-challenges-to-sadc-s-maritime-security-model.

④ International Maritime Organization, Code of Conduct Concerning the Repression of Piracy, Armed Robbery Against Ships, and Illicit Maritime Activity in West and Central Africa, 2013, pp. 5-7.

⑤ Edwin Egede, "Africa's Lomé Charter on maritime security: What are the next steps?" *Piracy Studies*, July 16, 2017, http://piracy-studies.org/africas-lome-charter-on-maritime-security-what-are-the-next-steps/.

年倡议成立东非和西南印度洋海洋安全会议（EASWIO），参与者主要是来自印度洋沿岸的非洲国家。会议还设立了专注海上安全的训练中心进行联合训练。海洋卓越中心（MCE）自2009年6月开始运行，并开始培训海军初级官员。非盟和平支援行动分部的比拉罗（Ben Benon Biraaro）提到了海洋安全方面的挑战以及非盟对未来的愿景，认为海上安全挑战是加强港口安全必须清除的障碍，尽力消除海盗行为，遵守国际海洋安全和安保公约，并建立海岸警卫队网络。非洲与其盟友和伙伴在解决海上安全威胁方面进行合作与协调至关重要。① 2008年6月，佛得角与美国发起"非洲海洋执法伙伴关系"，汇集了美国海军、美国海岸警卫队和非洲伙伴国海上力量。这项行动的重点目的是拦截非法船只，为非洲海上力量提供了行动平台，能够扩展非洲国家在领海和专属经济区的巡航范围。作为倡议的一部分，非洲国家海军与美国开展海上执法行动（Operation Junction Rain），截止2018年7月第一阶段行动结束。②

第二，非盟和部分非洲国家开始构建区域性安全合作机制。海上安全是海洋治理的又一问题，非洲国家在海洋治理方面需要更为一体化的区域合作。③ 2000年非洲国家在搜索和救援会议以及全球海上遇险和安全系统会议上决定设立5个区域海事救援中心和26个分中心。这些中心旨在通过监测船只移动、信息共享和协调救援以合作提供海上搜救。非洲历史上首次对该地区海域的海上安全态势实现"区域监视"。2005年，24个非洲国家的高级海军军官举办了首届非洲海权会议，此后于2006、2009和2011年相继举行会议。非洲海权会议已成为非洲海洋问题的主要论坛之一，非洲国家参与不断扩大。在2003年美国罗德岛举行的国际海权研讨会上，加纳、肯尼亚、尼日利亚和南非海军提出"非洲海权研讨会"的概念。2009年的会议主题是

---

① US Navy, CJTF-HOA Co-hosts Maritime Security Conference in Kenya, December 9, 2007, https：//www.navy.mil/submit/display.asp? story_ id =31780.

② US Navy, First Phase of African Maritime Law Enforcement Partnership Closes, July 3, 2018, https：//www.navy.mil/submit/display.asp? story_ id =106220.

③ Paul Musili Wambua, "Enhancing regional maritime cooperation in Africa：The Planned End State", *African Security Review*, Vol. 18, No. 3, 2009, p. 46.

"迈向有效的非洲海洋治理",南非海军部长穆迪姆(Refiloe Mudimu)表示,研讨会的重点是建立一种集体合作方式以应对非洲面临的海上挑战,包括武器和毒品走私、海盗行为和有组织犯罪活动,因此非洲海军必须具备有效控制海洋的能力。会议通过的决议指明需要在海洋领域合作打击海上犯罪和海盗行为,并实现海军的协同行动。[1] 2008年7月30日,25个非洲国家在塞内加尔举行的第13届西非和中非海洋机构部长级会议上通过了《关于建立西非和中非次区域海岸警卫队网络的谅解备忘录》,提出加强西非和中非的海上安全,建立一个负责协调国家海岸警卫队的系统,保护海上贸易免遭一切形式的非法行为威胁。[2]

海洋经济是非洲海洋治理的另一项主要内容,且在非洲经济发展中的比例正在提升。当前,人们逐渐将海洋经济更多的称为蓝色经济,近年来我国中央政府发布的正式文件中,也基本以蓝色经济替代了海洋经济,这不仅是措辞的变换,蓝色经济相比海洋经济有更广的外延和内涵。

1999年在加拿大魁北克地区圣劳伦斯流域之友举办的以"蓝色经济与圣劳伦斯发展"为主题的论坛中,第一次出现了蓝色经济一词。之后,蓝色经济理念开始迅速传播,经常出现在一些国家和国际组织有关海洋战略发展的规划和报告中。蓝色经济已应用了十几年,但相关理论研究仍处于初级阶段,尚无权威概念。世界各国政界、学界和企业界尝试从理念、战略框架、政策、产业、区域经济、技术等多角度阐述其定义和内涵,代表性观点有如下几个。

联合国贸易与发展会议认为蓝色经济的内容是促进经济增长、环境可持续性、社会包容和海洋生态系统。[3] 联合国环境署认为,蓝色

---

[1] Dean Wingrin, "SAN hosts 3rd Sea Power for Africa Symposium", *DefenceWeb*, March 4, 2009, http://www.defenceweb.co.za/index.php?option=com_content&task=view&id=1226&Itemid=363.

[2] International Environmental Agreements Database Project, Memorandum of Understanding on the establishment of a Sub-regional Coastguard Network for the West and Central African sub-region, https://iea.uoregon.edu/treaty-text/2008-mousubregionalcoastguardnetworkwestcentralafricaentxt.

[3] UNCTAD, The Oceans Economy: Opportunities and Challenges for Small Island Developing States, 2014, p.2.

经济是一种以海洋为基础的经济发展，它能够改善人类福祉和社会公平，同时显著减少环境和生态风险。① 世界银行认为，蓝色经济包括共同确定海洋资源可持续使用的经济部门和相关政策范围，促进经济增长、社会包容和确保海洋可持续性。② 国际海洋学院（International Ocean Institute）院长阿维尼·贝赫南（Awni Behnam）博士认为：蓝色经济是人类"与海洋共存并得益于海洋，与海洋形成可持续关系的生活方式"③，是一种经济理念。2011 年，联合国教科文组织和国际海事组织等联合发布的《海洋和海岸带可持续的蓝图》报告中认为，蓝色经济是一个经济框架，包括保护并恢复海洋生态系统和生物多样性；发展蓝色碳汇市场；开展海底石油和天然气、矿物采掘和海底电缆管理等十方面内容。欧盟认为蓝色经济是一种政策，把蓝色经济增长作为海洋政策核心，为提高欧洲的国际竞争力、资源利用效率、就业机会和新经济增长点等方面做出贡献。一些国家的海洋主管部门认为蓝色经济是海洋产业经济，如 2006 年毛里求斯政府提出了蓝色产业概念；2006 年开始，中国政府文件中开始将海洋经济称为蓝色经济，并赋予产业概念。欧盟的蓝色经济表现在蓝色增长的概念上，核心在于海洋和海岸带的可持续增长，这也是一种产业理念。2012 年，时任中国国家海洋局副局长王宏认为，蓝色经济就是可持续发展的海洋经济，其内涵是在海洋经济发展的同时，保护好海洋生态系统，实现资源环境的可持续利用④。虽然上述各概念有所不同，但其核心内涵和外延大致相同，我们可以从以下几方面来理解蓝色经济实质。从资源配置理念看，蓝色经济将经济活动的资源来源更多的从陆地转向

---

① UNEPMAP, The Mediterranean celebrates Coast Day 'Blue economy for a healthy Mediterranean', https://web.unep.org/unepmap/mediterranean-celebrates-coast-day-blue-economy-healthy-mediterranean.

② World Bank Froup, The Potential of the Blue Economy: Increasing Long-term Benefits of the Sustainable Use of Marine Resources for Small Island Developing States and Coastal Least Developed Countries, 2017, p. vi.

③ Awni Behnam, "Understanding the blue economy. Building a Blue Economy: Strategy, Opportunities and Partnerships in the Seas of East Asia", *East Asian Seas Congress* 2012, July, 2012.

④ 《中国角举行海洋主题边会 王宏阐述"蓝色经济"》，中新网，2012 年 6 月 20 日，http://www.chinanews.com/gn/2012/06-20/3976181.shtml.

海洋，实现海陆经济一体化，从而带来资源配置重构，进而带来经济结构调整，未来的产业结构一定是海陆双线性结构，经济发展模式也将发生明显转变。从产业范围来看，蓝色经济涉及范围更广，除传统的海面经济、临海经济外，增加了涉海经济和海外经济，更符合现代海洋经济发展趋势。从经济活动与环境关系看，蓝色经济更倡导发展环境友好型海陆一体化经济，更强调可持续发展。因此，从本质上看，蓝色经济是一种新型经济形态，其核心理念是海陆协同和可持续发展。

国际组织和很多国家都大力推动蓝色经济理念的应用。在国际组织层面，联合国可持续发展大会（简称 Rio + 20 峰会）对蓝色经济的推动起到了重要的作用，欧盟、亚太经济合作组织也是推动蓝色经济理念的重要力量。在国家层面，中国、美国、印度尼西亚、澳大利亚、太平洋小岛国、部分非洲国家都着力推动蓝色经济理念。美国成立了两家以蓝色经济为研究核心的研究机构，分别是 2011 年由蒙特雷国际研究学院成立的蓝色经济中心；2012 年美洲进步中心启动的蓝色经济计划。印尼提倡和推动蓝色经济，以蓝色经济作为统领海洋与渔业工业化的国家纲领；2008 年印尼海洋与渔业部制定并实施了称为"蓝色革命政策"的海洋和渔业大战略。太平洋小海岛发展中国家重视发展以渔业和大洋为重点的蓝色经济，一直推动蓝色经济理念写入联合国正式文件中。包括南非、毛里求斯、佛得角、塞舌尔在内的非洲国家也将蓝色经济作为新经济发展点，出台了相关的政策文件。

如前文所述，世界各国对蓝色经济，对海洋经济没有形成权威统一的概念，也没有完整、及时、全面的海洋经济统计。非盟对海洋经济的定义为海洋的可持续经济发展，方式是利用区域发展把海洋用于经济目的，包括但不限于渔业、采矿、能源、水产养殖和海上运输、保护海洋并提高社会福利。[①] 这一概念现在与经济和贸易活动密切相关，具有多重定义。有学者指出，海洋经济可以定义为在海洋中发生

---

① African Union, African Charter on Maritime Security, Safety and Development in Africa, p. 4.

的经济活动，使用海洋产出，并向海洋提供货物和服务。① 海洋经济直接或间接发生在海洋中、利用海洋产出、将商品和服务投入海洋活动。② 海洋经济涵盖产业范围众多，根据非洲国家发展的现实情况，非洲海洋经济的主要产业包括海洋运输、港口建设、海洋渔业和海洋油气业，从非洲主要的政策文件看，各国普遍将海上运输和港口建设活动作为海洋经济的重点，也作为海洋经济治理的重要内容，因此本研究将主要关注的非洲海洋经济领域定为海上运输和港口建设活动。

非洲拥有的船舶数量占世界的1.2%，船舶总吨位约占0.9%，港口运输量占世界水上货物运输量的6%，约占全球集装箱运输的3%。③ 根据《2017年海洋运输报告》，非洲2016年的海运货物装载量和卸货量分别为7.453亿吨和5.062亿吨，占世界海运的7%和5%。非洲经由海运的石油生产占世界的9%。④ 2016年，非盟主席德拉米尼·祖马（Nkosazana Dlamini Zuma）表示，繁荣和可持续的"蓝色经济"是经济社会转型的关键支柱，其对非洲的经济价值估计超过一万亿美元，并提供了数十万个就业机会。⑤

出于对海洋贸易的依赖，非洲重视加大海洋经济治理的比例。非盟将海洋经济称为"非洲复兴的下一个前沿"，在推动其发展方面发挥主导作用。《2050非洲海洋整体战略》提到，迫切需要制定一项可持续的"蓝色经济"倡议，总体愿景是以安全和可持续的方式发展"蓝色经济"，促进非洲海洋增加财富创造。⑥《2063年愿景》认为，非洲蓝色经济的体量是陆地的三倍，它将成为促进大陆转型和增长、发展非洲航运业和海洋运输、深海矿物和其他资源开发利用的主要贡

---

① Kwang Seo Park and Judith T. Kildow, "Rebuilding the Classification System of the Ocean Economy", *Journal of Ocean and Coastal Economics*, Issue 1, 2014, p. 7.

② The Economist Intelligence Unit, Investing in the blue economy: Growth and opportunity in a sustainable ocean economy, 2015, p. 3.

③ African Union, 2050 Africa's Integrated Maritime Strategy, p. 8.

④ UNCTAD, Review of Maritime Transport, 2017, pp. 7 – 8.

⑤ African Union, Statement by H. E Dr. Nkosazana Dlamini Zuma to the Executive Council of the Extraordinary Session of the Assembly of the African Union on Maritime Security, Safety and Development, October 13, 2016, https: //au. int/en/speeches/20161013-1.

⑥ African Union, 2050 Africa's Integrated Maritime Strategy, p. 11.

献者。① 在该议程框架下，非盟委员会于 2018 年 4 月召开首届非洲船东峰会，将"港口业务和海上运输"确定为海洋经济目标下的优先领域，其目标是将港口航运业务对 GDP 的贡献增加两倍。② 除政府间组织外，不少非洲国家已经制定了将蓝色经济纳入其国家发展计划主流的战略，其中南非、毛里求斯和塞舌尔在推行"蓝色经济"方面走在前列。2014 年，南非启动"海洋经济战略"（Operation Phakisa），该战略关注海洋运输等 6 大领域，重点是释放南非的海洋经济潜力，在 2019 年新增 2.2 万个直接就业岗位，使海洋经济的国内生产总值增加 2 千万兰特，到 2033 年为 GDP 贡献 1770 亿兰特，直接就业岗位达到 80 万至 100 万。③ 2013 年，毛里求斯发布《海洋经济路线图》，将海洋经济作为未来几十年的关键发展机会，并迅速提高其在整体经济中的重要性。文件还设定发展目标，在 2013—2025 年间，海洋经济占 GDP 的比例翻一倍，创造大约 3.5 万个就业机会。④ 在此背景下，毛里求斯 2016—2017 年的海洋经济增速达到 2.5%，约是整体经济的一半，海洋经济占 GDP 比例为 11%，政府希望在 2025 年增加到 20%。⑤ 塞舌尔也建立了一个专门致力于发展"蓝色经济"的部门，并在 2018 年 1 月发布《塞舌尔蓝色经济战略规划与实施》，提出通过"蓝色经济"实现国家的发展潜力。⑥

非洲的海洋经济治理举措分为两类。第一，通过公开招标吸引外部投资，改善非洲港口在基础设施建设方面的落后状况。港口为非洲

---

① African Union, Agenda 2063: The Africa We Want, August 2014, p. 3.

② African Union, The African Shipowners Summit 2018: Commissioner Muchanga calls on AU Member States to become Members of the International Maritime Organization and urges African Entrepreneurs to increase Investments in African Shipping and Maritime Sectors, April 25, 2018, https://au.int/en/pressreleases/20180425/african-shipowners-summit-2018.

③ Government of South Africa, Department of Environmental Affairs, Operation Phakisa, https://www.environment.gov.za/projectsprogrammes/operationphakisa/oceanseconomy.

④ Raffaello Cervigni and Pasquale Lucio Scandizzo, The Ocean Economy in Mauritius, World Bank Group, November 2017, pp. 5-6.

⑤ Ministry of Ocean Economy, Republic of Mauritius, Annual Report on Performance: Fiscal Year 2016/2017, 2017, p. 8.

⑥ Government of Seychelles, Seychelles' Blue Economy: Strategic Policy Framework and Roadmap, January 2018, p. 4.

贸易提供门户，其竞争力和在全球供应链中的地位决定了非洲改善进出口的能力。部分非洲港口的货物吞吐量在世界位居前列。根据英国劳氏船级社（Lloyd's List）的排名，2018年世界排名前100的港口中，非洲共有4个，其中摩洛哥的丹吉尔港2017年的货物吞吐量达到3312409个标箱，比上一年增加11.7%，在世界港口中排名第46位，在非洲国家中排名首位。① 而根据港口中心度、港口贸易量和腹地范围这些指标，德班、阿比让和蒙巴萨港具备成为世界主要港口的潜力。将南部非洲港口的能力提高25%可以使进口货物价值每年降低32亿美元，出口价值增加26亿美元，GDP每年增长2%。② 基于此，非洲国家大力开展港口建设项目，提升港口运行能力。为了发展海洋经济，南非通过工业发展公司和南非开发银行批准资金用于港口基础设施项目。③ "蓝色经济"议程的核心内容是使非洲海运和港口等基础设施现代化，提高其可靠性和效率，从而将非洲经济和国家、区域和全球价值链对接。④

第二，在现有平台基础上，推动区域海洋经济连通性。《2050非洲海洋整体战略》提出建立非洲联合专属海洋区（CEMZA），旨在促进非洲国家间贸易，取消或简化非盟内部海上运输的行政程序，使其更具吸引力、效率和竞争力。⑤ 2014年，在卢旺达首都基加利召开的非洲发展银行年会上，海洋经济成为众多非洲国家代表关注的焦点，并讨论了通过建立相关基础设施来最大化海洋经济潜力的途径。此外，南部非洲发展共同体发布的《工业化战略和路线图（2015—2063）》将"蓝色经济"确定为发展工业化所需基础设施的主要内容，尤其是投资港口升级和海运发展，促进航运网络成为区域和全球

---

① Lloyd's List, One Hundred Container Ports 2018, https://lloydslist.maritimeintelligence.informa.com/one-hundred-container-ports-2018.

② PwC African Transport, Strengthening Africa's Gateways to Trade, April 2018, pp. 5-8.

③ Government of South Africa, South Africa's Ocean Economy, 2016, p. 38.

④ United Nations Economic Commission for Africa, Africa's Blue Economy: A Policy Handbook, March 2016, p. xi.

⑤ African Union, 2050 Africa's Integrated Maritime Strategy, p. 16.

价值链的有力推动者。① 据称该组织正在制定"区域蓝色经济战略",以可持续的方式充分发挥海洋活动潜力。1997年成立的环印度洋联盟中有9个非洲国家,近年来以南非为代表的非洲国家在此机制下加深了蓝色经济的沟通交流。自2015年5月起,南非担任环印度洋联盟轮值副主席国,同年在德班举办了首届环印联盟蓝色经济核心小组研讨会。南非认为环印联盟的优先发展领域符合"海洋经济战略",因此将推动该战略与环印联盟的"蓝色经济"核心目标相结合。②

尽管取得诸多成果,非洲在海洋安全和海洋经济两个领域的治理仍存在很大不足。由于发展滞后,非洲的海洋治理能力无法与其治理意愿匹配,产生治理赤字。同时,治理能力的不足导致其在海洋治理体系位置的边缘化,缺乏主动设置议程的能力,不利于海洋治理的内容多元化和全面化。

非洲海洋安全治理呈现出海上力量弱势的缺陷,由此导致过度依赖外部援助。国际海事组织海洋安全负责人克里斯·特拉瓦尼(Chris Trelawny)曾认为,非洲国家缺乏获取燃料的资金,也缺少对海上或港口安全进行监视的硬件设施。最重要的是,非洲必须高度重视保护海洋免受威胁,并以此作为"蓝色经济"与海洋安全之间联系的核心。非洲国家普遍缺乏有效的海军能力,非洲东岸只有南非海军能够提供可信的威慑能力,以打击海盗和日益增长的海上威胁。然而南非海军目前也独木难支。南非2011年发起的打击海盗的"铜"行动(Operation Copper)一直未能纳入肯尼亚,而莫桑比克和坦桑尼亚作用不大。坦桑尼亚于2014年退出协议,使南非承担了几乎所有的任务。其他一些容易受到海盗影响的国家,如马达加斯加和科摩罗也没有参加。③ 尼日利亚拥有西部非洲最好的海军,但其前任指挥官曾表

---

① Southern African Development Community, Industrialization Strategy and Roadmap 2015-2063, April 2015, p. 38.
② South Africa Government Communication and Information System, International Cooperation, Trade and Security Cluster on Work Done in the First Quarter of 2017, July 31, 2017, https://www.gcis.gov.za/newsroom/media-releases/international-cooperation-trade-and-security-icts-cluster-work-done-first.
③ Timothy Walker, Securing a Sustainable Oceans Economy: South Africa's Approach, Institue for Security Studies, June 2018, pp. 12 – 13.

示在目前状态下,尼日利亚海军装备和资金都严重不足,因此无法保护领海。喀麦隆和安哥拉海域也容易发生海盗袭击,但这些国家的海军装备更差。[1] 大多数非洲国家通常不重视海军,且由于经济状况不断恶化,非洲国家的海上力量进一步削弱。索马里和利比亚等国的大多数海军船只被弃置在码头,而埃塞俄比亚等国由于海岸线退化完全丧失了海上力量,突尼斯和尼日利亚海军长期没有进行重大升级。[2] 因此,这些国家需要依赖外部伙伴的安全项目来保障海洋安全和海上交通线。2010年通过的旨在建设南非和东非国家海上安全能力的"海洋安全项目"完全由欧盟出资,且由欧盟和联合国毒品与犯罪署共同实施。有学者认识到,东非国家共同体在区域海洋安全治理中并未扮演领导角色,治理主要由个别国家完成。[3] 非洲国家确保海洋安全和海岸保护的基础设施和能力有限,这两者对于建立"蓝色经济"都是必不可少的。[4]

非洲海洋经济治理呈现出治理"碎片化"和债务压力增大的风险。治理"碎片化"主要体现在非洲沿岸国家缺乏整合海洋经济的框架,且各国存在相互竞争的风险。非洲目前还没有建立政府间海洋经济的合作机制,主要依赖现有平台进行合作。倡议的非洲联合专属海洋区尚未建立,且成功实施的难度巨大。2018年6月7日,首届非洲蓝色经济论坛在伦敦举行,世界海洋理事会主席保罗·霍尔萨斯(Paul Holthus)表示,非洲海洋经济面临的挑战是缺乏一个建立在安全、法治和政策基础上的稳定的运行环境,这些政策需要作为基本框

---

[1] Mary Kimani, "Tackling Piracy off African Shores", *Africa Renewal Online*, January 2009, https://www.un.org/africarenewal/magazine/january-2009/tackling-piracy-african-shores.

[2] E Lienol, "The Top 10 Best and Most Powerful Navy in Africa 2018", African Military Blog, January 10, 2018, https://www.africanmilitaryblog.com/2018/01/the-top-10-best-and-most-powerful-navy-in-africa-2018-html.

[3] Hamad B. Hamad, "Maritime Security Concerns of the East African Community", *Western Indian Ocean Journal of Marine Science*, Vol. 15, Issue 2, 2016, p. 81.

[4] Cyrus Rustomjee, Green Shoots for the African Blue Economy, Center for International Governance Innovation, Policy Brief, No. 132, May 2018, p. 2.

架加以实施。① 肯尼亚拉姆港项目面临问题,因为坦桑尼亚和其他国家已经启动了类似项目。东部非洲各国政府正加大竞争区域海洋活动,其中肯尼亚、坦桑尼亚和吉布提的竞争尤其激烈。肯尼亚的蒙巴萨港通过建造新的泊位以应对来自邻国坦桑尼亚的竞争,因为蒙巴萨港的区域市场份额正流向坦桑尼亚。坦桑尼亚港务局官员表示,坦桑尼亚和肯尼亚为同样的内陆国家服务。企业将选择能以最快速度处理货物的设施,因此肯尼亚必须努力改善港口以吸引企业。② 相应的,坦桑尼亚宣布耗资100亿美元用于巴加莫约港项目,将其建设为非洲大陆最现代化的港口之一。吉布提在过去三年中开发了价值超过6.5亿美元的3个新港口。③ 各国之间在港口活动方面的竞争将成为现实,从长远来看,可能导致一些港口的活动减少。④ 非洲国家对海洋经济的理解存在不一致,使其面临合作不充分的情况,国家、次区域和区域各级往往没有纳入共同政策框架。此外,在尼日利亚莱基港(Lekki)大规模开发之后,尼日利亚港口管理局下的通信、公司和运输高级协会总裁奥马尔(Omeiza Jimoh Umar)警告说,全国范围内正在进行的港口建设项目可能是"浪费和挥霍",国家需要做的是将现有港口连接到铁路网络,而不需要其他港口。

  海洋安全和海洋经济治理的不足导致非洲在海洋治理体系中的位置边缘化,往往只能"追随"他国制定的规则。议程设置体现了一国的权力地位。由于非盟没有足够的能力处理技术性问题,以及按照标准和在适当时间内跟踪和执行来自非洲大陆或区域结构的大量决议

---

① David Thomas, "Africa's Blue Economy: An overlooked opportunity?" *African Business Magazine*, July 16, 2018, https://africanbusinessmagazine.com/sectors/agriculture/africas-blue-economy-an-overlooked-opportunity/.

② "Kenya fights off port competition", *The Herald*, August 22, 2013, https://www.herald.co.zw/kenya-fights-off-port-competition-2/.

③ Allan Olingo, "Race to modernise EA marine infrastructure starts in earnest", *The East African*, April 29, 2018, http://www.theeastafrican.co.ke/business/Modernising-East-Africa-marine-infrastructure/2560-4535152-p2rtua/index.html.

④ Robert Barnes, "Africa embarks on massive expansion of sea ports", *Construction Review Online*, September 9, 2015, https://constructionreviewonline.com/2015/04/sea-ports-expansion-in-africa/.

和行动,因此非洲在海洋上呈现的结果往往是没有行动或十分被动。①国际海事组织理事会中,非洲国家始终未能入选在国际航运方面具有最大利益的 A 类和国际海上贸易方面具有最大利益的 B 类,而在海运与航运方面具有特殊利益的 C 类中,仅有肯尼亚和南非是常任成员国。2017 年 6 月 5 日,首届联合国海洋大会在纽约召开,寻求保护和可持续利用海洋及其资源。在 7 场关于海洋问题议程的伙伴关系对话会中,非洲国家基本都处于边缘地位。第一优先发言国名单中,对话会 1 和 5 分别仅有 1 个非洲国家,对话会 2 有 3 个,对话会 4 有 2 个。② 在新兴治理议题方面,非洲也处于落后位置。国际海底管理局副秘书长迈克·劳治(Michael Lodge)对非洲国家近年来在海底矿产开发中缺乏参与表示关注。他于 2015 年指出,国际海底管理局批准的 26 份深海勘探合同中,14 份与亚太国家赞助的承包商签订,7 份与西欧国家赞助的承包商签订,4 份与东欧国家赞助的承包商签订,1 份与拉美和加勒比国家签订。但没有收到非洲国家赞助的申请。③ 因此非洲需要积极主动,避免过度依赖外部行为体或对具有重大影响的外部议程作出消极回应。

三 非洲海洋治理和海洋经济对外合作需求和前景

非洲处于大西洋和印度洋连接处,领海面积是大陆面积的 3 倍;非洲 55 个国家中,有 38 个是沿海或岛屿国家,领海总面积(包括 650 公里的临海和大陆架)约 1300 万平方公里,海岸线全长 47000 公里。非洲海洋资源丰富,海洋油气、海洋矿产、鱼类、生态空间等蕴含着巨大的经济效益。非洲周边由世界主要海上航道环绕,给非洲

---

① Frank Van Rooyen, Africa and the Geopolitics of the Indian Ocean, South African Institute of International Affairs, February 2011, p. 20.

② United Nations, Lists of Participants of Partnership Dialogues of the Ocean Conference, May 26, 2017, pp. 2 – 8.

③ "African States Urged to be More Involved as Seabed Mining Regulations Are Drawn Up", Mining Weekly, August 7, 2015, http://www.miningweekly.com/article/african-states-urged-to-be-more-involved-as-seabed-mining-regulations-are-drawn-up-2015-08-07-1.

提供了国际贸易和国家发展的优势。非洲大陆超过90%的进出口由海运实现，运输商品以石油和天然气为主，包括2/3的能源供应。[①]特殊的地理位置和经济条件赋予非洲进行海洋治理的必要性，同时也让非洲成为各方海洋治理关注的焦点区域之一。除了联合国框架下的国际反海盗行动，非洲还是中国的"21世纪海上丝绸之路"和印日"亚非增长走廊"的重要构成。[②]

海洋经济是非洲海洋治理的关键内容，也是非洲对外经济合作的重要新兴领域，潜力巨大。一些非洲沿海国家重视海洋经济，海洋经济也取得了一定程度的发展。比如南非，南非三面环海，海岸线长3924公里，海洋资源丰富。南非海洋产业门类相对齐全。海洋渔业资源丰富，渔业品种多样，其中具有商业捕捞价值的鱼种有沙丁鱼等数十种，此外还有尚未开发的南极洲海域大量的磷虾资源。但目前商业渔业对GDP的贡献为0.1%，40亿—50亿兰特（合2.8亿—3.5亿美元）。2008年以来，南非渔业产量整体上处于波动下降的趋势，2014年渔业产量约60万吨。南非海水养殖业整体发展水平不高，鲍鱼养殖是特色，在全球占21%的市场份额。南非海洋渔业经历了由过度捕捞到逐渐恢复的过程，政府对于渔业资源的保护力度逐渐加强，渔业年捕获量限制在100万吨以内。[③] 目前，南非政府将海洋运输和制造业、海洋油气、水产养殖、海洋保护和管理确定为优先发展领域。南非沿海和毗邻水域可能蕴藏约90亿桶石油和近1.7万亿立方米的天然气；未来20年，南非日油气产量可能会达37万桶，创造约13万个工作岗位，为GDP贡献22亿美元，发展潜力巨大。与大部分非洲国家不同的是，南非油气开发、提炼技术先进，具有较为发达的炼油能力和下游产业，因此，弥补油气资源开采能力的不足，是

[①] Maritime Security: Crucial for Africa's Strategic Future, Africa Center for Strategic Studies, March 4, 2016, https://africacenter.org/spotlight/maritime-safety-security-crucial-africas-strategic-future/.

[②] 可参见 Diego Pautasso, "The Role of Africa in the New Maritime Silk Road", *Brazilian Journal of African Studies*, Vol. 4, No. 2, 2016, pp. 118-130. 楼春豪：《"亚非增长走廊倡议"：内涵、动因与前景》，《国际问题研究》2018年第1期。

[③] 任航、童瑞凤、张振克：《南非海洋经济发展现状与中国—南非海洋经济合作展望》，《世界地理研究》2018年第4期。

南非海洋油气产业发展所要解决的首要问题。① 毛里求斯把蓝色经济作为新的经济发展点，2013 年发布的《海洋经济路线图》提出，2013—2025 年，海洋经济占 GDP 的比例翻一倍。佛得角重视海洋经济发展，2015 年佛得角政府出台的《蓝色增长促进宪章》提出：鉴于海洋对经济驱动的重要性，及其在创新和增长就业方面的潜力，"蓝色增长"旨在长期支持海洋部门和海洋的可持续发展，提升海洋未开发潜力。佛得角致力于蓝色经济发展进程，以利用蓝色经济所提供的，旨在开发海洋和沿海资源、维护生态系统、创新技术，及创新活动部门等可持续增长机会。该宪章标志着国家将致力于海洋和沿海地区的可持续发展，并以重视水下遗产和促成海洋保护区等管理手段，尽量减少环境退化、生物多样性丧失和海洋资源不持续使用，最大限度地提高人口的经济和社会效益。该宪章旨在加强与海洋经济相关的公共政策，与运输、工业、旅游、城市化、港口、贸易、环境、农业、社会与人类发展等其他部门的协调一致。通过跨部门探讨的方式，"蓝色增长"加强了综合发展的协同效应。

现代海洋产业具有产业链长、科技含量高、产值大等特点，因此成为典型的战略新兴产业，海洋油气、航运、滨海旅游、渔业、海洋工程装备制造业已成为一些沿海国家的支柱产业。在全球范围内，海洋经济已经高度渗透到国民经济体系内，成为国民经济的重要增长点，成为拓展经济和社会发展空间的重要载体，战略地位日益突出，已是公认的衡量国家综合竞争力的重要指标。进入 21 世纪，世界沿海国家加大对海洋经济的重视程度，纷纷制定了海洋经济战略，核心是通过实施"政府主导＋市场需求"相结合的发展模式，维护国家权益和发展海洋经济。当前，非洲国家也已经充分认识到海洋经济的重要性。2016 年 10 月 13 日，非盟委员会主席德拉米尼·祖马在多哥首都洛美举行的非盟海事特别峰会上表示，海洋经济是非洲发展的"下一个前沿"，充满机遇，非洲远未充分开发和利用海洋资源。非洲约 90% 的进出口贸易通过海运实现，但非洲的海员比例不足全球

---

① 任航、童瑞凤、张振克：《南非海洋经济发展现状与中国—南非海洋经济合作展望》，《世界地理研究》2018 年第 4 期。

的1%，非洲拥有船只比例仅占全球的1.8%①。目前，非洲联盟已将发展海洋经济纳入《2063年议程》，制定了2015—2025年非洲海洋经济发展十年计划，并将每年7月25日定为"非洲海洋日"。2014年非盟通过了《2050年非洲海洋整体战略》，旨在支持和鼓励发展充满活力、环保和可持续发展的经济。

当前中国与非洲的海洋治理和海洋经济等领域的合作正处于上升期，2015年的《中国对非洲政策文件》提出拓展海洋经济合作。2017年6月发布的《"一带一路"建设海上合作设想》中提及，加强与中非合作论坛等多边机制的合作，建立海洋合作机制与制度规则，共同建设中国—印度洋—非洲—地中海蓝色经济通道。考虑到非洲的发展阶段和核心需求，未来一段时间，中国与非洲之间海洋领域的合作将以海洋经济、海洋科技、海洋安全等为重点。

在海洋科技领域，中国将继续加强同非洲国家的科技合作，强化非洲的海域态势感知能力。2013年，中国与非洲召开首届中国—非洲海洋科技论坛，目前已举办三届。会议聚焦海洋遥感和探测等领域的技术合作，有助于非洲国家更快更准确的获取海洋安全信息，提前制定风险管控措施。2015年7月，中国在非洲的首个联合海洋研究中心，中国—桑给巴尔联合海洋研究中心成立。2017年，中国向突尼斯移交了2台海洋控制和监视设备，以加强突尼斯港口的安全。非洲国家普遍海洋基础科研能力薄弱，科技人才缺乏。中国向非洲国家提供了各类技术和人才培训项目，2013年，中国教育部和国家海洋局联合设立了中国政府海洋奖学金。

在海洋经济领域，中国在非洲投资建设港口，改善港口基础设施建设，且通过双边和多边关系建立海洋经济合作机制。中国在非洲投资的主要港口包括吉布提港、蒙巴萨港等。2013年，中国承建的蒙巴萨港第19号泊位正式启用，提升了该港的货物吞吐量，巩固其东部非洲第一大港的地位。该泊位为港口每年额外增加25万标箱装卸

---

① 《非盟主席：海洋经济是非洲发展的"下一个前沿"》，新华网，2016年10月14日，http://www.xinhuanet.com/world/2016-10/14/c_1119718650.htm。

容量，可同时容纳三艘长度250米的巴拿马型货轮。① 中国在坦桑尼亚建造的巴加莫港完工后，将能够停靠具有8000个标准箱的大型船舶，港口的第一阶段建成后，每年吞吐量达2000万标箱。② 自2012年实施《南海及其周边海洋国际合作框架计划（2011—2015）》以来，中国推动了与部分非洲国家的双边、多边海洋合作。2013年3月，在中国国家主席习近平和南非总统祖马的见证下，中国南非两国共同签署了《中国和南非海洋与海岸带领域合作谅解备忘录》，双方将进一步加强在发展蓝色经济等领域的合作。这是中国与非洲国家签署的首个海洋合作文件，开启了中非海洋合作的序幕。此外，中国还与毛里求斯等非洲岛屿国家等签署了发展海洋经济的双边合作文件。中非合作论坛作为双方主要的对话机制则为海洋治理合作提供了不可或缺的平台。2015年中非合作论坛达成的《约翰内斯堡峰会宣言》提到，优先推进海洋经济等领域互利合作，《约翰内斯堡行动计划（2016—2018）》也认为，双方将推进蓝色经济互利合作；中方将与非洲国家加强海洋领域的交流与技术合作，开展能力建设；鼓励在中非合作论坛框架内建立海洋经济领域的部长级论坛。双方将在海洋渔业、运输业、造船、港口、油气资源、蓝色经济等方面开展经验交流与合作，帮助非洲培育新的经济增长点。③ 2017年1月6日举行的全国海洋工作会议提到，争取在"中非合作论坛"机制下增加海洋合作议题。2018年9月3日，在中非合作论坛北京峰会上，习主席表示，中非未来实施绿色发展行动与和平安全行动，重点加强海洋合作等方面的交流，支持亚丁湾、几内亚湾等地区国家维护地区安全努

---

① 胡欣：《"一带一路"倡议与肯尼亚港口建设的对接》，《当代世界》2018年第4期。

② "Tanzania starts work on ＄10 bln port project backed by China and Oman," *Reuters*, October 17, 2015, https：//af. reuters. com/article/kenyaNews/idAFL8N12G3FZ20151016.

③ 《中非合作论坛约翰内斯堡峰会宣言》，中国外交部网站，2015年12月10日，http：//www. fmprc. gov. cn/web/zyxw/t1323144. shtml.《中非合作论坛——约翰内斯堡行动计划》，中国外交部网站，2015年12月10日，http：//www. fmprc. gov. cn/web/zyxw/t1323148. shtml。

力，在打击海盗等领域推动实施50个安全援助项目。① 峰会审议通过的《中非合作论坛——北京行动计划（2019—2021年）》专门设有海洋经济合作的章节，提出，双方认识到海洋经济领域的巨大合作潜力，将共同推进蓝色经济互利合作。中方将继续在国际海事组织技术合作框架下提供资金和技术援助，帮助非洲国家培养海运人才和加强能力建设，促进海运业可持续发展。双方将加强港口间的交流合作。中方将为非洲国家编制海岸带、海洋经济特区、港口和临港工业区建设以及海洋产业相关规划提供技术援助和支持，支持非洲国家推进港口信息化建设，加强促进蓝色经济的合作，开展投融资合作。双方愿积极考虑共建"中非海洋科学与蓝色经济合作中心"，继续加强在近海水产养殖、海洋运输、船舶修造、海上风电、海上信息服务、海上安全、海洋资源开发利用、海岛保护与管理、海洋科学研究、海洋观测、极地考察等方面合作与交流。双方鼓励中非航海院校和海洋科研机构加强交流合作。中方将通过技术支持、人才培训等方式提升非洲国家海洋领域能力建设。中方支持非方加强海上执法和海洋环境保障能力建设，为海洋资源开发与合作创造良好安全环境，通过发展蓝色经济，推动环境、社会、经济效益高的可持续发展模式②。

中国积极推进与非洲国家关于海洋经济发展规划的合作，比如与南非合作编制《中国南非海洋经济合作规划（2015—2025）》，比如笔者作为专家组成员参与的中佛共同编制的《佛得角圣文森特岛海洋经济特区规划》等。佛得角圣文森特岛海洋经济特区规划项目是落实中国—葡语国家经贸合作论坛第五届部长级会议期间中佛两国总理会谈成果的重要举措。发展海洋经济，建设圣文森特岛海洋经济特区成为解决佛得角所面临的经济不振、资源匮乏、空间布局不均衡等问题的有效途径。该项目的愿景是把圣文森特岛发展成一个为海洋经济服务的国际化、现代化岛屿，利用佛得角北方群岛之间的互补性，带动北方群岛发展。

---

① 《习近平在2018年中非合作论坛北京峰会开幕式上的主旨讲话（全文）》，新华网，2018年9月3日，http://www.xinhuanet.com/politics/2018-09/03/c_1123373881.htm。
② 《中非合作论坛——北京行动计划（2019—2021年）》，中国商务部网站，2018年9月5日，http://www.mofcom.gov.cn/article/i/dxfw/gzzd/201809/20180902783477.shtml。

未来，中国企业投资非洲海洋经济领域具有广阔的前景。从中方优势和非洲国家对海洋经济的需求来看，重点领域除海洋运输和港口建设外，还可能包括海洋渔业（渔业资源开发；渔港码头、冷库、水产品加工厂等渔业基础设施；船员和渔业技术人员培训；海水养殖等）；海洋产业园区建设；海上风电；海水淡化；修造船；海洋科考；海洋环境保护；海洋经济和空间规划等。

参考文献

Abbas, S. M. A., Christensen, J. E., "The role of domestic debt markets in economic growth: An empirical investigation for low-income countries and emerging markets", *IMF Staff Papers*, 2010, 57 (1).

Adedeji, A., "Foreign Debt and Prospects for Growth in Africa During the 1980s". *Journal of Modern African Studies*, 1985, 23 (1).

Adofu, I., Abula, M., "Domestic debt and the Nigerian economy", *Current Research Journal of Economic Theory*, 2010, 2 (1).

AFDB, OECD, UN, African Economic Outlook-Entrepreneurship and Industrialisation, Jun 2017.

AFDB, AfDB Strategy for 2013-2022-At the Center of Africa's Transformation, May 16, 2013.

AFDB, African Statistical Yearbook, Abidjan: African Development Bank, 2016.

Afonso, A., Alves, J., "The role of government debt in economic growth", *ISEG-UTL Economics Department Working Paper*, 2014 (16).

African Union, 2050 Africa's Integrated Maritime Strategy, 2012.

African Union, African Charter on Maritime Security, Safety and Development in Africa (the Lomé Charter), 2016.

African Union, Revisited African Maritime Transport Charter, 2010.

African Union Commission, Agenda 2063: The Africa We Want-Framework Document, AddisAbaba: the African Union, September 2015.

Aizenman, J., Kletzer, K., Pinto, B., "Economic growth with constraints on tax revenues and public debt: implications for fiscal policy and cross-country differences", *National Bureau of Economic Research*, 2007.

Aizenman, J., Marion, N., "Using inflation to erode the US public debt", *Journal of Macroeconomics*, 2011, 33 (4).

Allen, M., Rosenberg, C. B., Keller, C., et al., "A Balance Sheet Approach to Financial Crisis", *Social Science Electronic Publishing*, 2002, 02 (210).

Altman, E. I., Saunders, A., "Credit risk measurement: Developments over the last 20 years", *Journal of Banking & Finance*, 1997, 21.

Ali, I. and Zhuang, J., Inclusive Growth toward a Prosperous Asia: Policy Implications, ERD Working Paper No. 97, Manila: Asian Development Bank, 2007.

Autyrm, "Industrial policy reform in six large newly industrializing countries: The resource curse thesis", *World Development*, vol. 22, 1994.

Awni Behnam, Understanding the blue economy. Building a Blue Economy: Strategy, Opportunities and Partnerships in the Seas of East Asia. East Asian Seas Congress 2012, July, 2012.

BP, Statistical Review of World Energy, Jun. 2019.

Buku. M. W. & Meredith. M. W., "Safaricom and M-Pesa in Kenya: financial inclusion and financial integrity", *Wash. Jl tech. & arts*, 2012. 8. 375.

Baharumshah, A. Z., Soon, S. V., Lau, E., "Fiscal sustainability in an emerging market economy: When does public debt turn bad?". *Journal of Policy Modeling*, 2016, 39 (1).

Baum, A., Checherita-Westphal C., Rother P., "Debt and growth: New evidence for the euro area", *Journal of International Money and Finance*, 2013, 32.

Barro, R. J., "On the Determination of Public Deb", *Journal of Political Economy*, 1979, 87 (5).

Blanchard, O., Chouraqui, J. C., Hagemann, R. P., et al., "The Sustainability of Fiscal Policy: New Answers to An Old Question, OECD",

Economic Studies, 1990.

Brookings, Sounding the alarm on Africa's debt, 2018. 04. 06.

Callaghy, T. M. , "Debt and Structural Adjustment in Africa: Realities and Possibilities", *Issue A Journal of Opinion*, 1988, 16 (2).

Cantor, R. , Packer, F. , "Determinants and Impact of Sovereign Credit Ratings", *Journal of Fixed Income*, 1996, 6 (10).

Cecchetti, S. , Mohanty, M. , Zampolli, F. , "The real effects of debt", *Bank for International Settlements*, 2011.

Charles UKEJE, Wullson MVOMO ELA, African Approaches to Maritime Security: The Gulf of Guinea, Publisher: Friedrich-Ebert-Stiftung, 2013.

Chiminya, A. , Dunne, J. P. , Nikolaidou, E. , "The Determinants of External debt in Sub Saharan Africa", *School of Economics Macroeconomic Discussion Paper*, 2018.

Christensen J. Domestic debt markets in sub-Saharan Africa, IMF Staff Papers, 2005, 52 (3).

Ciarlone, A. , Trebeschi, G. , "Designing an early warning system for debt crises", *Emerging Markets Review*, 2005, 6 (4).

Cohen D. "Low Investment and Large LDC Debt in the 1980's", *The American Economic Review*, 1993.

Cyrus Rustomjee, "Green Shoots for the African Blue Economy," *Center for International Governance Innovation*, Policy Brief No. 132, May 2018.

Deborah Brautigam, The Dragon's Gift: The Real Story of China in Africa, New York: Oxford University Press, 2009.

D. Pyc, "Global Ocean Governance," *The International Journal on Marine Navigation and safety of Sea Transportation*, Vol. 10, No. 1, 2016.

Eaton, J. , Fernandez, R. , "Sovereign Debt", *Handbook of International Economics*, 2000, 3.

Eberhardt, M. , Presbitero, A. F. , "Public debt and growth: Heterogeneity and non-linearity", *Journal of International Economics*, 2015, 97 (1).

ECB, Analyzing Government Debt Sustainability in the Euro Area, ECB Monthly Bulletin April, 2002.

Eden, M., Kraay, A. Crowding in and the Returns to Government Investment in Low-Income Countries, The World Bank, 2014.

Edward L. Miles, "The Concept of Ocean Governance: Evolution toward the 21st Century and the Principles of Sustainable Ocean Use," *Coastal Management*, Vol. 27, No. 1, 1999.

Edwin Egede, "Africa's Lomé Charter on maritime security: What are the next steps?" *Piracy Studies*, July 16, 2017, http://piracy-studies.org/africas-lome-charter-on-maritime-security-what-are-the-next-steps/.

Égert, B., "Public debt, economic growth and nonlinear effects: Myth or reality?", *Journal of Macroeconomics*, 2015, 43.

Elisabeth Mann Borgese, Ocean Governance, International Ocean Institution, 2001.

Eichengreen B., Panizza U., "A surplus of ambition: can Europe rely on large primary surpluses to solve its debt problem?", *Economic Policy*, 2016, 31 (85).

Eichler, S., Hofmann, M., "Sovereign default risk and decentralization: Evidence for emerging markets", *European Journal of Political Economy*, 2013, 32 (32).

Erb, C. B., Harvey, C. R., Viskanta, T. E., "Inflation and World Equity Selection", *Financial Analysts Journal*, 1995, 51 (6).

Ernesta Swanepoel, "The Nexus Between Prosperity in the African Maritime Domain and Maritime Security," *South African of International Affairs*, June 2017.

Fioramanti M., "Predicting sovereign debt crises using artificial neural networks: A comparative approach", *Journal of Financial Stability*, 2008, 4 (2).

Francois Vreÿ, "African Maritime Security: a time for good order at sea," *Australian Journal of Maritime and Ocean Affairs*, Vol. 2, No. 4, 2010.

Frank, Jr. C. R., Cline, W. R., "Measurement of debt servicing capacity: An application of discriminant analysis", *Journal of international Economics*, 1971, 1 (3).

Frank Van Rooyen, "Africa and the Geopolitics of the Indian Ocean", *South African Institute of International Affairs*, February 2011.

Fredrik Söderbaum, "Modes of Regional Governance in Africa: Neoliberalism, Sovereignty Boosting, and Shadow Networks," *Global Governance*, Vol. 10, No. 4, 2004.

Friedman, B. M., "Learning from the Reagan Deficits", *The American Economic Review*, 1992, 82 (2).

Fuertes, A. M., Kalotychou, E., "Early warning systems for sovereign debt crises: The role of heterogeneity". *Computational Statistics & Data Analysis*, 2006, 51 (2).

Georgievska, A., Georgievska, L., Stojanovic, A., et al., "Sovereign rescheduling probabilities in emerging markets: a comparison with credit rating agenciesâ ratings", *Journal of Applied Statistics*, 2008, 35 (9).

Government of Seychelles, Seychelles' Blue Economy: Strategic Policy Framework and Roadmap, January 2018.

Government of South Africa, South Africa's Ocean Economy, 2016.

Gordy, M. B., "Saddle point approximation of Credit Risk", *Journal of Banking & Finance*, 2002, 26 (7).

Hayri, A., "Debt relief", *Journal of International Economics*, 2000, 52 (1).

Herndon, T., Ash, M., Pollin, R., "Does high public debt consistently stifle economic growth? A critique of Reinhart and Rogoff", *Cambridge journal of economics*, 2014, 38 (2).

Hamad, B. Hamad, "Maritime Security Concerns of the East African Community," *Western Indian Ocean Journal of Marine Science*, Vol. 15, Issue 2, 2016.

IMF, "Staff Guidance Note on the Application of the Joint Fund-Bank Debt Sustainability Framework for Low-Income Countries", *IMF Policy Paper*, 2008.

IMF, "Staff Guidance Note for Public Debt Sustainability Analysis in Market-Access Countries", *IMF Policy Paper*, 2013.

IMF. "Assessing Sustainability", *IMF Staff Paper*, No. 02/28/2002, 2002.

IMF, Cyclical Upswing, Structural Change, World Economic Outlook, April 2018.

IMF, Regional Economic Outlook: Sub-Saharan Africa, 2016.

IMF, Regional Economic Outlook: Domestic Revenue Mobilization and Private Investment, 2018. 5.

IMF, World Economic Outlook-Seeking Sustainable Growth, Short-Term Recovery, long-Term Challenges, October 2017.

International Maritime Organization, Reports on Acts of Piracy and Armed Robbery Against Ships, 2013.

Iyoha M A., External Debt and Economic Growth in Sub-Saharan African Countries: An Econometric Study, Papers, 1999.

Janet Ecom, Deborah Brautigam, and Lina Benabdallah, "The Path Ahead: The 7th Fprum on China-Africa Cooperation", *Briefing Paper of Johns Hopkins*, No. 1 2018.

Jarrow, R. A., Lando, D., Turnbull, S. M., "A Markov model for the term structure of credit risk spreads". *The review of financial studies*, 1997, 10 (2).

José Inácio Faria, "Report on International Ocean Governance: An Agenda for the Future of Our Oceans in the Context of the 2030 SDGs," *European Parliament*, December 2017.

Juttner, J. D., McCarthy, J., Modeling a ratings crisis, unpublished: Sydney, Australia: Macquarie University, 1998.

Kaminsky, G., Lizondo, S., Reinhart, C. M., "Leading indicators of currency crises", *Staff Papers*, 1998, 45 (1).

Kourtellos, A., Stengos, T., Tan, C. M., "The effect of public debt on growth in multiple regimes", *Journal of Macroeconomics*, 2013, 38.

Kwang Seo Park and Judith T. Kildow, "Rebuilding the Classification System of the Ocean Economy," *Journal of Ocean and Coastal Economics*, Issue 1, 2014.

Lora, E., Olivera, M., "Public debt and social expenditure: Friends or foes?", *Emerging Markets Review*, 2007, 8 (4).

Lydia Thevanayagam, Thom Allen and Alex Elliott, "Regional Report/Offshore Africa", *World Oil Online*, Vol. 233, No. 8.

Maana, I., Owino, R., "Mutai N. Domestic debt and its impact on the economy-The case of Kenya", *13th Annual African Econometric Society Conference in Pretoria, South Africa from 9th to 11th July.* 2008, 40.

Manasse, P., Roubini, N., "Rules of thumb" for sovereign debt crises". *Journal of International Economics*, 2005, 78 (2).

Markuson, James, R. and Lars E. O. Svensson, "Trade in Goods and Factor With International Differences in Technology", *International Economic Review*, Vol. 26, No. 1.

Martin Tsamenyi, Kamal-Deen Ali, African States and the Law of the Sea Convention: Have the Benefits Been Realized, in Ocean Yearbook 113, 2012.

Mensah, D., Aboagye, A. Q. Q., Abor, J. Y., et al., "External debt among HIPCs in Africa: accounting and panel VAR analysis of some determinants", *Journal of Economic Studies*, 2017, 44 (3).

Ministry of Ocean Economy, Republic of Mauritius, Annual Report on Performance: Fiscal Year 2016/2017, 2017.

Moody's Investor Service (2013): Rating Methodology. Sovereign Bond Ratings. https://www. moodys. com/researchdocumentcontentpage. aspx? docid = PBC_ 157547.

Morgan Stanley, Trade Tensions: Lingering for Longer, 2018. 07.

Norbert Dorr, Susan Lund and Charles Rexburg., "The African Miracle: How the world's charity case became its best investment opportunity", *Foreign Policy*, Dec. 2010.

OECD., The Ocean Economy in 2030, OECD Publishing, Paris, 2016, https://doi. org/10. 1787/9789264251724-en.

Ogunmuyiwa, M. S., "Does external debt promote economic growth in Nigeria", *Current Research Journal of Economic Theory*, 2011, 3 (1).

Organization of African Unity, African Maritime Transport Charter, 1994.

Otaviano Canuto, Pablo F. Pereira dos Santos, Paulo C. De SÁ Porto., "Macroeconomics and Sovereign Risk Ratings", *Journal of International Commerce Economics & Policy*, 2012, 03 (02).

Oxford Economics, The economic impact of the marine and maritime sector in 2011-12. https://connect.innovateuk.org/documents/2800720/3676337/Economic% 20impact% 20of% 20the% 20marine% 20and% 20maritime% 20sector% 20in% 202011-12.

Panizza, U., Presbitero, A. F., "Public debt and economic growth: is there a causal effect?", *Journal of Macroeconomics*, 2014, 41.

Pattillo, C. A., Poirson, H., Ricci, L. A. External debt and growth, International Monetary Fund, 2002.

Penelope Simoes Ferreira, "The Role of African States in the Development of the Law of the Sea at the Third United Nations Conference," *Ocean Development and International Law*, Volume 7, Number 1-2, 1979.

Peter Lehr, "Piracy and Maritime Governance in the Indian Ocean," *Journal of the Indian Ocean Region*, Vol. 9, No. 1, 2013.

Pietro Calice, "African Development Finance Institutions: Unlocking the Potential", *AfDB Working Paper*, No. 174, May 2013.

Poirson, M. H., Ricci, M. L. A., Pattillo, M. C. A., What are the channels through which external debt affects growth? International Monetary Fund, 2004.

Putunoi, G. K., Mutuku, C. M., "Domestic debt and economic growth nexus in Kenya", *Current Research Journal of Economic Theory*, 2013, 5 (1).

PwC, African Transport, Strengthening Africa's Gateways to Trade, April 2018.

Raffaello Cervigni and Pasquale Lucio Scandizzo, The Ocean Economy in Mauritius, World Bank Group, November 2017.

R. A. Mundell. , "International Trade and Factor Mobility", *American Economic Review*. June 1957.

Ram Prakash Anand, Law of the Sea: Caracas and Beyond, Hague: Martinus Nijhoff Publisher, 1980.

Reinhart, C. M. , "Default, Currency Crises, and Sovereign Credit Ratings", *World Bank Economic Review*, 2002, 16 (2).

Reisen, H. , "Is China Actually Helping Improve Debt Sustainability in Africa?", *G24 Policy Brief*, 2007.

Robert Costanza, Francisco Andrade, "Principles for Sustainable Governance of the Oceans," *Science*, Vol. 281, Issue 5374, 1998.

Savona, R. , Vezzoli, M. , "Fitting and Forecasting Sovereign Defaults using Multiple Risk Signals", *Oxford Bulletin of Economics & Statistics*, 2015, 77 (1).

Schclarek, A. , "Debt and economic growth in developing and industrial countries", *Lund University Department of Economics Working Paper*, 2004, 2005: 34.

Shieds, Y. , Connor, J. , Leary, J. Ireland's ocean economy &resources. Galway: National University of Ireland, 2005: 23-45.

Simplice A. Asongu , "How Would Population Growth Affect Investment in the Future? Asymmetric Panel Causality Evidence for Africa", *African Development Review*, Vol. 25, Issue1, March 2013.

Siqhamo Yamkela Ntola and Patrick Vrancken, "African Governance Perspective of the Blue Economy in the Indian Ocean Rim," in Vishava Nath Attri and Narnia Bohler-Muller (eds.), The Blue Economy Handbook of the Indian Ocean Region, Pretoria: Africa Institute of South Africa, 2018.

Smyth, D. J. , Hsing, Y. , "In search of an optimal debt ratio for economic growth", *Contemporary Economic Policy*, 1995, 13 (4).

Standard & Poor's Rating Services (2013): Sovereign Government Rating Methodology and Assumptions. https: //www. globalcreditportal. com/ratingsdirect/ renderArticle. do? articleId = 1150958&SctArtId = 164326&from = CM&nsl_

code = LIME&sourceObject-Id = 8043981&sourceRevId = 1&fee _ ind = N&exp_ date =20230625-15：42：28.

The Bren Thurst Foundation, "Maritime Development in Africa: An Independent Specialists' Framework", *Discussion Paper* 2010.

The Economist Intelligence Unit, Investing in the blue economy: Growth and opportunity in a sustainable ocean economy, 2015.

Timothy Walker, "Securing a Sustainable Oceans Economy: South Africa's Approach", *Institue for Security Studies*, June 2018.

Tran, N., "Debt Threshold for Fiscal Sustainability Assessment in Emerging economies", *Journal of Policy Modeling*, 2018.

Ulf Engel, "The African Union, the African Peace and Security Architecture, and Maritime Security," *African Security*, Vol. 7, No. 3, 2014.

UNCTAD, The Oceans Economy: Opportunities and Challenges for Small Island Developing States, 2014.

UNCAD, UNCAD Handbook of Statistics 2010, Washington: United Nations publication, 2010.

UNCTAD, UNCTAD Handbook of Statistics 2018, United Nations Publications, 2018.

United Nations Economic Commission for Africa, Africa's Blue Economy: A Policy Handbook, March 2016.

United Nations Environment Programme, Concept Note for Development of an Ocean Governance Strategy for Africa, October 19, 2015.

United Nations Committee for Development Policy, Global Governance and Global Rules for Development in the Post-2015 Era, June 2014.

Vernon R. 1966. "International Investment and International Production in the Product Cycle". *Oxford Bulletin of Economics and Statistics*, 41 (4).

Visbeck, M., Kronfeld-Goharani, U., Neumann, B., et al., "Establishing a sustainable development goal for oceans and coasts to face the challenges of our future ocean", *Kiel Working Papers*, 2013 (1847).

Westphalen, M. S., "Valuation of Sovereign Debt with Strategic Defaulting and Rescheduling", *Ssrn Electronic Journal*, 2002（rp43）.

Woo, J., Kumar, M. S., "Public debt and growth", *Economica*, 2015, 82（328）.

World Bank Group. Africa's Pulse, No. 17, April 2018. Washington, DC: World Bank. https：//openknowledge. worldbank. org/handle/10986/29667

World Bank Group, The Potential of the Blue Economy：Increasing Long-term Benefits of the Sustainable Use of Marine Resources for Small Island Developing States and Coastal Least Developed Countries, 2017.

World Ocean Council, Ocean Governance and The Private Sector, June 2018.

Wyplosz, C., "Debt Sustainability Assessment：The IMF Approach and Alternatives", *Iheid Working Papers*, 2007.

Yoshifumi Tanaka, The International Law of the Sea, Cambridge：Cambridge University Press, 2012.

Zhang, X., Schwaab, B., Lucas A., "Conditional Probabilities and Contagion Measures for Euro Area Sovereign Default Risk", *Tinbergen Institute Discussion Papers*, 2011, 11-176/2/dsf29（2）.

安春英、孟立红：《解决债务问题：新世纪非洲经济发展的当务之急》,《西亚非洲》2001 年第 5 期。

巴曙松、叶聃：《"一带一路"战略下人民币海外循环机制研究》,《兰州大学学报》（社会科学版）2015 年第 4 期。

曹荣湘：《国家风险与主权评级：全球资本市场的评估与准入》,《经济社会体制比较》2003 年第 5 期。

陈景耀：《对俄罗斯危机的若干思考》,《财政研究》2000 年第 3 期。

陈旻辉：《非洲债务可持续问题及对中非合作的影响》,《国际经济合作》2018 年第 2 期。

陈允欣：《非洲严峻的债务问题》,《上海师范大学学报》（哲学社会科学版）2001 年第 4 期。

陈宗德：《非洲国家应充分重视金融业》,《西亚非洲》2002 年第 6 期。

程宇丹、龚六堂：《财政分权下的政府债务与经济增长》,《世界经济》2015年第11期。

大公国际资信评估有限公司:《大公主权信用评级方法》,2015年。

丁顺珍:《非洲开始重视债务危机》,《现代国际关系》1988年第4期。

董伟、徐丛春:《中外海洋经济统计分类比较分析》,《海洋经济》2011年第6期。

杜尔玏、蒋媛媛:《政府债务与经济增长的关系——针对新兴市场国家政府债务阈值的讨论》,《学习与探索》2017年第8期。

范振洪:《韩国金融危机及对我国的启示》,《东岳论丛》1998年第5期。

傅志华:《俄罗斯金融危机及其教训》,《经济研究参考》1999年第41期。

高庆波:《阿根廷债务危机:起源、趋势与展望》,《国际经济评论》2015年第6期。

郭步超、王博:《政府债务与经济增长:基于资本回报率的门槛效应分析》,《世界经济》2014年第9期。

韩正忠:《韩国是怎样较快摆脱金融危机的》,《浙江金融》2001年第3期。

何代欣:《主权债务适度规模研究》,《世界经济》2013年第4期。

洪伟东:《海洋经济概念界定的逻辑》,《海洋开发与管理》2015年第10期。

李刚等:《公共债务能够促进经济增长吗?》,《世界经济研究》2013年第2期。

李红梅:《国际经济合作》,中国社会科学出版社2013年版。

李红庆等:《战后资本主义国家经济发展简史》,辽宁大学出版社2006年版。

李起陵:《试论非洲的债务问题》,《西亚非洲》1986年第3期。

李安山:《非洲经济——世界经济危机中的亮点》,《亚非纵横》2013年第1期。

李安山:《人类命运共同体视阈下中非产能合作:潜力、优势与风险》,《统一战线学研究》2018年5月。

李新烽：《中非友谊的基石：真、实、亲、诚》，《求是》2013年9月。

李新烽：《郑和下西洋与当代中国对非洲政策比较》，《西亚非洲》2010年10月。

李扬等：《中国主权资产负债表及其风险评估（下）》，《经济研究》2012年第7期。

李志辉、国娇：《非洲国家的微型金融》，《中国金融》2009年第13期。

林香红等：《从统计数字看我国海洋产业的国际地位》，《中国统计》2014年第10期。

林香红等：《海洋产业的国际标准分类研究》，《海洋经济》2013年第1期。

林毅夫：《如何通过金融创新寻找资金助力"一带一路"》，《金融经济》2017年第5期。

刘康等：《海洋产业界定与海洋经济统计分析》，《中国海洋大学学报（社会科学版）》2006年第3期。

刘红梅：《非洲旅游业的发展及存在的问题》，《西亚非洲》2009年第8期。

刘乃亚：《中国对非洲投资格局的形成：中国对非洲投资50年回顾》，《商洛学院学报》2008年第1期。

刘阳春：《中国企业对外直接投资的特征研究》，《经济与管理研究》2008年第11期。

陆留存、田益祥：《主权信用评级的决定因素研究——基于一般面板数据和面板有序概率方法的分析》，《管理学家（学术版）》2011年第5期。

吕健：《地方债务对经济增长的影响分析——基于流动性的视角》，《中国工业经济》2015年第11期。

莫莎、刘芳：《中国对非洲直接投资与贸易的关系研究——基于面板数据的实证分析》，《国际经贸探索》2008年第8期。

曲阜：《非洲国家的债务问题》，《西亚非洲》1984年第6期。

宋鹏等：《从全球治理的视角看非洲债务问题》，《改革与开放》2007

年第 6 期。

任航等：《南非海洋经济发展现状与中国—南非海洋经济合作展望》，《世界地理研究》2018 年第 4 期。

任一夫：《国际债务调整的几种方案》，《外国经济与管理》1989 年第 11 期。

商务部、国家统计局和国家外汇管理局：《2018 年度中国对外直接投资统计公报》。

宋维玲等：《中国与加拿大海洋经济统计口径比较研究》，《海洋经济》2016 年第 5 期。

苏泽玉：《试论非洲国家的金融改革》，《西亚非洲》1995 年第 3 期。

唐宇华：《八十年代撒哈拉以南非洲国家的债务危机与国际减缓措施》，《世界经济》1990 年第 8 期。

万泰雷等：《"一带一路"与债券市场开放》，《中国金融》2017 年第 22 期。

王嫚等：《中国对非洲的直接投资和贸易效应关系研究》，《中国市场》2011 年第 50 期。

王鹏：《中东欧国家转轨时期消化国企不良债务途径及其启示》，《金融与经济》1997 年第 2 期。

王守贞等：《东南亚国家应对国际金融危机的举措》，《亚太经济》2009 年 11 月。

王苏琰、陈元清：《中国对外直接投资的贸易效应研究——基于"一带一路"沿线国数据的实证分析》，《发挥社会科学作用，促进天津改革发展——天津市社会科学界第十二届学术年会优秀论文集》，天津人民出版社 2017 年版。

王稳等：《国家风险分析框架重塑与评级研究》，《国际金融研究》2017 年第 10 期。

王稳等：《2015 年全球主权信用风险评级研究》，《保险研究》2016 年第 4 期。

王沆、朱隽：《韩国经济危机研究》，《金融研究》1998 年第 1 期。

吴家鸣：《世界及我国海洋油气产业发展及现状》，《广东造船》2013 年第 1 期。

吴林强等：《全球海洋油气勘探开发特征及趋势分析》，《国际石油经济》2019年第3期。

吴晓祥、张效莉：《中国海洋渔业产业国际竞争力评价研究——基于AHP—模糊综合评价方法》，《海洋开发与管理》2019年第1期。

项本武：《对外直接投资的贸易效应研究——基于中国经验的实证分析》，《中南财经政法大学学报》2006年第3期。

熊义明等：《发达国家政府债务削减的经验分析》，《世界经济》2013年第36期。

徐丛春：《中美海洋产业分类比较研究》，《海洋经济》2011年第5期。

徐文舸：《政府债务影响了经济增长吗？——兼论如何削减债务》，《投资研究》2018年第5期。

严小军：《中美海洋经济对标研究及中国发展海洋经济的对策建议》，《浙江海洋大学学报》（人文科学版）2018年第2期。

杨宝荣：《"重债穷国减债计划"非洲案例研究》，《西亚非洲》2005年第3期。

杨宝荣：《债务与发展：国际关系中的非洲债务问题》，社会科学文献出版社2011年版。

杨九声：《发展中国家债务问题的回顾和现状》，《世界经济》1989年第10期。

杨小波、郑联盛：《阿根廷债务重组：现实困局与制度反思》，《经济与管理研究》2015年第7期。

姚桂梅：《中非直接投资合作》，中国社会科学出版社2018年版。

殷为华等：《海洋工程装备产业发展态势及上海的对策》，《科学发展》2013年第8期。

于宗先、徐滇庆主编：《从危机走向复苏 东亚能否再度起飞》，社会科学文献出版社2001年版。

查振祥：《债务危机是亚洲金融危机的主要特征》，《调研世界》1999年第9期。

张春宇等：《中国在拉美的直接投资对中拉双边贸易的影响》，《拉丁美洲研究》2017年第1期。

张建平、刘景睿:《丝路基金:"一带一路"建设的启动器》,《国际商务财会》2015年第3期。

张乃根:《国家及其财产管辖豁免对我国经贸活动的影响》,《法学家》2005年第6期。

张启迪:《政府债务对经济增长的影响存在阀值效应吗——来自欧元区的证据》,《南开经济研究》2015年第3期。

张如庆:《中国对外直接投资与对外贸易的关系分析》,《世界经济研究》2005年第3期。

张艳茹、张瑾:《当前非洲海洋经济发展的现状、挑战与未来展望》,《现代经济探讨》2016年第5期。

张锐:《爱尔兰债务危机的近距离观察》,《财经科学》2011年第1期。

张耀光等:《中国与世界多国海洋经济与产业综合实力对比分析》,《经济地理》2017年第12期。

张耀光等:《美国海洋经济现状特征与区域海洋经济差异分析》,《世界地理研究》2017年第3期。

张永宏、赵孟清:《印度对非洲科技合作:重点领域、运行机制及战略取向分析》,《南亚研究季刊》2015年第4期。

张哲:《我国对非洲直接投资对中非贸易影响的效应分析》,《现代财经(天津财经大学学报)》2011年第4期。

张忠祥:《当前非洲潜在的债务危机是局部的和可控的》,《中国与非洲》2018年8月。

中国民用航空局发展计划司:《2012从统计看民航》,中国民航出版社2012年版。

中国信息通信产业研究院:《中国数字经济发展与就业白皮书(2019年)》。

宗非:《非洲外债危机浅析》,《西亚非洲》1988年第3期。

朱凌等:《世界主要沿海国家海洋经济内涵和构成比较》,《海洋经济》2011年第2期。

朱晓中:《俄罗斯和中东欧国家的外债问题》,《俄罗斯东欧中亚研究》1997年第4期。